ZU DIESEM BUCH

Vor allem mit seinen Ehedramen «Dämonen» und «Nachtwache» hat Lars Norén – der «Innenarchitekt des Unglücks» («Süddeutsche Zeitung») und bedeutendster schwedischer Gegenwartsdramatiker – Mitte der achtziger Jahre auch in Deutschland nachhaltige Furore gemacht. Besessen umkreiste er darin das Zerbrechen menschlicher Beziehungen, sadomasochistische Abhängigkeitsverhältnisse und erdrückende Liebeszwänge. Mit diesem Band werden nun erstmals drei neue Stücke Noréns vorgelegt, in denen sich ein thematischer Wandel abzeichnet und die einen Aufbruch in die Neunziger markieren. «Meine neuen Stücke... sind eigentlich gar nicht mehr subjektiv, also nicht autobiographisch. Die Menschen unterscheiden sich sehr von den Personen, die ich vorher beschrieben habe... Ich habe mein autobiographisches Material abgeschlossen. Lange konnte ich nur über eine Familie mit vier Mitgliedern schreiben. Es erschien mir falsch, mit drei oder fünf Personen etwas anzufangen. Jetzt habe ich die Vierpersonenstücke, meine Quartette, hinter mir gelassen, und langsam den Raum und die Zeit gesprengt. Aber ich weiß noch nicht, wohin ich komme. Alles fing 1989 an, mit dem Fall der Mauer und den Veränderungen in Osteuropa. Das war vielleicht die glücklichste Phase meines Lebens, während jetzt weniger glückliche Entwicklungen stattfinden. Ich bevorzuge die Beweglichkeit, die im Moment herrscht. Ich lebe viel glücklicher in Veränderungen als in den achtziger Jahren, die meiner Meinung nach entsetzlich waren. Der Fokus verschiebt sich die ganze Zeit, und ohne größere Anstrengungen entstehen neue Figuren, die ich nicht geplant habe... Das Schreiben war noch nie so spannend, wie es heute ist» (Lars Norén, 1994). Der Band wird ergänzt durch ein Nachwort über den Autor und seine Stücke von seiner Übersetzerin Angelika Gundlach.

Lars Norén

Stücke der 90er Jahre

BLÄTTERSCHATTEN

BLUT

EINE ART HADES

Mit einem Nachwort
von Angelika Gundlach

rororo

ROWOHLT

Deutsche Erstausgabe
Veröffentlicht im Rowohlt Taschenbuch Verlag GmbH,
Reinbek bei Hamburg, September 1996

Übersetzerin: Angelika Gundlach
Umschlaggestaltung: Walter Hellmann
(Foto des Autors: Bengt Wanselius)
Satz Sabon (Linotronic 500)
Gesamtherstellung Clausen & Bosse, Leck
Printed in Germany
2290-ISBN 3 499 13734 8

INHALT

BLÄTTERSCHATTEN
[LÖVEN I VALLOMBROSA]

Schauspiel in vier Akten

Deutsch von
Angelika Gundlach

PERSONEN

JOHN

SONJA
FREDRIK
SAMUEL

LENA
OLOF

GABRIEL
CLARA

UMBERTO

ERSTER AKT

Ein Juniabend in den Stockholmer Schären. Die Sonne ist noch nicht untergegangen, ihr Licht fällt durch das Laubwerk von Bäumen und Büschen auf das Haus. Seitlich vom Haus der Garten, davor ein Kiesplatz, auf dem später Boule gespielt wird. Eine Treppe führt zur Veranda hinauf. Lena und Olof sind mit dem Fünf-Uhr-Dampfer aus der Stadt gekommen, um bei Lenas Verwandten ein paar Feiertage zu verbringen. Ein entspanntes Gespräch auf der Veranda, zu dem sich nach und nach die übrigen Familienmitglieder hinzugesellen. John sitzt schlafend im Sessel. Gegen Ende des Aktes beginnt es zu regnen.

SONJA Wir waren Ostern drei Wochen auf Kreta, und jetzt wollen wir ja das Haus verkaufen, also bleiben wir hier, aber Samuel fährt wohl in die Stadt, wenn seine langweiligen Eltern ihn langweilen. Es muß sich auch jemand um Papa kümmern. Man weiß nie, ist das sein letzter Sommer. Ja, und wenn wir dann das Haus hier aufgeräumt haben, müssen wir unsere eigenen Möbel packen und ziehen runter nach Varberg.

LENA Ich hab mich um ihn mindestens ebensoviel gekümmert wie du, aber ich muß sicher sein, daß ich dies Jahr ein bißchen Sonne und Wärme abkriege, wenn ich den Herbst überstehen soll! Wir fangen schon am 3. August an zu probieren, und dann wird es fürchterlich!

OLOF *(zu Sonja)* Klingt ziemlich anstrengend. Und wie war es auf Kreta?

SONJA Ich will nur, daß er einen schönen Sommer hat, falls es sein letzter ist.

LENA Die reine Sklaverei! *(Zu Sonja)* Das will ich auch, aber so bedauernswert schlecht, wie er aussieht, geht's ihm nicht. Ich hab mich um ihn gekümmert, als ihr in Urlaub wart, obwohl ich jeden Abend Vorstellung hatte.

FREDRIK *(zu Olof)* Schön, frisch und grün, und voll mit Deutschen.

SONJA Die sind wie Fliegen.

LENA Diesen Sommer muß ich Sonne haben und abschalten! Wir hätten fast ein Haus in der Toscana gemietet. *(Zu Olof)* Oder etwa nicht? *(Zu Fredrik)* In Volterra... da lebten die Etrusker. *(Umfaßt seinen Unterarm, als er ihr Wein einschenkt.)* Danke.

SONJA Ah, herrlich, Toscana. Genau das braucht man, mal rauskommen aus allem. Wir hatten Clara mit. Es war sehr nett. Sie war so still und ruhig ... obwohl sie einen Sonnenstich gekriegt hat – sie mußte unbedingt mitten in der Sonne sitzen, wenn es am heißesten war, ohne irgendwas auf dem Kopf. Aber wir hatten ja einen richtigen Arzt mit.

LENA *(zu Olof)* Hörst du, was ich sage?

OLOF Sicher. *(Zu Sonja)* Ihr wart bestimmt auch in Knossos?

(Olof gestikuliert viel, hält oft die Hände vors Gesicht.)

LENA *(äfft ihn nach)* Sicher. Oder etwa nicht?

SONJA Mit achtzehn deutschen Touristenbussen – aber wir haben einen wunderbaren Ausflug zu einem Strand gemacht, wo Odysseus an Land gegangen ist, Höhlen angucken. Sie wollte dableiben.

FREDRIK Ja, sie war fasziniert von dem Ort. *(Zu Lena)* Was ist das für ein Stück, wo du mitspielst?

SONJA In der Höhle. Fredrik mußte reingehen und sie holen.

LENA Ich brauche Sonne, dann wäre ich wieder wie neu. Ja, Hedda Gabler ist es nicht! Jetzt bin ich auch bald zu alt für sie. Es ist irgend so eine Scheißbroadwaykomödie, die müssen wir spielen, damit der Chef seine hohen Besucherzahlen behält. Um was anderes geht's doch nicht heutzutage! Wenn ich könnte, würd ich aufhören und was Nützliches tun. Ich verplempere mein Leben, und keiner dankt mir dafür.

SONJA Genau wie zu Odysseus' Zeiten.

OLOF Ruf mich einfach an in der Pause, dann – *(Will sich eine Zigarette anzünden.)*

LENA Ich wünschte, ich hätte auch einen Zusammenbruch. *(Zu Olof)* Da hab ich vielleicht an anderes zu denken ... auch wenn du willst, daß ich die ganze Zeit an dich denke. Das mach ich aber sowieso, ob ich will oder nicht.

SONJA Was für Menschen werden das wohl sein, die nächsten Sommer hier auf unserer Veranda sitzen.

LENA Hör auf damit. Ich werde ganz traurig.

SONJA Wem sagst du das?

LENA Wir müssen es verkaufen, und es macht die Sache nicht besser, wenn man sich im Kummer suhlt. *(Bläst die Flamme aus, so daß Olof seine Zigarette nicht anzünden kann.)* Mama ist tot, Papa kommt allein nicht mehr klar, und ich will einen anderen Ort haben, wo ich hinfahren kann, jetzt nach der Scheidung, hier gibt es so viele Erinnerungen, an die ich nicht erinnert werden will – ich will von vorn anfangen, und dazu brauche ich jede Öre, die ich kriegen kann... und du und Fredrik, ihr zieht nach Varberg im Herbst.

SONJA Ja... ich habe keine Ahnung, warum.

OLOF *(zu Lena)* Das erste Jahr, als du in «Time Is Our Home» gespielt hast, hast du in deiner Pause jedesmal angerufen. *(Über die Flamme, die sie ausbläst)* Laß das.

FREDRIK Wir reden davon seit so vielen Jahren – daß wir alles hinter uns lassen und von vorn anfangen.

LENA Ich wollte nicht riskieren, daß von dir irgendwelche komischen Sachen kommen, wenn ich so verdammt wenig Zeit zum Umziehen hab und versuche, mich auf deinen Text zu konzentrieren! *(Bläst die Flamme aus, er lacht)* Wenn du tot bist, lachst du nicht soviel.

SONJA Warum soll ich von vorn anfangen, wenn ich mit dem, was ich habe, zufrieden bin?

FREDRIK Ich glaube, es ist für die meisten sehr gut, einige Male im Leben die gewohnten Routinen hinter sich zu lassen und neue Herausforderungen zu suchen.

SONJA Aber warum ausgerechnet in Varberg, so weit weg von allen, die ich kenne?

FREDRIK Weil ich mich da um den Distriktsarztposten beworben habe und das Glück hatte, ihn zu kriegen. Es wird unglaublich schön sein, ein ganz gewöhnlicher Arzt in einer Kleinstadt, und man kann selbst entscheiden, welche Arbeitsbelastung man auf sich nehmen will, und hat Zeit und Energie, sich mit anderen Dingen zu beschäftigen, zu denen man nie gekommen ist – noch ist es nicht zu spät.

SONJA Das versteh ich.

LENA Sicher. Wer wollte das nicht?

SONJA Für dich ist es bestimmt schön, von vorn anfangen zu können.

FREDRIK Ja, ich hab genug. Die Arbeit an einer Unfallklinik in einer Großstadt, das ist wie im Krieg. Man ist schließlich ausgebrannt oder zynisch. Gestern kamen sie mit einem sechsjährigen Jungen, den sein Stiefvater vergewaltigt hatte. Die Polizisten erzählten, sie hätten zwischen den Gittern vom Bett ein paar von seinen Zähnen gefunden, und ein Stück Enddarm.

LENA Pfui Deibel. *(Bläst erneut die Flamme aus.)*

OLOF Jetzt ist gut.

LENA Es ist überhaupt nicht gut.

SONJA Klar, ich weiß, du willst es etwas ruhiger angehen, aber was soll ich machen? Ich kriege da keine Arbeit. Soll ich die ganze Zeit zu Hause hocken? Dann werd ich verrückt ... aber dann kümmerst du dich ja um mich? *(Lacht.)*

FREDRIK Ich dachte, dir gefällt der Gedanke – alles hinter sich lassen und von vorn anfangen.

SONJA Gegen den Gedanken hab ich nichts, aber die Wirklichkeit – ich meine, ich muß soviel hinter mir lassen, Freunde, Arbeit und Arbeitskollegen und –

LENA Und mich.

SONJA Ja, alles, womit ich mein ganzes Leben gelebt und wo ich mich zu Hause gefühlt habe. Ich weiß nicht, wie ich das schaffen soll. *(Sitzt dann schweigend da.)*

OLOF *(der sein Feuerzeug nicht anzündet)* Hör auf.

LENA Du sollst aufhören!

SONJA *(mit einer anderen Stimme)* Jetzt haben sie wieder den Strand ruiniert, eine neue Ölpest, schlimmer als letztes Mal.

LENA Ich halt's nicht mehr aus! Ich kann einfach nicht mit dir zusammenziehen, solange du rauchst!

FREDRIK *(still)* Das haben wir alles schon so oft besprochen.

SONJA Sie sanieren hier seit Mittsommer und fahren lasterweise Fische und Seevögel weg. Ich kann nicht mal an den Strand gehen. Es gibt nichts Schrecklicheres als den Anblick unschuldiger Tiere, die leiden, und man kann nichts dran ändern ... und wie sie einen angucken.

LENA Hör auf damit. *(Zu Olof)* Wenn nicht meine Liebe zu dir – wenn nicht die große, wunderbare Liebe, die wir füreinander empfinden, dich soweit bringt, daß du aufhörst, dich selbst zu mißbrauchen, und ein schöneres Leben leben willst, in Freude und Gesundheit, dann weiß ich nicht, was dich dazu bringen kann!

OLOF *(nimmt ihre Hand)* Du hast recht.

LENA *(ohne sich unterbrechen zu lassen)* Es ist nicht zu begreifen! Ich begreife es nicht! *(Er hält ihre Hand fest.)* Ich versteh nicht, daß du mit mir nicht ein längeres und glücklicheres Leben leben willst!

FREDRIK Wir verkaufen das Haus am Montag.

OLOF Welches Haus? Welches Haus?

LENA Ihr Haus, Idiot!

SONJA Ich weiß es. Es ist, als ob ... als ob man abgeschoben würde in ein anderes Land, emigrieren ... als wäre man ein Flüchtling. Ich weiß genau, wie diese armen Flüchtlinge sich fühlen ... die alles zurücklassen müssen. Und vielleicht nie zurückkommen. *(Sieht den Vater an, der sich im Sessel leise bewegt.)* Ich hoffe, sie überlegen es sich im letzten Moment noch anders! Immer wenn es klingelt, glaube ich, sie sind das, um uns zu sagen, daß sie zurücktreten, daß sie gar nicht mehr Platz brauchen oder daß sie eine Fehlgeburt hat. *(Über den Vater)* Ich muß wohl herkommen, sooft ich kann, und nach ihm sehen.

LENA Glaubst du nicht, daß wir nach ihm sehen – ich jedenfalls, Gabriel ist er ja gleichgültig.

SONJA *(leise)* Nicht so laut.

LENA Das wissen wir alle!

FREDRIK Du wirst das anders empfinden, wenn einige Zeit vergangen ist und –

LENA Er ist wie alle anderen Männer, die nur in ihren Karrieren und Interessen aufgehen, und eines schönen Tages befällt sie die schreckliche Einsicht, daß es niemanden gibt, dem sie erzählen können, wie phantastisch ihr Leben ist.

SONJA Da muß eine sehr lange Zeit vergehen, viel zu lang.

LENA Wir haben Clara und Sam jeden Sommer mitgenommen, wenn wir in Spanien waren, und solchen Spaß hatten sie noch nie.

SONJA Es war so schwer mit Marie. *(Zu Olof)* Claras Mutter. Sie war, ist, muß man sagen, Alkoholikerin. Für Gabriel war es schrecklich.

LENA Ja, du hast ihn immer behandelt, als ging's ihm schlechter als allen anderen, bloß weil er ein Mann ist.

SONJA Nein, das hab ich doch gar –

LENA O doch, das hast du! Mich hat keiner von euch unterstützt, als ich mich scheiden ließ! Ich mußte allein zurechtkommen. Aber das wußte ich ja, niemand kümmert sich um mich, ich bin immer allein, wenn's drauf ankommt.

SONJA *(mit einem Lächeln, zu Olof)* Nette Familie, in der du da gelandet bist. Deine Stücke sind die reinen Gute-Nacht-Geschichten im Vergleich zu uns.

LENA Er ergreift nie die Initiative, ruft nie an, lädt uns nie ein. Ich könnt drauf schwören, er fand es eher schön, als Clara ins Krankenhaus kam, da wußte er, jemand kümmert sich um sie. Und wenn Fredrik sich nicht so engagiert hätte, säße sie wohl jetzt noch da.

FREDRIK Gar nicht unmöglich. Es war eine sehr schwierige Situation.

SONJA Es schlug ein wie der Blitz. Alles hatte für sie so gut geklappt.

LENA Viel zu gut.

OLOF Ich bin ihr vorher nicht begegnet. Es war das erste Mal heute. «Die Möwe» hab ich nicht gesehen. Aber ich geh nicht so oft ins Theater.

LENA Sie ist furchtbar schön. Sie hat ein charismatisches Gesicht.

SONJA *(zu Olof)* Ich vergesse, wie kurz du uns erst kennst!

LENA Hab ich nie gespielt, Tschechow ... Zwei Jahre, sechs Monate und einundzwanzig Tage, so lange kennt er uns, mich. Schon zweieinhalb Jahre. Ein Wahnsinn, wieviel in dieser kurzen Zeit passiert ist, was für enorme Veränderungen es gab – auf der Welt und in mir! Als wir uns zum erstenmal geküßt haben, fiel die Mauer in Berlin!

OLOF Was ist denn passiert ... mit Clara?

LENA Über Weihnachten, während wir uns heimlich trafen, wurde Ceausescu gestürzt. Ein ganzes Leben ist das.

SONJA Ja, keiner begreift es. Irgendwas muß passiert sein, es ging so schnell, sie hatte einen solchen Erfolg –

LENA Hatte ich auch! Es stand auf der ersten Seite von DN, mit einem großen Bild von mir – A star is born!

FREDRIK Nach dem Erfolg brach es aus, aber es muß was gewesen sein, was die ganze Zeit schon da war.

SONJA Es wirkte ja immer so, als lebte sie in einer anderen Welt ... stärker als unsere.

LENA Sie ist ein Traum, der sich selbst träumt.

OLOF *(zu Lena)* Ich werde nie die Bilder vergessen, als er schreckensstarr aus dem Panzer geklettert kam und wie sie später verhört und hingerichtet wurden. Ich war so glücklich, ich meinte, ich sei ein Teil, ein wesentlicher Teil der Veränderungen auf der Welt.

FREDRIK Vielleicht sind wir das – in einer anderen Welt.

LENA *(zu Olof)* Man kann in zwei Jahren ein ganzes Leben leben. Weißt du das?

SONJA Manchmal wünschte ich, ich wär's, aber ich hab leider keine Zeit, jemand anders zu sein, als ich bin, mit all den Problemen mit Papa und seinen Krankheiten und was sonst noch anliegt ... Aber klar, schön wär's, phantastisch.

LENA Sicher, schön wär's, keine Verantwortung zu haben, obwohl – ich bin nicht so, ich bin nicht so; ich finde immer jemanden, dem's schlechter geht als mir, um den ich mich kümmern muß.

SONJA Sie sagt, sie will sein, wo sie ist, und besucht werden, wo sie ist.

FREDRIK *(zu Lena)* Die Gefahr besteht wohl nicht, daß du –

OLOF Wie schön.

LENA Keine Verantwortung für andere und mich selbst übernehme? Nein, das wissen die Götter –

OLOF Besucht werden, wo man ist. Wie schön ... wie schön gesagt.

FREDRIK Nein, in einer anderen Welt landen.

SONJA Ist die nicht hier? Nein? Wie traurig ... für mich. Wie traurig das klingt.

LENA Ich dachte, du redest mit mir. *(Zu Olof)* Ja, es ist schön.

Ich kann auch schöne Dinge sagen. Du hast jedenfalls gesagt, daß ich es kann, daß ich wunderbare Dinge sage.

SONJA Ich bin wohl eine ziemlich voraussagbare und traurige Person.

OLOF Stimmt, sagst du.

LENA Jetzt nicht mehr?

OLOF Doch.

FREDRIK *(zu Olof)* Das war das erste, was ich dachte, als ich Clara traf – daß sie so wahrhaftig ist, so unneurotisch und ehrlich. Wir trafen uns aus reinem Zufall im Zug, ganz unerwartet.

SONJA Du kamst aus Lund von einem Kongreß.

FREDRIK Wir trafen uns im Zug nach Stockholm. Sie ging auf die Schauspielschule in Malmö, und ich war in Lund auf einem Kongreß gewesen, und da landeten wir im selben Abteil, lustigerweise. Sie hat mich wiedererkannt. Ich hatte sie nicht gesehen, soweit ich mich erinnere, seit sie vierzehn, fünfzehn war. Sie war so verändert.

OLOF Wie alt ist sie jetzt?

FREDRIK Das war eine angenehme Reise.

SONJA Sie wird dreiundzwanzig.

LENA Wenn die Zeit in ihrem Leben nicht um ist.

FREDRIK Ein paar Monate später erfuhr ich, daß sie eingewiesen war nach St. Lars – Psychose. Gabriel rief mich an, bat mich, ich sollte irgendwas tun, und ich fuhr runter und fand sie völlig verstört vor. Sie stand total unter Drogen. Sie konnte nicht mal sprechen. Ich konnte sie doch nicht verlassen ... sie da lassen ... also versuchte ich mit allen Mitteln, sie da rauszuholen, und ... um die Sache abzukürzen, – nach unglaublichen Schwierigkeiten mit dem Klinikchef an St. Lars, hab ich's geschafft, sie in ein Therapieheim in Halland verlegen zu lassen, wo man Menschen, die Probleme haben, ganz anders sieht, und da wurde sie als Individuum behandelt, einfühlsam und klug. *(Kleine Pause)* Ich fand, sie ist der gesündeste Mensch, dem ich je begegnet bin.

LENA Findest du es gesund, sich wie eine Nonne anzuziehen, nächtelang die Trommel zu schlagen und sich nicht rauszutrauen, aus Angst, vergewaltigt zu werden von Neonazis?

SONJA Ja, aber jetzt kümmern wir uns alle um sie.

LENA Wem ginge es nicht besser, bei soviel Liebe und Aufmerksamkeit? Mir schon! *(Zu Olof)* Hier, die Kontonummer von Toscana Holidays. Ruf morgen deine Steuerberaterin an, damit wir's hinter uns haben! *(Gibt ihm ein Stück Papier.)* Besser, du legst dein Geld in Reisen an, als es dem Finanzamt zu schenken.

SONJA Man wundert sich ja ein bißchen, wenn man mit ihr redet, und plötzlich schläft sie mitten im Gespräch ein.

OLOF Klingt wunderbar.

LENA Hörst du, was ich sage?

OLOF Ich hab's gehört.

LENA Gut!

SONJA Aber sie sagt ja fast nie was.

FREDRIK Man hat vielleicht nicht den rechten Sinn für oberflächliches Geplauder, mit 'ner Zwangsinjektion von 200 mg Siqualon.

SONJA Ich meine, jetzt ... jetzt ist sie doch auf dem Wege der Besserung.

FREDRIK *(zu Olof)* Nein, es war sehr schwierig. Psychiater werden ja unglaublich aggressiv, wenn man es wagt, ihre Vollkommenheit in Zweifel zu ziehen.

LENA *(die den Vater ansieht)* Er sieht aus wie ein alter Affe, der im Sterben liegt.

FREDRIK Ich sagte zu ihm – dem Klinikchef an St. Lars, der ihre Diagnose gestellt hatte: Wieso sind Sie so sicher? Sie kennen Clara nicht. Ich kenne die Krankheit, sagt der. Gott sei Dank habe ich einen alten Studienkollegen, der ist jetzt Oberarzt am Therapieheim in Halmstad und konnte sie aufnehmen.

SONJA Fredrik ist mittlerweile wie ein Vater für sie.

LENA Das ist mehr, als man von ihrem eigenen Vater behaupten kann, aber der hat ja so große Probleme mit seinem.

FREDRIK Ich fühle mich eher wie ... ich weiß nicht, wie ich es ausdrücken soll – ihr Schüler. *(Lacht.)* Sie weiß und versteht so unendlich viel mehr als ich. Ich fühle mich ziemlich dumm und unwissend –

LENA Sie ist erst dreiundzwanzig. Sie war genauso alt wie ich, als sie an die Schauspielschule kam – neunzehn.

SONJA Samuel ist erst fünfundzwanzig ... und er treibt sich

herum wie ein ... ich weiß nicht, was. Er lebt nur nachts. Kein Wunder, daß er ständig krank ist.

LENA Treibt sich herum! Was redest du denn! Er ist Schriftsteller, er ist Dramatiker, er schreibt wunderbar, er ist unglaublich begabt! Er hat drei phantastische Stücke geschrieben! Ich hab jedes davon gesehen, sie sind unglaublich gut! Furchtbar gut! *(Zu Olof)* Oder etwa nicht – du hast doch sein neues Stück gelesen. Es hat dir gefallen, die Spannung hat dir gefallen, die Sprache, vor allem die Sprache.

SONJA Ja, aber warum ist es so widerlich, warum ist es so grausam? Ich versteh nicht, wo das herkommt, in was für einer Welt er lebt, wenn er soviel ... Schwarzes sieht.

LENA Es ist sehr widerlich. Wir leben in einer äußerst widerlichen Welt, aber es ist gut, es ist das Beste, was in den letzten Jahren passiert ist! Ich weiß genau, was er sagen will!

OLOF Ja, es war großartig. Jetzt kommt Gabriel.

FREDRIK Ja, es fiel mir ziemlich schwer, meinen Sohn wiederzuerkennen –

SONJA Du hast keine Ahnung, wie er lebt.

GABRIEL *(kommt durch das Wohnzimmer auf die Veranda)* Aha, hier habt ihr euch niedergelassen. *(Kommt zu ihnen.)* Stör ich euch?

LENA Viel zu selten. Du störst viel zu selten.

SONJA Du störst viel zu selten. *(Lacht.)* Setz dich hierher – in die Sonne. *(Steht auf, schiebt einen Stuhl zurecht, so daß Gabriel im Sonnenschein sitzen kann.)* Du solltest dich etwas mehr sonnen, dann wärst du bald wieder gesund.

GABRIEL *(mit etwas heiserer Stimme)* Kannst du mir sagen, wann? Ich hab im letzten Monat nur Prüfungsarbeiten gesehen. Es gibt Leute, die müssen tatsächlich arbeiten für ihren Lebensunterhalt. *(Lacht ein wenig.)*

LENA Was glaubst du, was ich muß! Ich hab fünf Abende die Woche gespielt, den ganzen Scheißfrühling auf einer dunklen, tristen Bühne in dickem Wintermantel und Beerdigungskostüm, wenn es draußen am allerschönsten ist und der reine Wahnsinn, ins Theater zu gehen!

GABRIEL Du hast immerhin die Liebe und den Applaus des Publikums.

SONJA Jetzt kannst du dich entspannen. Hast du ausgepackt. Haben die Kleiderbügel gereicht?

GABRIEL *(setzt sich)* Ihr könnt euch ja vorstellen, wie stimulierend es ist, Prüfungsarbeiten von Studenten zu korrigieren, die vom Thema nicht besonders angetan sind, falls sie's überhaupt begriffen haben, was nicht immer der Fall ist, und außerdem keine Ahnung von Rechtschreibung haben. Es ist wirklich erschreckend, welch mangelhafte Kenntnisse die junge Generation aufweist, was Rechtschreibung und Grammatik der eigenen Sprache betrifft. *(Nimmt sich ein Glas Wein, lacht.)* Wir tragen wohl alle unser Kreuz.

LENA Oder unsern Leuchter. *(Lacht heftig, zeigt auf den kleinen Halsschmuck, ein siebenarmiger Leuchter.)* Die Menora.

GABRIEL Von Sinnlosigkeit. Die Korrektur hat mich fast drei Wochen gekostet, dabei wäre es eine reine Arbeitszeit von nur fünf Stunden, wenn man inspiriert ist, aber das hier war nahezu nicht zu bewältigen. Wo soll das enden. In ein paar Generationen sind wir wieder Tiere.

SONJA Jetzt wird jedenfalls das Wetter etwas schöner.

GABRIEL Und mir bleibt keine Zeit für meine eigene Forschung.

LENA Im Sonnenuntergang ist die Welt immer schön, das finde ich zur Zeit. Hat wohl mit dem Alter zu tun.

SONJA Mein Gott. Jetzt werde ich nie dazu kommen, was ich hier geplant hatte – die Fensterrahmen neu streichen, das Dach erneuern, in der Veranda Glasscheiben einsetzen, daß man auch mal bei Regen draußen sitzen kann. Ich werde nicht mal mehr die alten Obstbäume ausdünnen.

FREDRIK Du bekommst neue Obstbäume in ... bei Varberg.

SONJA Das wird jemand anders tun.

LENA Das wird jemand anders tun.

SONJA Jedenfalls nehm ich ein paar Pfropfreiser mit.

GABRIEL Es ist wirklich oft so, zumindest im Sommer, daß der Sonnenuntergang nach einem bedeckten Tag richtig klar sein kann, weil die Luft, wenn sie abkühlt, chemische Veränderungen durchmacht. *(Trinkt etwas Wein.)* Der Wein ist nicht übel. Die Moleküle absorbieren bestimmte Frequenzen des Lichtes.

SONJA Ich werde selber zum Pfropfreis … auf einem fremden Baum.

OLOF Ein guter Champagner. *(Zieht ein Papiertaschentuch heraus, schneuzt sich – was er oft tut; hat ein Papiertaschentuch in jeder Tasche.)* Wirklich gut.

GABRIEL Champagner? *(Guckt die Flasche an.)* Der ist spanisch.

LENA Champagner gibt es nur im Gebiet Champagne in Frankreich, obwohl dieser Wein wie Champagner ist, er darf nur nicht so heißen. Wo ist Sam?

GABRIEL Der ist spanisch. *(Sieht John an, der sich im Schlaf bewegt.)*

SONJA Er sitzt irgendwo und liest. Er liest, sobald er aufgewacht ist, bis er schlafen geht, falls er je schlafen geht. Ich weiß gar nicht, wie er aussieht, wenn er kein Buch hält … Liest und schreibt oder telefoniert. Er schreibt so langsam, nur ein oder zwei Sätze pro Tag.

LENA Was für ein Unterschied zu dir!

OLOF Klingt gut.

GABRIEL *(über den Vater)* Schläft er, oder ist er eingeschlafen?

LENA Er ist auch so schön, es ist einfach unverschämt! Er hat so wunderschöne Augen, ich hab noch nie so phantastische Augen gesehen! Die könnte man im Museum ausstellen! Einfach unglaublich! Er sieht aus wie ein unschuldiger und dennoch gefährlicher Engel, wie ein sensibler Anarchist. Er sieht aus wie die französische Nacht, wie ein junger Moliere! Und als wenn das nicht genug wär, ist er auch noch furchtbar begabt. Das ist absolut nicht gerecht, es ist einfach zuviel! Ich weiß, diese Kombination von Traum und Grausamkeit in seinen Stücken und in seiner Person ist absolut lebensgefährlich für alle, die damit in Berührung kommen. Er ist im Bund mit der Zeit.

SONJA Für mich ist er immer noch ein Junge, der herumläuft und jemanden sucht, dem er sich nicht überlegen fühlt.

LENA Die moderne Romantik ist tödlich sachlich. Unwiderstehlich.

SONJA Und ein Hypochonder, das ist er, seit er neun war – da kam er auf die Idee, sein Herz würde zerspringen. Ich mußte halbe Nächte bei ihm sitzen und ihn festhalten. Er mißt zweimal am Tag Fieber, weiß mehr von neuen Medikamenten, als sein Vater weiß – ein Arzt! Jetzt hat er wieder irgendeine Grippe und Fieber.

GABRIEL Ich auch. *(Zu Fredrik)* Was glaubst du, was das ist? Ich schlepp das jetzt seit sieben Monaten mit mir herum. Ich huste die ganze Zeit und bin so müde, daß ich nicht weiß, was ich machen soll.

FREDRIK Was hab ich dir gegeben? Vibramycin? Callciopen?

GABRIEL Das hilft nicht mehr, nichts hilft.

LENA Nicht mal Liebe, obwohl – ich glaub's.

SONJA Du solltest mal richtige Ferien haben.

LENA Du solltest jemanden finden, der dich mag, damit du wieder Lust kriegst zu leben.

GABRIEL Gern. Kennst du jemanden?

LENA Du willst es ja doch nicht. Du willst leben, wie du lebst. Das andere, das ist nur eine zu nichts verpflichtende Sehnsucht, die ab und zu aufflammt, aber niemals so stark, daß du dein Leben verändern willst.

GABRIEL Du hast wohl recht.

LENA Ja, das hab ich! Meistens habe ich recht – leider!

FREDRIK Ich sollte dir vielleicht was Stärkeres verschreiben, so ein Virus kann ziemlich lästig sein, vor allem im Sommer.

LENA Olof ist auch ununterbrochen krank – Erkältungen und Entzündungen oder Migräne im Magen.

OLOF Ich arbeite zuviel. Ich komm nie dazu, mich zu erholen.

LENA Du arbeitest nicht mehr als ich! Ich arbeite, weiß der Teufel, dreimal soviel wie du, aber du bist schwächer als ich, du wirst schneller müde, weil du ein Mann bist und weil du rauchst! Ich bin ab und zu einen Abend krank wie ein Kind, mehr ist es nicht.

OLOF Die einzige Lösung, wenn man was unternehmen will mit seiner Krankheit, ist, sie zu akzeptieren. Vom Leben Urlaub zu nehmen.

LENA Und warum machst du das nicht? So reich, wie du bist, müßtest du nicht halb soviel arbeiten.

GABRIEL Wer das von sich sagen könnte.

OLOF Ja … du hast deine Schlaflosigkeit.

LENA Das ist keine Krankheit, das ist Buße tun!

SONJA Wir sind alle ein bißchen krank. Ich bin in den Wechseljahren, das ist wie sterben. Fredrik hat zu hohen Blutdruck, Papa hat überhaupt keinen Blutdruck und offene Beine und Prostatakrebs. Er könnte uns jederzeit verlassen. Obwohl er so klar im Kopf ist.

LENA Ja, wenn du Bosheit Klarheit nennst.

FREDRIK Mit der Prostata muß er leben, bis er stirbt. Es ist sinnlos zu operieren. Eigentlich ist unser Körper konstruiert für eine Verbrauchszeit von fünfunddreißig, vierzig Jahren. Und jedes Jahr nach dem fünfzigsten ist ein Geschenk. Aber wir leben, als ob wir unsterblich wären.

OLOF War Umberto schon da?

LENA Er kommt und geht und trinkt ein Glas.

OLOF Wie geht es ihm?

LENA Er ist leider wie immer!

SONJA Ich frag mich immer, wie er seine Arbeit schafft, aber er ist ja belesen.

LENA Kinder wollen keine Belesenheit, die wollen jemanden, zu dem sie aufsehen können!

SONJA Ja, der Arme … Was soll er machen, wenn wir das Haus verkaufen?

LENA Da kann ich mir keine Gedanken drüber machen! Er könnte damit anfangen, sich unter den Armen zu waschen! Ich fühle mich beleidigt! Ich finde, er sollte ein Buch schreiben – Ich und der Schweiß unter meinen Armen!

SONJA Er hat wohl niemand, für den er sich feinmachen kann.

LENA Sich selbst, seiner Menschenwürde zuliebe! Ich glaube, er geht zu Huren.

SONJA Aber Lena …

FREDRIK *(zu Gabriel)* Ist Clara oben … oder ist sie draußen?

GABRIEL Ich weiß nicht, wo sie ist, wirklich nicht.

LENA Da ist Samuel! *(Ruft.)* Samuel! Hallo! Hier! *(Olof reagiert auf ihr Rufen, verzieht das Gesicht.)* Hierher! *(Zu Olof)* Was ist denn? *(Zu Samuel)* Komm, sag guten Tag! Ach, ich freu mich!

SONJA Ja, da ist er.

SAMUEL *(kommt die Veranda herauf. Er trägt schmale schwarze Jeans, schwarze Sandalen, schwarzes T-Shirt. Er ist recht groß, schmal, hat üppiges, schönes, lockiges Haar, wirkt ruhig und entspannt, ist äußerst mager. Lächelt. Hat in der Hand ein Buch mit Stücken von Koltés. Steht im Sonnenschein auf der Veranda mit Schatten im Gesicht, bleich wie die Nacht.)* Was ist denn?

LENA Ich hab nur Hallo gesagt.

SONJA Er sieht aus wie ein kleines Kind.

LENA Nein, ich finde, er sieht aus wie ein Dämon, wie … Raskolnikov.

OLOF Raskolnikov?

LENA Hallo, Sam, Liebling.

SAMUEL Hallo, Lena.

LENA Mein kleiner Liebling. *(Winkt ihn zu sich.)* Krieg ich nicht mal einen Kuß?

SAMUEL Klar. *(Geht zu ihr, sie zieht seinen Kopf zu sich, er küßt ihr beide Wangen, sie fährt mit den Fingern einer Hand durch sein üppiges Haar.)* Hallo.

LENA Hallo, du! *(Fährt mit der Hand durch das Haar, hin und her.)* So hab ich schon mit dir geschmust, da warst du noch nicht mal drei! Und dir hat's gefallen! Und mir auch! Du warst ein kleiner Engel! Du hast mit leuchtenden Augen auf meinem Sofa gesessen und gelacht, daß du fast geplatzt wärst, weil ich ebenso kindlich war wie du! Weißt du noch … weißt du noch, wißt ihr noch?

SONJA Hast du dich verirrt?

LENA Du weißt es nicht mehr.

SAMUEL Ich glaube.

LENA Das mußt du! Setz dich her zu mir! Geh jetzt nicht weg!

SAMUEL Das hatte ich vor. *(Setzt sich neben Lena, die ihm das Buch abnimmt.)* Koltés' gesammelte Werke. Ganz neu.

SONJA Er verschwindet wie ein Traum.

OLOF Er ist schon tot.

LENA Was ist das für ein Buch?

OLOF Er ist so jung gestorben. Da kann er froh sein.

FREDRIK *(steht auf)* Ja …

SONJA Gehst du jetzt?

FREDRIK Nein, ich wollte mich nur etwas bewegen.

SONJA Nein.

LENA Mein Gott, wie blöd, daß wir uns nicht öfter treffen, wenn wir in der Stadt sind – da wird nur hier was draus, obwohl – ich arbeite so verdammt viel, aber ich hab dir Karten für «Schwestern» besorgt, da konntest du mich wenigstens auf der Bühne treffen. Ich hab gehört, es hat dir gefallen.

SAMUEL Ja, es war etwas Ibsensch.

LENA Etwas Ibsensch, ja, allerdings!

SAMUEL Es gab eine Szene, die hat mir gefallen. Ziemlich unerwartet.

LENA Wahrscheinlich die, die wir selbst inszeniert haben! *(Lacht.)* Du hättest sehen sollen, wie sie aussah, bevor wir die Sache in die Hand genommen haben. Und meine Rolle war die toteste von allen, aber jetzt ist sie okay, jetzt ist sie spielbar.

SAMUEL Ja, man sah, ihr habt getan, was ihr konntet. Sonst finde ich das absurd – Salons, Wohnzimmer ... der Sumpf des Naturalismus, und Schauspieler, immer mit dem Gesicht zum Publikum.

LENA Genau! Das ist genau meine Meinung.

OLOF Hat irgend jemand eine andere?

LENA Mein Gott.

SONJA *(zu Gabriel)* Du hast sicher gesehen, daß wir wieder einen Ölunfall hatten, genau da hinter der Ecke, schlimmer als '87. Na ja, spielt ja keine Rolle, da gab es sowieso kein Leben mehr. Alles ist schon mehrere Male gestorben.

LENA Ja, mein Gott ... Aber dein Stück läuft phantastisch, es gibt keine einzige Karte, es ist die gefragteste Vorstellung im ganzen Land!

SAMUEL Um.

OLOF Schreibst du an einem neuen Stück?

LENA Nicht jeder hat es so eilig wie du.

SAMUEL Ich weiß nicht. Ich weiß nicht, woran ich schreibe. Ich arbeite so langsam. Ich weiß nicht, wo das endet. Ich bin nicht sicher, ob mir Theater überhaupt gefällt, jedenfalls nicht das Theater, wie es ist. Für das Theater will ich nicht schreiben –

Leute, die kommen und sich in Sessel setzen oder auf Sofas, ein paar Repliken sagen und dann wieder aufstehen. Ich geh lieber ins Kino.

LENA Ja, das versteh ich. Aber es liegt ja auch an den Texten – man kann sich ja als Schauspielerin fast nie weder dumm noch intelligent fühlen, wenn man einen neuen Text kriegt.

OLOF Bestimmt ein finnischer oder sowjetischer Frachter, der seine Tanks aus reiner Zerstreutheit abgelassen hat.

GABRIEL Das beste ist, gar nichts zu tun, die Natur ihren Gang gehen zu lassen.

LENA Russisch, was das betrifft, die Sowjetunion gibt's nicht mehr. Hast du nicht davon gehört? *(Zu Samuel)* Was hast du vor im Sommer?

SONJA Sonnen und zunehmen, finde ich ... und alles andere vergessen, es ist ja der letzte Sommer, wo du hiersein kannst.

LENA Der letzte Sommer ...

SAMUEL Ich flieg vielleicht nach New York.

SONJA New York! Das ist ja ganz neu! Ja, wirklich? Wann denn?

SAMUEL Ich fliege doch mehrmals im Jahr nach New York.

FREDRIK Wirklich? Wann denn?

SONJA Das hör ich gar nicht gern ... Ich dachte, du wärest hier.

FREDRIK Ja, es ist billig.

LENA Das ist ja wundervoll! Wir waren im Mai da, Olof und ich. Ich liebe New York!

SONJA *(zu Fredrik)* Würdest du dich nicht freuen, wenn er im Sommer hier wäre?

SAMUEL *(Zu Lena)* Da ist ein Produzent, der das Stück vielleicht aufführen will, in Soho. Ein kleines Theater, Northern Star heißt es. Ich weiß nichts darüber. Jetzt gibt's dann eine Lesung von den «Muselmanen» am Circle Rep, im Oktober.

LENA Phantastisch! Wunderbar! Und in Paris kommt es auch, hab ich gelesen. Es ist phantastisch!

SAMUEL Ich hab ein paar Tage mit dem Übersetzer gearbeitet. Auf Französisch ist es noch wahrer.

LENA Wunderbar, phantastisch.

FREDRIK Ja, stimmt. Ich weiß nicht mehr, wer er ist.

SONJA Ich weiß es! *(Lacht, versucht, Samuel anzufassen, er entzieht sich.)*

FREDRIK *(milde)* Ist mein Sohn auf Französisch wahrer?

OLOF Ich fand das Theater in New York schrecklich. Wir haben «Der Tod und das Mädchen» gesehen, darin geht es um Folter, aber die Leute haben gelacht – die wollen eine Komödie, auch wenn –

LENA Bist du so humorlos, wie du klingst?

OLOF Die wollen eine Komödie, um jeden Preis, auch wenn es um Folter geht. Und vor dem Theater liegen Leute auf der Straße und sterben. Leute liegen auf der Straße und sterben, und drinnen sitzen sie und lachen über witzige Repliken.

LENA Ja, ich hab keine Toten auf der Straße gesehen, und du auch nicht, wir waren nämlich die ganze Zeit auf derselben Straße! Meinst du, es würden keine Menschen mehr sterben, wenn man aufhörte, Theater zu spielen? Ich glaube eigentlich, es würden mehr sterben, wenn man nicht Theater spielte!

GABRIEL Vielleicht die, die nicht Theater spielen ...

SONJA *(bricht in Tränen aus, weint heftig. Alle sind total überrascht und irritiert, gucken weg, ziehen sich etwas zurück.)*

GABRIEL Ach, Gott ...

LENA Sonja!

SONJA Verzeiht.

LENA Natürlich.

SONJA Verzeiht mir.

LENA Natürlich.

GABRIEL Hat irgend jemand was gesagt, was ich nicht mitgekriegt habe?

SONJA Verzeiht.

LENA *(diplomatisch)* Ja, wir verzeihen alles.

FREDRIK *(wendet sich ab. Sonja steht auf und hält sich die Hände vors Gesicht.)*

LENA Sonja.

OLOF Sag nichts.

LENA Ich wollte nichts sagen.

FREDRIK *(steht langsam auf)* Was ist denn los? *(Geht auf Sonja zu, bleibt stehen.)* Sonja.

SAMUEL *(steht ebenfalls auf, umarmt sie)* Was ist denn?

SONJA *(weint offen)* Ich weiß nicht. Ich weiß nicht. Ich fühle mich so seltsam. Ich weiß nicht, was es ist. Ich kann mir nicht helfen. *(Streichelt sein Gesicht, ohne es zu wissen, legt die Hände über seine Augen.)* Sieh mich nicht an. Seht mich nicht an, wenn ich so bin ... Bitte.

LENA Ja, ja, ja.

FREDRIK Ist es was Bestimmtes ... ist irgendwas passiert ... was Chemisches? *(Rückt aus dem Sonnenschein, der sehr stark ist, weg.)* Du, bitte. Willst du dich eine Weile ausruhen? *(Schlägt etwas von seinem linken Arm.)* Du kannst doch raufgehen und –

LENA Das passiert einfach!

SONJA Nein, ich weine, um interessant zu wirken!

FREDRIK Sicher ...

SONJA Ich weine, weil es so angenehm ist!

LENA Schon gut.

SONJA Kümmert euch nicht um mich! Pfeift doch auf mich! Das ist bloß Hysterie!

LENA Wahrscheinlich das Haus und all das.

SONJA Vergeßt mich, das ist für alle das beste!

LENA Trotz allem hat es in unserem Leben unglaublich viel bedeutet – es ist unser Leben, ein großer Teil unserer Seele, jedenfalls für mich. Alles Wichtige, was ich erlebt habe, fast alles, verbinde ich mit diesem Haus.

SONJA *(streichelt immer noch Samuels Gesicht)* Verzeiht. Dank. Wie heiß du bist. Du bist nicht gesund, Sam.

SAMUEL Nein, ich hab eine kleine –

LENA Infektion.

SONJA Du mußt dich um dich kümmern ... du mußt ... ich weiß nicht, wie ... normaler, gewöhnlicher leben. *(Sam schiebt ihre Hand weg.)* Ach, jetzt kommt auch Umberto.

UMBERTO *(kommt auf die Veranda)* Verzeihung, ich ... *(Er sieht ungepflegt aus, ist fett, ein paar Knöpfe seines Hemds fehlen, so daß man seinen weißen Bauch sieht, er trägt einen senffarbenen Anzug – kommt heraus, steht verwirrt und rührend mitten auf der Veranda.)* Vielleicht ist jetzt nicht der richtige ... Ich hörte, daß ihr hier seid und ... Verzeihung.

SONJA Warum bittest du immer um Verzeihung? *(Lacht.)* Was hast du gemacht?

UMBERTO Ja, nein ... klar, ich ...

OLOF Setz dich. Hier ist Platz.

UMBERTO Nein, ich dachte ... ich dachte, ich sollte ... ja ... *(Guckt nach unten, streicht sich über seinen grauen Bart, geht dann zu dem Stuhl, sieht verstohlen Sonja an, die aufhört zu weinen, versucht, ihr zuzulächeln.)* Ja, da sollte ich vielleicht –

OLOF Setz dich. *(Muß nach einer Weile ein Stück wegrücken, weil Umberto nach Schweiß stinkt.)*

UMBERTO Ich dachte, ich sollte runtergehen zum Friedhof und ...

SONJA Mein Gott ... *(Trocknet ihre Tränen, schüttelt den Kopf.)* Warum mach ich so was? Das ist doch nicht normal. *(Sieht den Vater an, der sich bewegt, seine Decke gleitet hinunter.)* Jetzt wacht auch noch Papa auf. *(Sieht Fredrik an, der ihr sinnlos eine Hand entgegenstreckt und sie dann sinken läßt.)* Guter Versuch. Er muß eine Zeitlang wach sein, damit er nachher schlafen kann. *(Geht zum Vater, hilft ihm, sich im Sessel aufzusetzen.)* Papa – wachst du jetzt auf? *(Klingt wie ein kleines Mädchen, bückt sich und zieht ihm den einen seiner zu großen Schuhe, der sich gelöst hat, wieder richtig an.)* Du hast ein Weilchen geschlafen. Es ist Abend. *(Der Vater stöhnt.)* Es ist jetzt Abend. Du bist im Haus, in der Villa Bellini.

LENA Man kann sich fragen, warum es so heißt.

JOHN Ich weiß wohl, wo ich bin, zum Teufel! Ich hab's 1947 gekauft! *(Sieht die Schuhe an.)* Die da hast du mir geschenkt ... diese unmenschlichen Schuhe.

OLOF *(fast für sich)* Ja, so ist das.

LENA Was?

OLOF *(im selben Ton wie zuvor)* Ich weiß noch, als ich vor zehn Jahren in meinem Leben eine ziemlich schwere Krise hatte und glaubte, bald ist alles zu Ende ... Leben und Arbeit ... und ich nicht wußte, was ich machen sollte. Da bin ich zurück nach Haverdal gefahren, dem Ort, wo ich aufgewachsen bin – ich wollte versuchen, eine Erklärung für mein Leben zu finden, und wanderte auf den alten Wegen umher und fragte mich, was aus mir geworden ist, und da sah ich plötzlich, daß alle Räume und Orte und Menschen, die ich in meinen Stücken benutzt hatte, sie kommen von dort – die Frau des Schlachters und Edit, unsere Putzfrau, und der Gärtner, der Volksschullehrer war homosexuell, alle Personen in meinen Stücken kommen aus Haverdal, obwohl sie nach Stockholm oder New England gezogen sind ... Größer war, ist unsere Welt nicht. Und heute muß ich nach Paris oder Florenz fahren, um dahinterzukommen, daß es die Proportionen für ein Heimatgefühl nur in Haverdal gibt ... Ja, ihr wißt schon, was ich meine.

SONJA Papachen, komm, setz dich zu uns und trink ein Glas Wein.

LENA Dann schläft er nur wieder ein!

OLOF *(steht auf)* Nein, ich setz mich hierher. Ich krieg Sonne in die Augen.

LENA So? Da ist doch Schatten. *(Zum Vater)* Papa!

JOHN Ja, ja, ja. Ich komme ... früher oder später. *(Steht mit Sonjas Hilfe auf, geht mit kleinen, schlurfenden Schritten zu den anderen und sinkt auf einen Stuhl, den Olof ihm zurechtstellt.)* Vielen Dank, danke ... danke. *(Reicht Sonja den Stock.)* Früher war ich wie eine korinthische Säule, jetzt kann ich kaum noch gehen.

OLOF Was für ein schöner Stock.

LENA Korinthische Säule! Was heißt das!

JOHN Ich bin wohl eingeschlafen in der Sonne ... aus Ekel. Etwas, das etwas trägt ... ja, was auch immer. Ah, ihr seid da.

GABRIEL Nein.

LENA Ja, Lieber, wir sind da. Wir sind mit dem Fünf-Uhr-Dampfer gekommen. Da warst du in einer anderen Welt.

JOHN Wahrscheinlich das einzige, was ich zur Zeit kann. Ich warte nur drauf, daß meine Gebeine ins Land Kanaan kommen werden. *(Lacht ein wenig.)* Da hab ich wohl meine Ruhe.

OLOF Wir sind mit der Skarpö gekommen. *(Streichelt den schönen Stock.)*

JOHN Schön, daß ein paar von den alten Dampfern immer noch da sind.

OLOF Ja, das stimmt.

JOHN Die meisten alten Dampfer sind jetzt weg, das Glück habe ich nicht.

FREDRIK Was macht das Bein, John?

JOHN Das weißt du ja? Das wird doch nie wieder gut. Du sagst doch, es hat keinen Zweck zu operieren, wenn man so alte Adern hat wie ich. Ich lieg ja sowieso bald im Grab. Und so einen verdammten Stützstrumpf zieh ich nicht an in der Sommerwärme.

LENA Nein, da ist's besser, es tut dir weh.

SONJA Gabriel ist auch hier.

JOHN Das sehe ich. Ich sehe es. Ich sehe, mein einziger Sohn ist hier.

LENA *(zu Gabriel)* Ich war nicht sicher, ob du kommen würdest ... und wie.

JOHN Ich sehe zwar schlechter, aber nicht so schlecht, daß ich Gabriel nicht sehen kann.

GABRIEL *(leicht)* Sehen tust du mich, aber du hörst mich nicht.

JOHN Und Fredrik, mit ihm hab ich schon geredet, und Samuel, guten Tag, Samuel, es ist lange her ... nun ja, die Zeit vergeht für euch junge Leute ja so schnell heutzutage ... Und –

OLOF Olof.

JOHN Olof, ja. Genau. *(Nimmt von Sonja ein Glas Wein entgegen, sie reicht ihm auch eine Serviette.)* Danke, es geht auch so, ich werd nicht kleckern.

GABRIEL Wo ist Clara geblieben? Sie hat eine merkwürdige Fähigkeit, sich zurückzuziehen, ohne daß man gemerkt hätte, wie.

SONJA Laß sie eine Weile in Ruhe. Rede jetzt mit Papa.

JOHN *(probiert den Wein)* Ah, gut. Wirklich, sehr gut. *(Zu Gabriel)* Rede mit mir, rede mit mir ... Sag was Interessantes.

LENA Für den Preis, das muß man sagen, ist er sehr gut.

SONJA Ich frag mich, ob sie jemals wieder ans Theater kommt?

GABRIEL Warum nicht, wenn sie wieder gesund und kräftig ist?

LENA Natürlich kommt sie! Sie muß nur eine Weile wegkommen von sich selbst.

JOHN Er braucht nicht mit mir zu reden. Wir haben nicht soviel zu reden.

LENA Sie ist unglaublich begabt. Ich hab an der Schauspielschule mit ihr gearbeitet, ich weiß das! Aber sie verzettelt sich viel zu sehr. Sie glaubt, sie kann alles auf einmal schaffen.

FREDRIK Jetzt muß sie nur eines schaffen.

LENA Überleben.

FREDRIK Sie muß ... Ja, ich weiß nicht.

SONJA Jetzt ist es herrlich. Jetzt ist die Bucht vollkommen still. Jetzt müßte Mama hiersein. Sie liebte diese Stunde.

OLOF Was hast du mit ihr gearbeitet?

LENA Fräulein Julie und Nina ... ihre Durchbruchsrolle!

JOHN Ihr geht es besser, da, wo sie ist ... wollen wir hoffen.

LENA Sie ist ja Nina! Wenn auch intelligenter ... Schickes Hemd, das du da anhast, Papa!

JOHN Ja, find ich auch. Sehr schick.

OLOF Interessant, daß zwischen euch dreien jeweils vier Jahre Altersunterschied sind. Wie kommt das?

LENA Sie wollten nicht öfter.

SONJA Komisch, daß keiner von uns rothaarig geworden ist ... durch Rost. *(Lacht heftig und befreiend. Die anderen stimmen ins Lachen ein.)*

UMBERTO *(in die Stille danach)* Ich glaub, ich hab sie gesehen ... das war bestimmt Clara ... sie ging runter zur Brücke ... aber ...

JOHN Sedendo et quiescendo anima afficitur sapiens.

OLOF *(zu Umberto)* Schicker Anzug. *(Befühlt ihn.)* Was ist das?

UMBERTO Den, den hab –

LENA Ruhe und Frieden ist gut für die Seele.

UMBERTO Den hab ich auf der ... Hornsgatan gekauft, in irgendeinem Geschäft.

JOHN Nicht ganz. Von Stillsitzen und Frieden wird die Seele weise. Was immer man mit Weisheit anfangen soll in meinen Jahren. Keiner hört zu, was ein alter Mensch sagt. Die Vernunft ist wie ein Rohr im Sturm.

SONJA Diesen Sommer sollst du's nur schön haben und machen, was du willst.

JOHN Und was zum Teufel will ich!

UMBERTO *(still zu Olof)* Der erste Blutsturz des Tages.

LENA *(nach einem Augenblick)* Ist aber vielleicht etwas besser, als einsam und bitter in Östermalm zu hocken?

JOHN Ja, vielleicht. Ich schwärme nicht gerade für Östermalm im Sommer. Wenn die Schulen im Juni schließen, beginnt meine lange Wüstenwanderung. Dann wird der ganze Karlavägen wie ein Sarkophag.

UMBERTO *(still für sich oder zu Olof)* Youth is waste on young.

OLOF Was sagst du?

LENA Den Teil vom Karlavägen hab ich immer gehaßt. Die reinen Katakomben, da können nur Tote leben, die halten es aus!

UMBERTO *(räuspert sich, sagt etwas lauter)* Youth is waste on young. *(Noch etwas lauter)* Youth is waste on young.

Alle fangen an zu lachen, auch über die Tatsache, daß es ihm schwerfällt, s zu sagen, da er im Oberkiefer eine Brücke hat, die nicht gut sitzt.

LENA Das ist wahr! Das ist absolut wahr! Junge Leute wissen ihre Jugend nicht zu schätzen, wenn sie sie besitzen – sie brauchen sie nicht, sie sind einfach jung! Ein rücksichtsloser Zustand! Erst wenn man mein Alter erreicht, legt man Wert auf Jugend ... und Rücksicht! – Noel Coward? Das ist bestimmt Noel Coward.

UMBERTO *(der seitlich nach unten guckt, wie meistens)* Nja, Oscar Wilde. Ich glaube, es ist Oscar Wilde.

LENA Ist doch dasselbe!

OLOF Ich finde es schön mit den jungen Leuten. Ich liebe ihre selbstverständliche Grausamkeit, oder Klarheit, wie du sagst. Sie sehen dich an, wie dich Tote ansehen. Sie verwandeln unsere schönsten, überholtesten Ambitionen in Geschenke ans Vergessen.

LENA Ja, so kann man es ausdrücken, muß es aber nicht.

SONJA *(zu Gabriel)* Was hast du geplant für den Sommer? Fährst du irgendwohin, oder ... Clara –

GABRIEL Ich habe geplant, in den Ferien ebenso schrecklich hart zu arbeiten wie den Rest des Jahres.

SONJA Clara kann vom Heim vielleicht nicht so lange wegbleiben.

FREDRIK Nein, sie muß –

LENA Ich liebe es, mit jungen Leuten zu arbeiten! Sie sind so phantastisch offen und rein. Sie haben heute eine ganz andere Selbstverständlichkeit als wir früher, aber wir waren ja unterdrückt von den Alten! Nur – sie beschäftigen sich mit zuviel gleichzeitig, sie können sich nicht konzentrieren, sind überall dabei. *(Nimmt impulsiv Samuels Hand.)* Ich würde liebend gern mit dir arbeiten! Es wäre phantastisch, dir in einer Arbeit zu begegnen! Wir hatten ja immer so ein Feeling füreinander.

SAMUEL Ja, das wäre –

LENA Kannst du nicht einen Monolog für mich schreiben – irgendwas, was keiner von mir erwarten würde? Einen Mann spielen – Gott, ich würde zu gern einen Mann gestalten, je dümmer, desto besser!

FREDRIK Sie muß am 17. Juli zurück sein, glaub ich.

SAMUEL Ja ... vielleicht. Ich habe nachgedacht über einen Monolog für eine Frau.

SONJA Du glaubst? Weißt du's nicht?

SAMUEL Bloß ein einziger langer Satz, ohne Ende. Das erste Mal, das ich für eine Frau schreibe.

LENA Ist das wahr? Hast du an mich gedacht? Ist das dein Ernst? *(Legt eine Hand auf ihr Herz.)* Ich hab schon Herzklopfen!

GABRIEL Ich muß einfach arbeiten ... einfach mehr als je zuvor. Ich habe eine Riesenmenge Artikel –

LENA Herrlich! Ah, gleich kommt's mir! Da müssen wir drüber reden! Sofort!

GABRIEL – die muß ich für die Nationalenzyklopädie redigieren. Das wird meine ganzen Ferien in Anspruch nehmen und noch ein bißchen mehr. Wir bleiben eine Woche. Und dann muß ich noch nach Princeton im August, zwar nur ein paar Tage, aber –

LENA Es ist immer wunderbar, etwas zu haben, worauf man sich freuen kann. Ach, ich freu mich so. Gabriel macht nie Urlaub.

OLOF *(zu Umberto)* Und sonst? Wie geht's mit ...

UMBERTO Ja, es ist ...

GABRIEL Sie kann nicht mit nach Princeton, es ist ein Kongreß, und ich werde die ganze Zeit beschäftigt sein ... Man kann sagen, was man will – es wird in Seminaren wirklich unglaublich nützliche Arbeit geleistet, wenn Forscher Gelegenheit haben, Wissen und Informationen auszutauschen.

OLOF Wie geht es dir?

UMBERTO Nja, ich weiß noch nicht.

LENA Er hat sich noch nicht entschieden.

UMBERTO Nein, das ist schwer.

JOHN Das Merkantile hat in den jungen Leuten Wohnung genommen.

UMBERTO *(still zu Olof, er ist der einzige, der es hört)* Man hat mich entlassen ... rausgeschmissen.

GABRIEL Ich dachte, merkantil hat zu tun mit Handel.

LENA So jung ist er doch nicht!

GABRIEL Ich soll ganz einfach an einem Seminar teilnehmen, das versuchen wird, die Voraussetzungen für eine gemeinsame Basis von Technikern und Management zu diskutieren, um die Probleme zu lösen, die entstehen, wenn riesige Kosten bei einem ambitionierten Projekt riskiert werden, das schon im Planungsstadium gegensätzliche Erwartungen schafft, auch wenn es komplett vom Staat finanziert wird, der ja doch das Ziel hat, daß daraus Zulieferbetriebe und Arbeitsplätze resultieren. Trotz aller Behauptungen richten faktisch nicht Techniker und Chemiker die großen Schäden in unserer Welt an – sondern Managements und Planer, weil sie so abhängig davon sind, daß Investitionen sich rentieren, daß sie Lösungen erzwingen, mit verhängnisvollen Konsequenzen. Ich kann's euch ja erzählen – wenn man beim Abschuß der Challenger-Rakete, die 73 Sekunden nach dem Start explodiert ist, die Chemiker berücksichtigt hätte, die gewarnt hatten, daß der Gummi, der bei der Umkapselung der äußeren Brennstofftanks verwendet worden war, auf Kälte mit Schrumpfen reagiert, und es war an dem Tag in Florida außerordentlich kalt, hätte man die Katastrophe vermeiden können. Das nur als Beispiel. Es gäbe vermutlich keine Zivilisation, für die man Gesetze schaffen muß, hätte es nicht Menschen gegeben, die aus unterschiedlichen Gründen, die sie nicht verteidigen müßten, würden wir nicht in so einer technikphobischen Welt leben, von der Leidenschaft erfüllt waren, Neues zu entwickeln und zu testen, neue Materie, neue Materialien …

OLOF *(zu Umberto)* Schrecklich. Was willst du machen?

UMBERTO Ja … *(Nickt.)* Ich weiß nicht, was … *(Streicht sich über den Bart.)* Ich weiß nicht, was man machen kann. Ich bekam die Kündigung direkt nach der Abschlußfeier.

OLOF Habt ihr das gehört?

UMBERTO Nein, nein, nein.

OLOF Umberto ist arbeitslos.

SONJA Stimmt das? Wie unangenehm.

LENA Es ist ekelhaft zur Zeit. Und wird noch schlimmer!

UMBERTO Ja, sie haben dem Direktor gekündigt, dem Kurator und fünf Lehrern …

SONJA Was willst du machen?

UMBERTO Ich hab da gearbeitet seit … zehn Jahren. Jetzt sind bald keine Lehrer mehr da, nur noch Schüler.

LENA Ja, es ist schrecklich, einfach schrecklich. Und es wird sicher noch schlimmer, als wir's uns je vorstellen können!

GABRIEL Als vorige Woche bei Ericson ein Laborposten ausgeschrieben wurde, gab es zweihundert qualifizierte Bewerber, darunter zwei Doktoren der Elektrochemie von der KTH und ein Cheflaborant von Kema Nord.

LENA Das ist erst der Anfang.

SAMUEL *(hat sich geschneuzt, läßt das Taschentuch neben Umbertos Hand fallen.)*

UMBERTO *(reagiert heftig, nimmt das Taschentuch und wirft es auf den Verandaboden, als schlage er nach einem Insekt, schreit auf.)*

LENA O je! … Das war ja was.

SONJA *(zu Umberto)* Du hast wohl eine tüchtige Bazillenphobie.

UMBERTO Ja, ekelhaft. Einfach ekelhaft. *(Streicht sich über die Stirn, guckt weg.)*

OLOF *(nach einer kurzen Pause)* Man berechnet, daß wir sieben Prozent Arbeitslose haben werden, bevor das Jahr um ist.

LENA Zehn Prozent.

JOHN Dann haben jedenfalls 93 Prozent Arbeit.

SONJA Und wie soll ich da unten Arbeit finden – ich hab ja schon eine Arbeit, dir mir gefällt. Jetzt arbeite ich seit siebzehn Jahren und hab keine Ahnung, was ich da machen soll ... ich hab kein Kind, um das ich mich kümmern kann, kein Heim ...

FREDRIK Ja, aber ... Ja, es wird nie wieder sein wie früher.

LENA Das war es doch nie!

OLOF Das war es seit den fünfziger Jahren nicht mehr!

JOHN Gut, daß man es hinter sich hat.

OLOF Die Welt ist hart.

FREDRIK *(steht auf)* Ja, das ist sie.

GABRIEL Uns wird es ergehen wie allen anderen.

LENA Das ist auch an der Zeit!

OLOF Bald gibt es ebenso viele Arbeitslose wie Blätter in Vallombrosa.

SONJA Wo willst du hin?

UMBERTO Ich hab's noch nicht begriffen. *(Guckt zu Boden, sagt still)* Ein Glück vielleicht, daß Sommer ist.

FREDRIK Ich weiß nicht. *(Steckt die Hände in die Hosentaschen, macht ein paar Schritte zum Geländer, lehnt sich dagegen, lächelt unbekümmert.)* Wo soll ich hin?

SAMUEL Ich hab eine Freundin, die hat sich bei MacDonalds an der Folkungergatan beworben, es waren hundert vor ihr, und das ist die schwerste Arbeit in der Stadt.

OLOF Ein Spaziergang wäre jetzt schön.

JOHN Solvitur ambulando.

LENA Vor einer Weile hast du genau das Gegenteil gesagt!

Es fängt an zu regnen, still, die Tropfen prasseln auf die Blätter, und es wird dunkel.

CLARA *(hat Doo-Bop aufgelegt, die letzte Einspielung von Miles Davis.)*

LENA Es wird noch furchtbar werden ... für alle und jeden ... Jaja!

JOHN Es regnet.

LENA Ja, allerdings! Was hab ich gesagt!

Alle stehen auf, außer Olof und Umberto.

LENA Wir müssen reingehen!

OLOF *(guckt John an, der mit sehr kleinen, aber schnellen Schritten zur Tür geht)* Ja, das ist schön. Wann ist er geboren?

GABRIEL 1917.

SONJA Das ist lange her. Jedenfalls konnten wir ein Weilchen draußen sitzen. Vielleicht das einzige Mal diesen Sommer. *(Zu Olof, während sie Gläser, Flaschen und Schalen einsammelt)* Wir haben letzte Woche dein Stück gesehen.

LENA Jetzt hab ich Hunger! *(Nimmt den übervollen Aschenbecher.)* Starb nicht deine Mutter an Lungenkrebs, den sie bekam, weil sie soviel rauchte, weil sie sich Sorgen machte, was mal aus dir wird.

OLOF *(zu Sonja)* Sie sind jetzt müde. Sie spielen es schon so lange, und jetzt müssen sie fünfmal die Woche spielen.

LENA Das müssen wir auch! Hilf uns lieber! *(Nimmt ein paar Gläser und geht ins Wohnzimmer, spricht beim Gehen.)* Wir haben die ganze verdammte Saison! Es ist das begehrteste Stück der ganzen Stadt!

OLOF Meines ist fünf Stunden lang. Ja, es ist wunderbar.

LENA *(die letzteres und seinen Ton hört, antwortet aggressiv)* Wunderbar? Du mußt dich nicht so furchtbar ereifern – aber es funktioniert, es taugt für seinen Zweck.

OLOF *(zu Sonja, die wieder herauskommt, um Sachen hineinzutragen)* Was fandest du? *(Steht auf, nimmt einen Stuhl und stellt ihn an die Wand.)* Hat es dir gefallen?

FREDERIK *(der auch einen Stuhl nimmt und ihn wegstellt)* Es war … anspruchsvoll.

SONJA Ich finde, sie haben wunderbar gespielt – die Schauspieler sind phantastisch, das sind sie, aber es ist wohl zu düster, zu düster für mich. Es ist sehr düster.

OLOF Ja, es ist düster. *(Nimmt einen Stuhl, hält inne, stellt ihn wieder hin.)* Es schließt alle Türen. Aber fandest du es nicht auch lustig, manchmal? Hast du nicht gelacht?

LENA Mir war es auch zu düster.

SONJA Natürlich hab ich gelacht. *(Lacht.)* Ich hab mehrmals gelacht. Ich konnte es nicht lassen. Aber «Time Is Our Home» hat mir besser gefallen. Das liegt mir irgendwie mehr. *(Zu Lena.)* Hast du den Aschenbecher ausgeleert? Bist du sicher, daß keine Glut mehr drin war?

LENA Das sagen viele. Es ist dein bestes Stück. *(Zu Sonja)* Klar, hab ich! Ich weiß, was ich tu! Du bist in den Wechseljahren!

OLOF Es ist nur anders, leichter und schneller. In diesem ist kein Platz für Liebe.

SONJA Ja, genau.

LENA Ich bin in den Wechseljahren, seit ich Teenager war. *(Zu Olof)* Du lebst vom Schlechten.

SONJA *(zu Samuel)* Paß auf, daß dir nicht kalt wird. Zieh einen Pullover über.

UMBERTO *(zu Lena)* Ich hab «Die Schwestern» gesehen. *(Räuspert sich.)* Ich fand, es war –

LENA Ja, ich weiß! *(Legt eine Hand auf seinen Arm.)* Danke für die Blumen! Sie waren wundervoll! Danke, Lieber! Ich hab mich so gefreut!

UMBERTO Es war sehr schön.

Die anderen gehen mit dem übrigen Porzellan hinein. Umberto, Samuel und Olof bleiben auf der Veranda, haben aber die Stühle verschoben, so daß sie nicht naß werden.

OLOF Ich will nur eine Zigarette im Regen rauchen.

UMBERTO Ich fand es wirklich sehr gut. Es war eine sehr gute Vorstellung. Lena ist so schön. Sie ist so …

OLOF Das ist sie. Sehr schön … Bellini ist doch ein italienischer Komponist? *(Zu Samuel, nach einem Augenblick)* Hast du «Der Sommer» gesehen?

LENA *(die herauskommt)* Ob er es gesehen hat! Natürlich hat er! *(Beugt sich vor und küßt Olof.)* Er hat's mit mir gesehen! Ich hab die Karten besorgt! *(Küßt ihn wieder.)* Du warst doch mit! Erinnerst du dich an nichts mehr? *(Bringt ihn dazu, sie auf den Mund zu küssen.)* Oder wie? *(Sagt zu Sonja, löst sich aus der Umarmung)* Du hast Waschhandschuhe auf die Toilette gelegt statt Handtücher!

UMBERTO *(steht auf)* Soll ich …

SONJA *(abwesend, nicht direkt zu Lena)* So? Ich hab an so vieles zu denken.

LENA Du hast nicht an halb soviel zu denken wie ich! Du denkst nur langsamer. Wo ist Papa?

OLOF *(leicht, zu Samuel)* Wie fandest du es? Wahrscheinlich nicht gerade die Art von Stück, die dir gefällt.

LENA Er kann es doch trotzdem gut finden – aber da waren nicht so viele Leute an dem Abend, es sind immerhin fünf Stunden, aber die, die da waren, waren sehr interessiert, haben zugehört. *(Dann geht sie, in die Küche, beginnt abzuwaschen, was sie immer tut.)*

SAMUEL Ich weiß nicht. Ich bin vielleicht ziemlich immun gegen diese Art von Theater. *(Lächelt.)* Ich hab das Gefühl, daß ich es schon fünfzehnmal gesehen habe. Liegt vielleicht daran, wie es inszeniert ist. Eher vorsichtig. *(Streckt die Beine aus, nimmt die Hände aus den Hosentaschen, streicht sich ein paarmal über die Schenkel.)* Ich bedeute ja nichts als Zuschauer, sie erzählen mir alles, sie stellen sich sogar so hin, daß ich die ganze Zeit ihr Gesicht sehe. Sie erzählen nichts, was ich nicht schon wüßte. Ich begreife nicht, wie sie das schaffen.

OLOF Ich weiß. *(Lacht ein wenig.)* Ich bin wohl besessen von einem verkommenen Bürgertum. Und von der Wiederholung. Aber ich bin sehr glücklich über die Inszenierung. Eine der besten, die ich kenne.

SAMUEL Ah, ja.

OLOF Ich halte viel davon. Wie sie spielen.

UMBERTO Ich hab's nicht … leider nicht … nicht geschafft, sie zu sehen. Ich sollt es wohl … versuchen. *(Streicht sich über den Bart, lächelt – der Mund sieht aus wie eine alte schwarze Wunde.)* Ich hab jetzt reichlich Zeit, keine Interferenzen. Ha ha.

OLOF Hast du denn was gesehen, das dir gefällt? Was gefällt dir?

SAMUEL Da gibt's nicht soviel. *(Wartet.)* Ja – Koltés … Beckett natürlich. Pérez war auch interessant, zumindest ein

Versuch. Ich kann mich nicht recht engagieren bei diesen bürgerlichen Beziehungen, weder auf der Bühne noch sonst irgendwo ... die können sich ruhig mit sich selbst beschäftigen, während sie sterben. Ich bin vielleicht mehr ... auf der Suche nach Orten ... die den Menschen formen ... nach dem Ort für Fremdheit ... wo sie verbrannt werden, bevor sie eine Beziehung entwickeln können, aber das ist ja schon eine Beziehung. *(Lächelt vor sich hin.)* Mich beschäftigt wohl mehr der Monolog als der Dialog. Vielleicht schreibe ich einen stillen Roman für die Bühne, in dem die Intrige der Ort ist ... der Raum. Ich bin wohl mit einem Messer geboren. Es passiert niemals etwas Wunderbares im Theater. Ich bin nicht daran interessiert, an einer Illusion teilzunehmen, die früher oder später gebrochen wird. Ich will keinen zweiten Abguß der Welt machen. Ich lebe in einer Welt ohne Illusionen, und nicht mal das ist eine Illusion. Ich suche nach einem Ort, wo es ganz einfach keine Illusion geben kann – wo man nicht durch Desillusionierung stirbt, sondern durch den Tod. Alles ist zusammengebrochen. Das bürgerliche Drama ist ebenso tot wie der Aralsee. Ich schreibe für andere Menschen, Flüchtlinge, die Kinder am Hauptbahnhof in Moskau, Selbstmörder, Pasolinis Kinder. Ich will ein anderes, nacktes Publikum, mit dem man keine Verabredung hat. Ich will keine Verabredung. Ich bin kein Verabredungsmensch. Ich will sie mit Liebkosungen überschütten, zusammengerollt wie Peitschen. Ich will, daß sie sterben oder leben wollen, wenn sie eins meiner Stücke gesehen haben. Ich suche etwas, das größer ist.

OLOF Größer ... als was?

SAMUEL Größer ... als die Vergangenheit, die Geschichte. Ich reduziere, soviel ich kann, um dahinzukommen, zum Ende. Ihr tragt eure Scheißvergangenheit wie eine Mülltonne. Das Theater, das ich schreiben will, das ist nichts für euch.

LENA *(laut von drinnen)* Ruf heut abend deine desinteressierte Steuerberaterin an!

SAMUEL Sondern für alles, das um sein Überleben kämpft. Das fast ohne Haut ist. *(Steht auf.)* Ich muß telefonieren. *(Geht.)*

OLOF Klar. Bis später. *(Sie sitzen eine Weile still da – Olof lauscht in Richtung Wohnzimmer, auf die Stimmen Lenas und Samuels.)* Ja, es ist schön hier. *(Man hört Lenas kräftiges, fröhliches Lachen.)* Da ist noch etwas Wein.

UMBERTO Es ist ihr Lachen. Ja! Gern. Danke. *(Olof schenkt ihm ein.)* Danke sehr ... Es gibt niemanden, der so lacht wie sie.

OLOF Gott sei Dank. *(Lacht.)* Sehr gut. Ich vertrage nichts. Ich werde noch betrunken. *(Guckt Umberto an, der Schuppen auf den Schultern hat.)* Prost.

UMBERTO Ja Prost. *(Trinkt.)* Ich kenne niemanden, der so lacht wie sie. So hat sie schon gelacht, als sie ein kleines Mädchen war. Ein lebensbejahendes Lachen. Man wird glücklich, wenn man es hört ... Eine Weile jedenfalls. *(Nickt, preßt die Lippen zusammen, lächelt erneut wehmütig.)* Ich hab sicher alle Stücke gesehen, wo sie mitgespielt hat. Ich bin sicher ihr bester Zuschauer. *(Lacht.)* Ich hab ja alles verfolgt, seit sie jung war, obwohl ich sieben Jahre jünger bin. John und mein Vater haben zusammen dieses Haus gekauft, irgendwann in den vierziger Jahren, dabei war er fast nie hier, während ich sicher jeden Sommer hier war. Aber Lena und Peter waren immer den größten Teil des Sommers weg. Sind nach Spanien gefahren.

OLOF Ja, genau. Du bist Lehrer – welche Fächer?

UMBERTO Ich war ein paarmal in Sevilla. Dort gibt es eine große gotische Kathedrale. Wunderschön. *(Lauscht wieder auf Lenas Lachen, lächelt und atmet dann hörbar ein, stöhnt.)* Ja, das frag ich mich auch. Früher einmal nannte man es Christentumskunde, dann wurde es Religionskunde, und jetzt heißt es GO – Gesellschaftsorientierte Fächer. Ich hatte, wie heißt das, die Quarten und Tertien, genau die, die von der Schule so weit weg sein sollten wie möglich. *(Lächelt bitter.)* Ich wollte wohl eigentlich nicht Lehrer werden, aber es sind wohl nicht sehr viele geworden, was sie wollten. Ich war 68 im Studentenhaus mit dabei – ganz passiv an der Peripherie –, als es um Reformen und Erneuerung des Unterrichts ging. Ich bin ein Opfer meines Zukunftsglaubens, kann man sagen. Unsere Ideen sind tot, aber wir leben noch. *(Lächelt wieder, noch bitterer.)* Man sollte vielleicht dankbar sein, daß sie einen rausgeschmissen haben. Die, die noch da sind, haben überhaupt keine Hoffnung. *(Trinkt Wein.)* Eigentlich dachte ich daran, Journalist zu werden, als ich an der Uni war. *(Steht auf, geht umher, geht zur Verandatür, guckt hinein, kommt zurück.)* Schreiben. *(Setzt sich wieder, wiegt ein wenig den Oberkörper.)*

OLOF Ja. *(Nickt.)* Wie alt bist du?

UMBERTO Leben. *(Preßt wieder die Lippen zusammen, so daß er aussieht wie ein altes Kind.)* Ja, ich bin wohl ... bald vierzig. *(Schließt und öffnet seine Hände. Olof gießt ihm den Rest des Weines in sein Glas. Er wiegt weiter den Oberkörper vor und zurück.)* Tja, das Leben ist bald vorbei, was mich betrifft. Und du schreibst an einem neuen Stück?

OLOF Nein, an einem alten. Das stimmt. Ich schreibe eines meiner alten Stücke um.

UMBERTO Re-re-re ... wie heißt das? *(Lacht.)* Du weißt wohl nicht, wie viele Stücke du geschrieben hast? *(Lena lacht wieder.)* Sie haben anscheinend viel Spaß.

OLOF Sie sind gleich alt. Ich sage immer fünfzehn, aber es sind bestimmt dreißig. *(Trinkt aus.)* Und alle sind schlecht, keines ist gut.

UMBERTO Was sagst du?

OLOF Keines ist gut, alle sind schlecht.

UMBERTO Nein, aber ... Warum sagst du das? Machst du Witze?

OLOF Nein.

UMBERTO Wieso findest du das? *(Guckt neugierig und mit einer Art Befriedigung Olof an, der lächelt.)* Du hast doch unglaublich viel Lob und Anerkennung bekommen.

OLOF Das bedeutet nichts – die Kritik auch nicht. Ich weiß, was ich geschrieben habe. Ich bin in der Lage, meine eigenen Werke zu betrachten, als wären sie die eines anderen. Ich sehe, daß es schlecht ist, schlechter, als ich geahnt habe – es dauert ja, bis man die Kraft hat, klar zu sehen. *(Guckt Umberto nicht an.)* Nach zweiunddreißig Jahren Schreiben bin ich langsam zu der Erkenntnis gekommen, daß ich kein einziges Werk geschrieben habe, das von Bedeutung ist ... Obwohl sie immer noch Geld bringen. Es ist nicht nur schlampig, undurchdacht, zufällig, hysterisch – irgend jemand in Deutschland schrieb, ich sei der beste heute lebende hysterische Schriftsteller *(lacht)*, sondern auch sprachlich dürftig und minderwertig. Ich dachte, zumindest die

Sprache wäre lebendig, aber das ist sie nicht – nichts als Beziehungsfehler und Banalitäten und Brei, sie ersäuft sich sozusagen. *(Kurze Pause)* Das Eigenartige ist, daß die Erkenntnis meiner ernsthaften Mängel mich nicht aufgehalten oder gebrochen hat, im Gegenteil – ich hab mich beinah danach gesehnt, daß mir meine Schwächen offenbar werden, obwohl ich es so lange wie möglich vor mir hergeschoben habe, denn es erfordert einen kommunizierenden Mut, sich umzudrehen und das eigene Werk sterben zu sehen und vor sich eine größere Anstrengung zu ahnen, eine Ehrlichkeit, die einen jagt wie die Eumeniden. Aber jetzt habe ich erkannt, was ich lange gewußt habe. Jetzt fühle ich mich erlöst. Es ist keine falsche Bürde mehr. Ich bin beinah an dem Punkt, wo ich vielleicht ein bedeutender Dramatiker werden kann, ich weiß, ich habe ein ungewöhnliches Talent ... für die Bühne. In diesem Augenblick bin ich zugleich tot und lebendig, denn ich bin der einzige, der die Wahrheit kennt. Das ist, als habe man eine heimliche Geliebte, die einen Schatten der Verlogenheit auf alles wirft, was du tust – die Wahrheit zu kennen. Menschen kommen zu mir und danken mir für meine phantastischen Stücke und sagen, ich hätte ihnen soviel bedeutet und ihnen so wichtige Stunden geschenkt ... bitten mich um Autogramme, und ich will schreiben ... Olof Bluff ... weil ich mich fühle wie ein Verräter, ihnen gegenüber und mir ... Aber ich liebe die Bühne, ich liebe sie mehr denn je und mehr als alles andere – nur dort finde ich einen Grund zu leben und zu lieben, dort habe ich Lena gefunden, und dort werde ich sie verlieren. Die Bühne war nie so rein und leer und durch ihre Reinheit herausfordernd wie jetzt ... Dort wird sie mir entgleiten, und ohne daß sie es merkt ... Es ist wie ein Grab, ein antikes Grab – ich ziehe meine Glieder aus den Umarmungen der anderen, während wir sinken ... Jedes Jahr, das vergeht, wird das nur noch zwingender und erschütternder ... Ich weiß nur nicht, wie ich, ohne den anderen den Tod zu bringen, meinen eigenen toten Körper verlassen und werden kann, der ich bin. Ich will alles hinter mir lassen und aufbrechen, verschwinden wie diese Menschen, über die man manchmal liest, die ohne Erklärung Heim und Familie verlassen und nie zurückkommen – als hätte es sie nie gegeben. Ich habe

Sehnsucht, das gleiche zu tun, aber ich bin weder so mutig noch so verzweifelt. *(Lacht.)* Ich höre direkt, wie jemand diesen Monolog auf einer Bühne hält. Ja, ja, ja. Um in meinem eigenen Leben meine Ruhe zu haben, tue ich manchmal so, als sei es aus mit Lena und ich lebe wieder allein – obwohl ich sie liebe. Alle sagen, daß ich sie liebe, daß sie es sehen. Es ist, als könnte nur die Einsamkeit meinen Gedanken und Handlungen Sinn geben … Nur muß mir jemand helfen, aufzustehen aus meinem eigenen Grab.

UMBERTO *(hat zu Boden gesehen, während Olof gesprochen hat, ihn aber ab und zu mit einem zufriedenen Blick angeguckt)* Ja … also … ich … Ich würde –

OLOF Warum sag ich das alles? *(Lacht.)* Ich hab zuviel getrunken.

UMBERTO Ich würde alles geben, was ich habe, … wenn ich –

OLOF *(ein wenig grausam)* Hast du soviel? Hast du etwas?

UMBERTO *(steht auf und geht fünf Schritte nach links, wendet sich halb Olof zu, zittert am ganzen Körper)* Ich würde alles geben, wenn ich je … je … jemanden bekäme wie Lena … wenn sie mich mögen könnte! Ich würde mich selbst ans Kreuz schlagen, wenn sie sich für mich interessieren könnte, ich wäre der glücklichste Mensch auf der Welt!

OLOF *(nach einer kurzen Pause)* Ich weiß.

UMBERTO *(zieht an einem Ärmel seines senffarbenen Anzugs)* Ich habe sie geliebt, seit ich … vier war … Es ist wahr. Ich war vier, und sie war zwölf! Sie ist meine erste und meine letzte Liebe. Sie ist so schön, sie ist so wunderbar, sie ist so … alles! Alles!

OLOF Sicher, ist sie.

UMBERTO Alles. Einzigartig! *(Aggressiv)* Einfach lächerlich! *(Guckt Olof an.)* So häßlich und grotesk, wie ich bin. Das weiß ich doch. Es gibt doch niemanden, der mich ernst nimmt! Ich hab seit fünfzehn Jahren keinen Schüler dazu gebracht, mir zuzuhören! Welches Recht hab ich, sie zu lieben! Keines! Aber ich tu's. Ich liebe Lena! Wie kann ich's wagen!

OLOF Ja …

UMBERTO *(laut)* Wie kann ich's wagen! Ich weiß es nicht. Jedenfalls tu ich's. Ich hab sie mein ganzes Leben geliebt, jeden

Tag, jede Stunde, jeden Augenblick meines Lebens denke ich an sie. Ich komme her, Sommer um Sommer, obwohl ich weiß, ich werde nur unglücklich und gedemütigt... Ich versuche abzunehmen, jeden Sommer gehe ich schwimmen die ersten Tage ... aber dann entdecke ich, wie sinnlos es ist... Das ist das einzige, wofür ich den Rest des Jahres lebe – daß es Sommer wird und ich sie wiedersehe und daß sie vielleicht ... ich weiß nicht ... Irgendein Wunder muß mich dazu bringen, die erlösenden Worte zu sagen, damit sie mich endlich bemerkt. Das ist das einzige, was ich mir wünsche ... wenn ich ihr das nur sagen könnte, wenn ich mich nur traute.

OLOF Mach das. Sag es. Mach die Augen zu und sag es.

UMBERTO Dann kann ich sterben ... Nein, dann kann ich ...

OLOF *(sitzt still, nimmt eine Zigarette heraus, zündet sie aber nicht an, versucht, einen Fleck auf dem Jackettärmel auszureiben, guckt auf seine Nägel hinunter)* Ja.

UMBERTO Was soll ich dann machen? Ich weiß nicht ... Wahrscheinlich ist das so, als ob ich krank war und mich danach gesehnt habe, gesund zu sein, und dann entdecke, daß die Krankheit besser war. *(Sieht Olof an, Olof nickt.)* Es gibt keine Hoffnung ... es gibt keine Hoffnung. *(Fängt ein bißchen an zu weinen, dreht sich dann um und geht mit raschen Schritten die Treppe hinunter.)*

OLOF *(öffnet heftig den Mund, schließt ihn wieder. Es hat aufgehört zu regnen, das Licht ist jetzt ruhig, klar und weiß. Er guckt zur ersten Etage hinauf, wo er die Stimmen der anderen hört.)*

CLARA *(ganz weiß gekleidet, weißes Kleid, weißes T-Shirt, auf dem John Coltrane steht, kommt die Treppe herauf, bleibt stehen, sieht ihn an)* Hallo.

OLOF Hallo.

CLARA Ja, ich bin Clara.

OLOF Ist mir klar. Hallo. Ich bin Olof.

CLARA Ich weiß. Wir sind uns mal begegnet. Das weißt du nicht mehr.

OLOF Wirklich? Wann denn?

CLARA Macht nichts. Ich war sehr jung. Ich hatte kurze Haare.

OLOF Du bist immer noch jung. *(Lächelt.)* Wann war das?

CLARA Ich wollte wie ein Junge aussehen. Ich sehe jetzt nicht aus wie damals. Wie Jean Seberg. *(Pause)* Ich weiß nicht, was ich sagen soll. Ich hab alle deine Stücke gesehen ... glaub ich ... Bevor ich krank wurde. Du hast vielleicht noch mehr geschrieben, die ich nicht gesehen habe. *(Kurze Pause)* Ich hab dich auch im Theater gesehen, bevor du mit Lena zusammen warst. Aber du hast mich nicht gesehen.

OLOF Ich weiß nicht. Ich kann mich nicht erinnern. «Die Möwe» hab ich leider nicht gesehen.

CLARA Dann hättest du dich an mich erinnert. Aber jetzt wirst du dich an mich erinnern. Ich will nicht mehr reden.

OLOF Nein.

CLARA Tschüß. *(Geht hinein.)*

FREDRIK *(kommt heraus)* Hat es aufgehört zu regnen? *(Pause)* War das Clara, mit der du geredet hast? *(Olof nickt.)* Worüber habt ihr geredet?

OLOF Nichts Besonderes.

FREDRIK Was hat sie gesagt?

OLOF Sie hat nichts Besonderes gesagt.

FREDRIK Sie sagt immer etwas Besonderes ... Ich frag mich ... Ja, wie findest du sie?

OLOF Ja, ich hab sie ja nur kurz gesehen ... sieben Minuten. Sie ist ... sie ist sehr schön.

FREDRIK Unglaublich ... Sie ist so rein.

OLOF Wunderschön. Ich hätte sie gern als Nina gesehen in der «Möwe». Ist sie klargekommen mit dem vierten Akt?

FREDRIK Ich finde, sie war ... unglaublich ...

OLOF Sie sieht aus wie ein Kind, oder ich weiß nicht ... rein.

FREDRIK Sie war ... Sie ist ... Ich weiß nicht, wie ... Sie hat mein ganzes Leben zerschlagen. Mein ganzes Leben ist zerbrochen durch ihren ... Geist ... Nein, so ist es nicht. Sie hat mich aufgeweckt aus meinem Grab. Sie hat ... sie ist. Ich meine – ich wollte es! Ich habe mich danach gesehnt, die ganze Zeit. Ich habe mich danach gesehnt.

OLOF Ach so. Ja, ich verstehe.

FREDRIK Ich weiß nicht mehr, wer ich bin. Seit dem Augenblick, als ich ihr im Zug von Lund begegnet bin, bin ich verwandelt, verbrannt … ich brenne … ich brenne von ihr, die ganze Zeit. Ich tue nichts anderes, als mich nach ihr zu sehnen! Es ist, als wäre man krank! Ich versuche zu deuten, was sie sagt, ich drehe und wende es wie eine Chiffre, die vielleicht eine Nachricht für mich enthält. *(Leise)* Ich will alles verlassen. Ich will ihr folgen, wohin sie auch geht. Ich will in ihrer Welt leben und dort bleiben, für immer. Verstehst du? Das erste Mal in meinem Leben liebe ich. Ich bin wie eine Motte vor einer unermeßlichen Flamme … Sie weiß nicht, wie ich leide. Sie ist unschuldig. Sie kann es nicht ändern.

Ein paar Tage später. Vormittag. Die Sonne scheint kräftig auf die Veranda und ins Wohnzimmer, die Strahlen fallen durch das Laubwerk um das Haus. Lena und Olof sind nach dem Frühstück noch sitzen geblieben. Lena liest die Morgenzeitung. Olof trinkt Kaffee.

OLOF *(der raucht und leicht abwesend ist, nimmt den Kommunalteil der Zeitung, sieht ihn an, seufzt, schiebt ihn wieder weg, sagt mehr zu sich selbst als zu Lena)* Ich weiß nicht recht, was ich machen soll.

LENA *(ein wenig hart, schnell)* Ich weiß es.

OLOF Zuerst. Was ich zuerst machen soll. *(Sieht sie an.)* Klar, klar, klar. Die anderen sind an den Strand gegangen … oder? *(Kurze Pause, doch sie antwortet nicht.)* Na, wie? Hast du gut geschlafen heut nacht?

LENA Ich lese. Ich werd das jetzt nicht feststellen. *(Trocken)* Keine gute Frage.

OLOF Ich verstehe.

LENA *(ohne ihn anzusehen, leise und müde)* Nicht im geringsten. Darum macht es nichts, aber hör bloß auf. Ich hab nicht eine verdammte Sekunde geschlafen. *(Wedelt den Rauch weg.)* Kannst du freundlicherweise … *(Atmet heftig, als sei sie gelaufen, um zu zeigen, wie schwer ihr das Atmen fällt.)* Einfach ekelhaft! *(Blättert in der Zeitung.)*

OLOF Okay. *(Sitzt still da, lacht dann. Sie reagiert nicht.)* Weißt du, woran ich denken mußte? Damals, als du von Malmö anriefst, wo du irgendwas im Fernsehen machen solltest – du hast aus dem Proberaum angerufen –

LENA Vom Flugplatz.

OLOF Vom Flugplatz, ja.

LENA Ich stand am Flugplatz und blutete, als ich zum Studio fahren sollte, wollte dir aber trotzdem hallo sagen, das war wichtiger, als daß es weh tat.

OLOF Ja, genau. Und da hast du heftig geatmet, so *(atmet heftig)* und gesagt: Wollen wir zusammen atmen? Oder hast du gesagt: Wollen wir zusammen heftig atmen? Das war wunderbar. *(Kurze Pause)* Fredrik muß heut nachmittag in die Stadt, aussagen in einem Prozeß mit einem zwölfjährigen Mädchen, das vergewaltigt wurde, jedesmal, wenn die Familie einen älteren Verwandten besucht hat.

LENA Ekelhaft. Daran denk ich auch manchmal. *(Atmet heftig, wie damals, aber ohne Freude.)*

OLOF Es war wunderbar.

LENA Rede mit deiner Steuerberaterin.

OLOF Ja, bald. In einer Weile.

LENA Du mußt mit ihr reden, wenn was werden soll aus der Reise. Die wollen ihr Geld.

OLOF Ja, ich weiß.

LENA Frag sie, wie hoch der Tagesmehraufwand in Italien ist. Bestimmt weniger als in New York.

OLOF Bitte? Wie meinst du das?

LENA *(sieht ihn an)* Du bist doch nicht bescheuert? Doch, ja, wenn es um Geld geht.

OLOF Augenblick mal, Augenblick mal –

LENA Ich tu nichts anderes als warten. *(Er guckt sie an, sie guckt zurück.)* Sonst kann ich mir Reisen nicht leisten. Du verdienst daran, nicht ich. Du verdienst daran, wenn du für mich Tagesmehraufwand berechnest, ganz zu schweigen von allem anderen, was du an mir verdienst. Aber davon reden wir jetzt nicht. Ich wär fast ohnmächtig geworden, als der Regisseur von «Time is Our Home» mir erzählt hat, so könnte ich meine eigenen Repliken nicht sagen, meine Repliken, die du im Stück verwendet hast! Wenn du unsere täglichen Ausgaben in Italien als Tagesmehraufwand für dein Unternehmen einsetzt, mußt du das Geld später nicht versteuern. So macht man das, verstehst du. Das ist gut für dich! Niemand will dir was wegnehmen. Statt dessen bekommst du etwas. Das ist gut. Alles ist gut für dich!

OLOF Du meinst, ich soll deine Ausgaben über mein Unternehmen laufen lassen?

LENA Ja, großer Gott. Soll ich es auf ein riesengroßes Schild schreiben? Es ist deinetwegen. Du verdienst daran. Du brauchst Abzüge! Was willst du sonst mit einem Unternehmen!

OLOF Ja, schon gut, ich weiß. Aber schrei nicht so. Ich sitze einen halben Meter von dir entfernt.

LENA Ich schreie nicht. Ich versuche, dir etwas begreiflich zu machen.

OLOF *(leicht)* Und da schreist du? *(Um es ihr zu erklären, als sie ihn kühl ansieht)* Ja, wenn du versuchst, mir etwas begreiflich zu machen, schreist du.

LENA Eine schlechte Replik aus einem schlechten amerikanischen Stück. Das ist unter deiner Würde, oder vielleicht auch nicht. *(Spricht lauter und deutlicher.)* Ich spreche laut und deutlich, weil ich ein eindeutiger und klarer Mensch bin. Darüber solltest du froh sein. Lern lieber etwas daraus. Du warst viel zuviel mit Menschen zusammen, die undeutlich und unsicher waren und dich haben machen lassen, wie du wolltest, ohne daß du deine Handlungen verantworten mußtest, nur damit du deine Macht behalten und ausüben kannst, wie du's eben tust, weil Menschen ihre Bedürfnisse und Fehler auf dich projizieren *(Olof unterdessen: Ja, ja –)* und sich nicht eingestehen müssen, daß du die gleichen gewöhnlichen Gefühle hast wie alle anderen armen Menschen hier auf Erden und kein Gott bist, der festlegt, wieviel Freiheit anderen in deiner Nähe gestattet wird, nein, du bist ebenso schwach und groß und menschlich wie wir anderen. Aber du versuchst, alles zu bestimmen, dadurch, daß du soviel Macht hast, und alle nehmen das so hin. Außer mir, ich sage, was ich meine und denke, und das macht dich verrückt!

OLOF Ja, aber warum soll ich deine Kosten über mein Unternehmen laufen lassen? Das ist die Frage. Warum verwendest du nicht das Geld, das du für Kleider ausgibst und ... lieber für deine Ferien? Wir reden über die Reise –

LENA *(unterbricht)* Ich glaub, ich hör nicht richtig. Ich glaub, das ist nicht wahr.

OLOF ... in die Toscana seit Februar, und du hattest reichlich Zeit, was beiseite zu legen –

LENA Das ist nicht wahr.

OLOF ... für die Ferien, statt ein Scheißkleid nach dem anderen zu kaufen, wenn du dich ungeliebt und unbeachtet fühlst – das ist ja, als ob man Erdnüsse in den Rachen eines Nilpferds schmeißt. Also, vergiß es.

LENA *(verdutzt)* Wenn ich so höre, was du sagst, bist du krank –

OLOF Vergiß es. Ich will nicht drüber reden. Du bezahlst für dich und ich für mich. *(Sammelt seine Sachen zusammen, darunter «Die Göttliche Komödie», von der er jeden Morgen zwei Seiten liest, und will aufstehen.)*

LENA Aber ich will! Ich will darüber reden! *(Steht auf, sieht aus, als wolle sie ihn schlagen.)* Und du wirst zuhören!

OLOF Nein, nein, es reicht. *(Will gehen.)*

LENA *(stellt sich vor ihn)* Du wirst mich verdammt noch mal nicht am Reden hindern! Nicht du entscheidest, wann unsere Diskussionen beendet sind! Du unterläßt es, mich zu zensieren! Hast du gehört! Du glaubst doch nicht, du kannst zu mir sagen, was du willst, und dann einfach gehen, ohne mich antworten zu lassen!

OLOF Nein, nein ... absolut nicht – aber ich kann nicht atmen. So einfach ist das. Ich kann nicht atmen. *(Will es nicht sagen, sagt es aber)* Ich gehe, und ich komme nicht zurück.

LENA Du meinst, du hast das Recht, zu sagen, was du willst, und dann ohne weiteres zu gehen, ohne mir das gleiche Recht zu geben! *(Tut so, als lache sie.)* Natürlich, dann sag's auch! Klar wirst du's sagen! *(Dramatisch)* Gott, wie rührend, wie rührend, wie erschreckend unreif rührend! Ich fasse nicht, wie du das schaffst – bei deinem Alter! Kann das wirklich wahr sein, kann das wahr sein! Ich glaub es nicht, ich glaub nicht, daß das alles wahr ist, was ich über dich gehört und selber geahnt habe, daß das wahr sein sollte, denn ich bin ein Mensch, der Dinge selber herausfinden will – ich will mir alle Fakten durch eigene Erfahrungen beschaffen, ehe ich mich überzeugen lasse, wie etwas ist, wieviel Klatsch ich auch höre ... und es ist wohl bald an der Zeit, daß ich begreife, wie du bist ... wie entsetzlich peinlich es für mich auch ist! *(Ahmt ihn nach.)* Ich gehe ... und ich komme nicht zurück. Ist es das, was dem großen, differenzierten, tiefschürfenden Autor von Stücken über das verzweifelte Dilemma des Menschen in den Sinn kommt, wenn man Druck auf ihn ausübt. Ich gehe ... und ich komme nicht zurück. Aber sicher, das ist so – du kannst dir natürlich in deiner privaten Existenz nicht zunutze machen, was du weißt, wenn du schreibst, das kannst du auf dich selbst nicht anwenden, da bist du ebenso unfähig wie alle anderen, dein Wissen zu gebrauchen ... Du bist ja zwei Menschen – mindestens! genau wie alle anderen. In der Arbeit bist du wie ein Gott, du bist wunderbar, offen und ohne Geltungsdrang, aber außerhalb bist du ein autoritäres Arschloch! Du wirst den Einsichten, die du in der Arbeit hast, überhaupt nicht gerecht, wenn's um deine eigene Person geht – du bist wirklich Doktor Jekyll und Mister Hyde – ein geiziger, grausamer Tyrann, der Tag für Tag immer eintöniger und voraussagbarer wird. Und das wird sich bald auch an deinen Arbeiten bemerkbar machen, wenn's nicht jetzt schon soweit ist!

OLOF Klar. Du hältst jetzt einen Monolog von fünfunddreißig Minuten und sagst, was du einmal pro Monat zu mir sagst, während ich dasitze und überlege, warum ich zuhöre, und dann fängst du, oder ich, hängt davon ab, wer am erschöpftesten ist, an zu weinen, aus Verzweiflung darüber, daß das, was wir zueinander sagen, nichts mehr bedeutet, weil es jede Proportion verloren hat, es ist kein Kontakt mehr da, nur noch Schlagen, und dann, wenn wir am Ende sind, lieben wir uns besinnungslos und blind, und –

LENA Ich hab dich nie weinen sehen. Und ich weine nicht mehr, ich weine nicht mehr.

OLOF Du hast mich nicht weinen sehen? Nein, du siehst ja andere Menschen nicht.

LENA Ich weine nicht mehr. Das hab ich früher getan, früher hab ich geweint, die ganze Zeit – ich hab immer geweint, weil ich dir nicht begreiflich machen konnte, was du tust, aber diesmal weine ich nicht. Ich bin einfach leer. Ich weiß nicht, ob das gut oder schlecht ist, aber es ist so. Kann sein, daß du dich inzwischen zu oft wiederholst, in deiner Beziehung zu mir und auch in deiner Beziehung zu dir.

OLOF Ja, das ist möglich.

LENA Und ich hatte geglaubt, ich bringe dich dazu, andere Wege zu gehen ... das hast du ja auch getan ... aber das andere, das andere ist viel zu stark.

OLOF *(in leichtem Ton, als stimme er ihr zu)* Vielleicht hast du recht. Aber du mußt wohl auch bald nach anderen Ausdrucksformen suchen. Du redest von meiner Arbeit, das gibt mir wohl das Recht, von deiner zu reden.

LENA Du nimmst dir jedes Recht.

OLOF Du bist auch nicht mehr so jung. Du kannst nicht weiter von deiner erotischen Ausstrahlung leben. Du mußt demnächst beweisen, daß du Talent als Schauspielerin hast. Gute Laune reicht nicht mehr.

UMBERTO *(kommt heraus, guckt sie verwirrt an, räuspert sich leicht, ist dann fast glücklich über die schreckliche Stimmung zwischen ihnen)* Verzeihung ... ich –

LENA Du machst mir Angst ... du machst mir Angst ... du machst mir Angst.

OLOF So? Das war nicht meine Absicht.

LENA Du machst mir Angst.

OLOF Ja, verzeih.

LENA Ich hab Angst.

UMBERTO Verzeihung, ich ... Nein, ich wollte nur ... ich meinte, ob die Zeitung ... liegt sie ...

LENA *(tot)* Ich lese sie.

UMBERTO Ja, natürlich. Entschuldige. Es hat keine ... Ich hab's nicht eilig. Es ist ... *(Hält inne, nickt ein wenig, guckt zu Boden.)* Ich lese sie sowieso nie ... sowieso ... Ich sollte wohl –

LENA Die hat mehrere Teile ... Nimm, welchen du willst.

UMBERTO Ja, nein, ich kann ... Bald ist sie wohl genauso dick wie die New York Times.

OLOF Was hast du gemacht? Hast du dir den Bart abrasiert?

UMBERTO Was? O ja ... Bart und Bart. *(Kratzt sich am Hals.)* Genau. *(Fährt sich rasch über das Kinn, blickt auf und wieder nach unten, dann zur Seite, lächelt bedrückt.)* Ich dachte, ich mache einen letzten ... verzweifelten Versuch, mich zu erneuern. Es ist schön im Sommer, wenn man ... *(Streicht wieder über das Kinn.)* Ich weiß nicht, wie es aussieht. *(Sieht die beiden an.)* Ja ... dann ...

OLOF *(macht ein paar Schritte von ihm weg, weil er so schlecht riecht)* Ja, ich hab dich nicht erkannt. Ich stell mich hierher, sonst krieg ich Sonne in die Augen. *(Zu Lena)* Ich ruf jetzt meine Steuer beraterin an. Ich will wissen, wieviel ich in Pisa für dich absetzen kann. Bestimmt weniger als in New York.

LENA Mehr.

UMBERTO Wahrscheinlich gibt es keine offenen Stellen jetzt im Juni. *(Fährt sich wieder übers Kinn – lächelt wieder.)* Mir gefällt eigentlich am besten ein Fünf-Tage-Bart. Ich fühl mich am besten mit ...

OLOF Wieviel war es in New York? Lena?

LENA Du warst doch mit, also weißt du es. Ich will nicht – selbst wenn ich es könnte – dein Gedächtnis sein. *(Schüttelt den Kopf, setzt sich, setzt ihre Brille auf, sieht bestimmt und konzentriert aus.)* Ich bin viel zu – *(Pustet.)*

OLOF Hallo ... Lena. – Hallo.

LENA Ja. *(Kurze Pause)* Klar.

OLOF Aber ... mein Gott.

LENA *(nach einer kurzen Pause)* Eins will ich dir sagen. Eins will ich dir sagen. Ich finde, du solltest dir wirklich darüber Gedanken machen, wie du dich verhalten hast heute morgen. Ich finde, du solltest dir sehr genau überlegen, wie du dich verhalten hast. Das solltest du wirklich.

OLOF Und ich finde, du solltest ... Nein. *(Geht.)*

UMBERTO *(steht still, sieht sich um, lächelt bekümmert)* Ja ... Vielleicht ... *(Lächelt wieder vor sich hin, verzieht das Gesicht, weiß nicht, was er sagen soll.)* Vielleicht sollte ich ... *(Lena schlägt die Zeitung auf, liest die Spaltenüberschriften der Auslandsnachrichten. Umberto seufzt, zerrt an seinem Schlipsknoten.)* Ich ... Kann ich mich eine Weile hierhersetzen?

LENA Sicher.

UMBERTO Hier unten ist Sonne. Nur eine kleine Weile ... Ich meine – du brauchst nicht ... *(Setzt sich, ein Stück von ihr und dem Tisch entfernt, sieht sie nicht an, guckt geradeaus oder zur Seite, sieht sie dann heimlich an, wendet das Gesicht ab, wenn sie sich bewegt.)* Ja, heute wird's wieder warm. Bei uns ist es am wärmsten in Europa, hab ich gesehen. Wärmer als in Spanien und Italien.

LENA Ah ja.

UMBERTO Entschuldige, ich stör dich. *(Steht auf, setzt sich dann wieder.)* Ja. *(Rückt in die Sonne, sitzt still, schließt die Augen zur Sonne.)*

LENA Tatsächlich? *(Überblickt rasch die Seite, legt die Zeitung wieder hin, schiebt sie weg.)* Ah ja.

UMBERTO Ja ... Möchtest du etwas Kaffee? Ich hab oben grad welchen gekocht. Aber du hast vielleicht schon Kaffee getrunken.

LENA Ich trinke ihn jetzt.

UMBERTO Ja, genau. *(Kurze Pause)* Ich hab neue Balkonmöbel gekauft, in der Stadt, meine ich. Ich kann auf dem Balkon sitzen und Kaffee trinken. Ich stell sie ins Schlafzimmer zum Herbst. Man kann auf dem Balkon sitzen und lesen. *(Steckt die Hände in die Hosentaschen, findet es aber unbequem, zieht sie wieder heraus, weiß nicht, was er mit ihnen machen soll.)* Ich werde sicher ein bißchen euphorisch am Anfang – nicht zur Arbeit gehen, so lange wie möglich im Bett liegen. Ich hatte soviel vorzubereiten. Alle kamen zu mir mit ihren Papieren und wollten, daß ich sie kopiere oder kontrolliere, ob alles stimmt. Ich bin sicher ein bißchen ausgenutzt worden, weil ich so gutmütig bin. *(Lacht.)* Aber was soll man machen? *(Lacht.)* Man kann sich ja nicht erschießen oder aufhängen, weil man keine Arbeit hat? *(Kurze Pause)* Und das ist vielleicht unser letzter Sommer hier. *(Pause)* Du wirst es wohl vermissen?

LENA Ja, sicher. Aber alles verändert sich ... alles, alles, alles.

UMBERTO Ja ... Jeder Tag hat seine ... Wie heißt das? Was ist mit Johan?

LENA Wir sind geschieden, darum muß ich mich also nicht mehr kümmern.

UMBERTO Nein, nein ... *(Kurze Pause)* Ihr fahrt nach Italien?

LENA Genau. Das haben wir vor ... Und du, was wirst du machen?

UMBERTO Klingt schön ... Ja ... das weiß ich eben nicht ... *(Lächelt.)* Ich habe noch nichts entschieden. Es ist ein bißchen ... nicht so leicht mit den Finanzen. Normalerweise fahr ich nirgends hin. *(Pause)* Normalerweise ist man so erledigt, wenn das Halbjahr vorbei ist, daß man keine Kraft mehr hat. Ich weiß nicht. *(Pause)* Vielleicht mal nach ... Dresden fahren, Leipzig, oder … es würde mir gefallen, die alten ostdeutschen Städte zu sehen … Aber man wird sehen … Ich hab immer geträumt von so einer Reise auf der Donau … die ganze Strecke … bis nach … ich lese gerade ein großes Buch darüber … *(Sitzt still da, lacht dann.)* Ich weiß nicht, ob ich schon … ich finde, du warst … ja, es war so unheimlich gut … ganz phantastisch gut … und lustig, unheimlich lustig …

LENA Danke. Freut mich zu hören.

UMBERTO Ja, sehr. Ja, ich weiß nicht …

LENA Danke …

UMBERTO Ja … Das beste, was ich seit mehreren Jahren gesehen habe, und ich finde, du warst immer gleich gut. Ich hab es nämlich viermal gesehen … Es war genauso gut … jedesmal … War es doch? *(Lacht wieder.)* Ich würde gern … *(Lange Pause)* Ich weiß nicht, wie, aber … ich würde gern … ja, schreiben.

LENA Aha? Was denn? Du würdest doch kein Stück schreiben?

UMBERTO *(lacht wieder)* Nein, das kann ich nicht … Nein, absolut nicht, kein Stück … Nein, ich weiß nicht, ich habe gedacht an … einen Roman vielleicht, oder eine Erzählung. *(Lacht.)* Ja, eine kleine … Handlich … Ich wollte schon immer … Ich meine … jeder hat ja einen Roman in sich, sagt man. Ich vielleicht auch. *(Lacht.)* Eigentlich geh ich ja nicht soviel ins Theater. Mein Magen. Ich muß die ganze Zeit in der Nähe einer Toilette sein … Da hat man ja oft Probleme … Irgendwo hab ich gelesen, daß … auch Ingmar Bergman einen nervösen Magen hat, daß er nicht probieren kann ohne Zugang zu einer eigenen Toilette. Also, im Grunde kann ich wohl sagen, ich habe … ich habe den gleichen Magen wie Ingmar Bergman. *(Lacht.)* Ingmar Bergman und ich haben den gleichen Magen … *(Guckt sie über die Schulter an, hat sie die ganze Zeit nicht angesehen.)* Nein, ich weiß nicht … Ich mag gern … formulieren … Ich habe ja fast fünfzehn Jahre lang Arbeiten korrigiert, aber …

LENA Ja, warum nicht?

UMBERTO Ich wollte schreiben über …

LENA Ah, Samuel – wundervoll, er sieht aus wie verzaubert, sieht aus, als käme er aus einem Roman von Thomas Mann …

jenseits aller irdischen Sorgen ... Hast du bis jetzt geschlafen, mein kleiner Liebling?

UMBERTO Ich dachte, ich sollte über Großmutter schreiben. Sie war interessant. *(Kurze Pause)* Sie hat in Kairo eine Schule für Frauen eröffnet, arme Frauen, hat ihnen lesen beigebracht.

LENA Sie konnte keine Musik hören. Dann fing sie an zu weinen. Ich bereue, daß ich ihr nie Fragen gestellt habe. Schließlich war sie in Auschwitz.

SAMUEL *(ist herausgekommen und steht barfuß auf der Veranda, mit einem Buch und einem kleinen Joghurtbecher)* Hat jemand angerufen?

LENA Nein, die Frauen haben dich vergessen. *(Nimmt ihm das Buch weg.)* Ich hab nichts zu lesen, auch keine Lust. Ich muß «Ist das ein Mensch?» lesen, zum Herbst. Du solltest in die Sonne gehen. Du bist so blaß ... und deine Hand ist naß.

SAMUEL Ich weiß nicht. Ich hab Fieber, glaub ich. Ich weiß nicht, was das ist. Ich schwitze die ganze Zeit. Das Bettzeug ist ganz naß vor Schweiß. *(Reicht ihr den Joghurt.)* Ich mag nicht.

LENA Vielleicht ist es ansteckend ... Steckt Aids an? Warum hast du so schöne Augen? Das ist ungerecht. Solche Augen will ich haben. Du brauchst die nicht. Es steht ein großer Artikel über dich in der Zeitung – was für ein Erfolg dein Stück in Belgien ist. Samuel Aurelius erobert Brüssel. Er ist auch gut geschrieben. Sehr gut geschrieben.

SAMUEL Meinst du, ich habe Aids?

LENA Aids? Warum?

SAMUEL Ja, warum nicht? Koltés hatte Aids. Und Miles Davis ... Nurejev hat es.

LENA Sag mir jemand, der es nicht hat.

UMBERTO Ich.

SAMUEL Hauptsache, ich komm nach New York, bevor es ausbricht.

LENA Man wird dort deine Stücke lieben! Sie sind perfekt für New York. Je weniger Worte, desto besser das Stück, denken die ... Gott, wie wunderbar! Ich wünschte, ich könnte mitkommen, aber wir fangen schon am 3. August mit den Proben an, und ich brauche einfach dieses bißchen Ferien. Ich spiele mit in

Olofs neuem Stück. Es handelt von mir, glaub ich. Sie haben mich gefragt, ob ich nicht die Frau in «Der Tod und das Mädchen» übernehmen will, aber da hatte ich schon Olof zugesagt ... Da brauche ich wirklich einen ruhigen Ort ... aber ich begleite dich in den Zeitungen ... *(Nimmt seine Hand, zieht ihn an sich.)* Ach, ich bin so stolz auf dich! Außerdem fühl ich mich fast gleichaltrig mit dir – wir waren ja immer wie Geschwister, ähnlich wie zwei Äpfel irgendwie, oder zwei Seiten derselben Münze, du und ich ... seelisch, meine ich. Stimmt's nicht? *(Berührt seine Hand.)* Du bist heiß! Was ist mit dir!

SAMUEL Ich weiß nicht mehr ... Aber ich schreibe gut mit Fieber.

UMBERTO *(zu Lena)* Du siehst so jung aus. Das wird auch immer so sein.

LENA Um, ich hab tolle Gene. *(Zu Samuel)* Was meint Fredrik?

SAMUEL Ich war beim Theaterarzt, hab ihm gesagt, mein Hals ist geschwollen, und er hat mir die Hoden zusammengedrückt.

LENA *(lacht dann)* Irgendeine Scheißinfektion.

GABRIEL *(kommt durch den Garten, ist unten am Strand gewesen, hat einen Bademantel an)* So früh seid ihr schon auf?

LENA Ich bin Punkt sechs aufgewacht! Und aufgestanden! *(Etwas ruhiger)* Und mich hat geweckt, merkwürdigerweise, daß ich jemanden weinen hörte, lange und still, und dann konnte ich nicht wieder einschlafen ... Das warst doch nicht du?

GABRIEL Nein, ich glaube nicht.

LENA Ich frag mich, wer das war. Vielleicht ich. Wie war das Wasser?

GABRIEL *(der zu einem Fenster in der ersten Etage hinaufsieht, kommt die Treppe herauf und zum Tisch, während er spricht)* Tja, das weiß ich nicht. *(Gießt Joghurt in eine Schale, beginnt zu essen, stehend.)* Eine Seemeile vor der Küste liegt ein Ölgürtel, und so unsympathisch bin ich nicht mal mir selbst, daß ich da reinsteigen und meinen Leib in Methylenchlorid und Petroleum tauchen will. Es ist erheblich schlimmer als voriges Mal, obwohl wir ja die Tendenz haben, über Katastrophen in unserer Vergangenheit den

Schleier des Vergessens zu ziehen. Man könnte es in ein paar Wochen los sein, mit Hilfe einer biologischen Sanierung, ölfressenden Bakterien, statt daß man versucht abzupumpen, und das ist fünfundzwanzig Prozent billiger als das traditionelle Verfahren. Die Bakterien fressen alles außer sich selber – Methylenchlorid, Butylalkohol, Azeton, Dimenthylanilin. Man hat es an Flugplätzen erprobt, wo Brennstoff ausgetreten war, und es baut Öl zu Kohlendioxyd und Wasser ab. Im Grunde ein ästhetischer Prozeß. *(Ißt)* Aber ich begnüge mich normalerweise mit zwei-, dreimal pro Sommer, daß ich mitreden kann. Aber Clara liebt es.

SONJA *(kommt heraus, hilft John, der einen hellen Sommeranzug trägt und sehr kleine Schritte macht)* Da komm ich mit Papa –

JOHN Wie ein verdammter zweiter Lazarus. Danke. Es reicht jetzt.

SONJA Ich will dir nur zu dem Stuhl da helfen, Papachen.

JOHN Ein paar Schritte schaff ich wohl noch allein, zum Teufel! *(Stößt sie von sich, geht allein zu einem Stuhl, sinkt nieder.)* Siehst du! Ich hab's geschafft!

UMBERTO Warte, ich kann ...

SONJA Ist irgendwo noch Sonne auf dieser Seite! *(Dann, leise zu Lena)* Ich bin Mutter für meinen Vater.

GABRIEL Sie ißt kein normales Essen. Wenn sie überhaupt ißt, dann so merkwürdige Sachen. Aber so war sie ja schon immer. Sie hat vergessen zu essen, es gab nur noch das Theater und Rollen und ... Ich weiß noch, ich hab sie mal gefragt: Hast du heute gegessen, was hast du gegessen? – Ja, hab ich wohl, meinte sie, aber sie wußte nicht mehr, was ... Reiskuchen vermutlich.

JOHN Ich muß mich ein bißchen bewegen. Wie soll ich sonst klarkommen? Ich trainier wohl schon mal fürs Pflegeheim, da kann man liegen und verwesen, ohne daß es jemanden kümmert. Ha, hier war's schön. *(Zu Samuel)* Jetzt auf meine alten Tage weiß ich's langsam zu schätzen, daß ich auf der schattigen Seite vom Karlavägen wohne, dabei war ich immer der Meinung, wir wohnen an einem so verflucht dunklen und düsteren Ort. Jetzt ist das eine Oase ... Jetzt ist es eine Oase. *(Tätschelt Lena die Hand.)* Wär nett, wenn man mal Besuch bekäme in seiner Oase.

LENA Ich bin doch dauernd da! Ich wohn da ja fast! Ich hab da gewohnt, als ich mich scheiden ließ, mehrere Monate lang, in meinem blöden alten Mädchenzimmer! Ich hab fast kein eigenes Leben mehr! Warum sagst du nicht Gabriel, der um die Ecke wohnt, er soll dich besuchen!

JOHN Warum soll ich ihn einladen? Er kann wohl selber was tun, wenn er will ... Er hat doch soviel zu tun – sagt er.

LENA Nicht mehr als ich!

JOHN Ich komm schon zurecht. Ich will euch keine Last sein.

LENA Das bist du!

JOHN Ach so. Dann entschuldige. Aber es dauert ja nicht mehr so lange.

LENA Es kann ewig dauern.

JOHN Ich bin wohl den letzten Sommer hier draußen.

GABRIEL Wir sind wohl alle den letzten Sommer hier draußen.

LENA Du wirst am wenigsten trauern ... Um das Haus, mein ich.

SONJA Nein, ich hab sie den ganzen Morgen nicht gesehen. *(Setzt sich.)* Fredrik hab ich auch nicht gesehen, er muß sehr, sehr früh aufgestanden und weggegangen sein. Ich hab nichts gemerkt. Ich merke nichts mehr. *(Zu Samuel)* Hast du gefrühstückt?

SAMUEL Ich bin dabei.

SONJA Liebling? Kannst du nicht das Buch weglegen, bei dem schönen Wetter? Unternimm lieber was mit Clara.

SAMUEL Was soll ich mit ihr unternehmen?

JOHN Magst du Mädchen nicht?

SONJA Da ist sie... Clara, wir sind hier!

JOHN Ich begreife nicht, warum du sie Clara getauft hast. Gab es wirklich keinen einzigen jüdischen Namen nach deinem Geschmack?

SONJA Ihre Mutter, Marie, sie wollte, daß sie –

JOHN Sara, Judith, Esther –

GABRIEL Ich finde den Namen schön. Sie ist klar.

LENA Viel zu klar.

UMBERTO Da kommt sie.

SONJA Sie muß Kontakt haben zu ... Jungs in ihrem eigenen Alter. Wie schön sie ist.

JOHN Und er hat es zugelassen, hatte offensichtlich keinen eigenen Willen.

GABRIEL Wir waren in der Synagoge, Papa.

JOHN Da kann jeder hin.

UMBERTO Das Wetter scheint schlechter zu werden.

JOHN Ich hab ja gesagt, das hält nie im Leben. Der reine Wahnsinn. Zwei Menschen, die nicht zusammenpassen, heiraten, kriegen Kinder und kaufen eine Riesenvilla in Saltsjöbaden, die sie sich nicht leisten können, damit's nach was aussieht, und dann trifft die Frau einen anderen Mann, und er sitzt da mit Schulden und einem Kleinkind am Hals.

GABRIEL Sicher.

JOHN Wir haben gesehen, wie sie war! Alle, alle außer dir!

SONJA Papa ... *(Zu Clara)* Hast du einen Spaziergang gemacht?

CLARA Ja, ich hab einen Spaziergang gemacht.

SONJA Warst du unten am Wasser?

JOHN Als ich ihn aufforderte, sein Jurastudium fortzusetzen, damit er eines Tages fähig wäre, die Firma zu übernehmen, die seit den neunziger Jahren des neunzehnten Jahrhunderts im Besitz unserer Familie ist, ignorierte er meine Wünsche und fing an, sich mit Plastik zu befassen! Es war der bitterste Augenblick meines Lebens, als ich gezwungen war, die Familientradition zu brechen und an einen Konkurrenten zu verkaufen, weil keiner von meinem Fleisch und Blut die Mühe und das Wissen unserer Vorväter für wert hielt, bewahrt und weitergeführt zu werden. Ganz zu schweigen von der Täuschung unserer Klienten.

GABRIEL Ich hab wohl nie was getan, was in deinen Augen was wert war.

JOHN Du hast es nicht mal versucht.

GABRIEL Nein, wozu auch?

JOHN Eben. Wozu auch? Jetzt hast du wohl gekriegt, was du willst, will ich hoffen ... deinetwegen.

GABRIEL Das muß man sich nicht mehr anhören, wenn wir das Haus verkauft haben.

LENA Wir sind jetzt groß, Papa.

JOHN So? *(Bitter)* Woran merkt man das?

SONJA *(zu Clara)* Wie geht's dir? Hast du heut schon deine Medizin genommen?

GABRIEL Die meisten deiner Klienten waren faktisch schon lange tot – außer ein paar Tanten, die ihre Kleider der jüdischen Gemeinde vermacht haben, und einem Fleischimporteur, der sich mit den Nachbarn verkracht hatte wegen der Grundstücksgrenze von seinem Sommerhaus. *(Schüttelt in Lenas Richtung den Kopf.)*

JOHN Was sagst du?

CLARA Es ist keine richtige Medizin. Ich nehm sie nur, damit Fredrik beruhigt ist.

SONJA Damit Fredrik beruhigt ist?

CLARA Ich mach mir um nichts Sorgen. *(Lacht ein wenig.)* Außer um den Weltfrieden. Aber am 6. November wird es auf der ganzen Welt gut.

SONJA *(abwesend)* Was denn?

GABRIEL Da ist die Wahl in den USA, Clinton gewinnt.

CLARA Die Demokraten gewinnen. Und dann gibt es Frieden. -68 is back – we are going to do it again. *(Lacht.)*

GABRIEL Da warst du noch nicht mal geboren.

SONJA Es wär besser, er würde sich ein paar Sorgen um seine eigene Familie machen, auch wenn nur noch ich übrig bin. Schrecklich, wie er geworden ist. Er interessiert sich für niemand anders mehr als sich selbst!

SAMUEL Was ist mit dir?

SONJA Mit mir? Mit mir ist alles in Ordnung. Ich bin eine gewöhnliche gesunde Frau mit normalen menschlichen Gefühlen, das ist nicht die Spur faszinierend oder spannend – nicht die leiseste Mystik, soweit man sehen kann! Ich bin nämlich aus Fleisch und Blut. Ich kann mich erinnern, was ich gefrühstückt habe! Ich bin wirklich, ich lebe hier und jetzt! Ich war mein Leben lang ein wurmförmiges Anhängsel, aber damit ist es jetzt vorbei!

SAMUEL Mein Gott ...

GABRIEL Ihr seid ja alle verrückt.

SAMUEL Sind wir im Theater?

JOHN Es scheint so.

SONJA Ich übernehme keine Verantwortung mehr für euch!

SAMUEL Danke.

LENA Ja, mein Gott …

SONJA Ich will nicht. *(Fängt an zu weinen, geht schnell ins Haus.)*

SAMUEL Was ist los mit diesen Menschen?

JOHN So geht's, wenn man sich von Gefühlen leiten läßt –

LENA Dann muß ich sie wohl mal wieder trösten gehen. Wie immer.

JOHN Genau darum sieht die Welt aus, wie sie aussieht! Das ist das einzige, womit sich die Leute heute beschäftigen, ihre Gefühle – was sie für dieses und jenes empfinden. Aber das Wichtigste im Leben – eine Arbeit zu haben, die die Gesellschaft entwickelt und weiterbringt, und Respekt vor der Arbeit, dafür haben die Leute keinen Sinn mehr.

LENA Immer muß ich klug sein. Ich muß immer die Klügere sein. Das ist mein Los. Alle anderen können sich das Recht nehmen, so bekloppt zu sein, wie es ihnen paßt, aber ich … ich muß die Dinge einrenken und aufräumen! Bald will ich nicht mehr in jeder Situation die Klügste sein! Langsam zehrt es an mir. Es zehrt. Je öfter ich in einer absurden Situation die Klügere sein muß, je mehr muß ich darunter leiden – und mein Gefühl dafür, was ich für richtig oder falsch halte. Mich trifft es schließlich am härtesten … Ich muß ständig meine eigene Kapazität unterschreiten und mich einfühlen in Leute, die es schlechter getroffen haben, und irgendwann hab ich keinen eigenen Raum, keine eigene Entwicklung mehr. *(Sieht die anderen an, am längsten Gabriel, der wegguckt.)* Da ich offensichtlich die einzige bin, die darauf reagieren will, wie ich mich fühle, muß ich jetzt wohl auch aufstehen und reingehen und nachgucken, wie es einem meiner Mitmenschen geht. *(Steht auf, geht ins Haus, Sonja nach.)*

JOHN Das einzige, was eine dauerhafte Befriedigung schenkt, ist das Wissen, daß man seine Arbeit so gewissenhaft wie möglich getan hat. Was hat ein Mensch für einen Wert, wenn er kein Selbstgefühl aus der Erfüllung seiner Pflicht zieht?

CLARA Ich will jedenfalls nicht irgendeinen Scheißjob, wenn ich nicht machen darf, was ich am besten kann.

JOHN Es gibt keine Scheißjobs!

SAMUEL *(nimmt sein Buch)* Klar gibt's die.

JOHN Eine Arbeit ist, was man aus ihr macht!

SAMUEL Klar.

CLARA *(steht auf und geht zu Samuel)* Ist das «Ein Hungerkünstler» von Kafka?

SAMUEL Nein. Warum –

CLARA Aber du ... *(Nimmt seine Hand.)* Hast du Olof schon gesehen?

SAMUEL Olof? Sicher. Natürlich hab ich –

CLARA Wann hast du ihn gesehen? Hast du ihn heute morgen gesehen?

SAMUEL Ja ... Ich hab ihn vielleicht heute morgen gesehen, oder gestern. *(Hebt das Buch, will lesen.)*

CLARA Hat er was gesagt?

SAMUEL *(nach einer kurzen Pause)* Weiß ich nicht mehr.

CLARA Hat er gesagt, er sei verliebt in mich?

SAMUEL *(guckt sie an)* Nein, das glaub –

CLARA Aber du ... Ich bin immer noch verliebt in dich. Ich bin verliebt in die Erinnerung an dich.

SAMUEL Warum sollte er das sagen?

CLARA Bald wird er es wissen.

SAMUEL Aha.

CLARA Glaubst du, er wird Lena dann verlassen? Nein, er wird Lena wohl nicht verlassen. Er ist feige ... Du.

SAMUEL Ja.

CLARA Du hast Theo gegen mich ausgespielt. Widerlich war das. Du hast mich vielleicht angesteckt, du hast einen Schwulen geküßt. Hast du keine Angst?

GABRIEL Ich geh rauf und ... *(Geht zu Clara und Samuel, die ganz rechts auf der Veranda sitzen.)* Ich geh rauf, ein bißchen was tun. Hast du heute was Bestimmtes vor?

CLARA Ich les «Die Herzogin von Amalfi», dann kann ich die Rolle, wenn sie mich bitten zu spielen ... wenn sie mich rufen. Die werden mich nie rufen. Was meinst du?

GABRIEL O ja. Bestimmt. Das werden sie. Sobald du wieder im Gleichgewicht bist.

CLARA Wissen sie, was passiert ist?

GABRIEL Du mußt weiter deine Medizin nehmen.

CLARA *(lacht)* Weißt du, was passiert ist? Ich hab die Nina gespielt. Ich hab die Nina in der «Möwe» gespielt. Im dritten Akt ... wenn Trigorin mir sagen soll, daß er verliebt ist in mich und daß wir uns in der Stadt treffen sollen, und ich ihm erzählt hab, wie sehr ich ihn bewundere, da –

GABRIEL Ja, ja. Denk nicht mehr daran.

CLARA Da wurde es plötzlich Wirklichkeit. Ich dachte, er würde mich verlassen.

GABRIEL Schon gut ... Denk nicht mehr daran.

CLARA Nein, ich denk nicht daran. Ich weiß ... Aber du –

GABRIEL Schon gut.

CLARA Ich dachte, der Alte würde mich vergewaltigen und kreuzigen. Es gibt Skinheads unter den Bühnenarbeitern. Ich bin Jüdin. Die haben bloß drauf gewartet, mich zu vergewaltigen.

GABRIEL Ja, ja ... Es geht dir jetzt viel besser.

CLARA Wirklich?

GABRIEL Ganz bestimmt. Es geht dir jetzt viel besser. *(Kurze Pause)* Ja ... ich fahre vielleicht heut abend in die Stadt. Ich muß arbeiten. *(Geht zurück zum Tisch, nimmt seinen Teller.)* Ich fahr wohl in die Stadt heut abend.

JOHN Fahr du nur.

SAMUEL *(steht auf, geht, ebenso Gabriel.)*

JOHN *(nach einer Weile, während auf ihn und Umberto Schatten fällt)* Jaja. Und was machst du?

UMBERTO Ja ... ich –

JOHN Du kriegst jedenfalls etwas Geld, wenn das Haus verkauft wird.

UMBERTO Ich bin arbeitslos ... Das Geld kann ich gut gebrauchen.

JOHN Ihr könnt dankbar sein, daß ich es damals gekauft habe. Das Geld, das ich investiert habe, das kriegt jetzt ihr.

UMBERTO Ja ... Sicher.

JOHN Dein Vater hat nichts als Schulden hinterlassen – in mehrfacher Hinsicht.

UMBERTO Immerhin etwas.

JOHN Er war nie zu etwas fähig. Er wollte nicht. Das einzige, was er konnte, war Lügen und Phantasieren. Einmal hat er versucht, eine Hypothek auf dieses Haus aufzunehmen, obwohl es uns beiden gehörte, und fälschte meinen Namen auf den Darlehensanträgen, aber die Bank hat natürlich gemerkt, daß es eine Fälschung war. Nicht mal das hat er geschafft. Ich hätte damals nicht ein Auge zudrücken dürfen.

UMBERTO Ja ... bis ins dritte und vierte Glied ...

JOHN Deiner Mutter zuliebe habe ich Gnade vor Recht ergehen lassen.

UMBERTO Ha, er war wohl ...

JOHN Aber sie war auch eine wunderbare Frau. Tüchtig, klug, und schön ... und immer guter Laune, wie schwer es auch war. Einfach unbegreiflich, daß sie sich entschieden hat, bei ihm zu bleiben, sie hätte kriegen können, wen sie wollte. Ich weiß nicht, wie oft ich ihr heimlich Geld gegeben habe, damit sie die Miete bezahlen konnte und dir was zum Anziehen kaufen ...

UMBERTO Ja, ich bin ... ich bin sehr –

JOHN Es war der glücklichste Tag ihres Lebens, als du Abitur gemacht hast. Aber wer, glaubst du, hat dafür gesorgt, daß dich auf dem Schulhof ein Auto abgeholt hat, damit du im Ehrenkonvoi fahren konntest wie die anderen, und wer hat das Auto und das Fest bezahlt? Nicht dein Vater, sondern ich ... Mit ein paar humanen Gefühlen bin also auch ich ausgestattet. Ich hab es ihr zuliebe getan. Sie hätte lieber mich heiraten sollen. Ich hab sie mehrmals gefragt, bevor sie deinen Vater kennenlernte, aber sie hat nein gesagt. Sie arbeitete im Büro, und eines Tages kam er dorthin und sah sie.

UMBERTO Ja ... Ich wußte nicht –

JOHN Ihr wißt nicht sehr viel, und ihr wollt auch nichts wissen. *(Kurze Pause)* Er war wohl ein Abenteuer ... für ein einfaches Mädchen. *(Zu Lena, die herauskommt)* Was macht sie jetzt?

LENA Sie will ihre Ruhe haben *(Setzt sich.)* Wer will das nicht?

JOHN Wird das schön sein im Pflegeheim, wenn einem das erspart bleibt.

LENA Uns bleibt nichts erspart! Wahrscheinlich muß ich dir da Gesellschaft leisten!

UMBERTO Nein, ich geh lieber ... *(Steht auf, hält inne, sagt scheu)* Ja ... Ja, bis später. *(Lächelt schüchtern, blickt zu Boden, kratzt sich am Bart.)* Jetzt krieg ich Trennungsangst. *(Lacht.)* Ja ... *(Geht.)*

JOHN *(nach einer kurzen Pause)* Er ist komisch.

LENA Komisch ist nicht das Wort. Er steht kurz vor der Einweisung! *(Beide lachen heftig.)*

JOHN *(nach einer Pause)* Ja, du gefällst mir. Du bist wie ich. Du gibst nicht auf, wenn du nicht mußt. Wie wär's, wenn du uns einen Schluck Wein holst?

LENA Um die Zeit? Ja, warum nicht? Bald ist Nachmittag, das heißt Abend. Was trinken wir? Chardonnay?

JOHN Ist mir egal, wie das heißt.

LENA Mir auch! *(Geht und kommt rasch mit einer Flasche und zwei Gläsern zurück, schenkt ein, trägt jetzt einen hübschen hellgrauen Leinenhut, setzt sich wieder, befühlt ihr Haar, das hinten aufgesteckt ist. Während sie im Haus war, hat John das Ödem an seinem rechten Bein untersucht.)* Wenn ich die Haare so trage, fühle ich mich wie in einem Tschechow-Stück. *(Abwesend)* Warum kommt nie jemand zu mir und sagt: Ich möchte, daß du die Mascha in den «Drei Schwestern» spielst.

JOHN Warum hört das Leben nicht auf, wenn man siebenundvierzig wird? *(Trinkt.)* Weißt du – ich hatte nie besonderes Interesse für das Theater.

LENA Ich muß in die Stadt, mir die Haare machen lassen. Was ist heut für ein Tag. Wenn ich sie nicht färben würde, sähe ich aus wie Ben Gurion.

JOHN Kennst du den hier: Zwei Juden, die sich schon ihr ganzes Leben kennen und jetzt alt geworden sind, treffen sich jeden Morgen im Central Park, diskutieren die Nachrichten, die Politik, Frauen, Kinder und Kindeskinder. Aber eines Morgens, als sie sich treffen, ist der eine etwas stiller und griesgrämiger als sonst, und der andere fragt: Was hast du? – Ich hab dich satt, antwortet der. – Mich satt? Wie meinst du das? Warum hast du mich satt? – Ja, ich finde, du bist so übertrieben. – Übertrieben? MOI?! *(John und Lena lachen vermutlich.)*

LENA Ja, der ist wunderbar.

JOHN Weiß du – ich hab vergessen, wie mein Bruder aussah *(trinkt Wein)*, und das hat nichts mit einem schlechten Gewissen zu tun. An Karin erinnere ich mich. Was sie alles gemacht hat, wie sie aussah, wie sie sprach und wie sich ihr ganzes Gesicht veränderte, wenn sie lächelte. Ich denke jeden Tag an sie. Ich rede mit ihr in meiner Einsamkeit.

LENA Wir fahren weg. In dreizehn Tagen.

JOHN *(trinkt aus, schenkt nach)* Sie fehlt mir … fehlte mir. Nicht Judit. Wie könnte einem Judit fehlen. Sie war eine verdammte Plage. Totaler Mangel an Charme. Sie war nur ängstlich und langweilig. Wofür hat sie sich interessiert? Die sogenannten Ferien hier draußen waren das schlimmste, was ich kannte. Wenn Karin nicht hier war. Wir hatten einander nichts zu sagen. Wie in der Geschichte, die dieser Entdeckungsreisende, wer war das noch gleich, erzählt hat: Ich spreche zwanzig Sprachen, zu Hause sprechen wir Sanskrit. Aber Sanskrit ist keine Sprechsprache, es ist eine Schriftsprache. Macht nichts. Wir haben uns sowieso nicht viel zu sagen.

LENA Kannst du nicht versuchen, ein bißchen nett zu sein, jetzt, wo du dreiundsiebzig bist?

JOHN Aber es ist wahr. Ich sage, wie es ist. Das tust du auch. Das hast du von mir.

LENA Darum geht's mir auch, wie's mir geht.

JOHN Die Wahrheit ist niemals schrecklich. *(Kurze Pause)* Warum hab ich mich nicht mehr angestrengt? Warum hab ich ihn nicht im Gefängnis verschwinden lassen und sie zu meiner Geliebten gemacht? Weil ich ein Mensch mit Anstand im Leib bin? Ich war so anständig, daß ich mir einen Fehltritt hätte gönnen können. Mein Gott – Was hab ich davon zu wissen, daß ich anständig war, und hab mein Leben weggeworfen? *(Kurze Pause)* Warum denk ich nur daran, mehr und mehr. *(Kurze Pause)* Ich sehe sie da hinten in den Schatten, so wie sie war, als sie jung war und ich an nichts anderes denken konnte.

Pause

LENA Ich kenn einen, der gefällt dir bestimmt. Wie du weißt, gibt es viele Juden in Brooklyn, die Kahn heißen, und eines Abends kommt ein kleiner Junge auf den Hof gelaufen und ruft: Missis Kahn, Missis Kahn – could Djingis come out and play? *(Als er nicht lacht, sondern nur sie)* Ich fand ihn gut.

JOHN *(Der Clara ansieht, die allein dasitzt und lächelt)* Worüber lächelt sie?

LENA Ja ... Die menschliche Komödie.

JOHN *(nimmt eine Zeichnung aus der Tasche)* Die hab ich heute morgen von ihr gekriegt. Was soll ich damit? Zwei nackte Menschen, die einander umarmen.

LENA Zeig mal.

JOHN Unbegreiflich. Das ganze Mädchen ist unbegreiflich. Gestern abend, ich saß da und redete mit ihr über dies und das, schlief sie plötzlich ein, schlief vor meinen Augen ein. Was sagst du dazu?

LENA Die ist wunderbar. So sensibel und klar. Ich bring nicht einen Strich zustande!

JOHN Saß da und schlief einfach ...

LENA *(liest den Text auf dem Aquarell)* «Die blau besonnene Periode».

JOHN «Die blau besonnene Periode». Was ist das?

LENA Gefühle.

JOHN Ja, ja ... Es gibt so viele Gefühle an diesem Ort. Ihr habt so viele Gefühle, alle sind aufgeregt und unglücklich, außer mir, ich bin nämlich ... *(Irritiert)* Ich hör nichts mehr! Weiß der Teufel, was das ist mit diesem Apparat! *(Kurze Pause)* Der ist tot! *(Kurze Pause)* Plötzlich war er tot. Jetzt kann ich weder hören noch gehen ... Sonja! Sonja! Komm her!

LENA Ja, was ist denn? Laß mich nachsehen. Gib her!

JOHN Ich kann nichts mehr hören ... Sonja – komm her, verdammt noch mal!

SONJA *(kommt heraus, will vorbeigehen, hält inne)* Wenn du mich noch einmal so anschreist, gebe ich dich ins Pflegeheim und hör dann zu!

JOHN Nein, ich kann nichts hören! Ich hör keinen verdammten Ton! Die Batterie ist leer!

SONJA Da bin ich aber froh!

JOHN Was sagst du? Ich hör doch nichts!

SONJA Wozu auch?

LENA Hast du Papa keine Batterien gekauft?

SONJA Warum hast du Papa keine Batterien gekauft! Er ist wohl auch dein Vater, nicht nur meiner! Warum soll ich über alles Bescheid wissen! Jetzt fang du damit an! Ich hab genug!

JOHN Sind keine Batterien da? Heißt das, ich soll nichts mehr hören?

SONJA Du hörst ja doch nichts, egal, wie viele Batterien du hast!

JOHN Was sagt sie?

LENA Mein Gott, zu komisch!

SONJA Ich mach einen Spaziergang, wenn ich darf.

JOHN Gibt es nicht eine verdammte Batterie in diesem Haus!

SONJA Ich mache einen Spaziergang, ganz für mich. Entschuldigt, wenn ich ausnahmsweise an mich denke.

LENA Mein Gott ... Natürlich ... Mach das.

SONJA Nicht alle sind so verdammt tüchtig wie du, zum Glück! *(Geht.)*

LENA Ja, mein Gott. Ich hoffe nur, ich werde nicht so.

JOHN *(laut, weil er nichts hört)* Hast du Papier?

LENA Was ist mit dir?

JOHN Hast du kein Papier?

LENA Nein, natürlich nicht!

JOHN Ich muß ausspucken. Ich geh auf die Toilette. *(Steht auf.)* Kannst du mir bitte helfen ... in die Toilette? Ich muß ausspucken.

LENA *(steht auf)* Ja, wenn ich muß, gut.

JOHN *(nach einer kurzen Pause)* Weißt du ... ich glaube, ich war einmal in meinem Leben glücklich, als ich siebzehn war, und zwar, als ich Abitur gemacht habe ... aber das war wohl auch eine Illusion. *(Kurze Pause)* Was sagst du?

LENA Nichts, gar nichts. Komm jetzt, Papa. *(Führt ihn ins Wohnzimmer und weiter, geht dann in den Raum, wo Olof sitzt – man hört nur ihre Stimmen.)*

CLARA *(wendet sich Fredrik zu, der aus dem Garten die Veranda heraufkommt, sich setzt und ihre Hand nimmt)* Na.

LENA *(drinnen)* Hallo.

OLOF Hallo.

LENA Was machst du?

FREDRIK Wie geht's?

OLOF Ich lese.

FREDRIK *(streichelt Claras Hand)* Clara ... Wie geht's dir?

LENA Ja, das seh ich.

CLARA Gut. Es passieren so interessante Sachen.

LENA Einen Krimi?

FREDRIK Was denn?

OLOF Nein.

FREDRIK Was passiert denn? *(Kurze Pause)* Passiert etwas mit dir?

LENA Sieht aus wie ein Krimi. Kann ich mal sehen?

OLOF Nein.

FREDRIK Du bist so schön. Ich kann nicht mehr. *(Lächelt.)* Geht's dir gut?

LENA Warum nicht?

FREDRIK Nein, ich will nicht fragen.

OLOF Nein, sag ich.

CLARA Du fragst soviel.

FREDRIK Ich weiß. Ich bin Arzt. Eine Berufskrankheit. *(Sieht sie an, lacht ein wenig.)* Ich werd dran denken.

LENA Kann ich nicht mit dir reden.

FREDRIK Ich hab «Orpheus und Eurydike» gehört, unten am Strand, als ich nach dir gesucht hab. Gefällt dir die?

LENA Ich finde es so schrecklich. Es ist so schrecklich.

CLARA Sie ist wohl ganz nett.

FREDRIK Vielleicht handelt sie von dir und mir ... Bin ich dein Orpheus?

LENA Ich halte das so nicht aus.

OLOF Ich kann jetzt nicht ... Weil ... die Worte bedeuten nichts mehr.

LENA Für mich bedeuten sie sehr viel.

FREDRIK Das war nicht ernst gemeint. Ich bin im Totenreich. Du bist rausgekommen und hast mich zurückgelassen. Vermutlich meine eigene Schuld.

OLOF Wir müssen wegkommen von … all dem, was wir gesagt haben und was wir nicht mehr hören.

LENA Ich höre alles.

FREDRIK Ich bin froh darüber. Ich fühl mich dort wohl. Ich fühl mich wohl im Totenreich. Ich will dort so lange bleiben, wie ich glauben kann, daß du zurückkommst und mich holst.

OLOF Ich kann jetzt nicht, ich hab keine Worte mehr.

LENA Bedeutet das, wir fahren nicht in die Toscana?

FREDRIK O Gott. Ich versuche, mir zu sagen, daß ich nicht hoffen darf, aber ich kann's nicht lassen. Ich muß hoffen. Ich fühle mich wie eine hilflose Motte, die hingezogen wird zu einer … Flamme.

LENA Bedeutet das, wir fahren nicht in die Toscana?

FREDRIK Zu dir.

OLOF Das weiß ich nicht. Ich weiß nicht … Wir … oder ich … muß erst an mir arbeiten und versuchen, unseren Wunden auszuweichen –

LENA Du mußt so furchtbar viel.

CLARA Ja.

OLOF Bevor wir wieder reden können. Im Augenblick kann ich nicht … kann ich nicht sprechen …

FREDRIK Ich will in dir verbrennen. *(Kurze Pause)* Ich sehne mich so fürchterlich nach dir … Ich will dich heiraten und mit dir leben. *(Pause)* Empfindest du nichts?

LENA Dann bin ich vielleicht nicht mehr da … wenn du willst.

OLOF Wenn ich kann.

LENA Dann bin ich vielleicht nicht da.

OLOF Nein, das ist möglich. Das Risiko muß ich eingehen.

FREDRIK Empfindest du überhaupt nichts … für mich?

CLARA *(nach einer kurzen Pause)* Ich empfinde, daß du empfindest.

FREDRIK Ist das alles? Ja, entschuldige, ich will nicht …

LENA Ja. Das Risiko mußt du eingehen.

FREDRIK Was soll ich machen?

CLARA Du willst ich sein.

FREDRIK Will ich das? Ist es das, was ich will? *(Kurze Pause)* Nein, das glaub ich nicht. Ich will mit dir leben. Ich will dich heiraten. Ich will die ganze Zeit mit dir zusammensein ... Der Altersunterschied spielt keine Rolle. Du bist so erwachsen. Du bist erwachsener als sie. *(Kurze Pause)* Ich muß mit ihr reden. Ich muß ihr sagen, wie es ist.

CLARA Meinst du nicht, daß sie es weiß?

FREDRIK Nein, sie weiß es nicht. *(Kurze Pause)* Natürlich weiß sie es nicht! Was gibt's da zu wissen? Es gibt nichts zu wissen! Wir haben ja nichts getan. Es ist ja nichts passiert. Obwohl alles passiert ist. *(Kurze Pause)* Doch, sie weiß es vielleicht, aber sie begreift nicht, was sie weiß. Ich begreif es ja selber nicht. Ich laufe herum wie, ich weiß nicht, wie im Traum ... Sie ist erfüllt vom Haus und ... vom Umzug und John ... Ich glaube, sie glaubt nicht, daß ich solche Gefühle haben kann, wie ich habe. Ich weiß nicht, was ich machen soll. *(Pause)* Ich kann ja nicht mit ihr da runterziehen. Und am Sonntag unterschreiben wir den Vertrag ... Wie soll das gehen? Ich kann nicht ... Ich kann wirklich so nicht weitermachen. Ich kann nicht mit ihr umziehen. Ich kann nicht im selben Zimmer sein wie sie. Wir sind Fremde, obwohl sie weiter so redet, als wäre alles wie vorher. Ich werde ihr ganzes Leben kurz und klein schlagen ... Ich lüge die ganze Zeit ... obwohl ich soviel Wahrheit erlebe. Ich will nicht lügen, ich will der ganzen Welt sagen, jedem, dem ich begegne: Ich liebe Clara. *(Kurze Pause)* Ich wünschte, sie ... sie würde einfach verschwinden, sie hätte nie existiert ... wir könnten einander die Hand geben und einfach Lebwohl sagen. Danke für das, was war. Ich empfinde nichts mehr für sie. Ich kann nicht zu ihr zurück, was auch passiert zwischen dir und mir. *(Leise)* Manchmal denke ich, ich werde sie umbringen. Dann müßte sie nicht leiden ... Ich habe mir verschiedene Methoden überlegt, sie umzubringen. Es wäre nicht so schwer. Ich bin ja Arzt. Dann geht mir auf, was ich eigentlich denke ... aber ich bin es nicht, der denkt, ein anderer denkt in mir weiter ... Ich will nur, daß sie nicht mehr existiert. Verstehst du? Ich bin völlig krank im Kopf, obwohl ich glücklich bin, glücklicher, als ich jemals war. Zum ersten Mal liebe ich ... Ich will es so haben. *(Kurze Pause)* Clara ... *(Nimmt ihre Hand und küßt sie auf die Oberseite, schließt die Finger, öffnet sie, schnuppert an der Handfläche, küßt sie wieder, umfaßt sie.)* Stört es dich, daß ich siebenundvierzig bin? Findest du mich zu alt? Spielt das eine Rolle? *(Kurze Pause)* Meinst du, du könntest mich lieben? *(Sie lächelt.)* Nein, sag nichts. Das reicht mir ... es ist so wunderbar, einfach bei dir zu sitzen. Warum darf das nicht sein? Ich hab ja nichts Böses getan, ich hab mich nur in dich verliebt. Das ist doch nichts Böses? Lieben. *(Stille, während er ihre Hand und dann ihr Gesicht streichelt.)* Was empfindest du, wenn ich dich anfasse? *(Pause)* Empfindest du etwas? Nein, entschuldige. *(Wieder Pause)* Ich begnüge mich mit dem, was du schenkst ... ich begnüge mich damit, daß du bist ... Wer du auch bist.

CLARA Meinst du, ich kann wieder Theater spielen?

FREDRIK Was? *(Kurze Pause)* Sicher. Sicher kannst du ... Klar, du kannst.

CLARA Werde ich wieder Schauspielerin sein? Irgendwann.

FREDRIK Ja ... Wenn du willst ...

CLARA Oder soll ich die Welt retten?

FREDRIK Du mußt ein paar Jahre kürzer treten, vielleicht zwei, drei Jahre, aber dann ... Klar ... Wenn es das ist, was du willst. *(Küßt sie, sie läßt es geschehen, ohne Reaktion.)*

CLARA Du, aber ... Als ich in Abteilung 9 war, hat mich ein HIV-positiver Mann geküßt.

FREDRIK *(nach einer Pause)* Aha. Ein Patient? *(Lächelt.)* Das ist nicht gefährlich.

CLARA Das ist doch nicht gefährlich? Nein, es ist nicht gefährlich. Er war so schön und wild, er hatte so üppiges dunkles Haar. Er wollte, daß ich in seinem Stück mitspiele. Aber dann hab ich ihn erwischt, wie er einen anderen Mann geküßt hat. Er hat mich vielleicht angesteckt. Das ist passiert, bevor ich ins Krankenhaus kam. Bereust du, daß du mich geküßt hast.

FREDRIK Ich bereue nichts.

SONJA *(die dagestanden, die beiden angesehen und bei den letzten Repliken zugehört hat, kommt jetzt die Verandatreppe hoch, als er Claras Hand langsam losläßt.)*

FREDRIK Hallo, hallo. *(Kurze Pause)* Wir unterhalten uns

hier ein bißchen. Hast du einen Spaziergang gemacht? *(Steht auf.)*

SONJA Ich wußte es. *(Pause)* Ich wußte es.

FREDRIK Verzeihung ... Was sagst du?

SONJA Wie kannst du?

FREDRIK Was denn? Was ist denn?

SONJA Wie kannst du?

FREDRIK Was ist mit dir? *(Streicht sich über die Stirn.)* Beruhige dich jetzt.

SONJA Ich kann es nicht glauben.

FREDRIK Ich weiß nicht, was ... ich weiß nicht, was du –

SONJA Es ist so widerlich.

FREDRIK Ja, ich weiß wirklich nicht, was du –

SONJA Lüg nicht! Hör auf zu lügen! Verdammter Lügner!

FREDRIK Nein, ich –

SONJA Du bist genauso ein jämmerlicher feiger widerlicher Lügner wie alle Männer – ich schäme mich, ich schäme mich, dich zu sehen – ich fühl mich nur schmutzig –

FREDRIK Ich sage nichts.

SONJA Ich empfinde nur Scham!

FREDRIK Beruhige dich jetzt! *(Sie geht zu ihm, beginnt ihn zu schlagen.)* Was machst du? *(Fängt an zu lachen.)* Aber, Sonja, bitte –

SONJA Du Scheißkerl!

FREDRIK Denk an die anderen ... denk an deinen Vater –

SONJA Ich bring dich um!

FREDRIK Beruhige dich jetzt.

SONJA Du hast kein Recht zu leben! Du hast das Leben von drei Menschen zerstört!

FREDRIK Ja, das weiß ich nicht ... ich kann nichts dafür, was ich empfinde –

SONJA Du, du Scheißkerl, du kannst nichts empfinden!

FREDRIK Ich kann es dir nicht erklären –

SONJA Du bist ihr Arzt! Das ist ein Verbrechen!

FREDRIK Ja, ich verstehe, daß du ...

SONERSTEHE, DAß DU ...

SONJA Du verstehst nichts! Red nicht mit mir wie so ein Scheißarzt!

FREDRIK *(zu Clara)* Besser, du gehst. Du mußt das hier nicht sehen.

SONJA Aber ich muß es sehen! *(Schlägt ihn mehrere Male.)* Ich bring dich um! Ich zeig dich an!

FREDRIK Ja.

SONJA Du hast mein Leben zerstört, du hast mein ganzes Leben kurz und klein geschlagen!

FREDRIK Ich kann es nicht ändern.

LENA *(kommt heraus)* Was ist das für ein Geschrei hier? Was macht ihr?

SONJA Er hat mich mit Clara betrogen! Er ist verliebt in sie! Er ist in Gabriels Tochter verliebt!

LENA Ja, dann versteh ich, daß du schreist. Was sagst du?

SONJA Er ist verliebt in Gabriels Tochter. Er ist in Clara verliebt!

LENA Wer? Fredrik? Fredrik?

SONJA Er will sie haben.

LENA Clara ... Nein. Nein, das ist nicht möglich – das ist nicht wahr.

FREDRIK *(versucht, ruhig zu sein)* Das ist nicht wahr. Ich habe sie wirklich sehr –

LENA Er ist ihr Arzt.

SONJA Er will sie haben, er küßt sie!

FREDRIK Ich habe sie natürlich nicht geküßt!

SONJA Lüg nicht! Steh zu deinen verdammten Gefühlen, egal, wie krank sie sind! Sag die Wahrheit, ein einziges Mal! Ich hab genug von all den schrecklichen Lügen!

FREDRIK Was denn ... Was ist denn eine Lüge?

SONJA Du bist ein dreckiger Lügner! Das ist das Schlimmste, was ich je erlebt hab! Wie kannst du ... Clara ... die Tochter meines eigenen Bruders ... wie konntest du so was tun ... Darum wolltest du, daß wir das Haus verkaufen und runterziehen nach Halland, damit du in ihrer Nähe sein kannst ... Ich sollte mein Zuhause verlassen, mein Leben ... damit du ... daß du –

LENA Ja ... alles Furchtbare passiert im Sommer.

FREDRIK *(guckt Lena an, dann Clara)* Nein, ich weiß nicht ... Es gibt nichts zu sagen ...

SONJA Sag, daß du ein Schwein bist, ein geiles altes Schwein!

FREDRIK Ich kann's nicht ändern. Es ist einfach –

SONJA Sag ihm, er soll verschwinden. Er soll seine Scheißsachen nehmen und gehen! Der bleibt nicht hier! Ich will ihn nicht mehr sehen! *(Schreit.)* Sag ihm, er soll gehen!

FREDRIK Ja, ich kann wohl ebensogut ... *(Hebt die Hände.)* Was soll ich sagen ...

LENA Geh jetzt ... einstweilen.

SONJA Und laß dich nie mehr blicken!

FREDRIK *(ruhig)* Sie ist unschuldig. Clara ist unschuldig. Sie hat nichts gemacht. Wir haben wirklich nichts gemacht. *(Geht ins Haus.)*

LENA Ja, nein ...

SONJA Ich will nicht, daß er zurückkommt.

LENA Ja, das war der Gipfel.

SONJA Nein, das ist nicht der Gipfel.

LENA Wie lange? Wann ... ich meine ... *(Nimmt Sonjas Hand.)* Wann hast du –

SONJA *(über Clara)* Bitte sie zu gehen. *(Geht gleichzeitig auf sie zu.)* Wie verwirrt du auch sein magst, ein paar normale Moralbegriffe hast du ja wohl im Leib ... ein paar normale Gefühle mußt du wohl haben! Nach allem, was ich für dich getan hab! Du warst wie meine eigene Tochter. Du warst beinah wie eine Tochter. Ich hab dich besucht in – Beckomberga, hab dir Schokolade und Zeitungen gekauft, hab dir zugehört, während du ununterbrochen dasselbe Zeug geredet hast, hab dich festgehalten ... Ich hab getan, was deine Mutter hätte tun sollen! Und du durftest mit uns nach Kreta! Ich habe alles für dich getan! *(Verzweifelt)* Erzähl mal, was hast du dir vorgestellt, wie das gehen sollte? Wolltet ihr in Varberg ein Verhältnis haben, während ich ... lügen, hintergehen, betrügen ... Nein, es ist so furchtbar. Ich kann es nicht fassen.

LENA *(zu Clara)* Besser, du gehst jetzt.

SONJA Ich muß mit Gabriel reden. Jetzt muß er die Verantwortung für dich übernehmen.

LENA Wird ja auch Zeit.

SONJA Er hat mich betrogen mit der Tochter meines eigenen Bruders ... und die ist nicht gesund ... Wie tief ... wie tief kann ein Mensch sinken?

LENA Das werden wir nie erfahren.

SONJA Ein geisteskrankes Mädchen. *(Fängt an zu weinen.)*

LENA *(hat den Arm um sie gelegt)* Schon gut.

SONJA Lieber Gott, ich fühle mich so schmutzig und erniedrigt. Ich werd mich nie wieder sauber fühlen.

LENA Schon gut ... schon gut ... Liebe.

SONJA Ich begreif es nicht mehr ... Ich begreife nicht, daß ich nicht ... Ich dachte, es wär etwas anderes ... ich weiß nicht ... die Arbeit, die Wechseljahre ... daß es früher oder später in jeder Ehe so wird ... hab versucht, mich selbst zu überzeugen, daß alles wieder gut wird, wenn wir nach Varberg ziehen – *(unterbricht sich, spricht dann weiter)* daß er sich entwickeln kann, wie er will ... obwohl ich innerlich geschrien hab, ich werde ausgenutzt und ... ich weiß nicht ... und er empfindet nichts mehr für mich, auch wenn er zu feige ist, um das zuzugeben ... mir und auch sich selbst gegenüber, oder es ist nur vorübergehend ... weil er das Gefühl hat, er wird alt ... Ich hab ihr neue Kleider für den Sommer gekauft ... und als wir in Griechenland waren, war ich reduziert zu einem Schatten, aber ich dachte, es ... Ich ging wie auf Eiern. Aber nicht in meinen wildesten Phantasien hab ich mir vorgestellt, daß er ... daß ... daß es ... Clara ... Clara war, die ...

LENA Nein.

SONJA Obwohl – ich wußte es. Ich wußte es. *(Pause)* Was soll ich machen? Was soll ich machen?

LENA Du hast mich. Du kannst zu mir kommen.

SONJA Was soll ich machen?

LENA Ich fahr ja weg.

SONJA Ich weiß nicht, wie lange ich es schon weiß.

LENA Mein Gott ... Das ist ja fabelhaft.

SONJA Jetzt hab ich nichts mehr.

OLOF *(kommt heraus, raucht eine Zigarette, lächelt Clara zu, sieht Sonja und Lena beieinander sitzen und einander umarmen.)*

SONJA Ich habe nichts ... Und jetzt sollen wir unser wunderbares Sommerhaus verkaufen. Nein, nein ... ich will nicht.

OLOF Was ist denn?

LENA Denk jetzt nicht daran. Wir reden später drüber.

OLOF Was ist passiert?

SONJA Es ist das einzige, was ich habe.

LENA Ja, ja. Wir reden später darüber. Das andere ist wichtiger. Du mußt dich beruhigen. Vielleicht ruhst du dich ein Weilchen aus. Ich komm mit. Du kriegst einen Whisky und legst dich ein bißchen hin. *(Zieht Sonja hoch.)* Komm, wir gehen rauf. Ich bleib bei dir.

SONJA Danke. Du bist lieb. *(Umarmt Lena.)* Ich besauf mich, und dann ... *(Sie gehen.)*

OLOF *(geht zu Clara)* Was ist denn passiert?

CLARA Sie haben gestritten. Sonja ist traurig.

OLOF Jaja. Aber so was passiert nicht alle Tage. *(Leicht)* Schade, daß ich dich nicht auf der Bühne gesehen hab. Warst du gut?

CLARA Ich glaube. *(Lächelt.)*

OLOF Das denk ich mir ... Aber du wirst wieder spielen.

CLARA Bestimmt. Das werd ich doch?

OLOF Dann komm ich und guck dich an. Ich hab überlegt, ob ich eine Rolle für dich schreibe, wenn ich zurück bin aus der Toscana.

CLARA Was?

OLOF Für dich. Nicht über dich.

CLARA Mein Gott, wär das wunderbar. Du machst nur Spaß. Ich liebe deine Frauenrollen. Die sind so komplex, so spannend. Und gefährlich.

OLOF Gefällt dir das?

CLARA Machst du Spaß?

OLOF Nein.

CLARA Wann seid ihr zurück aus der Toscana? Wann fahrt ihr?

OLOF Wir fahren in einer Woche, genau einer Woche. Und wir sind zurück am 27. ... Juli. Dann fang ich an mit einem neuen Stück. Ich denke an ein Stück ... seit ich dich kennengelernt habe ... Es kam irgendwie durch dich.

CLARA Durch mich? Wie? Handelt es von mir?

OLOF Nein ... das weiß ich nicht.

CLARA Nein, du kennst mich ja nicht, obwohl ich dich kenne ... durch deine Stücke. Ich hab das Gefühl, ich habe Kontakt mit dir, seit ich fünfzehn, sechzehn war. Weißt du noch, daß ich in der Floragatan mal bei dir zu Besuch war? Ich hab in deiner Küche gesessen. Erinnerst du dich?

OLOF Ja, stimmt. Ich hab gestern daran gedacht. Du kamst zu mir nach Hause –

CLARA Ich kam zu dir nach Hause, weil ich einen Aufsatz über dein Stück «Schmutzige Blumen» schreiben wollte – solche Ambitionen hatte ich. Ich war so nervös, ich war so gräßlich nervös.

OLOF Hab ich nicht gemerkt, aber ich weiß noch, ich hab gerade Kaffee gekocht, und das Telefon klingelte, und da hast du übernommen und den Kaffee fertiggekocht. Es hat mir gefallen.

CLARA Es hat dir gefallen? Warum?

OLOF Ich weiß nicht, aber es war so ... du warst so beherrscht, es wirkte so natürlich.

CLARA Und ich war so gräßlich nervös, ich zitterte am ganzen Körper. *(Kurze Pause)* Es war wohl Lena, die anrief.

OLOF Nein, damals kannte ich sie nicht.

CLARA Und später hab ich dich sehr oft im Theater gesehen, aber du hast mich nicht gesehen. *(Kurze Pause)* Willst du wirklich ein Stück schreiben mit einer Rolle für mich? Was wird Lena sagen?

OLOF Was sollte sie sagen?

CLARA Vielleicht schreibst du auch eine Rolle für sie, im selben Stück. Ich muß Sprechunterricht nehmen und wieder trainieren. Ich will nicht nach Varberg ziehen. Schade, daß du mich nicht als Nina in der «Möwe» gesehen hast.

OLOF Du warst bestimmt wunderbar. Du bist so –

CLARA Was?

OLOF Ich weiß nicht. Ich mag so sehr dein ... in deiner Nähe sein. Ich mag es, wenn du da bist.

CLARA Wirklich? Obwohl – ich kann viel besser sein als in der «Möwe».

OLOF Du wirst sie vielleicht wieder spielen. Es ist blau geworden. Alles ist blau, sogar die Wolken. Was ist deine Lieblingsfarbe?

CLARA Blau, alle Arten von Blau. Welche Farbe magst du?

OLOF Ja, Blau, Grau, Schwarz.

UMBERTO *(kommt heraus, ist ziemlich betrunken, hat leichte Schwierigkeiten, sich in den Korbsessel zu setzen)* Verzeihung. Darf man sich hier niederlassen bei euch ... kreativen Genies, auch wenn man nur ein unbedeutender dummer Lehrer ist ... der nicht mal mehr das ist ... Ist das denkbar, oder diskutiert ihr Dinge, die ich nicht kapier?

OLOF *(bückt sich, befühlt Claras Kleid)* Es ist wunderschön. Was ist das? Seide?

CLARA Ja, Seide.

OLOF Es ist wunderschön.

UMBERTO Ich will mich nicht aufdrängen. Obwohl – ich hab sicher genauso viel gelesen wie ihr. Und wenn ich nichts bin, ich bin ein guter Leser. Und wenn ich in meinem Leben nichts ordentlich gemacht hab, ich hab gelesen. Was sollt ich auch sonst machen? Aber ich lese nur gute Bücher. Die müssen gar nicht so furchtbar bekannt sein. Ich finde sie trotzdem. Ich bin ein Mensch, der die guten, aber vergessenen Schriftsteller findet. Die vergessen wurden, aber dennoch dem Zahn der Zeit widerstanden haben ... wie zum Beispiel Arne Sand. Weißt du, wer das ist?

OLOF Ja. Entschuldige. *(Zu Clara)* Wie alt bist du?

CLARA Ich bin ... dreiundzwanzig. Wie alt bist du?

OLOF Siebenundvierzig. *(Zu Umberto)* Arne Sand? Der ist wunderbar.

UMBERTO Er hat mir das Leben gerettet. Ich wäre schon lange tot, wäre Arne Sand nicht gewesen. Ja, ich hab Pfingsten versucht, mir das Leben zu nehmen. Ich dachte, ich käme ins Totenreich, aber ich kam nicht weiter als bis Danderyds Notaufnahme und bekam nicht mal ein eigenes Zimmer, sondern mußte auf dem Korridor liegen. Nicht mal irgendein Sozialarbeiter hat Lust, mit mir zu reden. Wenn ich so weitermache, sitze ich in fünf Jahren im Rollstuhl, aber was soll's? Ich muß sowieso nirgends hin. Aber ich sehe, ich kann sehen, ich bin in der Position, daß ich sehe, wie Menschen sind.

OLOF Sicher. Naja, ich mach einen Spaziergang. *(Steht auf, zu Clara)* Wir sehen uns später.

UMBERTO Alle machen einen Spaziergang, wenn ich komme. *(Steht auf.)* Ja, dann mach ich wohl auch einen Spaziergang. *(Geht.)*

OLOF *(zu Clara)* Willst du? *(Kurze Pause)* Gehen wir zum Strand?

CLARA Wir? *(Steht auf.)* Ja, das machen wir! Komm! *(Sie steigen die Treppe hinunter. Clara bleibt stehen, redet eifrig.)* Da sieht's aus wie ein Schlachtfeld, wie Massengräber, obwohl die Vögel jetzt weg sind. Ich hab gehört, es genügt ein Ölfleck, der nicht größer ist als eine Krone, daß die Vögel durch den Wärmeverlust sterben.

OLOF Ja, furchtbar. *(Während sie nebeneinander hergehen, legt er die Hand auf ihre Schulter.)* Weißt du, die Szene mit Trigorin Ende des zweiten Aktes – es ist doch der zweite Akt ... als sie verabreden, sich in der Stadt zu treffen, er fragt sie, ob sie ihn in der Stadt treffen will ...

CLARA *(lacht)* Ich weiß von nichts! Alles ist weg! Mein Trigorin war so langweilig, alt und langsam. Du bist schnell. *(Nimmt seine Hand.)* Das gefällt mir. Mir gefällt, daß du schnell bist. Ich meine, daß du schnell gehst.

OLOF Ja, komm. *(Scherzhaft, ohne daß sie dem Bedeutung beimessen soll)* Wir werden sehr glücklich werden.

CLARA Glaubst du? Glaubst du? Das glaub ich auch.

OLOF *(lacht über ihren Tonfall, ruft Gabriel, der herauskommt zu)* Hallo, wir machen einen Spaziergang.

GABRIEL Typisch.

LENA *(kommt heraus)* Was ist typisch.

GABRIEL Ich wollte mit jemandem Boule spielen. *(Pause)* Ich finde es entspannend, Boule zu spielen, aber etwas lächerlich. *(Sieht auf seine Uhr.)* Aber ich muß ja bald fahren.

LENA Du mußt immer fahren!

GABRIEL Was soll ich machen?

LENA Ein vitaler Bestandteil dieser Scheißfamilie sein!

GABRIEL Ich halt's mit ihm nicht länger aus als ein paar Stunden. Wenn ich mit ihm Kontakt haben soll, dann zu meinen eigenen Bedingungen. Sonst zieht er mich nur runter. So war es für mich, seit ich klein war. Jetzt bin ich so alt, daß ich selber bestimmen kann.

LENA Das werd ich nie. Hast du Olof gesehen?

GABRIEL Er wollte mit Clara spazierengehen.

LENA Aha. *(Kurze Pause)* Sie hat sich's anders überlegt.

GABRIEL Wer?

LENA Sonja. Sie wird nicht mehr nach Varberg ziehen, und das kann ich an und für sich verstehen, aber sie will das Haus nicht verkaufen.

GABRIEL Warum nicht?

LENA Es gibt furchtbare Probleme mit Fredrik, aber ich will nicht darüber reden. Das mußt du selber rausfinden.

GABRIEL Ah ja. Mit Fredrik? Das begreif ich nicht. Sie muß verkaufen. Ich brauche Geld. Ich hab damit gerechnet. Ich habe vor, meine Wohnung zu renovieren, bevor ich sterbe.

LENA Ich brauche auch Geld, aber ... es ist ziemlich ernst.

GABRIEL Was ist denn passiert?

LENA Und wird lange ernst sein. Ich kann nichts sagen. Das muß sie selber tun.

GABRIEL Ah ja.

LENA Ja. Und ich hab jetzt keine Zeit für Probleme. Aber ausgerechnet dann kommen sie ja immer. Ich fahr in ein paar Tagen in Urlaub, und wenn ich nach Hause komme, fange ich in derselben Woche an zu probieren. Um das hier mußt du dich kümmern.

GABRIEL Ich weiß ja nicht mal, worum es geht. Wie soll ich dann ... Wenn sie das Haus nicht verkaufen, was wird dann mit Clara? Sie soll doch auf alle Fälle da unten wohnen? *(Kurze Pause)* Ich meine – ich muß ja nach Houston. Da komm ich nicht drumherum. Und sie kann nicht allein sein. Sie kann natürlich bei mir wohnen, solange ich zu Hause bin, aber dann muß geklärt sein ... Mein Gott. Dabei wollte ich Anfang August eine Woche runterfahren, um sie zu sehen.

LENA Ja. Jetzt ist es eben so.

GABRIEL Scheiße! Sind das ihre verdammten Wechseljahre!

LENA Darüber weißt du sicher Bescheid. *(Gabriel geht.)* Du bist ein verdammter Egoist. *(Samuel kommt heraus.)* Geh jetzt nicht wieder. Kannst du nicht ein bißchen Wein holen für mich, und für dich? *(Samuel geht wieder hinein.)* So ist er gewesen, seit ich klein war! Ich muß es nur einsehen! Er ist so! *(Samuel kommt wieder heraus, sie nimmt die Flasche, schenkt Samuel und sich Wein ein.)* Ah ... ich bin so deprimiert ... *(Zündet eine Zigarette an.)* So. *(Kurze Pause, lächelt dann Samuel zu.)* Ich hab mich einfach so aufgeregt. Das ist die einzige Beschäftigung auf dem Lande, der ich gewachsen bin – allein auf der Veranda eine Zigarette zu rauchen. Es ist das einzige, woran ich mich erinnern werde, als etwas, das ich vermisse. Aber du liebst ja die Stadt. Das versteh ich. Hast du mit Sonja geredet?

SAMUEL Nein.

LENA Weiß sie, daß du mit Clara zusammen warst?

SAMUEL Das war so kurz. Es war nichts. Ich erzähl ihr nicht, mit wem ich zusammen bin.

LENA Sie war wohl sehr verliebt in dich, du bist so schön und wild.

SAMUEL Es waren nur ein paar Monate.

LENA Ein paar Monate können ein ganzes Leben zerstören.

SAMUEL Sie ist nicht deswegen krank geworden. Sie war schon vorher merkwürdig.

LENA Liebe kann Menschen geisteskrank machen. Glaub mir, ich weiß es. Ich fürchte die Liebe mehr als den Tod.

SAMUEL Daß wir ein paarmal zusammen waren, kann nicht solche Konsequenzen haben. Es lag –

LENA Nein, nein, nein.

SAMUEL Darunter. Es lag darunter.

LENA Es war da. Wie bei uns allen. Der Wahnsinn liegt da und lauert, und wirkliche Liebe wird zu Wahnsinn, ehe man sich davor schützen kann, denn man kennt nicht den Unterschied, wenn man liebt ... Aber du liebst wohl etwas dahinter, wenn du liebst, wie alle großen Künstler. Und außerdem ißt du nicht ordentlich. Ich glaube, Talent zehrt. Ich werde magerer, wenn ich eine neue Rolle probiere.

SAMUEL Ich hab vielleicht Aids. Ich weiß nicht, ob es eine Erkältung ist oder Aids.

LENA Aids? Warum solltest du Aids haben? Von wem? *(Steht auf, geht zur Petroleumlampe, die an der Verandadecke hängt.)*

Siehst du – das alte Spinnenpaar ist wieder da! Sie hat wieder ihr unvorstellbares Netz gesponnen. Kann es dasselbe Paar sein, das jeden Sommer zurückkommt. Da fühlt man sich sicher. Mir gefällt das. Der Herbst fängt an. Nein, ich mein's nicht ernst. *(Zündet die Petroleumlampe an, dreht die Flamme hoch, steckt den Schirm wieder auf.)* So. Jetzt ist es schön. Es hat hier immer ein Spinnenpaar gegeben, an genau derselben Stelle an der Decke, seit du klein warst ... da hab ich dir hier auf der Veranda «Das weiße Traumkaninchen» vorgelesen. Weißt du noch? *(Setzt sich.)* Du bist einfach ein Hypochonder. Das warst du schon mit fünf. Laß dich testen, wenn du dir Sorgen machst. Ich würde mich testen lassen. Ich könnte nicht leben mit der Ungewißheit.

SAMUEL Ich könnte nicht leben mit der Gewißheit.

JOHN Ich will schlafen gehen.

LENA Du kannst warten. Ich hab mich grad hingesetzt!

SAMUEL Ich hab es vielleicht in Harlem gekriegt, vor drei Jahren. Ich hab einen Schwarzen kennengelernt, bei dem wußte ich, ich spiele Russisches Roulette ... aber da dachte ich nicht, daß ich anfangen würde zu schreiben ... Ich will kein Aids haben. Man wird debil. Ich will nicht debil werden.

LENA Ein Schwarzer? *(Pause)* Was meinst du? Meinst du ... *(Lange Pause)* Sam.

SAMUEL Ja. *(Pause)* So ist es.

LENA Das ist nicht wahr. *(Pause)* Nein ... Nicht du.

SAMUEL Doch, ich. *(Lacht.)* Warum nicht ich?

LENA Nein. Ich hätte nie gedacht, oder ... Dabei hab ich Radar. *(Kurze Pause)* Ja, dann versteh ich.

SAMUEL Es ist vielleicht nur Grippe. Ich trainiere ja jeden Tag. Ich lese kein Wort über Aids.

LENA Weiß Sonja Bescheid?

SAMUEL Daß ich schwul bin? Sie weiß nichts. Sie wollen nichts wissen. Ich bin weggegangen, als ich sieben war.

LENA Mein Gott.

SAMUEL Ich weiß nicht, vielleicht hab ich eine Zeitbombe in mir. D a r u m will ich meine Zeit, mein Leben nicht als Sklave vergeuden. Ich bin zu ungeduldig. Ich muß die ganze Zeit in Bewegung sein, so viele Menschen treffen wie möglich, von einem

Ort zum anderen rasen, jeden Abend drei Filme sehen und eine Flut von Gesichtern und alle Bücher lesen, die ich später nicht mehr lesen kann, darüber reden, was ich gesehen habe, mich anderen überlassen, mich hingeben und in derselben Sekunde vergessen und nachts schreiben, ich schreibe am liebsten nachts, nein, ich schreibe nicht, ich mache einen Abguß von dem, was hinter allem liegt, dann ein paar Stunden schlafen, aufstehen und zum Training gehen und dann in die Cafés – sonst werde ich zum Grab. Ich denke nur an den Tod, wenn ich über ihn schreibe. Er hat keinen Namen. *(Kurze Pause)* Du bist die einzige, mit der ich reden kann, wenn ich so still bin. Du denkst so schnell, du auch. Ich hab in New York Miles Davis getroffen, er stieg aus einer Limousine. Ich hab gesagt: Hallo, Miles. Er hat mich angeguckt, er ging um mich herum und sah mich an – bin ich wirklich ein bad guy. Er mochte nur bad guys, richtige bad guys.

LENA Ja ... Hätte ich einen Sohn bekommen, ich hätte ihn Samuel oder David getauft.

SAMUEL Ich glaub, ich fahr nach Amsterdam. Ich hab Freunde da. Es ist viel einfacher da, wie man miteinander umgeht. Du kannst mit jedem reden. *(Kurze Pause)* Sobald ich müde werde oder anfange zu husten, denke ich: Ist es jetzt aus?

JOHN *(ruft)* Sonja ... Sonja. *(Pause)* Ich will schlafen gehen.

SAMUEL Ich kann ihm helfen. Ich komm gut mit ihm zurecht. Ich hab ja im Pflegeheim gejobbt. *(Steht auf.)* Sag nichts.

LENA Natürlich sag ich nichts! Auf mich kannst du dich verlassen!

SAMUEL Ich hab mit Clara nicht geschlafen.

LENA Gut ... Gut.

SAMUEL Sie hat mit mir nicht geschlafen. *(Geht hinein.)* Ich helfe dir.

JOHN Nein, nein ... das mußt du nicht ...

SAMUEL Kein Problem.

JOHN Nein, du mußt mir nicht helfen. Aber setz dich doch eine Weile zu mir. Setz dich eine Weile zu mir.

Clara und Olof kommen durch den Garten. Die Schatten vom Laub der Bäume werfen wechselnde, konturenscharfe Muster auf die Veranda.

CLARA *(die als erste die Treppe heraufkommt)* Oh! Ich hab dich nicht gesehen ...

LENA Nein.

OLOF Hallo ... Wir waren spazieren.

LENA Wie nett. *(Zu Clara)* Du mußt dir was anziehen. Du bist ganz nackt.

CLARA Ja, ich werd mir etwas anziehen. *(Lächelt.)* Tschüß dann. Tschüß.

OLOF Gehst du jetzt schlafen?

CLARA Nein ich ... schreib ein bißchen.

OLOF Jaja ... Tschüß dann.

CLARA Ich muß wieder was anfangen mit meinem Leben.

OLOF *(als sie gegangen ist)* Wie sieht's aus? Hat Sonja sich beruhigt?

LENA Spinnst du? Hättest du dich beruhigt?

OLOF Nein, aber ... ein bißchen.

LENA Warum fragst du, ob sie schlafen gehen will?

OLOF Wer? *(Kurze Pause)* Clara?

LENA Warum?

OLOF Warum – nein, ich hab nur –

LENA Du hast niemals nur irgendwas.

OLOF Ach so. Nein. Hübsch mit der Lampe. Eine schöne Lampe.

LENA Ja, es ist eine sehr schöne Lampe.

OLOF Ja, sehr.

LENA Ja. Möchtest du etwas Wein?

OLOF Ja, ich nehm ein Glas. Danke.

LENA Kannst du dich setzen? *(Schenkt Wein ein.)*

OLOF Sicher. Das hatt ich vor.

LENA Das hattest du nicht vor. *(Reicht ihm das Glas.)*

OLOF *(nimmt das Glas)* Danke ... Ach, schön ... Ein wunderbarer Abend. *(Pause)* Findest du nicht? *(Kurze Pause)* Findest du nicht, daß es ein wunderbarer Abend ist?

LENA Es hätte ein wunderbarer Abend sein können.

OLOF Ich finde, es ist ein wunderbarer Abend.

LENA Klar.

OLOF Still, ruhig ... Eigentlich schrecklich, aus Schweden

wegzufahren, aber ... Prost. *(Prostet ihr zu, nickt.)* Gut. Bist du müde?

LENA Nein, nicht besonders. Du?

OLOF Ja, ich bin müde. L'ora è tarda – Ines, «Troubadour», zweite Szene. *(Pause)* Das ist unglaublich schön. Ich nehm es wohl mit in die Toscana.

LENA Es ist eher spanisch als italienisch.

OLOF Ja.

LENA Du willst also nach wie vor fahren –

OLOF Ja, sicher.

LENA Mit mir? Willst du mit mir da hinfahren?

OLOF Ja. *(Seufzt.)* Sicher. Absolut.

LENA Das versteh ich überhaupt nicht. So wie du auftrittst, wie du dich verhältst.

OLOF Nein.

LENA Ich begreife nichts.

OLOF Nein.

LENA Warum ...

OLOF *(nach einer langen Pause)* Was denn?

LENA Warum darf ich dich nicht lieben? *(Kurze Pause)* Warum darf ich dich nicht lieben?

OLOF Warum läßt du mich nicht sein, wie ich bin?

LENA Ich laß dich genauso sein, wie du bist. Ich will nur nicht, daß du auf mir herumtrampelst.

OLOF Du kämpfst gegen mich, die ganze Zeit. Es ist ein beschissener Machtkampf von morgens bis abends. Es kommt mir vor wie eine ewige Gerichtsverhandlung, mit der ich nichts zu tun habe. Du mußt immer gewinnen, du mußt immer recht haben, wir können nichts diskutieren, ohne bei der Frage zu landen, was richtig ist und was falsch – ich scheiß drauf, was richtig ist und was falsch, ich kann so nicht leben. Dein ganzes Leben ist ein Prozeß, wie ein Roman von Kafka. Ich kann über kein Detail in deinem Verhalten reden, ohne daß du meinst, es betrifft deine ganze Person ... Am Anfang hast du gesagt, wenn du eines nicht bist, dann ist das nachtragend. Das ist nicht wahr – genau das bist du. Du kannst immer noch, nach drei Jahren, von irgend etwas reden, was am Anfang passiert ist, wo du meinst, dir sei Unrecht geschehen.

LENA *(still, freundlich)* Du bist geisteskrank …

OLOF Ja, hör nur. Aber laß das jetzt …

LENA Du bist geisteskrank.

OLOF Wie kannst du so was sagen.

LENA Weil es so ist.

OLOF Wie kannst du etwas so Hartes sagen? Wegen nichts. Kennst du keine Grenzen …

LENA Du bist es.

OLOF *(steht auf)* Nein, ich halt's nicht aus … Ich kann nicht mehr … Ich will, daß es vorbei ist.

LENA *(steht ebenfalls auf)* Es ist schon lange vorbei.

Ein Monat später. Nachmittag. Sonnenschein. Lena, Gabriel, Clara, Olof und Umberto sind auf dem Kiesplatz, spielen Boule mit alten Holzkugeln.

John sitzt auf der Veranda, zusammen mit Samuel, der liest.

Sonja ist im Garten und kürzt verwelkte Triebe an einem hohen Spalier.

OLOF Jetzt ist es schön. Endlich. *(Legt den Arm um Lena.)* Wie geht's dir?

LENA Unglaublich gut. Mir geht's unglaublich gut mit mir. Und wie geht's dir. *(Entfernt sich ein paar Schritte von ihm.)*

GABRIEL *(mit heiserer Stimme)* Jetzt müßte ich dran sein.

LENA Nein, ich! Ich hab seit einer Stunde nicht geworfen. *(Zu Olof)* Das da ist deine.

JOHN So trocken war es keinen einzigen Sommer seit 1914.

UMBERTO Ja, das kann ich einfach nicht so gut ...

SAMUEL Warum ausgerechnet 1914?

OLOF *(zu Lena)* Das ist meine Kugel? Wirklich?

UMBERTO Ich fühl mich, als wär ich mit Alice im Wunderland.

LENA *(so daß nur Olof es hört)* Ja, wirklich. *(Leichte Pause)* Ich lüge nicht, im Gegensatz zu dir.

UMBERTO Alice im Unterland. Alice in den Unterhosen.

JOHN Was liest du?

SAMUEL «Die Erfindung der Einsamkeit».

JOHN Die braucht man wahrhaftig nicht zu erfinden. Es genügt, wenn man alt wird.

OLOF Ah ja. *(Lächelt, sagt still)* Was heißt das? Was meinst du damit?

UMBERTO Ich hab mir eine neue Brille gekauft. Die ist leichter.

OLOF Was meinst du damit: Ich lüge nicht, im Gegensatz zu dir.

LENA *(wirft)* Ich gewinn schon wieder! *(Zu Olof)* Wahrscheinlich 'ne Replik aus einem deiner Stücke.

OLOF *(schweigt, wendet sich von ihr ab)* Ich versteh nicht.

LENA Aber ich! Io capito tutto!

GABRIEL Machen wir noch 'ne Runde, wenn wir schon mal dabei sind?

OLOF Okay.

JOHN Diese Boulekugeln hab ich in den vierziger Jahren gekauft. Aber ich hab nie selber gespielt.

OLOF *(zu Gabriel)* Und, wie?

GABRIEL Tja … Es war ein schrecklicher Sommer. Aber ich kann wohl, um mit einem abgedroschenen Klischee zu sprechen, sagen, ich sehe das Licht am Ende des Tunnels.

UMBERTO Bin ich jetzt dran? Puh …

GABRIEL *(geht zu Clara, die ein Stück hinter den anderen steht)* Mein Gott, was für wunderbares Haar du hast! Das schönste, was ich je gesehen habe! *(Faßt es an.)* Solche Haare hätt ich gern!

CLARA Danke. *(Sie trägt ein langes dunkelblaues Kleid, das viel vom Rücken freiläßt.)*

LENA Wunderbar, aber ungerecht!

JOHN Du willst doch heut abend Mah-Jongg spielen?

SAMUEL Nein, aber ich spiel trotzdem.

JOHN Das ist das einzig Stimulierende hier. Ich vergeß, was für Schmerzen ich habe.

LENA *(nachdem Umberto seine Kugel geworfen hat)* Du großer Gott … hast du denn gar keine Motorik?

UMBERTO *(lacht)* Nein, ich bin … kein herausragender Sportler.

OLOF *(zu Gabriel)* Diese Heiserkeit ist nicht weggegangen.

GABRIEL Ich klinge interessanter, als ich bin. Meine Stimme ist vibramyciniert. *(Lacht.)* Ich nehm jetzt das drittemal Penicillin seit Mai.

UMBERTO Es liegt an dir … du machst … Ich weiß nicht.

GABRIEL Jetzt haben wir keinen Arzt mehr in der Familie, nur noch Patienten.

CLARA *(kommt zu Gabriel und Olof)* Hallo.

OLOF Ja, hallo.

GABRIEL Jetzt zeig ich mal meiner Schwester, daß sie nicht alles am besten kann.

OLOF Hallo. Schön, dich zu sehen. Wie geht's?

CLARA Gut. Und dir? Du bist braun geworden in Italien.

OLOF Dabei hat's viel geregnet. Es heißt, es war der schlechteste Juli seit vierzig Jahren. *(Kurze Pause)* Wie ist es dir ergangen?

CLARA Ich weiß nicht, ruhig. Ich hab nicht viel gemacht. Ich war in Varberg für ein paar Wochen.

OLOF Ich hab an dich gedacht.

CLARA Ich brauch keine Psychiatrie mehr.

OLOF Ich bin jeden Tag schwimmen gewesen, rumgefahren in der Toscana. Ich war in einer Stadt, da will ich wohnen, wenn ich alt bin. Lucca. Warst du schon mal da? Dann waren wir zweimal in Florenz. Die Uffizien – Botticelli, Raffael, da Vinci, Tizian, alle ... alle sind da.

CLARA Nein.

UMBERTO Vielleicht sollte ich ...

OLOF Eine wunderbar junge, lichte Malerei, auch wenn die Motive Stigmatisierung und Verstümmelung sind. Was mich berührt hat, waren zwei Gemälde von Tizian, unglaublich dunkel und still. Ich hab mich verliebt in den «Kranken Mann», ein wunderbares schwarzes Gemälde von einem jungen Mann, der aussieht, als sterbe er ... an Aids. Aber ich bin nicht sicher, ob gerade das Bild von Tizian ist. Mehrere Porträts hatten Ähnlichkeit mit dir.

SONJA *(geht mit den abgeschnittenen Zweigen vorbei, wirkt heiter, bleibt stehen)* Das ist nett, daß ihr etwas macht!

LENA Wir können's nicht ändern, daß du keinen Sinn fürs Werfen hast.

SONJA *(sieht zu John und Samuel hinauf)* Wir hatten einen so schönen Sommer. Sam und Papa sind so gern zusammen.

LENA Les extrêmes se touchent.

SONJA Wir haben jeden Tag draußen gesessen und abends Mah-Jongg gespielt und geredet. Siehst du nicht, wie hübsch der Garten geworden ist. Es geht mir unheimlich gut, wenn ich was tue. Alles ist viel besser jetzt. Das hätte wohl keiner geglaubt?

Jetzt hab ich keine Angst mehr, daß wir verkaufen. Jetzt kann ich hier draußen bleiben und alt und wunderlich werden.

LENA Wir haben nicht gesagt, daß wir nicht verkaufen.

OLOF Welche Maler gefallen dir?

LENA Darüber reden wir jetzt nicht.

SONJA Ganz klar, daß wir nicht verkaufen! *(Lacht.)* Wie könnten wir denn?

CLARA Ich weiß nicht. *(Kurze Pause)* De Chirico gefällt mir nicht!

SONJA Von so einem Haus kann man sich doch nicht trennen! Es ist etwas Einzigartiges! Alle Menschen träumen davon, so etwas zu besitzen!

OLOF Mir gefällt er sehr. Magst du nicht seine metaphysische Malerei, seine Liebespaare, die Stimmungen, die Nacht...

SONJA Man kann nicht sein wunderbares Elternhaus verkaufen, wo man aufgewachsen ist und das für die eigenen Kinder ein Paradies war.

LENA Ich hab keine Kinder gekriegt. Ich konnte keine Kinder kriegen. Ist dir das nicht aufgefallen?

GABRIEL Wir können später drüber reden.

SONJA *(heiter)* Ja, reden könnt ihr ruhig. Aber ich weiß jetzt, was ich will. Jetzt hab ich wieder meine fünf Sinne beisammen. Am Anfang des Sommers war ich ja verrückt. Ich wußte nicht, worauf ich mich einließ.

UMBERTO Ich glaube, Lena...

SONJA Ich kann nicht fassen, daß ich dreiundzwanzig Jahre mit ihm verheiratet war!

LENA I'm here! *(Schnalzt mit den Fingern, läuft ein paar Schritte, hebt eine Kugel auf.)*

SONJA Männer tragen ja keine Verantwortung in dieser Gesellschaft. *(Geht an Clara vorbei, bleibt stehen, lächelt.)* Es war nicht deine Schuld, Kleines. Es hätte jede sein können. *(Streichelt ihr über die Wange, geht weiter.)* Soviel Kirschen wie dieses Jahr hat's nicht gegeben, seit ich klein war.

OLOF *(zu Umberto)* Hattest du einen guten Sommer?

UMBERTO Ja, ich... ich hab nichts Besonderes gemacht... Ich war hier und hab gelesen... Ich hab versucht, mal abzuschalten und...

OLOF Klingt ganz schön.

UMBERTO Ja, so würd's mir gefallen für den Rest meines Lebens: frei haben, alles geregelt, und meine Tage als friedlicher Flaneur verbringen, peripatetisch philosophierend. *(Lacht.)* Ich erinnere mich, wenn ich früher in alten Lexika gelesen habe, stand da manchmal über eine Person die Notiz «Nicht im Dienst». Ein Axel oder Fredrik, der nicht im Dienst war. Dann dachte ich immer, die müssen unbegabt sein, und wie merkwürdig und erschreckend es ist, daß sie nichts gemacht haben aus ihrem Leben. Aber heut ist mir ihre Einstellung sympathisch; sie waren vielleicht glücklich, lebten ohne Sorgen und Mühe, nach dem schönen Ideal von Montaigne, das Dasein freiem, anstrengungslosem Philosophieren zu widmen.

OLOF Klingt wunderbar.

UMBERTO Jetzt bin ich nur noch froh, daß ich entlassen wurde. Ich hätt sowieso jeden Tag gehen können. *(Lacht.)* Ja, ich hab im Sommer ein bißchen geschrieben. Ich schreibe vielleicht einen kleinen Roman.

OLOF Das freut mich. Wirklich?

LENA Und wie steht's mit deinem Liebesleben? Hast du jemanden kennengelernt, der dich glücklich machen kann?

GABRIEL Ich bin wohl viel zu intelligent, um ein glückliches Leben leben zu können. Ich bin wahrscheinlich glücklich, wenn ich arbeite. Ich komm nicht dazu, jemanden kennenzulernen. Clara hat ja bei mir gewohnt.

LENA Ja, jetzt muß du dich um sie kümmern.

GABRIEL Sie zieht in eine eigene Wohnung.

LENA Sehr gut! Sie sollte von dieser Familie so weit wegkommen wie möglich!

GABRIEL Anscheinend wacht sie langsam auf. Sie muß nur vorsichtig sein und nicht zuviel auf einmal machen.

LENA Muß ich auch. Und Fredrik?

GABRIEL Vermutlich ein Kerotininmangel. Er ist jetzt in Varberg. Wohnt auf einer alten Rettungsbarkasse im Varberger Hafen. Er weiß nicht, daß sie wieder in Stockholm ist.

LENA So kann's gehen.

CLARA *(geht zu Olof)* Willst du auch nicht spielen?

JOHN Ich werd weiter Hebräisch lernen. Hebräisch ist die beste Medizin für den Kreislauf, die es gibt.

OLOF Ich will mit dir reden.

UMBERTO Wo ist meine Kugel?

CLARA Worüber willst du mit mir reden?

LENA Sie ist jetzt soviel offener und fröhlicher. Lacht mehr und nimmt lebhafter teil an unseren Gesprächen.

CLARA Schreibst du eine Rolle für mich?

UMBERTO *(der zwischen den Büschen sucht)* Ich kann meine Kugel nicht finden.

OLOF Ja. Ich hab in Italien die ganze Zeit daran gedacht. Morgen abend fang ich ein neues Stück an. Es wird göttlich.

CLARA Es wär so phantastisch, mit in einem Stück zu sein, das du geschrieben hast, daß ich's nicht zu hoffen wage. Ich möchte was Großes machen. *(Lacht.)*

LENA Machen wir weiter, oder?

CLARA Ich zieh von zu Hause aus. Ich miete eine Wohnung in der Västmanagatan, aus zweiter Hand.

LENA Er sieht und riecht schlecht.

OLOF Ah, fein. Hübsche Wohnung?

GABRIEL Ich werde auch dieses Mal nicht gewinnen.

CLARA Ich glaube. Nur 'ne kleine Ein-Zimmer-Wohnung. Wand an Wand mit der Matthäuskirche. Ich wohn nahe bei Gott. Ich dachte, ich fange an, im Chor mitzusingen. Wann fahrt ihr, du und Lena?

OLOF Am Sonntag. Wir fangen Montag an zu probieren.

UMBERTO Wenigstens hab ich mal Bewegung ... wenn ich auch nicht weiß, wozu.

LENA *(zu Olof)* Machst du hier mit, oder machst du nicht mit?

CLARA Ich muß in den Keller zum Duschen. Es gibt kein Badezimmer. Ich hoffe, es kommt nicht einer und vergewaltigt mich. *(Lacht.)* Dann geh ich zum Theater und frag, ob ich zurückkommen darf. Ich sterbe, wenn ich nicht zurückkommen darf.

SONJA Ihr habt's so schön, ihr beiden.

OLOF Natürlich darfst du.

CLARA Es geht mir gut jetzt. Ich war eigentlich nicht krank, nicht wirklich krank. Nur unglücklich. Ich war sehr, sehr glücklich, und da kriegte ich Angst, ich werde wieder unglücklich. *(Lacht.)* Pain is only misunderstanding ... Das ist mein Motto.

OLOF *(zu Lena)* Ich komme. Bald.

LENA *(laut)* Ja, du kommst immer nur. *(Zu Umberto, der eines seiner Hosenbeine hochgezogen hat und das Bein betrachtet)* Was zum Teufel machst du da?

SONJA Ihr seid einander so ähnlich.

JOHN Ja, wie ein alter verkalkter Kerl wie ich Ähnlichkeit mit einem schönen, lockenköpfigen jungen Mann haben soll, begreife ich nicht.

SONJA Nein, in der Art.

UMBERTO Ich hab nur ein bißchen Angst vor ... Zecken ... Es soll ja welche ...

GABRIEL Das Risiko, auf einer unserer Schäreninseln von einer Zecke gebissen zu werden und Borelia zu kriegen, ist 100 000mal kleiner als das Risiko, sich bei einem Beischlaf ohne Kondom mit Aids anzustecken.

UMBERTO Mit einem Unbekannten?

GABRIEL Nein, mit seiner Schwester ... seiner Schwester.

JOHN Noch mehr Dummheiten ertrag ich nicht.

LENA Du wirst wohl weder Borelia noch Aids kriegen, Umberto, egal, ob mit oder ohne Kondom.

JOHN Und jetzt ist dieser Sommer bald vorbei. Noch ein Sommer ...

SONJA Nein, nein, heute ist erst der erste August.

JOHN Das Universum existiert schon lange ... Daß es das erträgt.

UMBERTO Nein, leider.

SONJA Der Herbst ist noch weit weg. Ich bleibe hier, solange ich Lust habe. Ich hab keine Arbeit, wo ich hin muß. Können wir drei nicht lieber hierherziehen? Wär das nicht wunderbar! Samuel schreibt, Papa liest und meditiert in einem Stuhl im Garten, ich mache eine Gärtnerei auf und kümmere mich um euch, und jeden Abend spielen wir Mah-Jongg und trinken Tee?

JOHN Bitte nicht!

GABRIEL *(hebt einen weißen Springer auf, der auf dem Boden liegt)* Was ist das?

SONJA Dann muß ich mir nicht irgendeine triste kleine Wohnung in Gärdet besorgen. *(Steht auf.)* Ich hab nicht die Ruhe zum Sitzen.

UMBERTO Oh, Verzeihung, das ist meiner.

JOHN Und wovon, dachtest du, willst du leben?

SONJA Irgendwas. *(Lacht.)* Vielleicht werd ich studieren.

SAMUEL Klar.

SONJA Man wird nicht blöd, nur weil man über fünfzig ist. Ich kann Geschichte studieren, oder Kulturgeographie. Das hat mich immer interessiert. Ich werd mich entscheiden, wenn die Scheidung von Fredrik durch ist. Erst dann bin ich wirklich ganz. *(Dreht das Gesicht der Sonne zu.)* Was für einen Sommer wir hatten! *(Kurze Pause)* Wir essen bald. *(Kurze Pause)* Morgen fahr ich runter zur Schreinerei und bestell neue Fenster.

JOHN Beruhige dich etwas.

SONJA Ich werd mich nie mehr beruhigen! Ich war immer viel zu ruhig und folgsam, fünfzig Jahre lang! Ab jetzt tu ich alles, was ich immer gewollt hab!

OLOF *(zu Lena)* Freust du dich, daß Montag die Proben anfangen?

LENA Ja, ich freu mich. Und du?

OLOF Ja. Absolut.

SONJA Ich werde das Haus niemals verkaufen.

JOHN Ich werde sterben, also ist es mir egal.

SONJA Ach, dies Gejammer.

JOHN Ich jammere nicht.

SONJA Doch, du jammerst.

JOHN Das einzige, was ich wissen möchte, ist, wo man hinkommt, wenn's vorbei ist. In den Himmel will man ja nicht, und in der Hölle war man, während man gelebt hat.

OLOF *(kommt die Treppe herauf)* Ich glaub, wir spielen nicht mehr.

SONJA Du wirst schnell müde, du.

OLOF Alle haben aufgehört, nicht nur ich. *(Setzt sich, zündet sich eine Zigarette an, sieht Samuel an.)* Wie geht's in Paris?

SONJA Ja, einfach phantastisch. Man spielt ihn in Paris!

SAMUEL Die wollen «Morire di Classe» inszenieren, im März am Théâtre National de la Colline. Kleines Haus.

OLOF Das freut mich. Ein gutes Theater. Gleich beim Père Lachaise. Ich bin da auch gespielt worden. Wann war das? 1989. Das ist lange her.

SONJA Ich kann es nicht fassen, Paris.

JOHN Er wird noch weltberühmt.

SAMUEL Das ist wohl nicht so schwer.

JOHN Du wirst unseren Namen in die Literaturgeschichte schreiben. *(Tätschelt Samuel.)* Aber du bist zu dünn. Du arbeitest zuviel.

SAMUEL Ich arbeite nicht zuviel. Ich schreibe ein oder zwei Sätze pro Tag.

SONJA *(zu Olof)* Ganz im Gegensatz zu dir.

OLOF Ja.

LENA *(kommt auf die Veranda herauf)* Gehst du einfach, ohne was zu sagen?

JOHN Wir sind tatsächlich nur sechzehntausend im Land.

OLOF Ich wollte nicht mehr spielen. Ich hab's gesagt. Dreimal.

LENA Nicht zu mir. Zu mir hast du nichts gesagt.

OLOF Ich wollte nicht versuchen, dich zu übertönen.

LENA Was zum Teufel ist mit dir los? Was machst du eigentlich!

OLOF *(ebenso laut)* Und was machst du eigentlich! Du bist doch nicht bei Trost!

SONJA Schon gut, beruhigt euch jetzt.

OLOF Du solltest mir vielleicht eine Gebrauchsanweisung vorlegen, wo drinsteht, wie du angesprochen und informiert werden möchtest.

LENA Du bist geisteskrank.

OLOF Bitte?

LENA Nein, es geht nicht mehr.

GABRIEL *(kommt die Treppe herauf)* Ich bin Zweiter geworden. Immer der Zweitbeste … das ist mein Schicksal. *(Setzt sich.)* Wenn wir das Haus verkaufen, werd ich nichts davon haben.

Wenn man vor einem Jahr noch zwei Millionen gekriegt hat, kriegt man heut wohl nicht mehr als eins Komma eins oder so – geteilt durch vier.

SONJA Wir verkaufen ja nicht – egal, was wir kriegen.

JOHN Man soll verkaufen, wenn man das Geld nicht braucht.

GABRIEL Was ist das für ein Geschwätz? Wir verlieren ein paar Tausender mit jedem Tag, der vergeht.

LENA Man soll verkaufen, wenn man das Geld haben muß. Was wir vor einem Jahr kriegen konnten, ist ebenso aufregend, wie wenn Madonna onaniert.

SONJA Wir werden nicht verkaufen. Nicht solange ich lebe.

JOHN Ihn interessiert nur Geld.

GABRIEL Ja. Geld stirbt nicht.

JOHN Das wird dein Vater bald tun.

SONJA Das ist meine Kindheit. Es ist der einzige Ort, wo ich glücklich war. Hier sollten meine Kinder spielen und lachen.

LENA Ja, wirklich toll.

JOHN Was interessiert dich, falls ich sterbe?

LENA Für mich war sie nicht glücklich. Nur schrecklich.

GABRIEL Das find ich auch. Ich will unbedingt verkaufen. Ich hab hier nichts verloren.

SONJA Wir müssen wohl erhalten, was Papa und Mama aufgebaut haben! Wir können uns nicht davon trennen!

LENA Bist du nicht bei Trost? Was Mama und Papa aufgebaut haben! Was haben sie denn aufgebaut! Ein Scheißkloster – ja, das war es! Ein Scheißgefängnis, für alle, außer für dich anscheinend! Falls hier irgendwas aufgebaut worden ist, dann von uns mit unserer Angst! Er haßte sie, und sie hatte Schiß, so feige und dumm war sie! Ich sag es, wie es ist! Irgend jemand muß das wohl auch! Er wollte keinen Fuß hierhersetzen! Er hat sich eingeschlossen in sein Arbeitszimmer!

OLOF *(steht auf, geht die Treppe hinunter und zu Clara, die im Sonnenschein auf der Gartenbank sitzt, setzt sich neben sie.)*

JOHN Haß ist wohl zuviel gesagt ... Ich hab das Haus gekauft, weil es gut angelegtes Geld war.

GABRIEL Also hattest du nichts gegen Geld.

JOHN Ich hatte nie etwas gegen Geld oder Sparsamkeit –

GABRIEL Nur daß ich nicht mein Blut der Firma gegeben habe.

LENA Ich kann mich an keinen einzigen verdammten Sommer erinnern, den nicht ihre verdammte Kälte und ihr Schweigen in Asche verwandelt hat! Schweigen! Schweigen! Das war das Allerschlimmste! Ich halt alles mögliche aus, nur kein Schweigen! Das Schweigen zwischen Menschen!

SONJA Was sagst du?

LENA Die einfache, bittere Wahrheit – die sage ich! Darunter leide ich noch!

SAMUEL *(kommt heraus, sagt für sich)* Das schlimmste für mich sind Menschen, die es auf dem Anrufbeantworter klingeln lassen und nichts sagen.

LENA Ich sage, wie es war! Das mach ich immer! Ich erinnere mich nämlich, wie es war! Ich vergesse nichts! Das ist mein verdammtes Schicksal!

CLARA Ich freu mich. *(Lacht.)* Ich bin erst dreiundzwanzig. Ich hab noch das ganze Leben vor mir ... Oder etwa nicht?

OLOF Ja, ja, das hast du. Möchtest du eine Zigarette?

SONJA Man kann mit dir nicht reden.

LENA Weil ich nicht sage, was du hören willst!

CLARA Ja. Ich nehm eine Gauloise. *(Bekommt eine, zündet sie an.)* Danke.

LENA Gabriel hat die gleichen Erinnerungen wie ich. Er haßt das Haus hier auch. Papa war scheußlich zu ihm, und Mama hat nur nach Stellen gesucht, um sich zu verstecken.

GABRIEL Ich habe nicht das Bedürfnis, meinen Standpunkt zu motivieren.

LENA Er war auch nie hier. Papa hat ihn verspottet. Er hat alles getan, um Papas Anerkennung zu finden, wurde Spitzensportler und Musterschüler, und was hat es genützt?

CLARA Gefällt dir Italien?

GABRIEL Mein sportliches Interesse hat nichts mit ihm zu tun. Ich wollte ein normales schwedisches Leben leben, mit meinen Altersgenossen, sein wie alle anderen.

OLOF Ich kann ebensogut dort sein wie sonst irgendwo. Ich mag die Luft, die Gerüche ... und den Kaffee.

GABRIEL Das will man ja in dem Alter, sein wie die anderen.

JOHN *(schwach)* Ich hab niemals jemanden verspottet.

LENA Als du Jugendmeister über 400 Meter wurdest, sagte Papa, du seist ein anpaßlicher Kriecher, der versucht, vor seinem eigenen Volk wegzurennen! Ich weiß es noch! Ihr könnt ja versuchen zu vergessen, wenn's euch dadurch bessergeht!

GABRIEL Wir wollen ja ... aber man läßt uns nicht.

LENA So war es!

SONJA Man kann den Wert dieses Hauses nicht in Geld bemessen – es gibt Werte, die –

LENA Ich kann's, da ich es muß!

SONJA Es ist nicht nur ein Haus – es sind Erinnerungen, unsere ganze Kindheit, alles, was schön und hell war –

LENA Es war nicht schön und hell, du Kuh!

SONJA Da scheißt ihr drauf! Ich kann nicht meine Kindheit verkaufen, ich kann nicht meine Erinnerungen verkaufen, an fremde Leute – ich werde es nie tun, egal, was ihr sagt!

LENA Du mußt. Du bist dazu gezwungen. Du kannst uns ausbezahlen, wenn du kannst. Das ist auch eine Möglichkeit.

SONJA Hier sind Sam und ich aufgewachsen, hier waren wir glücklich!

LENA Oder eine Unmöglichkeit. Frag ihn doch, was er selber will!

SONJA Ich sterbe lieber, als daß ich mein Haus verkaufe –

LENA Dein Haus? Ach ja.

SONJA An fremde Leute! Dann hab ich nichts mehr, wofür ich leben kann!

LENA Wer hat das?

SONJA Du hast doch alles! Gibt es irgendwas, was du nicht hast!

LENA Sag lieber was Intelligentes.

SAMUEL Ich will absolut kein Haus.

JOHN Ich auch nicht. Ich will eine Urne.

SONJA Es ist das einzige, was ich habe.

LENA *(stiller)* Jetzt kommt Sonja Pathétique.

SONJA Ich begreif nicht, daß wir Schwestern sind, was für Schwestern! Ich hab dich nie verstanden.

LENA Nein, aber ich hab dich verstanden.

SONJA Du denkst nur an dich und dein eigenes Bestes. Du kümmerst dich nicht darum, was andere empfinden. Man kann nicht ein kritisches Wort sagen, ohne daß du anfängst zu schreien wie auf der Bühne –

OLOF *(berührt Claras Hand)* Hallo ... Hallo, du.

LENA Sei still jetzt, sonst antworte ich.

CLARA Hallo ... Hallo, du.

OLOF Schön hier in der Sonne?

CLARA Ja, sehr schön.

SAMUEL Ich fahr morgen in die Stadt. Ich muß schreiben.

JOHN Kannst du nicht warten, bis wir fahren?

SAMUEL Ich kann mich hier nicht konzentrieren. Zuviel Leere.

OLOF Was sagst du?

CLARA Ich hab nichts gesagt. *(Pause)* Hast du «The Waves» von Virginia Woolf gelesen?

OLOF Ja, aber es ist lange her, bestimmt zwanzig Jahre.

CLARA Ich hab ein Kapitel daraus übersetzt, während ich am Sabb war. *(Pause)* Als Therapie. *(Kurze Pause)* Ich weiß nicht, warum ich das erzähl. Interessiert dich sicher nicht.

OLOF O doch. *(Lächelt.)* Alles, was du machst, interessiert mich.

SONJA Diese gräßliche Wohnung ist so unangenehm und ungesund.

LENA Geht's um den Monolog, den du für mich schreiben wolltest?

SAMUEL Ich glaube.

LENA Ist das wahr? Phantastisch! Mein Gott, wunderbar!

SAMUEL Ja.

LENA Ich freu mich so!

OLOF Ich lese jeden Sommer «To the Lighthouse», aber «The Waves» kenn ich nicht so gut.

LENA Das ist das Tollste, was mir seit mehreren Jahren passiert ist! Was für eine Kombination – du und ich! Ich bin so glücklich! Endlich etwas, worüber ich glücklich sein kann!

OLOF Diesen Sommer hab ich es nicht gelesen. Lena und ich haben uns in Italien soviel gestritten, daß ich nicht lesen konnte. Nur weggehen.

SONJA Jetzt nimmt sie mein Haus und meinen Sohn.

OLOF Dieses Kleid ist so schön. *(Berührt es.)* Du hast so guten Geschmack.

LENA Wirst du jetzt gemein?

SONJA Nicht mehr als andere Leute.

OLOF Mein Gott …

CLARA Mein Gott …

LENA Mein Gott, ich hab solche Sehnsucht.

OLOF Weißt du, was ich dir nicht sagen kann?

CLARA Was sagst du?

SAMUEL Ich muß auch zum Arzt, zu irgendeinem Arzt.

GABRIEL Ich auch, was ich hab, geht einfach nicht weg.

SONJA Geh zu Fredrik. *(Lacht.)* Er schuldet dir wohl noch was!

OLOF Weißt du, was ich dir nicht sagen kann?

CLARA *(nervös)* Nein, nein … Was denn? *(Eifrig)* Was denn?

OLOF Weißt du nicht, was ich dir nicht sagen kann?

UMBERTO *(kommt auf die Veranda)* Ich hab aufgeräumt … ich hab das Boulespiel in …

CLARA Was kannst du nicht sagen?

UMBERTO Ist wohl das letzte Mal diesen Sommer –

OLOF Weißt du es nicht?

CLARA Nein.

UMBERTO Das letzte und erste.

LENA Wir verkaufen wie der Blitz. Wir finden einen Käufer, und dann zwingen wir ihn zu kaufen.

CLARA Was denn?

UMBERTO Es sind sehr schöne … ungewöhnliche … Boulekugeln.

GABRIEL Ich brauch Geld, um meine Wohnung zu renovieren. Irgendwas darf ich mir wohl gönnen. Ich will nicht mein Leben damit verplempert haben, Idioten zu unterrichten.

OLOF Denk nicht daran. Denk daran, aber denk nicht dran.

GABRIEL Ich will mir ein paar gute Teppiche kaufen, und Stühle. Ich sitze auf demselben Sessel, seit ich mich scheiden ließ, vor fünfzehn Jahren.

CLARA *(eifrig)* Was ist es, was ist es?

JOHN *(zu Samuel)* Kannst du nicht zu mir ziehen, zu mir nach Hause? Da ist reichlich Platz. Es wär nett – ein bißchen Jugend.

SONJA Ich will auch nach Hause ziehen.

OLOF *(still)* Verstehst du nicht?

CLARA Nein.

UMBERTO Auch wenn ich etwas Geld bekäme, ich wüßte nicht, was –

OLOF Okay. Vergiß es. Es war nichts.

CLARA Wie kann ich das vergessen?

UMBERTO Dann könnte ich an meinem Buch ...

OLOF Verstehst du nicht?

UMBERTO Eigentlich reise ich nicht gern. Ich setz mich gern mit Leuten in Cafés und Kneipen zusammen.

SONJA Ich komm nach Hause, wenn ich hier bin! Es ist mein einziges Zuhause!

OLOF Es ist furchtbar.

SONJA Ihr habt was, wofür ihr leben könnt. Ich hab nichts. Ich bin allein.

LENA Wer ist nicht allein.

UMBERTO Ja, wer ist nicht allein?

LENA Wer hat was, wofür er leben kann?

OLOF Ich liebe dich. *(Steht auf.)* Oh, mein Gott.

CLARA Was? *(Steht ebenfalls auf.)* Was sagst du?

OLOF Ich liebe dich ... Was sage ich? Verzeih.

LENA Du zahlst uns aus ... Wir sind vernünftig ... vielleicht großzügig.

CLARA Warte. *(Beginnt, auf und ab zu gehen.)* Warte.

SONJA Wie soll ich das machen? Man kriegt heutzutage kein Darlehen! Ich hab nicht mal eine Arbeit!

LENA Dann muß man sich nach den Gegebenheiten –

UMBERTO Man kann ja –

SONJA Ich will, daß Samuel mit seiner Familie und seinen

Kindern hier sein kann, wenn wir mal alt sind ... er kann hier im Sommer schreiben ... und Clara will vielleicht auch hiersein!

OLOF Es ist wahr ... Ich muß es sagen.

SONJA Warum denkt ihr nicht an Clara?

SAMUEL Ich will hier nicht wohnen.

OLOF Es ist furchtbar. Mein ganzes Leben wird kaputtgehen. Alles wird kaputtgehen. *(Setzt sich wieder, zündet sich eine Zigarette an.)* Es ist nicht zu reparieren. Nur was ganz ist, ist nicht zu reparieren.

SONJA Du weißt nicht, was du willst. Du bist zu jung.

SAMUEL Ich weiß, was ich nicht will.

OLOF Ich will nicht ... Ich will dich nicht lieben.

SAMUEL Ich kriege keine Familie, auf jeden Fall keine Familie mit Kindern.

CLARA Du hast da Glut fallenlassen. Da. *(Olof schlägt sie weg.)* Macht sicher nichts.

OLOF Es fing an, als wir hier waren, im Juni. Vielleicht früher. Ich fing plötzlich an, mich an dich zu erinnern, an dich zu denken. Du bist dageblieben. Ich freute mich, wenn ich an dich dachte. Und dann, als ich in die Toscana kam, war es da, wie eine fertige neue Liebe, eine vollkommen neue Schöpfung. Du warst wie wunderbare Öffnungen in allem. Ich wurde verfolgt von deiner Weichheit, deiner Stimme ... deinen Augen ... deiner Art, dich zu bewegen. Ich habe mich die ganze Zeit nach dir gesehnt. Ich war unheimlich angespannt und entspannt zugleich. Ich hab mich zurückgezogen an Orte, wo ich Ruhe hatte und von dir träumen konnte. Zum ersten Mal in zehn Jahren hab ich Gedichte geschrieben. Sie sind nicht gut, aber es war die einzige Art, mich auszudrücken.

SONJA Du weißt nicht, wie du das in zehn Jahren empfinden wirst.

SAMUEL Wer will denn in zehn Jahren noch leben?

SONJA Hör jetzt auf.

OLOF Wenn ich an dich denke, zittere ich wie die Schmetterlinge in Vallombrosa.

GABRIEL Clara hat keine wirkliche Bindung an diesen Ort.

CLARA Hast du das geschrieben?

OLOF Ich erinnere mich an nichts.

GABRIEL Wir haben ja versucht, uns ein eigenes Familienleben zu schaffen, als sie aufwuchs. Es ist eine unrealistische Vorstellung, daß sie planen sollte, in naher Zukunft eine Familie zu gründen. Sie will vor allem mit dem Theater weitermachen, wenn sie wieder im Gleichgewicht ist. Sie muß sich auf ihre eigene Entwicklung konzentrieren.

LENA Das muß ich auch.

OLOF Eine Nacht letzte Woche, die Nacht auf Mittwoch, bin ich aufgewacht, hab mich aufrecht ins Bett gesetzt und laut gesagt: Ich will nicht. Ich will sie nicht lieben. Ich darf nicht. Das wird alles zerstören ... falls mein Leben alles ist.

SAMUEL Ich will schreiben. Ich will reisen. Ich will mich in der Welt bewegen. Ich will kein Haus haben, nicht mal eine Wohnung. Ich will keine Sachen, die mich belasten. Ich will in Paris wohnen oder in Harlem. Ich will nirgends bleiben. Ich will mein Grab unter dem Arm tragen.

JOHN Ja, das mußten wir Juden immer.

OLOF Und dann hab ich gesagt, ohne daß mir bewußt war, was ich sagte: Ich will Kinder haben.

CLARA Wir müssen keine Kinder haben, wenn du nicht willst.

SAMUEL Ich will sowenig haben wie möglich. Nur Geld. Bücher kann ich kaufen und wegwerfen. Ich will die ganze Zeit auf Reisen sein, bis es vorbei ist. Mich aussetzen. Und nicht mehr besitzen als meine Augen.

OLOF Und dann hab ich gehört, was ich sagte. *(Kleine Pause)* Einfach und verheerend.

GABRIEL Ja, unsere Kinder haben andere Werte als wir früher. Wir sind geformt worden in einer Gesellschaft mit einem unermeßlichen Zukunftsglauben an eine Welt, in der die materiellen und ökonomischen Ressourcen nie versiegen würden. Clara hatte sich schon mit dreizehn entschlossen, Schauspielerin zu werden. Das Theater oder nichts – das war's.

OLOF Ich habe dich die ganze Zeit umarmt.

CLARA Vielleicht ist es nur eine Verirrung.

UMBERTO Ich wollte ...

CLARA Wie kannst du sicher sein?

OLOF Ich weiß nicht, aber ich bin sicher. So sicher ich sein kann. *(Kurze Pause)* Und du? *(Kurze Pause)* Und du?

UMBERTO ... ein gebildeter Mensch werden.

OLOF Bedeute ich dir etwas?

JOHN Auf mich hat meine Aufgabe schon gewartet, als ich geboren wurde.

UMBERTO Ich besuche gern alte Kirchen.

OLOF Was empfindest du für mich? *(Kurze Pause)* Nein, antworte nicht.

LENA Ich hätte alles mögliche werden können. Ärztin vielleicht.

UMBERTO Englische Kirchen. Ich sammle Gedenksteine ... In alten englischen Kirchen sieht man manchmal Sarkophage mit Toten mit gekreuzten Beinen; dann war der Tote Teilnehmer bei einem Kreuzzug.

OLOF Sag nichts. Bring mich nicht um.

CLARA Du weißt es.

OLOF Ich weiß nichts. Was denn?

LENA Oder irgendwas mit Sprachen.

CLARA Du mußt es wissen.

UMBERTO Auf dem Hollywood-Friedhof in Oxford ist das Grab von Kenneth Grahame. Auf dem Stein steht: «Kenneth Grahame, der am 6. Juli 1932 den Fluß überquerte –»

OLOF Sieh nur, wie die Sonnenstrahlen auf den dunklen Jasmin fallen. *(Zeigt darauf.)*

LENA Vielleicht Übersetzerin, oder UN-Dolmetscherin.

UMBERTO «– hinterließ einen literarischen Schatz für alle Kinder, in alle Zukunft.»

LENA Irgendwas am UD, oder bei SIDA.

UMBERTO Ich bin noch nicht mal vierzig.

LENA Ich hab mit keinem Gedanken daran gedacht, Schauspielerin zu werden.

UMBERTO Dies Jahr werde ich vierzig.

CLARA Ich liebe dich seit vier Jahren, auch wenn ich's vielleicht nicht gewußt habe.

OLOF Nein.

CLARA Ich hab von dir gesprochen.

OLOF Nein.

CLARA Ich liebe dich.

SONJA Jetzt geht unsere Familie kaputtt –

CLARA Wußtest du das nicht?

OLOF Ist das wahr? Ist das wahr?

SONJA Ich wollte sie als einzige zusammenhalten.

CLARA Ich liebe dich.

LENA Sie war immer kaputt.

OLOF So. Dann wird es so.

CLARA Ich hab das noch nie gesagt.

OLOF Dann werden wir wir. Was denn?

CLARA Ich habe nie gesagt: Ich liebe dich ... zu niemand ... Es tut weh.

OLOF Du hast es nie zu jemandem gesagt?

CLARA Es tut weh.

OLOF Tut das weh?

CLARA *(still)* Ja ... Du bist der erste.

LENA Ich geh rein. Ich friere.

OLOF Sag nichts mehr. *(Kurze Pause)* Wir sagen jetzt nichts mehr. Wir tragen es in uns, wie Flammen. Wir sehen einander nicht einmal an. Wir sehen einander nicht an. Wir wissen einfach nur, es gibt uns, und etwas ist passiert.

CLARA Was ist passiert?

OLOF Etwas Wunderbares. *(Kurze Pause)* Ich ruf dich mal an nächste Woche.

CLARA Weißt du denn, wo ich bin? Weißt du, wo du anrufen mußt?

SAMUEL Ich fahr auch morgen. Ich muß allein sein unter vielen, vielen Menschen.

LENA *(im Wohnzimmer)* Ich sehn mich danach, nach China zu fahren. Ich hatte immer Sehnsucht nach China; die riesige Provinz, die Stille, mehrere tausend Jahre alt, der Friede, die Farben.

SAMUEL Ich sehn mich immer nach New York – da empfinde ich Stille.

LENA *(laut)* Aber das ist eine andere Art von Stille!

Das Telefon klingelt.

JOHN Wir können Mah-Jongg spielen, zum letzten Mal. Es macht mir eine kindliche Freude, daß man es so ernst nehmen kann.

SAMUEL Hoffentlich ist es London. Irgend jemand sagte, Derek Jacobi wollte meine Stücke in die Ferien mitnehmen und lesen. *(Steht auf, geht hinein.)*

OLOF *(streckt die Hand nach Clara aus, aber sie fassen einander nicht an)* Gott, wie ich dich liebe. Du bist so schön. Warum bist du so schön.

JOHN Jacobi, das ist jüdisch.

CLARA Du auch. Du bist das Schönste, was ich kenne.

OLOF Nein, ich bin nicht schön. Aber ich lebe. Jetzt geh ich. Sonst weiß ich nicht, was ich tu.

JOHN Ich halt's nicht aus hier. Man sollte seine Kinder nicht wiedersehen, nachdem sie zwölf sind.

SAMUEL *(kommt heraus)* Ist Clara hier?

UMBERTO Nein, ich …

OLOF Ich hab sie vorhin gesehen. Ich hab mit ihr geredet. Unten im Garten.

SAMUEL Ein Anruf für sie. Es ist Fredrik.

UMBERTO O je.

SAMUEL Er ist anscheinend in St. Görans Psychiatrie. War schwer zu verstehen, was er sagen wollte. Es wirkt so, als hätt er einen Zusammenbruch.

UMBERTO Nein, wie seltsam …

OLOF Ist das wahr?

UMBERTO Wirklich seltsam … und auch schrecklich irgendwie.

SAMUEL Er ist in der Psychiatrischen Abteilung. Er will mit Clara reden.

UMBERTO Sie war selber letztes Jahr in der Psychiatrie von St. Göran. *(Lacht.)* Verzeihung.

SAMUEL Ich glaube, er erkennt mich nicht.

UMBERTO Er ist doch Arzt an St. Göran.

OLOF Soll sie jetzt mit ihm reden? Sie wird vielleicht nervös. Ist es nicht besser, Sonja kümmert sich darum. Ich meine, sie ist doch seine –

UMBERTO Die reine Farce … wenn es sich nicht so in die Länge ziehen würde.

SAMUEL Wo ist sie denn? *(Geht hinein.)* Verdammt noch mal, warum kann sie sich nicht selber um ihre Probleme kümmern?

OLOF Schrecklich, nicht?

UMBERTO Wirkt beinah wie das perfekte Ende einer äußerst tragischen Geschichte.

OLOF Je gesünder, desto kränker.

UMBERTO Wenn man leidet, ist wenigstens was passiert.

LENA *(kommt heraus, ein Glas Wein in der Hand)* Haben wir uns schon getrennt?

OLOF Nein.

LENA Ich dachte … weil du hier draußen sitzt.

UMBERTO Fredrik –

OLOF Ja, es ist was Schreckliches passiert.

LENA Ist das möglich?

UMBERTO Fredrik ist in St. Göran. In der Psychiatrie.

LENA Warum?

OLOF Er hatte einen Zusammenbruch.

UMBERTO Er hat gerade angerufen, aus der –

LENA Nur einen?

OLOF Ja … Er sagte, die Erde dreht sich jetzt rückwärts. In ein paar Wochen wird es Frühling.

LENA Bei dir auch, wenn du nicht aufpaßt.

OLOF Was sagst du? Was meinst du damit?

LENA Ja?

OLOF Was? Was meinst du damit? Hast du nie genug?

LENA Nein, du.

OLOF *(steht auf, plötzlich rasend, der Stuhl kippt um)* Jetzt hab ich es satt!

LENA Du hast alles satt.

OLOF Ich hab das Ganze so verdammt satt!

LENA Du hast verdammt satt, daß ich deine verdammten Sauereien nicht akzeptiere!

OLOF Was sagst du? Bin ich denn –

LENA Du verträgst nicht mal einen harmlosen kleinen Witz. Ich kann mit jedem blödeln, außer mit dir, du bist so –

OLOF Nein, jetzt nicht deine, deine –

LENA Du bist so verdammt blockiert, daß –

OLOF Deine Witze – von denen hab ich genug, ein für allemal!

LENA Du suchst nur Gründe, mißzuverstehen und dich angegriffen zu fühlen, egal, was man sagt, das liegt latent in dir – ein verdammtes Mißtrauen jagt das andere, gleichgültig, wie vorsichtig man ist, wenn man was sagt, und dich behandelt wie ein rohes Ei, du wartest nur darauf, zuzuschlagen und alles kaputtzumachen! Und was meinst du damit?

OLOF *(steht auf)* Hab ich beinah vergessen.

LENA Was meinst du?

UMBERTO Ich sollte vielleicht ... *(Steht auf, steht still.)*

LENA Ja, sei so gut und mach das. *(Zu Olof)* Was bedeutet das?

OLOF Ich will nicht kritisiert werden von morgens bis abends – ich begreife nicht, was für einen Sinn das hat, daß du –

LENA Und das sagst du – während du mir alles vorwirfst, was –

OLOF Daß du mit ... Warum bist du mit mir zusammen, wenn du nur –

LENA Was ich sagte und tu – je nachdem, in welcher Stimmung du bist ... Und das sagst du, das sagst du – das sagst du!

OLOF Wenn du nur Fehler und Mängel an mir findest – an mir, den du angeblich so sehr liebst – es ist unfaßbar, intelligent, wie du bist –, dann mach was anderes, triff dich mit jemand anders, mit dem du nicht soviel Sorgen hast – ich habe nicht vor, mich zu ändern – ich will –

LENA Das hab ich mir auch nie eingebildet, daß du einen echten Versuch machen würdest, zu – Sorgen! Was für ein phantastischer Euphemismus für all das, was ich mit mit –

OLOF Der sein, der ich bin – ich will sein, wie ich bin – das ist gut genug –

LENA Aber sonst ist niemand gut genug in deiner Nähe, niemand sonst darf sein, wer er ist, nur du darfst es! Fang nicht wieder an mit dieser verdammten alten Leier, sonst –

OLOF *(laut)* Ich werde weiter so sein, wie ich bin, und zwar noch mehr!

LENA Was anderes kannst du auch nicht!

UMBERTO Nein, ich sollte ... *(Steht auf.)*

SONJA *(ohne herauszukommen)* Könnt ihr etwas leiser sein – Papa wird unruhig.

LENA Ich auch!

OLOF Hörst du, was ich sage? Ich will der sein, der ich bin – noch mehr! Hör auf mit deinen verdammten Versuchen, mich zu ändern und zu manipulieren und zu dominieren. Hör einfach auf, sonst scheiß ich auf das Ganze.

LENA *(ruhig)* Damit sagst du ziemlich viel.

OLOF *(ahmt sie nach)* Ja, damit sag ich ziemlich viel.

LENA Empfindest du soviel Verachtung? Ja, das mußt du wohl.

OLOF Was? Was muß ich!

LENA Wahrscheinlich kannst du nicht anders.

OLOF Was muß ich!

LENA Wo wir auch sind, was wir auch tun, wo wir auch waren, was wir auch erreicht und wieder verloren haben, obwohl wir ohne das nicht leben wollten – du mußt das wunderbare Glück zerstören, zu dem wir fähig sind – was jeder sehen kann, außer dir! Wir waren an den schönsten Orten auf der Welt, und das meine ich auch im übertragenen Sinn, und trotzdem hast du dich nur deiner eigenen tristen Hölle zugewandt und konntest nicht –

OLOF Ich will der sein, der ich bin, ich will dort sein, wo ich bin, und ich will, wenn du willst, daß du dorthin kommst, wo ich bin, und mich besuchst, und bei dir mach ich es ebenso –

LENA Warum?

OLOF Ich will der sein, der ich bin! Ohne mich dauernd und ständig erklären und verteidigen zu müssen, ich komm mir dann vor wie in irgendeinem verdammten Limbus, als –

LENA Warum?

OLOF Als mein eigener Conferencier. Guck mich an. Sieh

mich auf produktive Weise an! Du bist verdammt viel großzügiger bei einem Menschen in irgendeinem Film, den du siehst, den kannst du produktiv und offen betrachten und analysieren –

LENA Warum?

OLOF Warum kannst du nicht so sein? Warum mußt du immer polarisieren, warum mußt du immer so definitiv sein, warum können nicht Gespräche und Kontakte hierhin gleiten und dahin, widersprüchlich sein, lebendig –

LENA Warum willst du meine Liebe zu dir zerstören? Warum darf ich dich nicht lieben?

OLOF Wir streiten uns wegen allem und versöhnen uns wegen allem ... Wir machen einen Schritt vorwärts und zwei Schritte zurück. Die Versöhnungen sind ja schlimmer als die Trennungen.

UMBERTO *(steht auf und geht.)*

LENA Ich mach einen Schritt vorwärts, und du machst zwei Schritte zurück.

OLOF Ich halt's nicht aus. Ich geh kaputt.

LENA Ja, stimmt.

OLOF Ich geh noch kaputt.

LENA Du bist schon kaputt.

OLOF Und was machen wir da?

LENA Ich hätte dein Glück sein können.

OLOF Was sollen wir machen?

LENA Ich hätte dein Lachen sein können. Ich will immer noch dein Lachen sein.

OLOF Was sollen wir machen?

LENA Ich weiß nicht. *(Kurze Pause)* Ich will kein Opfer sein. *(Kurze Pause)* Ich will nicht, daß du mich benutzt und mich dann wegwirfst, wenn ich nichts mehr hab, was dich inspiriert – wie du's mit mir in deinen Stücken gemacht hast.

OLOF So ist das nicht. Ich schreib nur über die, die ich liebe.

LENA Über mich schreibst du nicht mehr. Du zeigst mir nicht mal mehr, was du schreibst. *(Pause)* Ich sehn mich so –

OLOF Was? Was?

LENA Ich sehn mich so ... nach dem Olof, nach dem ich mich sehne.

OLOF Sicher. Ich sehn mich nach der Lena, nach der ich mich nicht sehne.

LENA *(einfach)* Ich liebe dich.

OLOF Ja.

LENA Ich liebe dich, Olof.

OLOF Ich will der sein, der ich bin.

LENA Du darfst sein, wer du willst.

OLOF Ich will nur der sein, der ich bin.

LENA Warum bist du nicht mein Mann?

OLOF Das habe ich –

LENA Warum bist du nicht mein Mann?

OLOF Bin ich das nicht?

LENA Manchmal bist du es, aber so kurz, so brüchig ... so anfällig ... es ändert sich so schnell. Du bist es unter günstigen Umständen. Ich bin hier. Für ewig dein.

OLOF Ist das wahr?

LENA Ja, das ist wahr.

OLOF Ist es wahr.

LENA Für mich ist es wahr. Aber ich glaube, für dich ist es nicht wahr, nicht so wie für mich. Und das liegt nicht an mir. Es liegt an dir. Jeden Moment kann irgend etwas anderes dein Interesse gefangennehmen und trägt dich weg wie ... Kirschblätter im Wind ... etwas, das weiter weg ist. Jedenfalls liebst du mich nicht ganz, sondern kurz und für den Augenblick ... und dann vergißt du mich ... Ich hab es gespürt, vom ersten Augenblick an – ich hab's auch gesagt, das geht im Handumdrehen ... Du kannst mich jeden Moment verlassen. Ich steh vor dir, immer voller Freude und erwartungsvoll, und während ich dich umarme, vergißt du mich. Immer ruf ich an und bring es wieder in Ordnung, wenn wir auseinandergegangen sind. Hätt ich das nicht jedesmal gemacht in diesen Jahren, wäre es längst aus zwischen uns. Wenn ich nächstes Mal nicht anrufe, wird es einfach aufhören. *(Kurze Pause)* Wenn ich versuche, dir zu zeigen, daß wir wie füreinander geschaffen sind, wirst du einfach jemand anders kennenlernen, vermutlich eine Jüngere, und mit ihr ein Kind kriegen. Und mich verlassen. Es wird mir nur manchmal einen kleinen Stich geben ... wenn du in Italien bist oder im Theater an meiner Garderobe vorbeigehst. Du wirst Stoff für deine Wehmut kriegen und für dein Schreiben, aber nicht viel mehr. Und in zehn Jahren, da wird dir aufgehen, daß ich recht hatte, daß wir füreinander geschaffen waren … und dann ist es zu spät … und du wirst so unglücklich sein … Nein, vielleicht nicht … Vielleicht werd nur ich mich erinnern. Nein, falsch. Du wirst mich nie vergessen … Du wirst mehr mit mir in der Erinnerung leben, als du's im Jetzt getan hast. Dein Jetzt besteht nur aus Erinnerung. Aber ich will keine Erinnerung sein.

Eine Woche später, nach dem Essen. Alle, außer Clara, sitzen auf der Veranda. Der Abend ist still und schön, noch immer hell, doch mit anderer, kühlerer Luft.

OLOF *(zündet sich eine Zigarette an)* Es ist irgendwie wie der letzte Abend.

LENA Für uns, ja.

Man hört den langsamen Satz in Dvoráks amerikanischem Quartett.

GABRIEL Ich fang auch morgen an. Ich hab um acht Vorlesung. Dann steh ich da und guck runter in eine Masse teigiger Gesichter und suche nach der kleinsten Spur von Intelligenz. *(Hört der Musik zu.)*

SONJA Ich muß ihn wohl besuchen. Wir sind ja immer noch verheiratet. Was immer das bedeuten mag.

GABRIEL Sie liebt dieses Quartett.

SONJA Hat sie lange nicht gespielt.

LENA *(zu Gabriel)* Du meckerst schon genauso herum wie Papa.

UMBERTO Ich hätte noch zwei Wochen gebraucht … wenn ich noch zwei …

LENA *(zu Gabriel)* Du bist ein dominanter Melancholiker.

GABRIEL Und du ein dominanter Sanguiniker.

SONJA Was soll ich sagen? Vielleicht erkennt er mich nicht mal. Falls er's jemals getan hat.

JOHN Alle habt ihr was, wohin ihr zurückkehren könnt.

LENA Wir sind in dem Alter!

SONJA Der Arzt hat gesagt, er ist ziemlich manisch.

LENA Von der Liebe wird man ziemlich manisch.

OLOF Von glücklicher Liebe wird man manisch.

GABRIEL Mein Gott, ich hab wohl das Recht, drei Minuten lang die Lust zu verlieren.

LENA Wer hat noch nicht die Lust verloren!

SONJA Heut morgen hat er von Gott und vom Weltfrieden geredet, von der Tuberkulose in den USA und von Aids, er ist besessen von Aids –

JOHN Jetzt kann ich ja nicht mal mehr gehen.

LENA Du sollst auch nirgends hingehen!

SONJA Früher hat er nie von Gott gesprochen.

OLOF So eine schöne Musik.

SONJA Ja, was Schönes können wir jetzt gebrauchen.

OLOF *(nach einer kurzen Pause, zu Samuel)* Schreibst du jüdische Stücke?

LENA Was sind jüdische Stücke?

GABRIEL Ja, das frag ich mich auch.

SONJA Sie können ihm kein Lithium geben, er ist ja Diabetiker.

LENA *(zu Gabriel)* Ich bin sicher, du bist zufrieden mit deiner Situation.

JOHN Langsam werden mir auch meine Sachen zu groß. Als hätt ich den Anzug meines großen Bruders an. Bald könnt ihr mich in die Urne stecken, ohne mich zu verbrennen.

GABRIEL Ja, wahrscheinlich ... Ich merk nur, wie die Zeit an mir vorbeigeht – nichts passiert ... das passiert.

SONJA Es ging dir noch nie so gut wie diesen Sommer, Papa.

GABRIEL Und alles geht seinen Gang. *(Zu Samuel)* Bei einem Länderspiel zwischen Israel und Schweden – zu wem würdest du halten?

JOHN Ja, weil Judit weg ist. *(Lacht.)*

SAMUEL Israel. Die würden für mich kämpfen. *(Lacht.)*

JOHN Stimmt. *(Kurze Pause)* Jedenfalls spielen wir noch eine Partie Mah-Jongg.

LENA Nein, ich trink jetzt ein Glas Wein und genieße den letzten freien Abend dieses Sommers, denn vor Heiligabend hab ich nicht mehr frei! Ich hab praktisch jeden verdammten Abend Vorstellung, ab Montag bis weit in den Oktober. Einfach eine verdammte Scheißplanung – ich geh kaputt, aber da scheißen die wohl drauf!

SONJA Warum soll ich ihn besuchen? Er redet ständig nur über sich und seine idiotischen Ideen. Geisteskranke sind das Egozentrischste, was es gibt. Erfüllt von sich selbst – was anderes interessiert die nicht.

OLOF Fängst du schon Montag an?

LENA Das weißt du ganz genau!

OLOF Ja ... Nein, ich hatte es vergessen.

SONJA Warum reden wir übrigens nie über Mama?

LENA Das weißt du seit April, daß ich am dritten August anfange.

GABRIEL Weil sie ein Mensch war, über den es nichts zu sagen gibt, weder im Leben noch im Tod.

SONJA Wir haben kein Wort über sie gesagt seit ihrem Tod.

LENA Wir fangen am dritten August an zu probieren, und das weißt du!

OLOF Entschuldige, ja.

JOHN Sie war wie ein Haar in der Suppe.

LENA Wie zum Teufel kannst du das vergessen! Das hast du auch nicht – du spielst nur, du spielst nur, daß du dich nicht erinnerst, aus irgendeinem diffizilen Grund!

GABRIEL Wo sie auch ist, da geht's ihr besser, als wenn sie bei uns ist.

OLOF Ach ja.

LENA Das ist doch so! Ein Spiel, ein beschissenes So-Tun-als-ob!

SAMUEL *(zu Sonja)* Ich kann mitfahren, wenn du willst.

SONJA Ja, dich zu vergessen hat er wohl keinen Grund.

GABRIEL Aber die Zeit vergeht so schnell.

LENA Stimmt, nicht zu fassen!

JOHN Nicht die Zeit vergeht schnell, sondern das Leben.

OLOF Ja, das ist wahr, und es ist schön.

CLARA *(Man hört sie in einem Zimmer im ersten Stock, eine Replik aus «Die Möwe»)* «Für solch ein Glück, wie zum Beispiel Schriftstellerin oder Schauspielerin zu sein, würde ich die Mißgunst meiner Verwandten auf mich nehmen, Not, Verzweiflung, ich würde unter dem Dach wohnen und nur Schwarzbrot essen, ich würde leiden unter der Unzufriedenheit mit mir selbst, unter dem Bewußtsein meiner Unvollkommenheit, aber dafür würde ich den Ruhm fordern – den richtigen, rauschenden Ruhm ... Mir ist schwindlig ...»

OLOF Wunderbar. Nina in der «Möwe», zweiter Akt, Begegnung mit Trigorin.

LENA Ich weiß.

OLOF Ich sag ja nur.

LENA Ich auch.

SONJA Die hat sie gespielt.

LENA *(ist aufgestanden, zur Petroleumlampe gegangen, die an der Verandadecke hängt, steigt auf einen Stuhl, nimmt den Schirm ab, dreht den Docht hoch und zündet ihn an.)*

OLOF Eine wunderbare Szene.

SONJA Sie war so jung und schön und rein, und verliebt ... und überzeugend.

LENA Sie ist ein Traum.

SONJA Ich seh sie immer noch vor mir, als würde sie vibrieren.

LENA A dream. *(Pause)* Ich bin nicht sicher, ob mir das auf der Bühne gefällt. Das funktioniert nur kurze Zeit. Ich hab was gegen Träume auf der Bühne. Zu speziell.

SONJA Sie hat sie nur dreimal gespielt. Dann ist sie zusammengebrochen. Alle redeten darüber.

LENA Und alle haben es vergessen. *(Dreht die Flamme auf und wieder kleiner.)* Ich hätte auch die Nina spielen können, wenn mich jemand drum gebeten hätte. Aber ich bin kein Traum. Ich will kein Traum sein.

GABRIEL *(über die Petroleumlampe)* Die ist viel hübscher als die andere, die ich geerbt hab.

OLOF Was war das für Musik?

SONJA Deine paßt besser in deine Wohnung.

SAMUEL Dvoráks amerikanisches Quartett.

LENA Das hier ist eine Gartenpetroleumlampe.

OLOF Kenn ich nicht.

LENA Wie schön, daß es was gibt, worüber du nicht alles weißt.

GABRIEL Aber die hier ist wertvoller ... Immer das Zweitbeste kriegen – that's the story of my life. *(Lacht ein wenig.)*

OLOF Wird Clara jetzt bei dir wohnen?

SONJA Ich weiß noch, ich hab geweint, weil es so schön war.

GABRIEL Nein. Sie will das jetzt nicht. Sie zieht zu einer Freundin, bis auf weiteres.

LENA Ja, die Leute heulen nur noch im Theater, heulen, statt zu denken.

CLARA *(beginnt im Zimmer oben Klavier zu spielen, einen Walzer von Brahms. Alle hören zu.)*

SONJA Allerhand, wie aktiv sie heut abend ist.

OLOF Sie spielt auch Klavier?

LENA Anscheinend.

GABRIEL Sie hätt eine phantastische Pianistin werden können.

SONJA So aktiv hab ich sie seit einem ganzen Jahr nicht erlebt. So macht sie's schon die ganze Woche. Als wär sie aufgewacht aus einem Traum.

OLOF Wirklich ungewöhnlich begabt!

SONJA Obwohl – sie träumt vielleicht nur einen anderen Traum. Sie schwebt immer ein Stückchen über dem gewöhnlichen alltäglichen Leben. Sie kann soviel, sie denkt so schnell. Manchmal ist sie auch ein kleiner Snob. Sie sieht Menschen und Dinge ziemlich ästhetisch. Sie sagt, wenn sie nicht zum Theater gekommen wäre, hätte sie auf keinen Fall irgendeinen Scheißjob angenommen, nur um zu überleben; aber ich hab gesagt, es gibt keine Scheißjobs – Arbeit ist, was man daraus macht.

LENA Es gibt Scheißjobs, Massen von Scheißjobs!

SONJA Sicher, aber ... aber man kann wirklich jede Arbeit annehmen, wenn es vorübergehend ist. Ihre Einstellung – das können die anderen machen, ich nicht! – die hat mich geärgert.

GABRIEL *(der hineingegangen ist und eine große Leinwand geholt hat, die er an einem Gestell befestigt, und einen Diaprojektor, den er auf den Tisch stellt)* Ja, ich hab einen Scheißjob, und morgen muß ich ihn erledigen. Ich hab eine Vorlesung, an der ich drei Wochen lang gearbeitet hab, und die halte ich vor Studenten, die lieber ganz woanders wären. *(Lacht über sich selbst.)*

SONJA Und was sollen wir jetzt angucken?

LENA Sie spielt zauberhaft. *(Ruft, als das Stück vorbei ist)* Wundervoll!

GABRIEL Sie spielt jetzt zum ersten Mal seit mehreren Jahren, soviel ich weiß, aber ich weiß wohl nicht soviel über das Leben meiner Tochter. Ich hab zwar hin und wieder ein bißchen geklimpert, aber ... keiner bittet mich darum ... *(Fängt an, am Projektor herumzubasteln.)* Das geht anscheinend auch nicht.

LENA Was ist das?

OLOF Dias.

LENA Ist mir klar ... aber warum?

SONJA Er zeigt immer Bilder.

LENA Er lebt in Bildern von der Wirklichkeit statt in der Wirklichkeit.

GABRIEL *(während er die Bildschärfe justiert)* Manchmal vergißt du, daß ich dein großer Bruder bin, Lena.

Er zeigt das erste Bild – Lena im Garten vor einer Woche. Alle schreien auf. Sehen dann Bilder von sich selbst. Sie sehen auf den Bildern auch Olof und Clara, ohne daß ihnen etwas auffällt. Die beiden sehen schön aus, wunderbares Licht. Die Bilder auf der Leinwand sind so groß, daß sie wie Erinnerungen wirken. Die Personen werfen ihre Schatten auf sich selbst – allgemeine Heiterkeit und Erregung. (Verschiedene Äußerungen – OLOF: Ich seh ja furchtbar aus. SONJA: Das ist ein wunderschönes Bild von dir, Lena. JOHN: Das bin ich nicht. LENA: *über ein seltsames Bild von Umberto:* Ich hätt nicht gedacht, daß du so aussehen kannst. *Usw., usw.)*

LENA *(schließlich)* Was für phantastische Bilder. Einfach wunderbar!

SONJA So eine Überraschung!

OLOF Ich hätte gern ein paar. Kannst du mir welche nachbestellen.

UMBERTO Wahrscheinlich das einzige Mal, daß man dokumentiert ist.

LENA Mein Gott, plötzlich wird es dunkel.

SONJA Ja, ich friere. Ich finde, wir gehen rein.

LENA Ja, das war wunderbar.

SONJA Wir gehen rein, wir gehen rein.

GABRIEL *(der dabei ist, seine Dias einzupacken und die Leinwand abzunehmen)* Angenehm, uns zu sehen, wenn wir nicht reden.

OLOF Nein, ich bleib noch eine Weile hier.

LENA *(zu Clara, die herauskommt)* Du bist so wunderschön – auf den Bildern und in Wirklichkeit.

SONJA Papa, wir gehen rein.

Sie gehen nach und nach ins Haus.

OLOF Ich bleib noch eine Weile.

LENA *(die noch da ist)* Klar. Bleib nur. *(Scharf)* I don't give a shit.

SONJA *(zu Clara)* Du spielst so schön. *(Hilft John.)*

JOHN Ich halt es nicht mehr aus. Ich bin nur noch Schmerzen. Warum muß ich weiterleben?

OLOF *(für sich)* I don't give a shit.

SONJA Schon gut. Komm jetzt. *(Hilft dem Vater hinein.)*

CLARA *(geht zu Olof)* Hallo.

OLOF Hallo. Du spielst so gut. *(Kurze Pause)* Du spielst so gut.

CLARA Findest du?

OLOF Ja. Hallo. *(Sie lacht.)* Ich wußte nicht, daß du auch Klavier spielst. Du bist der begabteste Mensch, der mir je begegnet ist, und der schönste. Du wirst mich jeden Tag überraschen.

CLARA Das war Brahms' vierter ungarischer Tanz. Hast du den?

OLOF Was hast du für Farbe auf deinen Augen?

CLARA Was hab ich für Farbe auf meinen Augen? Braungrün. *(Nimmt einen blauen Filzstift heraus und schreibt auf seine Hand-*

fläche I love you, zeichnet ein Herz, durchbohrt von einem Pfeil, schreibt dann Kuß.)

OLOF *(guckt in seine Hand)* Danke.

CLARA *(flüstert)* Ich könnte mir vorstellen, den Rest meines Lebens mit dir zu leben.

OLOF Ich auch ... Aber nicht so eilig.

CLARA Obwohl du ein alter Mann bist. *(Lacht still.)*

OLOF *(still)* Du wirst fünf wundervolle Jahre mit mir haben, und dann kannst du –

CLARA Warum bist du so alt?

OLOF Warum bist du so jung? Du wirst fünf wunderbare Jahre mit mir haben, und dann kannst du machen, was du willst.

CLARA Krieg ich nur fünf Jahre?

OLOF Das reicht doch wohl.

CLARA Krieg ich nur fünf Jahre? Stirbst du dann ... an Lungenkrebs.

OLOF Dann hab ich wohl genug. *(Schützt sich vor ihrem gespielten Schlag.)*

CLARA Du wirst nie genug haben. Glaubst du das?

OLOF Nein, ich glaub's nicht. Gehst du?

CLARA Wo du hingehst ... Können wir nicht ans Meer gehen?

OLOF Nein, das geht nicht.

CLARA Doch, komm, komm, komm ... Komm jetzt wieder.

OLOF Es geht nicht.

CLARA Es geht nicht? Zu riskant, Elefant. *(Lacht.)*

OLOF Ja. *(Lacht ebenfalls.)* Wir müssen warten.

CLARA Hast du Angst? Hast du Angst, daß Lena was merkt? *(Kurze Pause)* Ja, ja, du mein Filou.

OLOF Nein, ich hab keine Angst.

CLARA Aber du ... Du bist dir vielleicht nicht sicher. Vielleicht ist nicht alles so, wie es aussieht.

OLOF Nein.

CLARA Bist du sicher? Bestimmt? Überleg's dir genau. Man weiß, was man hat, aber nicht, was man kriegt. Hör auf zu rauchen. Rauch lieber Pfeife.

OLOF Ich bin sicher. Ich liebe dich.

CLARA Wirklich?

OLOF Ich liebe dich. *(Nimmt eine CD aus seiner Sakkotasche.)* Die hier ist für dich. Hab ich in Florenz gekauft. «Tosca» mit Maria Callas.

CLARA Danke. *(Kurze Pause)* Aber du – du kannst Lena vielleicht nicht verlassen. Oder kannst du's? Was, glaubst du, wird passieren? Glaubst du, Lena wird sterben?

OLOF Ich weiß es nicht.

CLARA Glaubst du nicht, daß sie mit Händen und Füßen kämpfen wird, um dich zu behalten. *(Lacht ein wenig.)* Oder könnt ihr eure Beziehug zur Freundschaft veredeln? Du wirst mit mir glücklicher sein. Ich finde, sie dominiert und manipuliert dich. Ich finde, sie ruiniert deine Stücke.

OLOF Findest du?

CLARA Du nicht? *(Kurze Pause)* Ich glaub, sie hat was gemerkt.

OLOF Glaubst du? Ich nicht.

CLARA Bevor du was gemerkt hast. *(Lacht.)* Neulich hat sie gesagt, ich hätte so schöne Haare. Und sie wollte auch solche Haare haben wie ich.

OLOF Ich glaub nicht, daß sie was gemerkt hat.

CLARA Obwohl sie's vielleicht noch nicht weiß. *(Pause)* Traust du dich, mit ihr zu reden?

OLOF Ich muß.

CLARA Und wann?

OLOF Ich weiß nicht.

CLARA Wie ist dein Schlachtplan? Entschuldige – ich bin ja plötzlich richtig gemein. Ich mein's nicht so. Ich liebe dich. Mein Schatz.

OLOF Ich weiß.

CLARA Vielleicht solltest du abwarten, was passiert.

OLOF Ich weiß, was passiert, auch wenn ich es nicht verstehe. Ich sehne mich nach dir. Ich sehne mich nach dir, und das verstehe ich. *(Legt vorsichtig eine Hand auf ihre linke Brust und streichelt sie.)* Ich sehne mich so nach deinen Brüsten. Ich will sie im Mund spüren.

CLARA Aber du …

OLOF Ich mag, daß sie klein sind, anmutig.

CLARA Wie bei einer Zwölfjährigen. Einfach rührend.

OLOF Ich mag, daß sie klein sind. Wunderbar, anmutig … Mein Gott. *(Faßt ihren Rock an)* Ein wunderschöner Rock.

CLARA Findest du? Hab ich im Indien-Shop gekauft.

OLOF Auf den mußt du aufpassen.

CLARA Auf den werd ich aufpassen … Aber du –

UMBERTO *(kommt heraus, sieht sich kurzsichtig um)* Ich glaub ich hab meinen … Roman irgendwo hier draußen liegenlassen.

OLOF So? Nein, ich hab ihn nicht gesehen. Bist du dir sicher?

UMBERTO Nein, ich bin mir bei gar nichts sicher … Spielt keine Rolle. Es spielt keine Rolle. *(Lacht.)*

CLARA Ich geh runter ans Meer und werd eine Eiderente.

OLOF Ja, mach das.

CLARA Vielleicht werd ich eines Tages … Komm, ich zeig dir was. *(Nimmt heftig seine Hand, zieht ihn rasch mit sich die Treppe hinunter.)* Etwas, das nur ich dir geben kann. *(Bleibt im Schatten stehen, umfaßt seinen Kopf mit großer Zärtlichkeit, küßt ihn tief und lange – sie vereinigen sich in einem starken, wunderbaren Kuß, der nicht endet.)* Tschüß.

OLOF Tschüß. *(Bleibt stehen, geht dann wieder auf die Veranda, während sie sagt:* Vergiß mich nicht, vergiß mich nicht, vergiß mich nicht.*)* Wo kann er geblieben sein?

UMBERTO Ich weiß nicht. Wahrscheinlich typisch.

OLOF Wie furchtbar.

UMBERTO Ja, ich kann … *(Setzt sich.)*

OLOF Und sonst? *(Lacht, ist unglücklich.)* Machst du dir Sorgen um die Zukunft.

UMBERTO Haben wir eine Zukunft? Nein, ich mach mir um das Jetzt …

OLOF Machst du dir nicht Gedanken, vielleicht keine Arbeit mehr zu finden?

UMBERTO Ich mach mir nicht so viele Gedanken. *(Lächelt.)* Ich bin ein milder Pessimist. Ich werde nie wieder arbeiten. Ich versuch, Frührentner zu werden, verbrauchtes Hirn.

OLOF Alles kann passieren. *(Rückt weg, um Umbertos Geruch zu entkommen.)* Alles mögliche kann passieren.

UMBERTO Ja, Leben ist Bewegung. *(Leise, zu sich selbst)* Am Ende gibt es keine Lehrer mehr, nur noch Schüler – Patienten, aber keine Ärzte.

Drinnen klingelt das Telefon.

OLOF *(der zusammenzuckt)* Puh, ich bin jedesmal starr vor Schreck, wenn es klingelt. Ich glaub immer, es ist eine schreckliche Nachricht. Die einzigen Stellen, wo ich mich wirklich sicher fühle, sind im Flugzeug oder im Theater, wenn wir beleuchten und die Schauspieler nicht da sind. Manchmal glaub ich, ich les auf der ersten Seite in der Zeitung: «Olof Vinge, Mörder ...». Wen ich ermordet hab, weiß ich nicht. Du, hör mal, können wir nicht mal essen gehen, wenn du wieder in die Stadt kommst?

UMBERTO Ja ... *(Lächelt.)*

OLOF Wann fährst du?

UMBERTO Ja, wahrscheinlich nächste Woche, wenn die anderen fahren. Ist wohl nicht sehr sinnvoll, allein hier zu sein.

OLOF Also abgemacht. Ich ruf an. *(Will aufstehen.)*

UMBERTO Ja, hat ja keine Eile. *(Pause)* Ja, also was ich –

OLOF *(steht auf)* Wie geht's mit dem Roman?

UMBERTO Also was ich ... Nein, der ist festgefahren. Sieht so aus, als ob er stirbt.

OLOF Er stirbt, um wieder aufzuerstehen.

UMBERTO Nein, ich glaube ... er stirbt, um zu sterben. *(Kurze Pause)* Ich hab mir überlegt, was ich da mit ... Lena ... was ich gesagt hab ... Ich weiß nicht, ob du dich erinnerst, aber –

OLOF Klar erinnere ich mich!

UMBERTO Ich hoffe, du hast ihr nichts gesagt.

OLOF Da mach dir mal keine Gedanken.

UMBERTO Ich schäm mich, daß ich so außer Fassung geraten bin ... so total ... Ich war blau, ich wollte ... es rauskotzen, es aus mir rauskriegen. *(Lacht ein wenig.)* Ich hatte ja nicht die Absicht, daß es ... Aber es war leichter diesen Sommer, weil ich es endlich, und zu spät, zum Ausdruck bringen konnte, aber ... jedenfalls ...

OLOF Keine Gefahr. Denk nicht dran.

UMBERTO Es ist ziemlich ... Es war ... Ich meine, ich hätte ...

OLOF Sicher.

UMBERTO Es war ein Traum. Es war angenehm, einen Traum zu haben, eine Illusion.

OLOF Ich weiß.

UMBERTO Ich sollte vielleicht weniger trinken.

OLOF Ja, mach das. *(Kurze Pause)* Alkohol ist ein langsamer Tod. Drogen sind ein schneller Tod, aber das ist kein Unterschied.

UMBERTO Und ihr fahrt jetzt?

OLOF Ja. *(Kurze Pause)* In die Toscana ... Nein, was red ich denn? Nach Stockholm. Wir fahren nach Hause. Merkwürdig. *(Kurze Pause)* Ich bin jetzt den zweiten Sommer hier, und es ist wie der letzte. Es ist, als würd ich nie wieder herkommen ... Obwohl dieser Ort in so kurzer Zeit soviel bedeutet hat.

UMBERTO Ja, ich weiß. So empfinde ich es auch. Es ist soviel passiert. *(Lacht.)*

OLOF Ja. *(Kurze Pause)* Eines der Gefühle, die mich am glücklichsten machen, ist das Gefühl, wenn ein Stück fertig ist, wenn eine Arbeit fertig ist, bei all der Trauer, die das mit sich bringt. Nein, das ist was anderes. Ich meine diese Gewißheit, jetzt kommt nichts mehr, und die entsteht von selbst. Es ist eine Art Tod. Wie wenn man einen Stein ins Wasser wirft und sieht, wie die Ringe sich ausbreiten, weiter langsamer, und dann kommt kein Ring mehr nach dem letzten beinah unmerklichen Ring. Dann ist es fertig. Man kann nie sagen, wann der Stein geworfen wurde, aber ... man weiß, wenn der letzte Ring der letzte ist ... und der existiert bis zum Schluß, und man fließt mit und hört auf zu existieren. Man ist die letzte Bewegung in einem Werk der Vollendung.

LENA *(kommt heraus)* Da ist Fredrik am Telefon. Er will mit dir reden. Und mit niemand sonst.

OLOF Mit mir? Warum denn?

LENA Das mußt du ihn selber fragen.

OLOF Sicher. Ich rede mit ihm. *(Steht auf, geht hinein.)*

UMBERTO Ich bin's nur. *(Lacht.)* Wie unangenehm ... Fredrik ...

LENA Um es gelinde auszudrücken. War Clara nicht hier?

UMBERTO Doch, aber sie ist wieder gegangen ... ans Meer, glaub ich.

LENA Aha. *(Kurze Pause)* Hast du dir überlegt, wie das mit dem Haus werden soll? Du willst doch auch verkaufen, oder? Dir gehören wohl zehn, fünfzehn Prozent, und du willst wahrscheinlich nicht hier wohnen, wenn ich nicht da bin? *(Lacht.)*

UMBERTO Nein, ich weiß nicht, ich ... ich hab nicht so darüber ... *(Lacht.)* Ich hab sowieso ein Gefühl, als wär's der letzte Sommer ... und ... ja, für mich ist es vielleicht eher ein Grab.

LENA Dann will also nur Sonja ihren Kopf durchsetzen.

UMBERTO Ja ... sie hat ja ... sie hat ja ein ganz anderes ... idyllisiertes Bild von ... wie ein Beskow-Märchen, vom Leben hier.

LENA Ja. *(Will wieder hineingehen.)* Dann machen wir es einfach so ... Gut.

UMBERTO Warte. Entschuldige ... Ich wollte ...

LENA Was? *(Bleibt stehen.)* Was ist? *(Befindet sich jetzt im Dunkeln.)*

UMBERTO Nun, ich ... ich frag mich ... *(Guckt auf den Fußboden.)* Es würde mir Spaß machen, wenn du mal Zeit hast und ... vielleicht ... *(Guckt zu ihr auf.)* Ich fände es nett, dich mal einzuladen ... Vielleicht könnten wir irgendwann in irgendein Restaurant gehen und reden ... wenn du Zeit hast. Irgendwo in der Nähe vom Theater ... Ich könnte auf dich warten ... Hast du mal Zeit, was meinst du?

LENA Ich weiß wirklich nicht ... ich habe zu arbeiten –

UMBERTO Ja, vielleicht mal nach der Vorstellung ... später. Dann könnte ich ... Ich seh euer Stück mehrere Male, da ... wäre ...

LENA Ich bin so müde, wenn ich gespielt hab, daß ich nur noch nach Hause will und meine Ruhe haben.

UMBERTO Ja, das ist klar. Das versteh ich. Es muß wirklich sehr ...

LENA Wir treffen uns ja im Sommer hier draußen.

UMBERTO Ja ... Wir treffen uns ja im Sommer hier draußen.

LENA Ich hab soviel zu tun. Ich hab nie Zeit.

UMBERTO Nein ... Ich dachte nur ...

LENA Ich komm nie zu was.

UMBERTO Nein ... *(Lacht.)* Ich kann dich auf der Bühne angucken.

LENA Ja, das kannst du. *(Kurze Pause)* Nur eine Frage ... wie stellst du dich dazu, das Haus zu verkaufen? Dir gehören doch auf alle Fälle zehn, fünfzehn Prozent?

UMBERTO Ja, das ... Ich weiß nicht, ich ... Mir macht es nichts. *(Lacht wieder.)* Ich hab sowieso ein Gefühl, als wären wir den letzten Sommer hier ... und ... ja ... Ich kann schon ...

LENA Sonja ist die einzige, die nicht will.

UMBERTO Ja ... Sicher ... Aber sie kann nicht ...

LENA Ich weiß nicht, was sie kann. Wir reden später darüber.

GABRIEL *(kommt heraus)* So, ich bin fertig. Ich hab immer mehr mit, als ich brauche.

OLOF *(kommt ebenfalls heraus)* Einfach schrecklich.

LENA Ja, stimmt. Einfach schrecklich.

OLOF *(zu Gabriel)* Ich hab mit Fredrik geredet.

GABRIEL Aha.

OLOF Er klingt wirklich ziemlich krank. Er sagt, er wird Clara heiraten.

LENA Ich kann das nicht hören.

OLOF Nein.

GABRIEL Ist er eingewiesen?

OLOF Ich weiß nicht. Es war nicht möglich, was Konkretes zu erfahren.

LENA Da haben wir wohl Glück gehabt, daß es Medizin gibt! *(Geht hinein.)*

UMBERTO Ich würd gern noch einen Schluck trinken. Und jetzt bin ich nett, geh rein und hol was. *(Geht ebenfalls hinein.)*

GABRIEL *(setzt sich)* Ich bin einfach verwirrt. Ich kann mich nicht recht engagieren.

OLOF Wir müssen Clara davon fernhalten.

GABRIEL Ja, ja sicher. Das müssen wir. *(Kurze Pause)* Du weißt wohl sehr viel über diese Dinge. Du schreibst ja darüber. *(Erneut kurze Pause)* Ich sollte vielleicht auch mit einem Psychologen reden, obwohl es mir nicht besonders schlechtgeht. Ist das ein Zeichen, daß es einem nicht gutgeht? *(Lacht.)* Ich bin ja immer noch an Marie gebunden, Claras Mutter. Obwohl wir seit sechzehn Jahren geschieden sind. Nein – gebunden vielleicht doch nicht.

OLOF Ja.

GABRIEL Ich war anscheinend so langweilig und uninteressant und emotional beschränkt, daß sie Alkoholikerin wurde. Ein richtiger Pflegefall. Sie hat nachts herumgeschrien, und ich wußte nicht, was ich machen sollte. Ich konnte nichts sagen, es endete immer damit, daß sie versuchte, mich totzuschlagen. Das war vielleicht ihre Art, mich zum Leben zu erwecken. Sie kam nach Beckomberga. Und sobald sie wieder ruhig wurde, wollte sie sich scheiden lassen. Ich bekam das Sorgerecht für Clara, denn sie konnte tatsächlich keinen Haushalt führen und sich um ein Kind kümmern. *(Kurze Pause)* Wir waren sieben Jahre lang verheiratet und vielleicht zehn Minuten glücklich.

OLOF Nein.

GABRIEL Ich halte mich für ganz harmonisch. Ich empfinde Freude bei der Forschung und manchmal, wenn ich begabte Schüler habe, beim Unterrichten. Ich weiche Gefühlen nicht aus, aber ... Lachen und Tränen haben keinen ethischen Wert.

OLOF Nein. *(Steht auf.)* Entschuldige mich. *(Geht hinein.)*

GABRIEL *(allein)* Ich wär glücklich, wenn Clara bei mir wohnen würde.

Dieselbe Nacht, kurz vor Morgengrauen, während die Nacht weiß wird. Clara, ganz weißgekleidet, kommt die Treppe herauf, bleibt stehen, sieht Olof an, der früh aufgestanden ist, Kaffee gemacht hat, dasitzt und raucht, glücklich und still. Er hört sie und dreht sich um. Sie trägt eine Eiderente, sterbend, ölgetränkt. Sie geht zu ihm, legt ihm den Vogel auf den Schoß.

OLOF *(steht heftig auf, legt das Tier auf den Tisch, betrachtet seine öligen Hände)* Was machst du? Was zum Teufel machst du? *(Kurze Pause)* Was soll das hier?

CLARA Das bist du.

OLOF Was ist mit dir? Was sagst du?

CLARA Das bist du.

OLOF Bist du nicht bei Trost?

CLARA Wenn die stirbt, stirbst du auch.

OLOF Ich? Aha ... Hör jetzt auf.

CLARA Du sollst aufhören.

OLOF Jaja. Clara.

CLARA Ich rette dich.

OLOF Nimm sie. Töte sie.

CLARA Willst du, daß ich dich rette?

OLOF Was ist mit dir?

CLARA Sie ist deine Seele. Wenn sie nicht vor neun von hier wegfliegt, wirst du sterben, und deine Kinder werden sterben, sie werden sterben, sie gehen in die Gaskammer und werden vergast. Willst du das? *(Schreit)* Willst du das!

OLOF Clara ...

CLARA Sie werden sterben!

OLOF Clara, Clara – beruhige dich jetzt.

CLARA Sie werden im Gas sterben!

OLOF Hör jetzt auf ... Ich hab keine Kinder. Beruhige dich! Clara! *(Versucht, sie festzuhalten.)* Bitte, Clara, ich bitte dich ...

CLARA Verstehst du nicht! Du mußt diese Bücher hier lesen! Sonst stirbst du. So schlimm ist es nicht.

OLOF Welche Bücher?

CLARA Du mußt dich beeilen! Du mußt alle drei lesen, bevor es neun ist, sonst stirbst du. Lena wird auch sterben. Willst du, daß sie stirbt? Willst du sterben?

OLOF Nein, nein, aber hör doch mal ...

CLARA Vielleicht hast du mich nur ausgenutzt. Und jetzt wirfst du mich weg! Aber du wirst sterben, und ich auch! Nur – es gibt Lösungen – sie haben in mir Wohnung genommen – sie sind mir zugeflogen vom Talmud.

OLOF Was soll ich machen?

CLARA Das wollte ich übrigens Ingmar Bergman sagen. Ich hab zu den Bühnenarbeitern gesagt – ihr müßt keine Angst vor ihm haben. Er kriegt ja nicht mal einen hoch. *(Lacht, schnalzt mit den Fingern.)* Flash memory – how old are you?

OLOF *(versucht, sie zu umfassen)* Setz dich, Clara ... Clara. Komm.

CLARA How old are you? Versuch nicht, mich zu verführen. Heirate mich und liebe mich, dann wird alles gut. Willst du mich heiraten? Fahren wir nicht nach Amalfi? *(Schiebt seine Hände weg.)* Hör auf, meine Brüste zu betatschen. Du kriegst vielleicht Aids. Ich hab voriges Jahr Sam geküßt. Er hat einen Schwulen geküßt. Vielleicht hab ich mich angesteckt. Er war Dealer für The Snow Queen. Aber wir haben nie miteinander geschlafen. Vielleicht hab ich mich doch nicht angesteckt. Du kannst jetzt also mit mir schlafen, willst du? Willst du mich nicht lieben? Beeil dich! Die Chance kommt nie wieder. *(Singt.)* Die Chance kommt vielleicht nie wieder ... Bin ich dein Flirt? Hast du einen Flirt mit der Katastrophe? Stell dir vor, ich fang an zu brennen! *(Beginnt sich auszuziehen, reißt sich das Kleid herunter.)* Wir sollen nackt sein, wenn Gott kommt. Ich bin gleich nackt, nackt, wie ich bin. *(Hebt das Gesicht zum Himmel.)* Ich bin Ophelia – I am the sign of time, I am the sign of time. Nein, ich bin nicht Ophelia. Ich bin Clara. Ich bin Jüdin. Stalin war Jude. *(Hat alles ausgezogen, außer einem weißen T-Shirt, auf dem John Coltrane steht.)* Ich bin der Messias. *(Laut)* Ich bin der Messias. Verflucht seid ihr! Ich bin zu schön für euch. Weil ich so schön bin, kann ich hier nicht sein! *(Schlägt nach der brennenden Petroleumlampe, so daß sie herunterfällt, hebt sie auf, wirft sie ins Wohnzimmer. Olof läuft zur Lampe, doch die Gardinen haben schon Feuer gefangen.)* Meine Liebe ist es, die brennt! Geh in mein Feuer!

LENA *(kommt die Treppe heruntergelaufen, sieht Clara.)*

CLARA Ich liebe dich!

OLOF Sie ist nicht bei Sinnen. Hilf mir! Sie ist verrückt!

CLARA *(die in das brennende Zimmer läuft)* Olof! Olof! Olof!

Ein Jahr später. Juli.

Das halbe Haus ist eine Ruine – in der anderen Hälfte hat man ein paar Räume hergerichtet, in denen man wohnen kann. Die Veranda ist noch da. Umberto, Samuel und John sitzen auf der Veranda. Samuel sieht gesund aus, ist aber noch ebenso schmal und blaß. Umberto hat sich seit dem Vorjahr nicht sehr verändert, abgesehen davon, daß er zehn Kilo abgenommen hat. Er trägt einen erbsengrünen Anzug. John döst in einem neuen Sessel, eingehüllt in eine Decke.

SAMUEL Ich hab keinen von ihnen gesehen seit dem letzten Jahr, seit dem Morgen, als sie wieder psychotisch wurde. Ich hab gearbeitet und bin viel gereist. In New York war ich ein halbes Jahr, und dann in Paris.

UMBERTO Es war so, als ob sie tot wären.

SAMUEL Ich war auf der Generalprobe von einem Stück. Grauenhaft. Irgend jemand stand mitten in der Vorstellung auf, schrie: «Das Stück hier hab ich schon fünfzehnmal gesehen!» und ging. Unglaublich altes, langweiliges Theater. Als ob man Farbe anguckt, die trocknet. Ist, glaub ich, nur zwanzigmal gelaufen oder so. Lena ist ja ausgestiegen. Sie spielt mit in meinem neuen Stück, im Herbst.

UMBERTO Ja, ich hab's gelesen. Freut mich.

SAMUEL Es handelt von fünf lesbischen Frauen, sie spielt eine Pianistin, die bei ihrem ersten Konzert vor dreißig Jahren einen Zusammenbruch hatte. Sie hat damals das Konzert abgebrochen und das Publikum angeschrien, es sei unmusikalisch und vulgär. Sie lebt mit einer Frau zusammen, die Direktorin einer großen Versicherungsgesellschaft ist. Sie ist eigentlich ein Bankangestellter, den ich an einem Wochenende in Brüssel kennengelernt hab, sehr sympathisch, sehr freundlich, der mit seiner alten Mutter zusammenlebt. Er kann von ihr nicht wegziehen, denn dann würde sie sterben. Er ist ihr Gefangener und sie seiner. Die Versicherungsdirektorin hat ein Sommerhaus in Umbrien gekauft, und am Ende des ersten Aktes steht sie draußen auf der Veranda, blickt über das Tal hinaus und sagt: Jetzt haben wir eigene Feigenbäume.

UMBERTO Das klingt schön.

SAMUEL Es ist schön. Oder Pinien. Und die Pianistin übt. Sie kriegt ein neues Konzert. Dieselbe Musik wie beim ersten Mal. Dreißig Jahre später.

FREDRIK *(kommt aus dem Wohnzimmer. Er hat sich verändert, ist sanft, um ihn liegt ein stiller Glanz großer Verlassenheit, wie die Aura eines Mondes. Er lacht oft nervös. Er trägt die Haare kurz.)* Jetzt kommen sie. Ich hab den Wagen gehört. Gleich sind sie hier ... Soll ich –

SAMUEL Immer mit der Ruhe. *(Zu Umverto)* Ich fahr nach Paris nächste Woche –

FREDRIK Gabriel und Clara und er ...

SAMUEL Ich treffe Cornelis, einen griechischen Bühnenbildner. Der macht phantastische Sachen. Arbeitet viel mit Stoffen und Aushängen.

UMBERTO Ja, ich muß zum Sozialamt und ...

FREDRIK Jetzt kommen sie. *(Tritt nervös von einem Bein aufs andere.)* Jetzt ist sie hier. Soll ich bleiben?

UMBERTO Ich weiß nicht, warum ich keinen eigenen Platz am Tisch krieg ... warum ich von den Krümeln leben muß ...

SAMUEL Ich glaube, es könnte recht erfolgreich sein, kommerziell gesehen. In allen Theatern gibt es eine Menge Schauspielerinnen – *(Stimmen aus dem Haus)* –, die nicht viel zu tun haben.

OLOF *(kommt heraus)* Hallo ... Hier seid ihr? *(Pause)* Wie schön. Ihr habt es so hübsch hier ... Hier ist's wie immer. *(Geht zu John und begrüßt ihn.)* Guten Tag. Wie geht es denn?

JOHN Wenn man nicht aufwachen muß, geht es gut.

OLOF Ja. *(Wendet sich Samuel zu.)* Hallo. Lange her. Hallo, Umberto. Wie geht's? *(Umberto zuckt die Schultern.)* Alles in Ordnung? Prima. Wir wollten nur guten Tag sagen. *(Sieht sich um.)* Sie bauen es also wieder auf. Ja, da ist viel zerstört worden. Wird sicher wieder gut. *(Ruhiger)* Ja, es ist wirklich sehr lange her. *(Zu Samuel)* Und du hattest Erfolg. Phantastisch.

SAMUEL Ja. Ich hatte Erfolg. *(Bleibt sitzen, rührt sich nicht.)*

OLOF Das freut mich. Ich hab's leider nicht gesehen, aber ... Ich war ein ganzes Jahr nicht im Theater. Ich hab gar nichts gesehen.

SAMUEL Man kriegt nur schwer Karten. Sie nehmen's wohl im Herbst wieder auf.

OLOF Klar, ganz bestimmt. Meins haben sie abgesetzt, so schnell es ging. *(Lacht.)* Aber es war gut. Ich hab's gebraucht. Gibt's denn ein neues?

SAMUEL Ja, ich glaube.

OLOF Ich geh's ruhig an. *(Lacht wieder.)* Wie Edward Albee sagte, vor ein paar Jahren – er kam zu mir nach Hause und trank Kaffee, er nahm Süßstoff, hat nicht geraucht: Zur Zeit macht es mir mehr Spaß, ein Stück zu planen und darüber nachzudenken, als es zu schreiben. Heut versteh ich ihn besser. *(Lächelt.)* Nächstes Mal schreibe ich, als wär es das letzte, was ich schreibe. Jedes Wort wird sein wie ein Abschied. *(Zu Umberto)* Wo findest du deine Anzüge?

UMBERTO Ach so, der ... ja, die –

FREDRIK *(tritt aus dem Schatten, er hat an einem Finger einen schwarzen Siegelring)* Guten Tag. Ich bin Samuels Vater. *(Streicht sich über das dichte, kurzgeschnittene Haar.)* Fredrik. Wir sind uns schon begegnet. *(Reicht Olof eine leblose Hand.)* Guten Tag. Guten Tag.

OLOF Hallo, Fredrik! Wie schön, dich zu sehen! *(Fredrik reagiert darauf, daß Olof zu laut spricht. Olof sagt etwas leiser)* Wie geht es dir? Geht's gut?

FREDRIK *(hält Olofs Hand fest, spricht die ganze Zeit sehr still)* Ja, danke, gut. *(Mit trockenem Mund)* Danke.

OLOF Wir sind uns letzten Sommer hier begegnet ... Wir waren ja hier.

FREDRIK *(läßt Olofs Hand los)* Ich dachte, du erinnerst dich nicht.

OLOF Natürlich erinnere ich mich.

FREDRIK Damals, in dem Sommer ... wurde ich krank. Ich hab's nicht geschafft. Ich bin nicht damit fertig geworden. Jetzt geht es mir besser. Ich war sozusagen raus aus der Welt, bis jetzt. Jetzt fang ich von vorn an. Aber man hat mir gesagt, das braucht Zeit. Ich soll es nicht zu eilig haben.

OLOF Richtig.

JOHN Allen geht es besser, außer mir.

FREDRIK Ich sag nur guten Tag. Ich wohn jetzt am Norrtull. Beinah wie im Hotel. Ich bin nicht mehr verheiratet mit Sonja. Wir sind jetzt Freunde. *(Steckt die Hände in die Taschen)* Sie ist sehr tüchtig.

OLOF Ist doch schön, wenn man hiersein kann.

FREDRIK Ja, das stimmt. Ruhig und schön.

OLOF Wir fahren nächste Woche nach Italien, nach Genua, aber ich find's beinah schrecklich, Schweden zu verlassen, jetzt, wo es am schönsten und hellsten ist.

JOHN So schön und still ... aber ganz still wird es nie.

FREDRIK Im Herbst kann ich vielleicht wieder anfangen zu arbeiten.

OLOF Tatsächlich? Gut.

FREDRIK Aber ich kann nicht wieder Arzt werden. Das schaff ich nicht mehr. Ich muß eine Arbeit finden, die nicht so anstrengend ist.

OLOF Nein, nein, klar.

FREDRIK Ich soll nicht soviel denken.

CLARA *(zu Lena im Haus)* Was für ein wunderbares Kleid!

FREDRIK Nein.

LENA Findest du. Danke.

FREDRIK Nein, nein.

CLARA Einfach wunderbar. Wo hast du es gekauft? Ja, ich hab nicht vor, mir auch so eins zu kaufen.

LENA Aha ... Und warum nicht?

CLARA Nein, es ... es ...

FREDRIK *(für sich)* Hallo.

GABRIEL Ich bin immer noch in den USA.

FREDRIK Sie kommen jetzt. Soll ich was holen, einen Stuhl oder ...

LENA *(zu Clara)* Hübsches Halsband.

CLARA *(erfreut)* Åhlens, achtzehn Kronen.

SAMUEL Bleib jetzt hier. Renn nicht herum wie ein Hund.

FREDRIK Jetzt kommt sie. *(Zieht sich zurück.)* Da ist sie.

Lena, Sonja, Clara und Gabriel kommen auf die Veranda.

GABRIEL Hoffentlich störe ich. *(Lacht.)*

CLARA *(deren Haare im Feuer verbrannt sind)* Daß ich noch mal hierherkomme!

SONJA Jetzt bist du Großvater ... Wie fühlst du dich?

GABRIEL *(der sehr braungebrannt ist)* Ich weiß nicht, wie ich mich fühl. Ich hab soviel zu tun. Mir geht es drüben sehr, sehr gut. Nette, etwas oberflächliche Leute, reden schnell. Junge Leute, die keine Verlierer werden wollen.

SONJA Ich hab mich immer danach gesehnt, Großmutter zu werden, aber jetzt hab ich ja ein eigenes Leben.

CLARA Ein seltsames Gefühl.

GABRIEL Ich bleib ja nur eine Woche.

SONJA Du hast mein Haus verbrannt und Fredrik. *(Lacht.)* Entschuldige.

OLOF *(begrüßt Lena)* Hallo.

LENA Hallo.

SONJA Papa, sie sind jetzt hier. Gabriel, Clara und Olof.

JOHN Bestimmt nicht meinetwegen.

CLARA Warum sagst du das?

FREDRIK *(still, für sich)* Guten Tag. Ist lange her.

OLOF Wie geht's?

SONJA Ich hab's nicht so gemeint. Ich wollte nur einen Witz machen.

OLOF Wir sind nur für heute –

GABRIEL *(geht zu John, nimmt nicht seine Hand)* Hallo.

JOHN Tag ... Du bleibst wohl nicht so lange. Ich sollte mich wohl besser verabschieden, während du zu Hause Urlaub machst.

GABRIEL Ich hab keinen Urlaub.

CLARA Großvater! Hallo! *(Küßt ihn, tätschelt ihn.)* Wie geht es dir?

JOHN Wie es mir geht? Furchtbar.

CLARA Wir haben deinen Urenkel mit, jetzt schläft er aber. Ist gerade eingeschlafen. Du wirst ihn kennenlernen, wenn er aufwacht.

JOHN Ich seh nicht mehr so gut. *(Tätschelt sie.)* Ich seh gar nichts mehr. Aber es freut mich.

FREDRIK *(still für sich)* Nett, dich zu sehen.

CLARA Er ist erst drei Monate.

LENA *(die ausrechnet, wann das Kind gezeugt wurde)* Ja …

CLARA Olof hat jetzt eine Wohnung zum Arbeiten. Meistens ist er da. *(Lacht.)*

JOHN Sieht er seinem Großvater ähnlich?

FREDRIK *(still für sich)* Guten Tag, ich heiße … freut mich, dich zu sehen. Wie geht's dir? Danke.

CLARA Nein, er sieht niemandem ähnlich.

SONJA Darf ich euch was anbieten?

GABRIEL Natürlich darfst du uns was anbieten. Ich bin nicht ganz von Houston hergekommen, um nichts angeboten zu kriegen.

JOHN Ich krieg nichts mehr runter. Ich weiß nicht, was ich hier noch soll.

OLOF Was zu trinken vielleicht.

CLARA Ich kann was holen. *(Kommt auf die Veranda, sieht Fredrik)* Fredrik … Du bist hier? Das freut mich! Wie geht's dir denn? *(Geht zu ihm, nimmt ihn in den Arm.)* Ich hatte keine Ahnung, daß du hier bist.

LENA All unsere Schatten sind hier.

FREDRIK Guten Tag. *(Dann sehr laut)* Das Haus ist abgebrannt!

CLARA Ich freu mich, dich zu sehen.

FREDRIK Ich bin es nicht gewesen.

CLARA Ich hab an dich gedacht.

FREDRIK Ja. Wie geht es?

CLARA Und Sam ist auch hier. Alle sind hier. Du bist jetzt weltberühmt. Man kann keine Zeitung aufschlagen, ohne deinen Namen zu lesen.

SAMUEL Ja, ziemlich fad, nicht.

FREDRIK Wie geht's dir?

GABRIEL Er wird uns alle überleben.

CLARA Es ist wunderbar! Du bist ein Genie. *(Lacht.)* Weißt du noch, wie wir immer in den Cafés rumsaßen und träumten und Pläne machten, wie wir das Theater revolutionieren – wir wollten Theater leben, wir wollten es sprengen mit unseren Wahrheiten, wir wollten das Theater werden, uns nie verkaufen, wie Kinder sein, wie Flammen … alle alten Lügen und Konventionen verbrennen … einander nicht opfern für scheußlichen Karriereehrgeiz und Individualismus unter Generationsgenossen, sondern eine lebenswertere Alternative zu den materialistischen Höllen der Vierziger aufbauen … Wir hatten sogar ein Verhältnis für kurze Zeit, bis wir entdeckten, daß wir zu schön sind. *(Lacht.)* Du hast es geschafft. Jetzt bin nur ich noch übrig. Werde ich jemals etwas Großes tun?

OLOF Wollen wir was zu trinken holen?

CLARA Aber ich werde wieder spielen, wenn David etwas größer ist … Ich werde wieder Schauspielerin.

GABRIEL Und weswegen wird man sich an mich erinnern? Vakuumforschung.

Das Kind fängt an zu schreien.

OLOF Ich geh schon.

SONJA Fredrik, hilf Clara mit den Gläsern.

JOHN Ich hab ein Loch in der rechten Tasche.

FREDRIK Sicher. Mach ich. Die Gläser.

JOHN Groß wie ein Fotzenloch.

FREDRIK Die Gläser.

CLARA Komm, Fredrik. Hilf mir.

SONJA *(über den Vater)* Lacht nicht.

CLARA Die haben's also überstanden.

SONJA Haben sie nicht – alles ist neu, uninteressant. *(Als sie gegangen sind)* Ja, das Leben ist merkwürdig. *(Nimmt Lenas Hand.)* Ich finde dich so tüchtig.

LENA Das finde ich auch. Ich kann sehr gut leiden.

SONJA Du wirst wieder glücklich.

LENA Glücklich? Warum sollte ich glücklich werden? Ich war in meinem ganzen Leben nie glücklich! Ich bin mit einem Fluch geboren.

SONJA Sieh mich an. Vorigen Sommer lag mein ganzes Leben in Scherben, und ich dachte an Selbstmord, und jetzt hab ich plötzlich einen wunderbaren Mann getroffen, einen reifen, selbständigen Mann, der sagt, er liebt mich und will mit mir leben. Mir ist mit dreiundfünfzig Jahren die große Liebe begegnet, und ich fühle mich wie ein siebzehnjähriges Mädchen. Wer hätte das gedacht?

LENA Ja, sicher. Das ist wunderbar.

SONJA Ein schöner, intelligenter Schreiner aus Serbien. Ein serbischer Schreiner, der sagt, er will mich. Es ist wie ein Traum. Nein, es ist kein Traum. Sondern Wirklichkeit. Es ist das Wirklichste, was ich je erlebt hab. Ich fahr zur Schreinerei in Dalarö, um endlich neue Fenster für den ersten Stock aufzutreiben, und da begegnet mir der beste Mann auf Erden. Er ist so warm und klug, und er hat Haltung. Es gibt sowenig Menschen mit Haltung in diesem Land. Er liest viel und denkt nach, hat eigene Ideen. Er interessiert sich dafür, was so passiert auf der Welt – ist empört, wie die Indianer in Südamerika behandelt werden.

LENA Ich geb ihnen drei Jahre, mehr nicht – drei Jahre, dann ist es aus.

SONJA Aber ich laß ihn nicht in diese Familie. Ich will ihn für mich allein haben.

GABRIEL *(zu John)* Ich bin dabei, einiges von der juristischen Literatur auszusortieren. Hast du bestimmte Wünsche, was ich damit machen soll?

JOHN Verbrenn sie.

LENA So nach und nach wird alles wieder schön.

GABRIEL Sie sind vermutlich inzwischen unmodern.

JOHN Wenn du meinst, Gesetze werden unmodern, bist du dümmer, als ich dachte.

GABRIEL Werden sie nicht ab und zu modifiziert und angepaßt, entsprechend den Veränderungen in der Rechtsauffassung?

JOHN Leider.

GABRIEL Das meinte ich ja.

LENA Wird Papa nie sterben?

SONJA Im Pflegeheim kann er nicht bleiben. Er ist zu gemein, sagen die.

LENA Was gibt es noch?

SONJA Er ist den letzten Sommer hier. Ich kann nicht mehr.

LENA Das sagst du jeden Sommer.

GABRIEL Leider kann er noch lange leben.

Fredrik und Clara kommen heraus.

CLARA *(serviert)* Wo ist Olof?

UMBERTO Er wollte nach dem Kleinen sehen.

CLARA Ich hab eingeschenkt. Bitte sehr.

FREDRIK Bitte sehr.

LENA *(still)* Ich finde es so schrecklich, Fredrik so zu sehen.

SONJA Er kann nirgends sein. Er kann genausogut hier sein. Er stört niemanden.

LENA Er ist wie ein Schatten. Kein Leben darin.

SONJA Es geht ihm jetzt besser.

LENA Es kann ihm doch nicht besser gehen, wenn er weder glücklich noch unglücklich ist!

FREDRIK *(kommt zu ihnen)* Bitte sehr.

LENA Ich will nichts. Jetzt darf ich aber nicht mehr abnehmen, dann seh ich nur jünger aus.

FREDRIK Ich kann euch was holen. Entschuldigt. *(Geht zurück.)*

Gabriel, Sonja und Umberto gehen zum Tisch, versorgen sich mit Wein.

UMBERTO Wein aus Umbrien, Vino classico. Das erste Glas heute.

CLARA *(geht zu Lena, die sitzen geblieben ist)* Entschuldige, ich wollte nur –

LENA *(ruft Fredrik zu)* Ach, gib mir doch ein Glas!

CLARA Wir haben ja nicht miteinander geredet, seit –

LENA Worüber sollten wir reden?

CLARA Ich weißt nicht … Es ist nicht leicht …

LENA Das hoff ich wirklich. *(Steht auf.)* Das wird es nie sein.

CLARA Nein, aber … Vielleicht war es dumm rauszufahren, aber ich dachte … irgendwann …

OLOF *(kommt heraus)* Jetzt schläft er wieder. *(Sieht Clara und Lena an.)*

LENA *(geht an Clara vorbei zu Samuel)* Sag mal, wann fangen wir an zu probieren?

SAMUEL Zehnter September.

LENA Wunderbar. Ich wollte den ganzen August in Spanien sein. Dann komm ich gesund und braun und schön nach Hause. Wo fährst du hin?

SAMUEL Mal hier, mal da. Ein paar Tage Frankfurt, meinen Verleger treffen, und dann Paris. Im Augenblick bin ich wieder da. Das Bühnenbild. Ich weiß nicht – soll ich nach Avignon? Sie bringen «Morire di Classe.» Wir werden sehen.

LENA Das mußt du unbedingt! Da ist es phantastisch! Ich hab «Mahabharata» von Peter Brook gesehen – eine unglaubliche Nacht, der ganze Himmel voller Sterne!

SAMUEL Ja. Ich will eine Wohnung kaufen. Nah beim Theater. Tarashiki will, daß wir sie nur japanisch und italienisch einrichten. *(Signale von seinem Piepser)* Ich hab mir so einen gekauft. *(Nimmt ihn heraus.)* Man sieht, wer angerufen hat, und muß nicht antworten. Besser als ein Mobiltelefon. Ja, mit der will ich nicht reden.

LENA Lustig. *(Faßt ihn an.)* Das ist eine so wunderbare Rolle! Eine der besten, die ich je hatte! Einfach wahnsinnig gut – so rein, poetisch und neu. Mir gefällt, daß es neu ist, daß ich etwas Neues, Unerwartetes in den Mund kriege. Danach hab ich mich gesehnt!

SAMUEL Ja, prima.

LENA Und so exakt, beinah exakt brutal. Ich sehn mich so danach, da reinzukommen – in das, was jetzt passiert. Mich langweilt der alte psychologische Naturalismus zu Tode. Der ist tot. Der gibt mir nichts.

SAMUEL Nein.

OLOF *(zu John)* Wie ist es im Pflegeheim?

JOHN Komm mich besuchen, dann siehst du's.

LENA Und dann das Vergnügen, mit Erik zu arbeiten. Wir lieben einander. Es gab immer eine so wunderbare Spannung zwischen uns.

JOHN Die geben uns verdammt schlechtes Essen – sie essen das Gemüse selber auf.

FREDRIK *(der mit einem Glas Wein hinter Lena steht, hustet)* Entschuldigung.

SAMUEL Was willst du?

FREDRIK Ich wollte nur Lena das Glas geben.

LENA *(die herumgefahren ist)* Oh, danke! Ich hatte es vergessen! Trinkst du nichts?

FREDRIK Ich kann keinen Wein trinken. Ich kann ihn nicht mehr so schmecken.

UMBERTO «My days are phantom days, each one
The shadow of a hope;
My real life never was begun
Nor any of my real deeds done.»

OLOF Sehr schön. *(Zu Clara, die zu ihm kommt)* Was ist? *(Nimmt sie beim Arm, macht ein paar Schritte von den anderen weg.)* Was ist?

CLARA Ich bin so traurig. *(Will ihn anfassen.)* Halt mich fest.

OLOF Warte.

CLARA Ich fühl mich wie ein Eindringling ... wie aussätzig.

OLOF Dann hab ich dich angesteckt.

CLARA Darf ich dich nicht anfassen?

OLOF Doch.

LENA Willst du nicht, daß Lena es sieht? Willst du nicht, daß sie traurig wird? Vielleicht wird sie nicht mehr traurig. Wirst du traurig?

OLOF Nein, wirklich, du ...

CLARA Wirst du's?

OLOF Nein.

CLARA Was dann?

OLOF Nein, ich will nicht, daß sie traurig ist. Das genügt.

SAMUEL *(zu Umberto)* Ich überlege, ob ich ein Stück über zwei prostituierte Jungens schreibe – ich hab sie in Paris kennengelernt. Die betreiben die Prostitution wie ein modernes Unternehmen. Sie haben angefangen auf der Rue Anne, auf der Straße, und jetzt kriegen sie ihre Kunden durch Minitel – Unternehmer, Abgeordnete, manchmal ein Arbeiter, zur Abwechslung. Sie wohnen in einer schicken Wohnung in der Nähe des Eiffelturms, sammeln moderne Stühle und alte Teppiche und Klamotten. Sie diskutieren ständig, was sie anziehen sollen. Yoshi. Dries van Noten. Die sind zu allem bereit.

CLARA Großvater guckt mich die ganze Zeit an.

OLOF Ja. Wahrscheinlich mag er dich.

CLARA Ich find's eklig. Ich glaub, er hat sich an mir vergriffen, als ich vier oder fünf war. Er hat so scheußliche Sachen gesagt. Ich hätte so niedliche Beine, und er hat mich angefaßt. Und als ich zur Schule kam, hat er gesagt, da sind wohl viele niedliche kleine Mädchen wie du. Er war widerlich, widerlich, widerlich.

OLOF Aha.

CLARA Ich weiß nicht, ob er's gemacht hat. Ich hab nicht verstanden, was das war.

OLOF Nein.

CLARA Glaubst du mir nicht?

OLOF Was soll ich glauben? Ich glaub nichts.

CLARA Ich glaub, du liebst mich nicht mehr.

OLOF Großer Gott.

CLARA Liebst du mich?

OLOF Ja.

CLARA Vielleicht bist du nicht sicher. Vielleicht bist du nie sicher.

SAMUEL Ich muß in Paris sein, um es zu schreiben. Ich muß sie treffen. Sie tragen ständig Sonnenbrillen. Man sieht ihnen nicht an, was sie erlebt haben, sie sehen aus wie Models, schmal, ästhetisch. Und sie reden nur von ökonomischen Transaktionen, Terminen, Verabredungen, wann sie ihre Kunden treffen, was sie anziehen, was sie essen sollen, welches Deodorant am besten ist, Whitney Houston, Vanessa Paradise, Körperlotions, Yves Saint-Lautent und so weiter und so weiter.

CLARA Du liebst vielleicht immer noch Lena. Du hast mich vielleicht nur benutzt, um über mich zu schreiben.

OLOF Wirklich, Clara ... bitte.

GABRIEL Sie wollen, daß ich in Dallas bleibe.

CLARA Aber du ... du könntest mit mir vielleicht glücklich werden. *(Pause. Sie sieht sich um, lacht.)* Hier sind irgendwo meine Haare!

SONJA Das ist ja schön.

LENA Phantastisch!

CLARA Hast du «Light in August» gelesen?

OLOF Ja.

GABRIEL Ja ... ich denke ernsthaft darüber nach.

CLARA Kannst du dich erinnern, wenn Joe Christmas durch den Wald rennt und sie ihn jagen.

LENA Klar bleibst du da! Was für eine Chance!

CLARA Kannst du dich erinnern, was sie mit ihm machen, wenn sie ihn kriegen.

OLOF Er wird ... er wird ... *(Setzt den Finger an den Kopf, wie eine Pistole.)*

CLARA Nein.

GABRIEL Ich hab ein Büro in der zweiundzwanzigsten Etage, einen Piepser und kriege einen Virtual Computer, wenn ich bleibe, einen Dienstwagen, ich kann bis zur Wüste sehen, wenn ich mich zurücklehne und schaukle –

OLOF Ich weiß es nicht mehr.

SONJA Das klingt wunderbar!

LENA Bleib da.

GABRIEL Also bleib' ich vielleicht da.

JOHN Ich komm immer noch nicht darüber hinweg – wenn ich an meine Herzkranzgefäßoperation denke –, daß jemand mein Herz in seiner Hand gehalten hat.

CLARA Sie kreuzigen und lynchen ihn.

OLOF Ich weiß es nicht mehr.

GABRIEL Ich bleibe vielleicht drei Jahre.

LENA Du wirst ein ganz anderer Mensch sein.

SONJA Es klingt wunderbar!

CLARA So hab ich mich gefühlt, als ich durch den Wald rannte. Ich dachte, du würdest mich kreuzigen.

JOHN Du kommst wohl kaum nach Hause, wenn ich sterbe.

OLOF Warum sollte ich?

LENA Soll er mit allem warten, bis du stirbst?

CLARA Du hast es auch getan. *(Er nimmt ihre Hand.)* Du hast mich gekreuzigt. Du warst im Theater und hattest Lena, während ich im Irrenhaus war und vor Angst deinen Namen schrie. Ich bin dafür gestraft worden, daß ich mich in dich verliebt habe.

OLOF Schon gut, beruhige dich. Wir reden später darüber.

CLARA Ich wurde krank aus Liebe zu dir. Das haben die Ärzte gesagt. Worüber sollen wir reden?

OLOF Ich weiß nicht.

GABRIEL Äußerst stimulierend, wenn manche Leute so großen Wert auf einen legen, daß man stutzt, wenn man die Zahlen auf der Gehaltsabrechnung sieht.

CLARA Es war schrecklich, wenn ich Bilder von euch in den Zeitungen sah. Es ist immer noch schrecklich.

JOHN Ich rede mit dir. Wende dich nicht ab. Bilde dir bloß nicht ein, daß ich um Verzeihung bitte. Warum sollte ich dich um Verzeihung bitten.

OLOF Ich hab dir gesagt, sie würden kommen. Sie wurden aufgenommen an einem glücklichen Tag im Juni. Da waren sie wahr. Dann traf ich dich.

SONJA Gleich fängt es an zu regnen. Wollen wir nicht reingehen.

GABRIEL Ich habe nichts zu sagen. Ich glaub nicht daran.

CLARA Ich hab beim ersten Mal geweint ... als du gesagt hattest, du liebst mich. Ich bin an den Strand gegangen und hab die ganze Zeit geweint.

JOHN Du glaubst an gar nichts.

GABRIEL Man muß nicht alles sagen. Ich glaub leider nicht, daß es zu was führt, wenn man alles sagt ... wie in Olofs Stücken.

LENA Glaub ich auch nicht.

CLARA Du, aber ...

GABRIEL Ich empfinde nichts. Ich hab schon lange aufgehört, etwas zu empfinden.

OLOF Ja.

JOHN Ich empfinde für dich auch nichts.

GABRIEL Das hab ich nicht gesagt.

SONJA Gabriel.

JOHN Was hast du dann gesagt?

CLARA Warum hat du mir «Tosca» geschenkt?

GABRIEL Du bist mir vollkommen fremd.

OLOF Ich hab bei dir mein Bestes getan. Ich hab dir nur Liebe gegeben. Ich empfinde keine Schuld.

CLARA Du warst so nett. Du bist viel zu nett. *(Lacht.)* Du redest mit Umberto, denn du bist eben nett.

GABRIEL *(in einem Versuch zu scherzen)* Und ich bin nicht nachtragend, aber ich bin verdammt rachsüchtig. *(Lacht ein wenig.)*

OLOF Nein. Ich finde ihn interessant.

CLARA Du bist so nett. *(Weich)* Ich bin leider sehr, sehr in dich verliebt. *(Kurze Pause)* Warum hast du mir «Tosca» geschenkt?

OLOF Ich mag die. Ich liebe sie. Bergman hat erzählt, er hätte eines ihrer letzten ... letzten ... wie heißt das ... Romanzenkonzerten in Paris gesehen, und er saß so weit vorn, daß er sehen konnte, wie sie die Fingernägel so tief in den Handrücken bohrte, daß es blutete. *(Geht zum Tisch, schenkt noch Wein ein, bleibt bei Umberto stehen.)*

JOHN Bald ist es wieder soweit. Bald schänden sie wieder unsere Gräber.

LENA Das glaub ich auch.

JOHN Auch hier ... Hier gibt's nur weniger.

LENA Das geht so schnell.

SAMUEL Wirst du irgendwo in Deutschland gespielt?

OLOF Nicht daß ich wüßte.

JOHN Es fängt damit an, daß sie Grabsteine schänden, und dann machen sie sich her über die Menschen.

LENA Wenn die sagen dürfen, was sie wollen, dauert es nicht lange, bis sie auch machen dürfen, was sie wollen. Das nenn ich Demokratie zu Tode ... Demokratie zu Tode.

SAMUEL Paris?

OLOF Paris? Glaub ich nicht. Ich hab mit meinen Agenten seit einem halben Jahr nicht geredet. Ich kümmere mich nicht so sehr darum, was passiert. *(Kurze Pause)* Ich kümmere mich darum, was passiert, wenn es nicht mehr passiert. *(Zu Umberto)* Was ist übrigens aus deinem Roman geworden?

JOHN Das ist mein letzter Sommer hier.

LENA Ich mußte ja sogar meine Telefonnummer ändern. Jemand rief bei mir an und sagte: Hitler hatte recht, die Juden zu vergasen.

JOHN Der Boden schwankt unter den Füßen … Ist das aus der Bibel?

OLOF *(geht zurück zu Clara)* Fahren wir bald nach Hause?

CLARA Wir haben kein Zuhause.

OLOF Wir bekommen eins. *(Sie sehen einander still, lange an.)*

CLARA *(sieht Olof unglücklich an)* Ich liebe dich immer noch … wie ein Pfeil sein Ziel liebt … ein Schwan seinen Gesang … wie sich ein Wildkaninchen in seinem Bau versteckt. Ich liebe dich mehr als mich selbst, mehr als den Gedanken an uns. Ich liebe dich so, wie ich es dir vor mehr als vier Jahren sagen wollte. Ich liebe dich, und du verläßt mich. Ich lasse dich in Frieden. Leb dein Leben … sei mein Freund, sei mein Bruder oder was du willst. Sei mir nahe … Ich liebe dich vorbehaltlos, forderungslos und erwartungslos … Das einzige, was ich will – *(Geht die Treppe hinunter in den Garten.)*

OLOF *(still)* Du machst mich so glücklich … Warte auf mich.

SONJA Clara, wo gehst du hin?

FREDRIK An das hier erinnere ich mich. Das ist schon passiert.

GABRIEL Sie verschwindet immer.

JOHN Ich bin so froh, daß ich sterbe.

OLOF *(geht zu Umberto)* Kann ich mich hierhersetzen?

UMBERTO Klar.

OLOF Wie geht's?

UMBERTO Ja, es …

OLOF Entschuldige, daß ich das Essen vergessen hab.

UMBERTO Macht nichts.

OLOF Ich hatte soviel zu tun. Es ist soviel passiert.

GABRIEL Es wird schön, wenn es mal fertig ist.

OLOF Was ist aus deinem Roman geworden? Hast du ihn geschrieben?

UMBERTO Mein Roman? Nein, der ist verbrannt … er ist in den Flammen verschwunden.

OLOF Schrecklich.

UMBERTO Vieles ist in den Flammen verschwunden.

OLOF Schreib ihn noch mal. Es ist nicht zu spät.

UMBERTO Nein, es ist nicht zu spät, denn ich werde ihn nie schreiben.

OLOF Ich hab zumindest noch ein Stück … ob ich schreib oder nicht. *(Zu Samuel)* Hast du Pasolinis «Requiem» gelesen?

FREDRIK Ich erinnere mich daran. Es ist schon mal passiert. *(Führt die Hand mit dem Finger, an dem der Siegelring ist, ans Auge, drückt ihn ans Auge.)*

SAMUEL Vermutlich. Ich muß mich bewegen. *(Steht auf.)*

FREDRIK *(will ihm folgen.)*

SAMUEL Nein, bleib hier. Besser, du bist hier, statt herumzulaufen. Ich telefonier vielleicht mit Deutschland. Ich muß mit meinem Verleger reden.

LENA *(zu Sonja)* Du lieber Gott … wofür soll er leben? Essen und schlafen.

SONJA Was soll man machen? Vor einem Jahr wollte er sich nur umbringen.

LENA War das nicht besser?

GABRIEL Ja, so wirkt es vielleicht in der Retrospektive. *(Lacht ein wenig)* Mir fiel gerade ein – bevor man Psychopharmaka erfunden hatte, gab es eine Klinik in der Schweiz, wo mehrere Patienten versucht hatten, Selbstmord zu begehen, und man war gezwungen, sie ständig unter Aufsicht zu haben, aber als in der Abteilung ein Feuer ausbrach, haben sie an den Löschversuchen genauso eifrig teilgenommen wie die anderen. *(Kurze Pause)* Aber sie hatten vielleicht altruistische Gründe, den anderen das Leben zu retten.

JOHN Ich glaub, die Zeit ist ein Traum, aus dem ich aufwachen werde.

LENA Man kann freundlich zu ihm sein, das kann man, freundlich und geduldig, aber das bringt einen kaum weiter, weder ihn noch einen selbst.

SONJA Das war die Liebe … alle Kontakte sind durchgebrannt … das elektrische Netz –

GABRIEL Psychopharmaka sind Brücken über neue Abgründe im Hirn.

Alle sehen Fredrik an, der hilflos, mit weit offenem Mund dasteht und nicht weiß, was er machen, wohin er gehen soll, und plötzlich anfängt, lautlos zu weinen.

SONJA Fredrik. *(Fredrik reagiert nicht, weiß nichts davon, daß er weint.)* Fredrik, komm her, setz dich hin. *(Er reagiert nicht. Sie steht auf, geht zu ihm, umfaßt ihn und führt ihn zu einem Stuhl, setzt ihn hin.)* So. Setz dich her. *(Legt seine Hände aufeinander.)*

FREDRIK Wo ist Clara?

SONJA Sie wollte nur ein bißchen spazierengehen.

FREDRIK Ist sie weggegangen? Vielleicht ist sie nur eine Weile weg.

SONJA Ja. Bestimmt.

FREDRIK Sie kommt zurück.

SONJA Sie kommt zurück.

FREDRIK Bald. Sie ist nicht lange weg.

SONJA Nein, nein.

FREDRIK Ich warte auf sie. Ich bleib hier sitzen und warte so lange. *(Zieht seine Manschetten aus den Ärmeln.)* Ich kann hier sitzen. *(Kurze Pause)* Kann ich hier sitzen?

OLOF *(steht auf, sagt zu sich selbst oder zu Sonja)* Ich kann nicht in seiner Nähe sein. Er riecht schlimmer denn je.

FREDRIK Ich geh nirgends hin. Ich warte auf sie.

SONJA Was ist schlimmer – Menschen, die schmutzig sind, oder Menschen, die zu sauber sind.

LENA *(an der Treppe)* In Volterra … lebten die Etrusker.

OLOF Pasolini liebte diese weißen Schärendampfer … lieben ist vielleicht zuviel gesagt.

FREDRIK Sie weiß nicht, wie ich gelitten habe. Sag ihr nichts. Sie kann's nicht ändern. Sie ist unschuldig. Alles ist meine Schuld.

JOHN *(im Schlaf)* Jetzt schlaf ich ein, glaub ich.

FREDRIK Sie kann nichts dafür, daß ich gelitten habe. Sie ist so rein. Sie wollte mir nicht weh tun.

JOHN Ja, jetzt schlafe ich.

FREDRIK *(Der Schatten von Olof, der an ihm vorbeigeht, gleitet über sein Gesicht)* Ich warte vor der Höhle. Sie kommt bald. Wenn sie eine Weile dringewesen ist, kommt sie wieder heraus. Sie will ihre Ruhe haben.

SONJA Toni sagt, er baut mir einen Terrinenschrank.

OLOF *(geht zu Lena, sie wendet sich von ihm ab)* Hast du gespürt ... Lena. *(Kurze Pause)* Kann ich mit dir reden?

SONJA Ich hatte noch nie einen Terrinenschrank. Es würde mir gefallen.

LENA *(steht auf, geht die Treppe hinunter, wirft seitlich einen Schatten.)*

OLOF Warte ... Ich muß mit dir reden. *(Geht ihr nach, streckt eine Hand aus, läßt sie sinken.)*

LENA Geh.

SONJA Da stell ich die paar Sachen rein, die ich hab, die ich schön finde.

OLOF Bitte, Lena ...

LENA Niemals.

SONJA Ich hab nicht soviel. Ein paar Souvenirs aus Spanien ... und den Minotauros, den ich auf Kreta gekauft hab.

LENA Egal, was passiert.

FREDRIK Kommt sie nicht?

LENA Du bist tot.

OLOF Ja, ich versteh, daß es –

SAMUEL *(kommt heraus)* Ich hab mit dem Verlag geredet. Die Schaubühne will «Requiem» haben.

FREDRIK *(packt seinen Arm)* Wann kommt Clara?

SAMUEL Ich muß nach Berlin.

OLOF *(geht Lena nach)* Bitte, warte doch. Ich will nur eines sagen. Es geht schnell. Du. *(Legt die Hand auf ihre Schulter. Sie bleibt stehen.)* Danke. Dreh dich um. *(Er geht um sie herum, sie wendet das Gesicht ab.)* Sieh mich an.

LENA Man kann dich nicht ansehen.

FREDRIK Weißt du, wo sie ist?

SAMUEL Die finden das Stück phantastisch. Etwas ganz Neues.

OLOF Ich liebe dich. *(Pause)* Es war mir ... ich wußte es die ganze Zeit ... Was auch passiert ist. Das ist so furchtbar. Daß ich nicht nein sagen konnte. Als hätte es ein anderer in mir getan. Schon als sie mit dem Vogel kam, wußte ich, es ist krank, wahnsinnig, aber da war es zu spät. Es war nur ein Traum ... den ich nicht mal geträumt habe ... der Wirklichkeit war. Ich bin hineingegangen in einen Traum, weil ... weil es mit uns so furchtbar war, bei dir und mir, und ich spürte, daß ich ... Clara hatte nichts damit zu tun, mit unseren Krächen und was ich getan hab, daß ich gegangen bin ... Es war in verschiedenen Räumen. *(Lena fängt an zu lachen.)* Ich konnte nicht lassen und nicht aufhören, einen von euch zu lieben. Ich liebte euch beide gleichermaßen tief und ehrlich. *(Während sie lacht)* Ich weiß, für den Rest meines Lebens muß ich leben mit dem Wissen von den Wunden, die ich euch geschlagen habe ... und daß ich dies Leben ohne dich leben muß. Aber ich liebe dich. Ich liebe dich. *(Kurze Pause)* Ich liebe dich. Ich sehe, du hörst nicht zu ... Aber wenn du irgendwann in der Zukunft in einer Wüste sitzt und Sand durch deine Finger rieseln läßt, bist du vielleicht plötzlich in einem Zustand, in dem du nicht denkst, und dann hörst du mich ja vielleicht.

LENA Ich mach mir nicht mal die Mühe, dich zu verdrängen.

OLOF Nein.

LENA Ich hoffe, die Hölle gibt es.

OLOF Die gibt's. Ich bin drin.

LENA Gut. *(Geht.)*

OLOF Lena. *(Schwach)* Lena.

FREDRIK *(zu Samuel)* Kannst du Clara nicht sagen, sie soll nett zu mir sein?

SAMUEL Hör jetzt auf.

FREDRIK Eines Tages kommt sie vielleicht zurück zu mir.

OLOF So einfach ist das.

FREDRIK Wir waren so glücklich.

SONJA *(ist zu John gegangen)* Also, ich glaube, Papa ist gestorben.

FREDRIK Und dann ist was passiert. Sie ist verschwunden.

SONJA Gabriel – Papa ist tot.

FREDRIK Sie kommt vielleicht bald. Ich muß nur auf sie warten.

SONJA Er sieht tot aus.

GABRIEL Sie ist so hübsch in diesem Rock. Sie hat ihn im Indien-Shop gekauft. Sie kann sich teure Kleider nicht leisten, aber alles sieht schick an ihr aus, egal, was sie anhat. Was hast du gesagt?

FREDRIK Sie kommt wieder, ich muß nur warten. Wenn ich hier sitze und nicht an sie denke, kommt sie zurück zu mir. Und dann gehen wir nach Hause. Wir werden nicht reden. Das brauchen wir nicht. Wir wissen alles. Wir gehen einfach zusammen. Wir gehen nach Hause. Wir sitzen an dem kleinen Tisch in ihrer Küche. Ich zünde die fünf blauen Kerzen an und helfe ihr, den Tisch zu decken. Wir essen griechischen Salat, Dolmades mit Reis und Zitronenpie zum Nachtisch. Wir trinken einen guten Rotwein. Ich werd nicht sehr viel sagen, sie nur manchmal ansehen. Ich werd ihr nicht sagen, daß ich sie liebe. Nichts ist kaputt. Alles ist ganz, und wir haben so viel Zeit. Ich werd sie vielleicht fragen, wie es ihr tagsüber ergangen ist. Ich werd ihr erzählen, was ich gemacht habe. Ich war glücklich und habe an sie gedacht. Ich werd dieses Buch mit den Stücken Senecas lesen, weil sie davon gesprochen hat, und sie wird mich nach dem Namen einer Schriftstellerin aus den Südstaaten fragen, ob ich sie kenne. Sie hat ein Buch geschrieben, das heißt «A Good Man Is Hard to Find», wird sie sagen, und dann lacht sie ein bißchen. *(Streckt beinah eine Hand aus, lächelt.)*

CLARA *(ist zu den anderen gekommen)* Wo ist Olof? Ich will jetzt nach Hause.

Eine junge Frau in der ersten Reihe im Zuschauerraum steht auf, geht hinauf zum rechten Proszenium, tritt auf die Bühne, geht in die Mitte.

DIE FRAU *(die etwa dreißig ist, sehr schön, mit kastanienbraunem Haar)* Verzeihen Sie. *(Kurze Pause)* Ich muß … Ich weiß nicht, wie ich … Ich weiß ja nicht mal, ob das Stück zu Ende ist, aber es kommt mir so vor, als ob es zu Ende ist. *(Lacht.)* Es kommt mir so vor, als ob das Ende sich nähert. *(Die anderen stehen still, sehen sie an, sehen dann weg.)* Verzeihen Sie mir ... Das kommt vielleicht etwas ... Ich bin Clara. Im Stück. Ich bin Clara. Ich bin diese Frau. Ich soll diese Frau sein. *(Lacht.)* Aber es stimmt nicht. Nur oberflächlich. Ich bin überhaupt nicht wie sie. Nicht mal das Alter stimmt. Warum sollte es auch. Ich bin dreißig. Man kann ja machen, was man will. Ich reg mich nicht auf. Es hat mich gerührt, aber ich bin nicht gerührt. Ich will mich nicht rechtfertigen. *(Kurze Pause)* Ich weiß nicht, warum ich das jetzt mach ... Ich weiß nur, ich habe mich in Olof verliebt. Und das hat mein Leben zerstört. Und jetzt hab ich ein Stück gesehen, das davon handelt. Aber es stimmt nicht. Ich war keine Schauspielerin. Ich hatte einen psychischen Zusammenbruch. *(Kurze Pause)* Verzeihung. Das Ganze ist peinlich. *(Kurze Pause)* Wir sind alle drei unglücklich geworden. *(Kurze Pause, wendet sich Clara auf der Bühne zu)* Danke, daß du mich so gut gespielt hast ... aber mein Leben ist keine Rolle, die man spielen kann.

BLUT
[BLOD]

Deutsch von
Angelika Gundlach

PERSONEN

ROSA
ERIC
LUCA
DIE INTERVIEWERIN
(Madeleine Hirsch)
KAMERAMANN
TONTECHNIKER
WÄRTER
1. STIMME
2. STIMME

EINS

Rosa sitzt in einem beleuchteten Fernsehstudio in einem Sessel; ihr gegenüber sitzt die Interviewerin, die ungefähr im gleichen Alter ist. Rosa hat dunkles, kurzgeschnittenes Haar, ist schön, durchtrainiert, vieleicht etwas zu mager, trägt ein dunkelblaues Kostüm, wirkt entspannt, beinahe gleichgültig, wählt dann Worte und Ausdrücke mit Sorgfalt, Sparsamkeit und Leichtigkeit. Noch hört man nicht genau, was sie sagen. Sie tauschen Phrasen aus, lächeln einander an, sind eine Spur inkongruent – sprechen vielleicht vom Sommer, Ferienorten, vielleicht von Kleidern, dem Wetter ... Die Interviewerin bietet Tafelwasser an; Rosa fragt, ob es mit Kohlensäure ist, sagt, sie wolle kein Mineralwasser mit Kohlensäure. ROSA: Was soll das Gesprudel, das braucht man nicht. *Man ahnt und sieht auch einige Menschen, die rundherum beschäftigt sind. Auf dem Tisch liegt das Buch, das Rosa geschrieben hat und das der aktuelle Anlaß für das Interview ist.*

Eric kommt gleichzeitig ins Wohnzimmer, hat sich gerade in seinem Schlafzimmer umgezogen, trägt jetzt graue Jeans, schwarzes T-Shirt, dunkelblauen Kaschmirpulli; nimmt aus einer Plastiktüte ein Deodorant, das er eben gekauft hat, schraubt die Verschlußkappe ab, riecht, schneidet eine Grimasse, finder den Duft zu süß, tupft sich ein wenig aufs Handgelenk. Aus derselben Tüte nimmt er dann ein paar Bücher, drei CDs. «Die Goldberg-Variationen», «Die Vier Jahreszeiten» mit Il Giardino Armonico und die Filmmusik zu «Die Farbe Blau» – geht dann hinaus und holt sich ein Glas Wein, verschwindet, kommt zurück, öffnet ein Fenster, doch man hört keine Geräusche von draußen; benutzt die Fernbedienung, um die CD durchzugehen – Maurizio Pollini, der Schuberts D-Dur-Sonate spielt. – Eric ist barfuß. Er bleibt stehen, probiert den Wein, stellt das Glas wieder hin, holt eine weitere Plastiktüte mit einem neuen Sakko, das er herausnimmt, überlegt, ob er es anprobieren soll, läßt es aber; legt es über einen Stuhl, sieht es an, vergißt es später – geht zum Bücherregal, nimmt Ciorans «Geschichte und Utopie» heraus, sucht nach einer Formulierung, die er unterstrichen hat; nimmt dann auch Mark Aurels

«Selbstbetrachtungen», danach «Die jüdische Mystik» von Scholem, legt alle drei Bücher auf den großen Eßtisch; sieht ruhig, beinahe glücklich aus; bleibt stehen – eine leichte Unruhe liegt über seiner Gestalt, als versuche er vergebens, sich an den Satz zu erinnern, den er vergessen hat. Er benutzt die Fernbedienung – und legt sie die ganze Szene hindurch nicht weg –, um den Anrufbeantworter abzuhören, stellt gleichzeitig den Fernsehapparat an, sieht den Titel der Sendung Imago und hört dann seine eigene Stimme; betrachtet Rosas ruhiges Gesicht, während er seine Stimme hört, die ruhig, ernst, nachdenklich ist. Stellt Schubert langsam leiser.

ERICS STIMME *(auf dem Anrufbeantworter)* Hier ist der automatische Anrufbeantworter von Eric Sabato. Im Augenblick kann ich leider keine Anrufe entgegennehmen. Wenn Sie Ihren Namen und Ihre Telefonnummer hinterlassen, rufe ich später zurück. Bitte, sprechen Sie nach dem folgenden Signalton. Danke.

DIE INTERVIEWERIN MADELEINE HIRSCH *(lächelt kurz Rosa zu, wendet sich dann zur Kamera, die jetzt läuft, sieht ruhig und sachlich in die Kamera, als wäre diese ein Arbeitskollege)* Guten Abend ... Willkommen zu Imago. Heute abend haben wir die Freude, einen ungewöhnlichen, äußerst faszinierenden Gast hier im Studio zu haben ... eine Frau, die, obwohl sie berühmter dafür ist, Fragen zu stellen, als zu beantworten, so freundlich war, heute herzukommen, die Journalistin und Schriftstellerin Rosa Sabato. *(Wendet sich Rosa zu, die wieder ins Bild kommt.)* Willkommen bei Imago.

ROSA Danke.

INTERVIEWERIN Ja, wir sind wirklich dankbar und freuen uns sehr, daß Sie die Möglichkeit hatten, heute hierherzukommen, um über Ihr neues Buch zu sprechen ... Ja, vielleicht sollte ich zunächst noch erwähnen, daß Sie schon viele Jahre lang große Aufmerksamkeit erregt haben, auch international, für Ihre großen Reportagen von den verschiedenen Kriegsschauplätzen der Welt ... Beirut, Afghanistan, Guatemala, Angola ... und jetzt, vom vergangenen Winter, die Reportagen aus dem eingeschlossenen Sarajevo ... Später in der Sendung würde ich gern auf die besonderen Probleme zu sprechen kommen, als Journalist, noch dazu als Journalistin in den Höllen der Erde zu arbeiten ... Aber nicht in Ihrer Eigenschaft als einer von Frankreichs tüchtigsten und mutigsten Journalisten sind sie heute aktuell und hier bei uns, sondern weil Sie in diesen Tagen einen ... soll man sagen, einen Roman oder eher eine autobiographische Erzählung herausgegeben haben, die großes Aufsehen erregt hat und gelobt wurde als einzigartige nackte und enthüllende Schilderung des Lebens einer Frau unter einer der Militärdiktaturen unserer Zeit –

ERSTE STIMME *(eine langsame, sehr erkältete Stimme)* Hallo ... Hier ist Claude. Ich glaub, ich kann morgen nicht kommen. Ich hab eine furchtbare Grippe ... Ich glaub, ich werd nie wieder auf den Beinen stehen ... aber falls doch, komm ich nächste Woche.

DIE INTERVIEWERIN Ihr letztes Buch war aufgebaut auf Reportagen vom Krieg in Guatemala, das neue hier ist Ihr erster Roman ... Wie kommt es, daß Sie die Romanform gewählt haben, um diese Ereignisse zu schildern, die, soweit ich verstehe, auf Fakten und der Realität beruhen ... War der Grund vielleicht der, daß Sie auf diese Weise leichter Abstand zu Ihrem eigenen Schicksal bekommen konnten, oder –

ROSA Ja ... Ich war an einem entscheidenden Punkt in meinem Leben, als ich ... eine Art, ja, vielleicht Leere ... als ich immer mehr ... ich hatte das mehr und mehr zunehmende Bedürfnis, innezuhalten und die Erfahrungen und Ereignisse zu sehen, die die Person geformt haben, die ich heute bin ... als Mensch wie als Journalistin ... im Chaos das Mittel zu suchen, das die entscheidenden Erinnerungen verbindet und schließlich ein Leben bildet ... Wenn man so lange in Streß und Anspannung gelebt hat und unter so großen Anstrengungen, die nötig sind, wenn man versucht, menschliche und soziale Katastrophen zu begreifen und zu schildern wie ich – man ist ständig in Bereitschaft wie in einer Notaufnahme im Krankenhaus und versucht, das Wesentliche zu tun –, spürt man mit einer immer größeren Ohnmacht, daß man sich selbst beiseite schiebt, man existiert eigentlich nicht mehr als Mensch, weil man keine Zeit hat festzustellen, wie das, was passiert, einen beeinflußt ... und einem fehlt mehr und mehr die eigene Person … Und dabei soll die ja die eigene Richtschnur sein … Als Journalist wird man ja sehr leicht zur Maschine, die Gefühle nicht längere Zeit bewahren kann, denn dann könnte man nicht weitermachen … aber auf der anderen Seite: Leiden, das oft völlig sinnlose Leiden, zu schildern und zu verstehen, ohne selber Gefühle zu haben … das geht auch nicht. Ich hätte versuchen können, ein Mittel zu finden, um mich zu betäuben, oder emotional ausgebrannt werden können, zynisch – man hört sehr leicht auf zu fühlen, wenn man nichts mehr bewirken kann –, oder aber mich aktiv daran machen können, meine Lebenssituation zu erforschen … wie ich als Privatperson von meinen Erfahrungen beeinflußt worden bin … so wie Wellen auf dem Meeresboden Muster bilden … Ich meine *(lacht)*, ausgebrannt zu sein ist einfach ein entsetzlicher Zustand, und ich wollte alles tun, um das zu vermeiden. Man muß so lange wie möglich versuchen, jede neue Hölle mit neuen Augen zu sehen, will man die Schrecken darin ehrlich wiedergeben können.

DIE INTERVIEWERIN Ihr Buch wurde beschrieben als ein intensiver Roman über das Schicksal einer modernen Frau in einer Zeit rücksichtsloser Umwälzungen, und seine zentralen Teile handeln weitgehend von Ihren eigenen schmerzlichen Erfahrungen im Chile der siebziger Jahre … Zu Anfang schildern Sie Ihre Kindheit und Jugend in Santiago de Chile, wo Sie in den fünfziger und sechziger Jahren in einem recht gutsituierten, liberalen, bürgerlichen Elternhaus aufgewachsen sind, mit europäischen Wertmaßstäben –

ROSA *(lächelt)* Ja, was immer das ist. Klassische Literatur, Musik, Klavierstunden … Respekt vor Bildung und eine allgemeine liberale Attitüde –

DIE INTERVIEWERIN Ja. Sie hatten, kann man wohl sagen, ein recht harmonisches Elternhaus.

ROSA Ja, sehr harmonisch … Mein Vater war Ingenieur, meine Mutter Ärztin … Ich hatte eine glückliche, beschützte Kindheit. Ich war Einzelkind. Ich hatte fast überhaupt keinen Kontakt mit Leuten, denen es schlechter ging. Ich glaube, ich wußte nicht einmal, daß es welche gab.

DIE INTERVIEWERIN Ja, Ihr Vater war Lehrer an der Ingenieurakademie ... In den sechziger Jahren studierten Sie dann Politikwissenschaft an der Chile-Universität, und dort haben Sie wohl auch nach einiger Zeit Ihren Mann kennengelernt und sich engagiert für die sozialistische Gesellschaftskritik dieser Zeit, die sich nicht nur in Europa Ausdruck verschaffte – dort vor allem in Paris; wir in Paris erinnern uns ja, wie zehn Millionen Arbeiter auf den Straßen und in den Fabriken demonstrierten –, sondern in hohem Maß auch in Mittel- und Südamerika.

ROSA In Lateinamerika kamen sie wohl heftiger zum Ausdruck, mit Castro, Che Guevara –

DIE INTERVIEWERIN Ja ... Che Guevara war ja ein großer Name in den Sechzigern, eine Art Heiliger ... Dann fingen Sie an, aktiver in Allendes Volksfront zu arbeiten – Salvatore Allende, der später Chiles erster demokratisch gewählter Präsident wurde.

ZWEITE STIMME Hier ist Emile. *(Pause)* Enschuldige, daß ich anrufe, wenn ich weiß, daß du nicht zu Hause bist. In diesem Augenblick sollte ich mich in der Rue Bonaparte auf die Couch legen. Aber ich bin zu Hause. Ich hab vierzig Mogadon geschluckt, und ich schlafe gleich ein. *(Pause)* Ich will nur Lebwohl sagen. *(Pause)* Wie sagt man Lebwohl? *(Lacht.)* Wie sagt man Lebwohl zu jemandem, der alles getan hat, was in seiner Macht stand, um den Augenblick hinauszuzögern, in dem sich der, der nicht mehr kann, entscheidet aufzugeben ... und zwar – du kannst mir glauben – ohne Verzweiflung. Ich bin nur gleichgültig. Ich versuche, nicht zu kotzen. Ich will sauber sein, wenn sie mich finden. *(Pause)* Ich weiß, du hast dir Sorgen gemacht, auch wenn du versucht hast, es zu verbergen. Du hast mir genug geholfen. Laß mich jetzt gehen! *(Pause)* Ich wäre schon lange tot, wärest du nicht gewesen. *(Pause)* Eric ... Eric ... zum erstenmal sage ich deinen Namen ... Mach's gut ... Leb wohl. *(Lacht wieder.)* Entschuldige, daß ich deine Zeit verschwendet hab ... und meine. *(Kurze Pause)* Danke.

ROSA Ich war neunzehn, glaube ich, als ich anfing, mit – in Allendes demokratischer Allianz zu arbeiten. Damals waren alle jungen Leute, die man traf, politisch engagiert. Man redete nur über Politik. Man fragte nicht, welcher Film oder welche Musik jemandem gefiel, sondern zu welcher sozialistischen Fraktion er gehörte, und dann wußte man, wer er war ... Ich gehörte zu einer Gruppe, die Unterricht für die Allerärmsten organisierte, die Leute, die auf der Straße und auf den Müllhalden lebten, versuchte, ihnen Lesen und Rechnen beizubringen ... Auch die übrigen waren Studenten, und wir glaubten damals ehrlich, es sei möglich, die Gesellschaft in eine demokratische, sozialistische Richtung zu verändern.

DIE INTERVIEWERIN Sie waren also überzeugte Sozialistin ... Wie sehen Sie dann –

ROSA Ja, Sozialistin ... jedenfalls äußerst linksorientiert. Die Zeit war so. Es gab keine anderen Instrumente. Wenn man jung und offen war, war es leicht, vom Sozialismus angesteckt zu werden, aber unser Glaube war anders als die Wirklichkeit, die wir heute kennen ... Man weiß ja auch nicht, wie es sich in Chile hätte entwickeln können ... wären nicht alle, die Sehnsucht nach Freiheit und Gerechtigkeit verkörperten, ermordet, aus dem Weg geräumt worden oder, wie ich, gezwungen, ins Exil zu gehen.

Eric ist zum Telefon gegangen, wählt mehrere Male dieselbe Telefonnummer, doch es kommt das Besetztzeichen.

DIE INTERVIEWERIN Meinen Sie, es hätte enden können wie in Cuba oder Nicaragua?

Eric legt den Hörer auf.

ROSA Viellcicht, vermutlich. *(Ohne den Ton zu ändern)* Ich war sicher eine ziemliche Anfängerin im Marxismus, ohne tiefere ideologische Kenntnisse ... Es lag wohl an dem täglichen Anblick von Menschen, die in Armut und Elend untergingen, in einer Gesellschaft, die darauf aufgebaut war, daß ein großer Teil der Bevölkerung ausgebeutet wurde – daran lag es wohl, daß ich mich engagierte ... Wenn ich im Bus saß, auf dem Weg aus dem Stadtteil, wo wir wohnten, zur Universität, sah ich ja täglich eine

Hölle des Hungers, der Krankheiten und der Erniedrigung ... Es ist seltsam, daß man eines Tages plötzlich etwas begreift, was man lange gesehen hat, ohne zu sehen ... An der Universität konnten nur Leute aus meiner eigenen Gesellschaftsklasse studieren ... Wir lasen ... wir lasen Fanon, Lacouture, Althusser, Lukács, Mao ... Ich erinnere mich nicht an alle.

ROSAS STIMME *(auf dem Anrufbeantworter)* Verpaß mich nicht heut abend, 21 Uhr, Kanal 1. Ich würde mich etwas sicherer fühlen, wenn ich wüßte, deine Augen sehen mich an ... Ich bereue, daß ich zugesagt habe ... Komme dann gleich nach Hause, ich liebe dich.

DIE INTERVIEWERIN Trotz des ganzen Enthusiasmus in der Bevölkerung, die Allende unterstützte, gelang es ihm wohl nicht, die grundlegenden ökonomischen Probleme zu lösen, und als General Pinochet die Macht übernahm, um das Land davor zu retten, im gleichen politischen Chaos zu enden wie viele der Nachbarländer, fand er wohl bald auch die Unterstützung einer Mehrheit der Chilenen? Nun, wir wollen das nicht vertiefen ... jedenfalls verschärfte sich das Klima erheblich, und viele von denen, die Allende unterstützt hatten, wurden verhaftet und eingesperrt.

ROSA Ja.

DIE INTERVIEWERIN Und Sie waren eine davon. Zusammen mit Ihrem Mann wurden Sie verhaftet, gleich nach dem Staatsstreich –

ROSA Ja, ich gehöre zu den Tausenden von Menschen, die festgenommen und dann ins Estadio Nacional gebracht wurden.

DIE INTERVIEWERIN Von daher stammt eines der Bilder, die so berühmt geworden sind.

ROSA Ich habe auf den Fotografien nach meinem Gesicht gesucht und es nie gefunden, aber ich war dort. Wir waren sechsundfünfzig Tage dort. Wir wurden mißhandelt, froren und hatten Hunger, und für die Wächter waren wir Vieh. Dann wurde ich zur Insel Dawson gebracht und war dort siebzehn Monate lang eingesperrt, ich und mein Mann und Tausende andere ... wurden verhört und gefoltert. *(Lächelt.)* Und wenn schon auf keine andere Art als durch die Folter wurde schließlich auch ich ein Mitglied der gefolterten Klasse. Was mich und meinen Mann betraf, waren sie besonders genau mit den Strafen, weil wir darüber hinaus Juden waren.

LUCAS STIMME *(auf dem Anrufbeantworter)* Hallo. Ich bin's. Hast du mich vergessen? Ich war beinah sicher, daß du gestern kommen würdest, und darum hab ich den Kurs geschwänzt. Aber du bist nicht gekommen. Es ist schon etwas schwierig für mich, meinen Tag zu organisieren, wenn ich ihn damit verbringen muß, auf jemanden zu warten, der mich anbindet, wenn es nicht sein muß. Ich wollte dir nur sagen, daß ich heute den Test gemacht habe, deinetwegen. Ich kriege in zehn Tagen Bescheid, falls du dir Sorgen machst, aber das machst du wohl nicht – du bist ja schon so alt, du stirbst sowieso bald. *(Lacht.)* Es war ein Gefühl wie ein Schwangerschaftstest ... Ich liebe dich. *(Pause)* Obwohl du ein alter Mann bist.

DIE INTERVIEWERIN *(nimmt das Buch)* Ich möchte auf Ihr Buch zurückkommen. Es heißt «Schatten des Jetzt.»

ROSA Ja ... Es ist wohl so, daß viele von uns, die zu Flüchtlingen geworden sind und sich ein Leben in anderen Ländern geschaffen haben, sich selbst als Schatten empfinden, nicht viel mehr, wir leben eine Art Schattenleben, von dem wir den Menschen, denen wir in unseren neuen Vaterländern begegnen, nicht erzählen können, weil sie es nicht begreifen würden ... wir sind Schatten in diesem neuen Land ... und als Schatten zurückgeblieben in dem alten, in dem wir nicht leben durften. *(Lacht ein wenig.)* Ich bin ein Schatten, der Französisch spricht ... Ich bin sehr, sehr dankbar, daß ich durch meine Eltern eine so gediegene Ausbildung erhielt, daß ich die Emigration relativ gut bewältigen konnte – es ging ja, an der Oberfläche, um einen Ortswechsel im selben Kulturgebiet ... aber das Wesentliche kann man trotzdem nicht mitnehmen. Und wie die Welt heute aussieht, scheint sie nur mehr und mehr Flüchtlinge zu produzieren. *(Lacht wieder ein wenig.)* Vor ein paar Jahren blätterte ich zufällig in einem Geschichtsbuch aus der Stalin-Zeit, darin war eine Fotografie von irgendeinem kommunistischen Feiertag in den dreißiger Jahren, an dem sich alle Mitglieder des obersten Sowjet im Kreml versammelt hatten, mit Stalin in der Mitte, um irgendeine

Militärparade abzunehmen. Etwas war seltsam an dem Foto, ich sah nicht gleich, was, aber dann entdeckte ich, daß zwischen den Würdenträgern zwei, drei Lücken waren, es war so, als ob ein paar Personen fehlten, aber hinter diesen Lücken sah man deutlich Schatten von Menschen auf der Mauer, einer hatte sogar eine Offiziersmütze. Das waren natürlich Schatten von Mitgliedern des Obersten Sowjet, die man wegretuschiert hatte, nachdem sie in Ungnade gefallen waren ... So ist es auch mit uns, die geflohen sind oder ermordet wurden – wir sind ausradiert, aber man kann an verschiedenen Stellen noch immer unsere Schatten sehen.

LUCAS STIMME *(auf dem Anrufbeantworter)* Entschuldige. Entschuldige, daß ich so bitter war. Ich bin nur einsam und hab Angst. Ich hasse es, mich verlassen zu fühlen. *(Pause)* Ich suche immer nach einem Epilog. *(Pause)* Ich liebe dich, und ich warte auf dich. Ich bin ja so jung, ich habe Zeit. Ich warte auf dich, bis du sagst, ich soll aufhören.

DIE INTERVIEWERIN Das Buch ist ... und jetzt nähern wir uns einem sehr schwierigen und heiklen Abschnitt ... Er ist Ihrem Sohn gewidmet, der 1974 verschwand.

Eric stellt den Fernseher lauter.

DIE INTERVIEWERIN Das heißt, den Sie und Ihr Mann in Chile zurücklassen mußten, als Sie ausgewiesen wurden, ganz plötzlich im ... äh –

ROSA Oktober 1974. Wir kamen nach Paris im Oktober 1974.

DIE INTERVIEWERIN Genau, Oktober 1974, als Sie nach Frankreich ausgewiesen wurden.

ROSA Aber den Kontakt mit ihm verloren wir schon, als wir verhaftet wurden.

DIE INTERVIEWERIN Wie alt war er damals?

ROSA Er war gerade acht geworden.

DIE INTERVIEWERIN Es gab keine Möglichkeit für Sie, ihn mitzunehmen?

ROSA Nein. *(Pause)* Wir durften es nicht. *(Kurze Pause)* Er wurde uns ja weggenommen, als wir verhaftet wurden.

DIE INTERVIEWERIN Und seitdem, seit 19 ... 73, haben Sie ihn nie wiedergesehen.

ROSA Nein.

DIE INTERVIEWERIN Sie wissen nichts über sein Schicksal ... was mit ihm geschehen ist?

ROSA Nein ... Nichts.

DIE INTERVIEWERIN Nicht, wo er ist oder wie es ihm geht ... oder ob er am Leben ist?

ROSA Nein, nichts. Absolut nichts. Ich weiß nichts. Er lag im Krankenhaus, als wir verhaftet wurden, und meine Eltern fuhren hin, um ihn zu besuchen, aber sie wurden nicht mal reingelassen ... da wir ja ... nicht existierten.

DIE INTERVIEWERIN Was, meinen Sie, kann mit ihm geschehen sein?

ROSA Ich weiß nicht ... Ich habe ihn Ende August 1973 zum letztenmal gesehen. Das ist zwanzig Jahre her ... Er ist also jetzt erwachsen. *(Pause)* Vor einigen Jahren, als Chile wieder gesellschaftsfähig wurde und man den Faschisten verzieh ... ja, sie sogar feierte – als ihr Werk, sozusagen, vollendet war – das ist ja immer eine Zeitfrage – erließen sie eine Amnestie ... Ich und mein Mann flogen nach Santiago, um zu versuchen, ihn zu finden ... das einzige, wofür wir gelebt haben ... aber niemand wußte etwas von ihm ... Wir wandten uns natürlich an die Behörden, von denen wir wußten, daß sie für sein und das Verschwinden der meisten anderen verantwortlich waren, aber da gab es überhaupt keine Angaben über ihn – auch nicht bei der Kirche oder beim Roten Kreuz. Es gab ihn nirgends. Es war, als hätte es ihn nie gegeben. Man konnte nur bedauern. So viele sind spurlos verschwunden ... überall. *(Pause)* Wir haben natürlich nicht aufgegeben. Ich werde nie aufgeben ... nicht, bis ich genau weiß ... Das kann man nicht.

DIE INTERVIEWERIN Sie glauben also, daß er noch lebt?

ROSA Ja. Ich bin sicher, daß er lebt ... Aber nicht weiß, wer er ist ... Wie kann ich sonst sicher sein? *(Kurze Pause)* Wir wissen, daß mehrere Kinder der politischen Gefangenen nach Nordchile in Kinderheime des Militärs gebracht wurden, sie sollten entpolitisiert werden, aber merkwürdigerweise hat das Militär, das sonst so entsetzlich genau darin ist, die Dokumente über seine Verbrechen zu archivieren, nicht die geringsten Angaben darüber, was mit unserem Sohn passiert ist, mit Paolo.

DIE INTERVIEWERIN Das muß in Ihrem Leben eine tiefe Wunde sein.

ROSA Ja, ja, das stimmt. Eine tiefe Wunde ... Nach diesen Besuchen in Chile, wir waren inzwischen elfmal da, habe ich angefangen, mein Buch zu schreiben ... als eine Art Gespräch mit ihm.

DIE INTERVIEWERIN Augenblick ... hier ... Hier im Buch ist ein Foto von ihm. *(Man sieht auf dem Bildschirm die Fotografie eines siebenjährigen Jungen, er sitzt auf einem einfachen Stuhl, mit eingegipstem Fuß, lächelt in die Kamera.)* Das ist er.

ROSA Ja. *(Sieht das Bild an.)* Da ist er sieben ... Es wurde auf der Terrasse der Kinderabteilung im St.-Magdalena-Krankenhaus in Santiago aufgenommen ... Er hat den rechten Fuß in Gips. Er hatte mit seinem Vater gespielt und war mit dem Fuß unter ein Karussell gekommen, eins von denen, um die man herumläuft und sie selber in Schwung bringt ... Mein Mann hat allzu heftig geschoben ... es muß entsetzlich weh getan haben ... Da besuchen wir ihn grade, mein Mann hat das Foto gemacht, Paolo sagt, unter dem Gips juckt es ganz scheußlich ... Wir hatten Obst und Bücher mitgebracht ... Er liest so gern ... Das war Ende August. Mein Mann arbeitete *(Das Bild des Sohnes verschwindet.)* im Krankenhaus Barros Luco, hatte mit einem Projekt für Geisteskranke aus der Arbeiterklasse begonnen ... Und ich fing als Journalistin bei Punto Final an. Wir hatten soviel zu tun. Aber wie durch ein Wunder hatten wir diesen letzten freien Tag zusammen ... Es war einer der letzten freien Tage ... Es lag eine riesige Unruhe und Spannung in der Luft ... Die Inflation war erschreckend, und die ausländischen Banken versuchten, Chile in die Knie zu zwingen – alle wußten, daß etwas passieren würde ... Dann, am 11. September, kam der Militärputsch.

Eric wendet sich ab, als der Anrufbeantworter sich einschaltet, doch er geht nicht zum Telefon, um abzuheben.

ROSA Ja ... Er ist so hübsch.

DIE INTERVIEWERIN *(nach einer kurzen Pause)* Es muß schmerzlich gewesen sein, die Beschäftigung mit –

ERICS STIMME *(Seine Ansage auf dem Band endet.)*

ROSA *(unterbricht sie)* Sicher. Als ob man sich selbst aus dem Grab zerrt.

LUCAS STIMME Da bin ich wieder. Entschuldige. *(Eric stellt den Fernseher leiser.)* Entschuldige, daß ich um Entschuldigung bitte. Ich weiß, du magst das nicht ... Ich tu's trotzdem. Manchmal muß ich machen, was ich will ... Ich wollte nur erzählen, daß ich heute eine Frau gesehen habe – ich glaub, das war sie – noch mal. Ich war Mittagessen. Ich saß im Deux Magots, da ging sie vorbei, sie ging ziemlich schnell, warf mir aber im Vorbeigehen einen Blick zu, unsere Blicke begegneten sich, sehr, sehr kurz, aber irgend etwas entstand in ihrem Blick, ich weiß nicht, was, ein Erstaunen, ihre Augen weiteten sich sehr stark, und plötzlich, einfach so, stand die Zeit so göttlich still, daß man sie sehen konnte; alle Geräusche erstarben, und ich hörte eine Stimme in mir, die sagte: Das ist sie ... Dann war es vorbei, und sie ging weiter, ohne überhaupt stehengeblieben zu sein, und ich stand auf und folgte ihr ... Sie schlenderte durch Lemaire, so, als hätte sie nichts Bestimmtes vor – Shopping in der Mittagspause –, in einem kleinen Geschäft probierte sie ein Paar Schuhe an, war nicht sicher, ob sie ihr gefielen. *(Der Anrufbeantworter stellt sich ab.)*

DIE INTERVIEWERIN Vielen Dank, daß Sie herkommen konnten.

ROSA Danke.

DIE INTERVIEWERIN Danke. *(Kurze Pause)* Und jetzt sehen wir einen Beitrag über den amerikanischen Künstler Barton Lydece-Benes, Repräsentant der neuen Kunstrichtung, die in den letzten Jahren in New York entstanden ist – eine Art Bodyart, bei der die Künstler den eigenen Körper als Materie wie als Idee benutzen, um die Bedrohung des Menschen und seiner Umwelt zu beschreiben, die das Aidszeitalter und der Postindustrialismus mit sich gebracht haben; viele meinen, diese Kunst habe starke Ähnlichkeiten mit der Märtyrerkunst, die Ende des Mittelalters florierte. Barton Lydece-Benes, der vor einigen Jahren selber mit Aids infiziert wurde, hat Aufsehen erregt mit seinen eigenartigen, grausamen Objekten, bei denen er oft sein eigenes Blut benutzt.

LUCAS STIMME Sie kam zu dem Schluß, daß sie langweilig waren, bedankte sich und ging, ging dann ins Fnac, und ich dachte, hier verliere ich sie aus den Augen, aber nach einer Weile kam ich direkt auf sie zu, in der Abteilung mit Filmmusik, da stand sie und sah sich die CD von «Die Farbe Blau» an, und ich wußte nicht, was ich sagen sollte, ich sagte nur: Das ist Kitsch. Und dann sagte ich Entschuldigung und ging ... Das kann nicht sein. Solche Wunder geschehen nie ... Auch wenn ich sicher bin, daß es genauso kommen wird – ich werde sie vorbeigehen sehen, wenn ich in einem Café sitze. Sie war der Frau, die ich in meiner Erinnerung habe, so ähnlich, obwohl die Frau in meiner Erinnerung lachte ... und natürlich viel jünger war. *(Lacht wieder, lauter.)* Heut abend läuft «Wilde Nächte» zum letztenmal. Da du nicht kannst, geh ich allein ... Du, aber ruf mich später an. Sonst sterbe ich. *(Lacht.)* Warum ausgerechnet sie? Was sollte sie in Paris?

ZWEI

Rosa und Eric haben gegessen, sitzen noch an dem großen Tisch, trinken Wein.

ERIC Nein, du warst wunderbar, sehr gut, konkret.

ROSA Ich fühlte mich so unglaublich unsicher, ich war geziert und umständlich, hab geredet, als wäre mein Leben ein Roman –

ERIC Es war vielleicht einen Augenblick ziemlich schlimm, das Foto zu sehen.

ROSA Aber war ich nicht zu angespannt, oberflächlich, subaltern ... Ich hatte das Gefühl, ich sitze da und sortiere Wörter, die ich normalerweise nicht benutze ... Ich habe mich gefühlt wie ein Reklametext.

ERIC Nein, nein ... Überhaupt nicht. Im Gegenteil. Essen wir noch Obst? *(Wischt sich den Mund ab, schenkt noch Wein ein.)* Ich hab reagiert wie eine Auster, wenn man ein paar Tropfen Zitronensaft draufträufelt, mich zusammengezogen ... aber dann ging das vorbei.

ROSA Ich hatte die ganze Zeit einen Satz im Kopf, den ich sagen wollte, aber ich konnte mich nicht daran erinnern ... Entschuldige, was hast du gesagt?

ERIC Ich hab es nicht angesehen ... seit wir nach Paris gekommen sind. Du weißt, wie schrecklich es war, die Bilder zu entwickeln ... Nein, du hast dich nicht verkauft und bist vor allem nicht privat geworden. Man kann nicht privat sein in so einer Sendung.

ROSA War es nicht vulgär, da mitzumachen ... und über sein Kind zu reden?

ERIC Nicht so, wie du es gemacht hast.

ROSA Warum hast du es seit zwanzig Jahren nicht angesehen? Das ist eine lange Zeit. *(Kurze Pause)* Es passiert so leicht – in dem Augenblick, wo man weiß, daß so viele einen voller gleichgültiger Neugier ansehen, ergreift einen die berauschende Sehnsucht, sie zu berühren ... indem man alles sagt ... als würde einem verziehen, wenn man alles sagt.

ERIC Es gibt viele, die alles sagen. Sie haben einen Beruf daraus gemacht.

ROSA *(trinkt Wein)* Hast du aufgehört, an ihn zu denken?

ERIC Wie könnte ich?

ROSA Ich weiß nicht.

ERIC Ich denke jeden Tag an ihn. *(Pause)* Sich selbst ... sich selbst aus dem Grab zerren, so hast du es, glaub ich, formuliert. Das war schön ausgedrückt.

ROSA Mein Gott! Ich drücke mich immer noch schön aus, wenn auch nicht so schön wie in den ersten Jahren. Aber das liegt vielleicht an dir. *(Hebt wieder das Glas, sieht ihm in die Augen.)* Jetzt ist es jedenfalls passiert, jetzt ist das Grab leer. Ich lächle dir zu.

ERIC Ja, und ich erwidere das Lächeln.

ROSA Ja, das seh ich. Als wäre auch das ein Beruf. Ich hab einfach keine Schuhe gefunden, die mir gefielen.

ERIC Nicht? *(Kurze Pause)* Seltsam, an dieses alte Projekt erinnert zu werden, mit den Geisteskranken in Recoleta. Es war ein Gefühl, als wäre das in einem anderen Leben passiert. Ja, es ist ein anderes Leben. Ich weiß nicht, ob ich noch etwas von dem in mir habe, der ich in dieser Zeit war. Sicher ... fast alle Psychiater üben erstmal an den Ärmsten, denen, die am schlechtesten dran sind, und dann, wenn sie genug Erfahrung haben, kümmern sie sich um das Trauma der Mittelklasse, das mehr Geld bringt. Ich hab Hunderte von Fotos und Filmen, die ich noch nicht entwickelt habe. Ich hab jeden Patienten dokumentiert, sein Verhalten; damals hat man ja geglaubt, die Krankheit sei eine Sprache, die wir eines Tages deuten könnten, wäre die Umgebung, in der wir sie lesen, nur liebevoll genug ... Manchmal glaub ich, ich hab sie aufbewahrt, weil ich mich danach sehne, selber dort zu landen. Es war wohl die wichtigste Zeit meines Lebens.

ROSA Hast du nicht damals mich kennengelernt?

ERIC Patient und Gesellschaft waren eins. Patient und Arzt waren eins ... Doch, natürlich.

ROSA Aber begegnet sind wir uns nie ... Jetzt ja auch nicht. Wir diskutieren nur, was jeder von uns beiden gemacht hat.

ERIC Wir begegnen uns jeden Tag – reden, essen, schlafen zusammen ein … und wachen auf.

ROSA Verstehst du nicht, was ich meine? *(Pause)* Würden wir weiter zusammenleben, wenn wir nicht ein Kind hätten, das wir verloren haben?

ERIC *(nach einer Pause)* Ich weiß nicht. *(Pause)* Was meinst du?

ROSA Ich weiß nicht. Ich weiß nichts von Liebe.

ERIC *(scherzhaft)* Nur, daß sie blind ist … Gott sei Dank … Ich möchte den Tag nicht erleben, wenn sie sehen kann. *(Pause)* Müde?

ROSA Ja, aber nur, weil du es bist – so müde bin ich nie, daß ich mich nicht nach dir sehne … Ist das da ein neues Sakko?

ERIC Ja. *(Kurze Pause)* Etwas zu jugendlich vielleicht.

ROSA Steht dir, aber das soll's ja wohl. *(Kurze Pause)* Morgen um elf soll ich im Fnac das Buch signieren.

ERIC Morgen ist Sonnabend … Ich hab mir überlegt, ob ich zu Hosoe gehe – das ist der, der Mishima fotografiert hat.

ROSA Ah ja. *(Kurze Pause)* Kannst du nicht auf mich warten? Ich hätte so gern ein paar Erlebnisse mit dir. Wir könnten zusammen hingehen und dann vielleicht einen Spaziergang an der Seine machen und irgendwo essen gehen … So was haben wir nie gemacht … was gewöhnliche Menschen machen … Aber du hast dich vielleicht dran gewöhnt, alles allein zu machen.

ERIC Nein, nein. Klingt gut … Obwohl man zur Zeit kaum an der Seine spazierengehen kann. *(Pause)* An was für einen Satz konntest du dich nicht erinnern?

ROSA Ich erinnere mich jetzt daran. Ich wollte die Welt verändern. Ich wollte nicht, daß die Welt mich verändert. Das hat sie aber getan. *(Pause)* Wie wollen wir's Ostern machen?

ERIC Wie wir's Ostern machen wollen?

ROSA Du hast frei. Ich auch.

ERIC *(seufzt)* Um … Ich weiß wirklich nicht. Ich bin nicht sicher, ob ich frei habe. Ich werde ziemlich viel Arbeit haben mit den Prüfungen der neuen Analytiker.

ROSA Und im Sommer?

ERIC Ja … Ich weiß nicht.

ROSA Wir müssen im Sommer zusammensein, denn im

Herbst ... Ich habe darüber nachgedacht, aber ich hab mich noch nicht entschieden ... aber ich glaube, ich mache noch ein Jahr in Moskau weiter. Ich kann das jetzt nicht aufgeben.

ERIC Natürlich nicht.

ROSA Wenn du mich bitten würdest, könnte ich's, ohne weiteres. *(Streckt die Hand aus, er nimmt sie, sie lächelt.)* Ich glaube, wir haben jetzt eine Möglichkeit ... können anfangen zu leben. Vielleicht, weil das Buch endlich raus ist, aus mir heraus ... weil ich frei bin ... als wäre er jetzt erwachsen ... als sollte ich ihn jetzt seinem eigenen Leben überlassen ... Ich hab das Gefühl, wir könnten jetzt aufatmen. Jetzt können wir vielleicht leben, nicht direkt glücklich, aber in einem Kompromiß mit dem Vermissen. *(Kurze Pause)* Er ist immerhin siebenundzwanzig! Er hat vielleicht selber Kinder, wenn er lebt.

ERIC «Darum blicke man bei jedem, der da sterblich, auf den Tag, der zuletzt erscheint, und preise glücklich keinen, ehe er denn durchgedrungen bis zum Ziel des Lebens, nie von Leid berührt!» König Ödipus.

ROSA Das sag ich doch: Nicht glücklich, aber vielleicht in einem Kompromiß mit dem Unglück. *(Kurze Pause)* Was glaubst du, was er macht, was, glaubst du, arbeitet er?

ERIC Ich weiß nicht ... Irgend was.

ROSA Vielleicht ist er Künstler ... oder Arzt ...

ERIC Das hängt davon ab, ob er uns vergessen hat.

ROSA Wie meinst du das?

ERIC Ich weiß nicht. *(Kurze Pause)* Apropos Theater: Ich hab Karten gekriegt, für nächsten Donnerstag. Kannst du da?

ROSA Wenn nicht, seh ich zu, daß ich kann ... Ich wünschte, es wäre nicht so leicht für dich, wenn ich so lange weg bin.

ERIC Ein Jahr vergeht schnell. *(Lächelt.)*

ROSA Alle Jahre vergehen schnell.

ERIC Und ich kann ja mal übers Wochenende kommen, ab und zu ... Du solltest das jetzt nicht aufgeben, wo soviel dort passiert.

ROSA Ich kann dieses erbärmliche Leiden nicht mehr sehen.

ERIC Das versteh ich.

ROSA Und es gibt keine Hoffnung. Sie glauben an nichts. Sie plündern ihre eigenen Gräber. Sie können nicht mal ihre Kinderlieder singen, die haben die Kommunisten in ihrer Propaganda benutzt. Hier und da gibt es ja Leute, die versuchen zu helfen, den Analphabeten Lesen und Schreiben beizubringen, in St. Petersburg arbeitet jetzt die Heilsarmee, aber ... *(mit einer anderen Stimme)* Ich will es heute abend ... Ich halte es sonst nicht aus ... Du siehst, wie es mir geht ... Ich brauche es ... Und du?

ERIC Ich weiß nicht. Ein Patient ist mir gestorben. Er rief an und sagte Lebewohl. Er hatte Aids, war nur noch knapp über 200 t4 und schon so gut wie blind.

ROSA Dann war es vielleicht das Beste.

ERIC Ja.

ROSA Du kannst doch nicht allen helfen. Nur mir. Du mußt nicht sterben, nicht du auch ... Bitte.

ERIC Ich weiß nicht, ob ich es noch länger aushalte.

ROSA Doch, doch, bestimmt ... wenn ich es so aushalte. *(Kurze Pause)* Jetzt haben wir es fast ein halbes Jahr gelassen.

ERIC Können wir nicht was anderes machen ... Das bereitet uns doch nur Schmerz.

ROSA Ich bin froh über den Schmerz. Der Schmerz ist das einzige, das mich in die Zeit zurückführen kann, als ich noch etwas gefühlt habe ... als ich etwas fühlen konnte. *(Faltet die Serviette zusammen, nimmt das Halsband ab.)*

DREI

In Lucas ärmlicher Wohnung im nördlichen Teil von Paris; schäbige alte Möbel, Trainingskleidung, Bücher, ein Computer, eine große Fotografie von Vittorio de Sica 1936 in Paris, ein Jugendbild von Katherine Hepburn und ein Bild von Jean Seberg in «Außer Atem»; Porzellan, CD-Player, Mappen, Papiere, Notizbücher etc. Luca hat sich fünfmal umgezogen, bevor es an der Tür klingelt, und ist völlig erledigt; reißt die Tür auf. – Musik, Nina Simone.

LUCA Mein Gott – du hast verdammt lange gebraucht! Es ist viertel nach zwölf!

ERIC Ich hab's gesagt. Ich komme um zwölf.

LUCA Wäre ich es gewesen, ich wär viertel vor zwölf gekommen.

ERIC Ja, aber jetzt bin ich hier. Hör auf zu streiten.

LUCA Ich streite nicht. Ich bin nur nervös.

ERIC *(kommt herein. Luca geht nervös umher.)* Ich bin jetzt hier. *(Trägt zwei große Tüten mit Geschenken.)* Habe die Ehre.

LUCA Setz dich. *(Zieht Eric zu einem schmutzigen Stuhl, nimmt Kleider weg, die daraufliegen.)* Setz dich hierher. *(Schiebt Eric auf den Stuhl.)*

ERIC Beruhige dich.

LUCA Wie denn. Das muß schnellgehen hier ... Wie lange bleibst du? *(Zieht Eric vom Stuhl hoch.)* Nein, setz dich lieber hierher. Wenn du da sitzt, siehst du aus wie ein Gemälde von Francis Bacon. Eine Stunde?

ERIC *(lacht ein wenig)* Jetzt warte mal. *(Nimmt eine CD aus der Tüte – Sofia Gubaidulinas Sinfonie «Stimmen ... verstummen».)* Hier, die Sinfonie, von der alle reden. Bitte sehr. Was ist das?

LUCA Nina Simone.

ERIC Nein, was ist mit dir.

LUCA Leg dich aufs Bett, ist ja egal ... Gibst du mir eine Stunde? Was kann man schon machen in einer Stunde?

ERIC Man kann viel machen in einer Stunde. *(Nimmt eine Flasche Eau de Toilette aus der Tüte.)* Das wirst du mögen.

LUCA Bitte, du, zieh dich aus. *(Hält ihn fest.)* Zieh alles aus. Das ist das einzige, was ich will. *(Umarmt ihn und läßt ihn los und umarmt ihn, alles gleichzeitig.)* Willst du ein Glas Wein? Man kann sich trennen in einer Stunde. Willst du das? Sollen wir lieber Freunde sein? Vater und Sohn?

ERIC *(sieht auf die Uhr)* Ich kann daran nippen, aber nicht trinken. Pack jetzt deine Geschenke aus … Wie geht's dir?

LUCA Dir geht's bestimmt besser als mir. *(Holt die Weinflasche, nimmt zwei Gläser, läßt das eine fallen, so daß es zerbricht. Eric nimmt ihm die Flasche und das zweite Glas weg, öffnet die Flasche, schenkt ein.)* Willst du dann zurück?

ERIC Ich muß … Hast du trainiert?

LUCA Man muß ehrlich sein.

ERIC Hast du heute trainiert?

LUCA Hab ich das nötig? Bin ich schon schlaff und alt? Nicht so schlaff wie du … na ja, klar, I like used bodies. Wieviel Zeit kriege ich? Können wir uns heute abend treffen?

ERIC Ich arbeite heute abend, bis neun. Entschuldige.

LUCA Und danach?

ERIC Es geht nicht.

LUCA Du bist also nur über Mittag hier. Ich bin dein Mittagessen … Mit wem soll ich reden?

ERIC Mit mir. *(Pause)* Rede. *(Kurze Pause)* Entschuldige.

LUCA Ich habe fünfundvierzig Minuten – eine Therapiestunde … Mein Gott – wie kann ich alles formulieren, was ich nicht sagen will, in fünfundvierzig Minuten?

ERIC Ich kann es nicht ändern, daß es jetzt so ist.

LUCA Wird es später besser?

ERIC Ich glaube.

LUCA Findest du, ich verlange zuviel? Denk dran, wie schnell man alt wird.

ERIC Nein, überhaupt nicht.

LUCA Ich will mit dir gehen und mit dir sein können wie normale Liebende, am Fluß spazierengehen, irgendwo im Park sitzen, ich muß nicht mal deine Hand halten, nur wissen, daß du da bist und nicht im nächsten Augenblick verschwindest – vielleicht einen Film ansehen oder in eine Bar gehen und reden, frei, unstrukturiert … ohne Zwang … normale angenehme Gespräche, normales angenehmes Zusammensein, das nicht wie ein verzweifelter Diebstahl ist an deiner anderen Existenz. Wir waren noch nicht einmal zusammen im Kino, obwohl wir ein ganzes Jahr zusammen sind!

ERIC Man kann nicht mehr am Fluß spazierengehen … Ich weiß es. Entschuldige … Das will ich auch … Da sind noch ein paar Geschenke. Pack sie aus.

LUCA Warum? Ich brauch keinen Vater, der keine Zeit für mich hat und mir dafür Geld gibt. Danke … Was ist das? *(Nimmt das Paket entgegen.)*

ERIC Ein Roman von Thomas Bernhard.

LUCA Wie fad. *(Geht im Raum auf und ab, packt das Geschenk nicht aus.)* Soll ich hier sitzen und lesen, während du sie vögelst? *(Kurze Pause)* Wir hatten heute eine Lungenobduktion. Neunundvierzigjähriger Taxifahrer. Es roch nach Schlachthof und Nikotin. Wirst du mit ihr reden?

ERIC Ja.

LUCA Und wann?

ERIC Jetzt. Bald. Ich warte auf den richtigen Augenblick, einen Augenblick, richtig für uns beide.

LUCA Gibt es so was? Was wird dann passieren?

ERIC Ich weiß nicht … Sie stirbt vielleicht.

LUCA Glaubst du? *(Pause)* Glaubst du? *(Kurze Pause)* Woran? Wie?

ERIC Ich rede mit ihr in den Ferien, wenn wir ausgeruht sind. Ich brauche die Ferien – um zu erklären, Tränen zu sehen, zusammen zu leiden und sich zu trennen.

LUCA Dann bin ich auch im Sommer allein. Und dann?

ERIC Ich meine, sie verdient es?

LUCA Und ich – was verdiene ich?

ERIC Daß ich bei ihr bin, wenn ich gehe, auch wenn ich vermutlich der letzte bin, der versuchen könnte oder sollte, ihr zu helfen. Aber wir leben seit dreißig Jahren zusammen, wir haben ein gemeinsames verlorenes Land, wohin wir nicht zurückkehren können, wir haben auch ein gemeinsames verlorenes Kind, das wir niemals wiederfinden werden – wir haben zusammen Warten und Hoffnung und Repression erlebt ... Gefangenschaft und Emigration –

LUCA Wie zum Teufel soll ich dagegen ankommen? Und du gibst mir keine Chance, etwas zuammen mit dir zu erleben ... außer vielleicht den Tod, Aids.

ERIC Wir sind Eltern eines Sohnes, der weder lebendig noch tot ist – nur verschwunden. Ich bin ihr Grund, und ihr Abgrund. Ich muß sie auf eine Weise verlassen, die sie sowenig verletzt, wie es überhaupt möglich ist, und ihr wenigstens Hoffnung geben, daß ich für sie da bin, daß sie das Gespräch mit mir fortsetzen kann, bis sie es selber beendet, weil sie einsieht, daß es sinnlos ist.

LUCA Sie ist doch so schön – vielleicht trifft sie morgen jemanden und wird glücklich. Wärest du dann unglücklich? Bereust du, daß du mich getroffen hast? Bereust du den Tag?

ERIC Nein. Doch, klar, ab und zu ...

LUCA Du wirst es nie bereuen, wenn du mich kennengelernt hast.

ERIC Beim erstenmal, als wir uns trafen – da haben wir uns auch zum erstenmal geliebt, in meiner Studentenbude in Santiago –, sagte sie nachher: Wenn du mich verläßt, werde ich sterben wie ein verlassenes Tier.

LUCA Ja, ihr gehört ja zu einer melodramatischen Generation. Da redet man solchen Mist ... Ist es nicht wunderbar, so geliebt zu werden ... Macht über das Leben von zwei Menschen zu haben.

ERIC Wir kennen uns erst ein halbes Jahr.

LUCA Ein Jahr.

ERIC Ein halbes Jahr.

LUCA Physisch, ja ... Aber als ich mit der Analyse anfing, habe ich – oder du, du hast mich verführt – auch ein Verhältnis mit dir angefangen; das andere ist nur körperlich. *(Pause)* Ich bräuchte jemanden zum Reden. *(Fängt an zu lachen.)* Ich bräuchte einen Therapeuten. Ich bräuchte dich. Du bist ja der beste Analytiker, den es gibt. Du bist jedenfalls ein besserer Analytiker als

Liebhaber ... Es gibt keinen Analytiker, zu dem man geht, wenn man bei dir war. *(Bewegt sich die ganze Zeit im Raum, nimmt Bücher und Papiere von dem einzigen Sessel, zieht Eric mit sich zum Fenster und dann zurück und so weiter, während er redet.)* Willst du andere Musik hören?

ERIC Du kannst nicht so wohnen.

LUCA Ich kann, aber du nicht. Du bist nur zu Besuch im Elend. Es ist leichter, wenn man es gewöhnt ist.

ERIC *(ruhig)* Ich hab wohl größeres Elend erlebt als du.

LUCA *(aggressiv)* Was weißt du davon? Verzeihung, du weißt ja alles. *(Die Musik besteht jetzt aus heftigen Trommeln und ist ziemlich laut.)* Du kannst dir ein Hemd für 1500 Francs kaufen, ohne darüber nachzudenken ... und deine Frau kauft wahrscheinlich jedes Jahr Sommerkleider für dreißigtausend.

ERIC *(mit einer kleinen Grimasse)* Setz dich einen Augenblick hin.

LUCA Aber wenn ihr sterbt, habt ihr trotzdem nicht mehr als die Leichen von den neugeborenen Kindern, die sie immer in den Schließfächern am Gare du Nord finden ... Übrigens, ich versteh nicht, wie man Sachen kaufen kann – jedesmal, wenn man's tut, muß man an den Tod denken, der einem alles nehmen wird.

ERIC Ich dachte nur an diesen Raum hier.

LUCA Ich fühle mich hier wohl. Es ist mein Zuhause. Wir müssen ausnutzen, was wir haben, denn mehr bekommen wir nie.

ERIC *(über eine Stehlampe aus Stahl mit einem kleinen rostigen Metallschirm)* Diese Lampe ist schön.

LUCA Willst du sie haben?

ERIC Nein ... dann hast du ja kein Licht.

LUCA Ich muß nichts sehen. Ich mache meistens die Augen zu. Sie würde in deiner Wohnung aussehen wie ein Skinhead ... obwohl, ich weiß ja nicht, wie es da aussieht. *(Kurze Pause)* Mein ganzes Leben ist zerschlagen, aber du lebst wie vorher, genau wie vorher ... oder? In deinem Leben ist nichts passiert. Es sieht genauso aus wie vorher, oder? Oder etwa nicht? *(Zündet sich eine Zigarette an, geht zu ihm, umarmt ihn – sie streicheln und liebkosen einan-*

der.) Komm, wir legen uns wenigstens hin. *(Fängt an, die Knöpfe von Erics Hemd aufzuknöpfen, zieht ihm das Sakko aus.)*

ERIC Du kannst mir nicht das Hemd ausziehen, bevor du das Sakko ausziehst ... Geht das? *(Sieht sich um, es sind keine Gardinen vor dem Fenster.)* Da sind Leute gegenüber ... Alle können uns sehen.

LUCA Freu dich doch. *(Zieht ihn mit zum Bett, sie legen sich einander gegenüber.)* Hast du deine traurige Beziehung mit ihr wieder aufgenommen?

ERIC Nein.

LUCA Aber du hast es vor?

ERIC Nein ... ich glaube nicht ... Ich kann nicht.

LUCA Vermißt sie es nicht? *(Pause)* Antworte.

ERIC Wir arbeiten soviel. Red jetzt nicht davon. *(Luca steht auf, stellt die Musik ab, nimmt eine andere CD.)* Kannst du nicht still sein.

LUCA Ich will, daß du dir das anhörst.

ERIC Ich will nicht, daß sie stirbt ... Das ist alles.

LUCA Hör jetzt zu, hör zu ... Glaubst du, sie wird sterben?

Musik: The Wind mit Keith Jarrett.

ERIC Ja, das glaube ich. *(Setzt sich auf.)* Ich habe die seltsame Vorstellung, ich könnte sie verlassen, ohne daß sie es merkt. *(Luca stellt die Musik lauter.)* Als wäre ich einfach gestorben, nicht weil ich jemand anders getroffen habe, noch dazu einen Mann ... jung genug, um ihr Sohn sein zu können. *(Kurze Pause)* Ich muß ihr ein bißchen Hoffnung geben, wenn ich sie verlasse ... Ich bin der letzte Mann in ihrem Leben.

LUCA Ich hab sie gestern im Fernsehen gesehen. Sie ist schön.

ERIC Ja. Sehr.

LUCA Sie sieht nicht aus wie neunundvierzig. Und wirkt irgendwie kalt. Aber ich hab kaum etwas mitbekommen; es war so voll in dem Café.

ERIC Man wird kalt, wenn man etwas verloren hat.

LUCA Ich hab auch etwas verloren.

ERIC Ich auch.

LUCA Du kannst damit leben, im Gegensatz zu uns.

ERIC Hast du immer noch Alpträume?

LUCA Nur wenn ich wach bin ... Darum bin ich ja zu dir gekommen. Zu wem soll ich jetzt gehen.

ERIC Ich werd mich bei ein paar Kollegen umhören, ob sie dich nicht nehmen können, aber das Schlimme ist: Die, die gut sind, sind fast nicht zu kriegen. *(Kurze Pause)* Erinnerst du dich an nichts von deinen Eltern ... wie die Atmosphäre war, wie es da aussah, wo ihr gewohnt habt ... eine Berührung?

LUCA Du weißt, ich erinnere mich nicht!

ERIC Doch, natürlich, aber du kannst es nicht zulassen.

LUCA Ist doch dasselbe. Mein Leben fängt an im Gefängnis. Davor ist kein Leben. Die Wärter geben mir Schokolade und Comics, Donald Duck und Mafalda, und nachts vergewaltigen sie mich. Sie sind zu dritt. Zwei sind ganz nett, jünger, lachen dauernd und machen Witze, aber der Dritte, der Ältere, der weint nachher immer und bittet um Verzeihung. *(Kurze Pause)* Am Anfang saß ich in einer Zelle mit anderen, die ungefähr gleich alt waren. Von einem war auch die Mutter da, und sie zwangen ihn, sie zu foltern ... Was sagst du dazu, du, der schon alles gehört hat?

ERIC Er ist natürlich ein Trauma, ein furchtbares Trauma – aber ein Trauma muß nicht immer ein Trauma bleiben, es kann sich verwandeln und zu einem wichtigen Bestandteil deiner Persönlichkeit werden.

LUCA Auf so was scheiß ich. Ich scheiß auf meine Persönlichkeit. Ich will nur meine Eltern finden. Nein, das weiß ich auch nicht ... Ich will wissen, wer sie sind und wo sie geblieben sind. Spielt keine Rolle, ob sie leben oder tot sind, Hauptsache, ich erfahre ihre Namen.

ERIC Auf einer Ebene mußt du sie als tot akzeptieren.

LUCA Ich will bloß ein Grab. Ich brauche ein Grab.

ERIC Ja. *(Kurze Pause)* Ich versteh das, es muß ein schreckliches Gefühl sein. *(Setzt sich auf.)* Ich hab die Schuhe an. Entschuldige.

LUCA Ich will, daß wir uns lieben ... Das ist das einzige, wodurch ich vergessen kann.

ERIC Ich kann nicht ... Nicht jetzt.

LUCA Du brauchst keine Angst zu haben ... Ich hab noch ein Kondom ... ein amerikanisches.

ERIC Warst du mit einem Amerikaner zusammen?

LUCA Was soll ich machen?

ERIC Und wo?

LUCA Wo? Spielt das eine Rolle? *(Kurze Pause)* An der russischen Botschaft.

ERIC Wann denn? Wann war das?

LUCA Spielt das eine Rolle? Ich brauche etwas menschlichen Kontakt ... egal, mit wem, ab und zu.

ERIC Wer war das? Jemand, den du kennst?

LUCA Natürlich nicht. Ich vögle nicht mit Leuten, die ich kenne. Das ist langweilig ... Es war ein amerikanischer Soldat, ein Schwarzer. Ich mag Soldaten. Du weißt, meine Jugend.

ERIC Du mußt vorsichtig sein.

LUCA Ich mag sie, weil sie wissen, was sie wollen ... Ich war völlig fertig danach. Er hat mich fast umgebracht. *(Kurze Pause)* Am liebsten mag ich die, die was machen, was sie sich nie zugetraut hätten, dann werden sie so brutal.

ERIC Nur du selbst bist dir selbst gegenüber brutal.

LUCA Das ist der spannendste Augenblick, die Scheinwerfer fahren über dein Gesicht, man ist paralysiert wie ein Reh, man weiß nicht, was kommt auf einen zu.

ERIC Du kannst infiziert werden.

LUCA Ich kann sterben. Ich bin schon infiziert. *(Kurze Pause)* Was macht das?

ERIC Warum meinst du das?

LUCA Kriegst du jetzt Angst?

ERIC Nein ... Ja, natürlich.

LUCA Du Armer ... Du hast soviel, wofür du leben kannst. Deine Frau, deine Wohnung, all die armen verzweifelten Menschen, denen du beruhigend zuredest ... Wir werden vielleicht noch zwei, drei romantische Jahre haben, bevor es aus ist.

ERIC Ja, das reicht.

LUCA Dir, ja. *(Zieht ihn herunter).* Widme dich mir, solange ich noch warm bin ... Dann kannst du irgendwo heimlich die Asche verstreuen. Stell sie in einem kleinen Karton zu den anderen am Gare du Nord, und dann kannst du weitergehen.

VIER

Rosa und Eric kommen spät nach Hause in die Wohnung, festlich gekleidet.

ERIC *(hilft ihr aus dem Mantel)* Wunderbare Vorstellung, wirklich schön – gut, daß wir endlich mal die Zeit gefunden haben, zusammen ins Theater zu gehen ... aber der Verkehr hier macht mich müde ... Ich weiß nicht, ob man hier noch wohnen bleiben kann.

ROSA Ja ... War es vielleicht.

ERIC *(während ihm der Mantel aus der Hand gleitet)* Aber das Thema ist ja immer interessant, blutig und interessant. Ich erschrecke jedesmal von neuem, wenn ich sehe, wie er die Teile zu seinem eigenen totalen Untergang sucht ... und doch wieder nicht ... er geht ja, wenn auch blind, in ein wahreres Leben ... *(Lacht.)* Ich identifiziere mich mit allen dreien.

ROSA Und inzwischen machst du den Mantel schmutzig ... Du hast ihn fallen lassen. *(Deutet.)* Da.

ERIC Entschuldige. *(Hebt ihn auf.)* Mit wem hast du dich identifiziert?

ROSA Mit wem soll ich mich identifizieren? Bist du müde?

ERIC Der Mensch eben ... Aber so reingeschält und nackt wie ein Skelett, wie die Vorstellung war, knapp wie ein Skelett, wird unsere eigene Einsicht ja fast nie. Nur im Theater ist die Schönheit so groß wie die Vergebung ... Ich weiß nicht, warum meine Patienten nicht die Gelegenheit wahrnehmen und mehr weinen und schreien?

ROSA Bist du müde, hab ich gefragt.

ERIC Bin ich wohl ... aber nur innerlich. *(Geht ins Zimmer, macht Licht.)* Hier wohnt niemand ... Möchtest du ein Glas Wein?

ROSA Hier wohnen wir ... Müde wovon?

ERIC Es war so kurz. Wir haben noch einen ganzen Abend ... Aber die Wahrheit ist immer kurz.

ROSA Kommt er dir zu lang vor ... Weißt du nicht, was du

mit so vielen Stunden mit mir anfangen sollst? Wovon bist du müde?

ERIC Nur von den Bedürfnissen der Leute an mich.

ROSA Meinen auch?

ERIC *(eine Spur scharf)* Nein, natürlich nicht ... *(Er schenkt Wein ein, reicht ihr das Glas.)* Wie war's im Fnac?

ROSA Hab ich vergessen ... Danke. *(Erinnert sich.)* Wir haben vergessen zu wählen!

ERIC Mein Gott ... was sollten wir wählen? Dieses Land ist nichts als die Summe seiner Zwangsvorstellungen. Außerdem sind wir hier Fremde, es ist nicht unser Land. Wir dürfen hier nur so lange sein, wie wir nichts fordern und uns nicht zu erkennen geben ... Und das ist mir sehr recht.

ROSA *(trinkt)* Ich hab hundertsechzigmal meinen Namen geschrieben und vergessen, wie man ihn schreibt.

ERIC Ich habe das Gefühl, ich hab das Meinige getan.

ROSA Die meisten gingen wohl zufällig vorbei, aber mancher wird das Buch vielleicht lesen.

ERIC Sicher.

ROSA Wann wirst du es lesen?

ERIC Bald.

ROSA Es handelt ja von dir.

ERIC So?

ROSA *(nach einer langen Pause)* An dem Tag, wo du begreifst, daß ich dich liebe, werde ich mich trauen, dich zu hassen. *(Pause)* Da war ein äußerst sympathischer junger Mann, der empfing mich und half mir, sagte den Leuten, wenn ich eine Pause brauchte, und holte Mineralwasser und Obst ... Er hatte eine Rose auf den Tisch gestellt. Ich habe nachher ein bißchen mit ihm geredet. Italiener oder Spanier. Sprach ein wunderbares dunkles Französisch.

ERIC Aha ... Hast du ihn gefragt, wo er herkommt?

ROSA Ich wollte es, aber ich hab's vergessen. Er war nur Aushilfe. *(Nimmt seine Hand.)* Ich sehne mich nach dir. *(Kurze Pause)* Auch mein Körper sehnt sich nach dir.

ERIC Jaaa. *(Seufzt, küßt sie dann auf die Wange)* Du bist so schön. Diese Farbe steht dir.

ROSA Ja, ich weiß ... Sehnst du dich nicht nach mir? Sehnt sich dein Körper nicht nach mir?

ERIC Doch.

ROSA *(nach einer kurzen Pause)* Weißt du, was er erzählt hat?

ERIC Wer?

ROSA Der junge Italiener oder Spanier im Fnac.

ERIC Nein ... Was hat er erzählt?

ROSA Er sagte, er kennt dich. Er sagte: Ich kenne Ihren Mann.

ERIC Ach so ... Merkwürdig ... Wie heißt er?

ROSA Als Patient. Er war eine Zeitlang bei dir in der Analyse ... Aber du hast die Analyse abgebrochen.

ERIC Ich habe sie abgebrochen? Warum denn?

ROSA Aber es war bestimmt seine Schuld, sagt er.

ERIC Vielleicht hatte ich sie nicht richtig angefangen ... Wie heißt er?

ROSA Ich sag doch, ich weiß es nicht. Hugo, glaub ich. Alle Patienten von dir heißen Hugo.

ERIC *(kurz)* Daran erinnere ich mich nicht. *(Ruhiger)* Wer ist er?

ROSA Das hab ich doch gesagt! Jung, fünfundzwanzig, sechsundzwanzig, schön, südeuropäisch ... sehr angenehm, kann gut formulieren. Weißes Hemd, Lederjacke. Hübsch. Anspruchslos oder unglaublich anspruchsvoll. Unmöglich zu sagen.

ERIC Wann soll das gewesen sein?

ROSA Er sagte, es war nicht deine Schuld, daß ihr die Behandlung abgebrochen habt. Er meinte, seine Probleme waren so einfach, daß sie deiner nicht würdig waren.

ERIC Augenblick mal. *(Pause)* Jetzt weiß ich, an wen du denkst. Jetzt weiß ich, wen du meinst ... Ja, genau. *(Kurze Pause)* Noch ein bißchen Wein?

ROSA Ja, er ist gut ... *(Pause)* Warum hast du die Analyse abgebrochen?

ERIC Denk jetzt nicht an ihn.

ROSA Ich denke nicht an ihn ... Ich will nur wissen, warum.

ERIC Ja, vermutlich weil ich nicht dachte, daß ich ihm helfen könnte.

ROSA Und wobei?

ERIC Bei dem, weswegen er Hilfe suchte.

ROSA Was war das?

ERIC Spielt das eine Rolle?

ROSA Kannst du nicht jedem helfen?

ERIC Ich kann den Leuten nur die Möglichkeit geben, nach etwas Wertvollem in sich selbst zu suchen – ob es das gibt oder ob sie suchen wollen, müssen sie selber entscheiden. *(Kurze Pause)* Jetzt fällt's mir ein ... Es stimmte irgend was nicht mit seinem Fuß. Er kam zu mir, weil er glaubte, er sei im Begriff, die Kontrolle über sich selbst zu verlieren. Er hatte plötzlich, ohne zu wissen, warum, einige ziemlich schwere Gewalttaten an ihm unbekannten Menschen begangen – auf einer Metrostation eine ältere Frau niedergeschlagen, einen Taxifahrer mißhandelt ... solche Dinge. Er wurde zu ein paar Monaten Gefängnis verurteilt ... Was ihn erschreckte, war, daß er total vergessen hatte, was er getan hatte, und warum ... auch seine Kindheit ... Wir sind so weit gekommen, daß wir feststellen konnten, daß der größere Teil seiner Kindheit verdrängt ist, er wußte nichts von seiner Vergangenheit ... Ich glaube, er ist in einem Kinderheim aufgewachsen. Wenn man als Kind radikal sein Umfeld wechseln muß, kann man darauf reagieren, indem man die Vergangenheit, die man verloren hat, ausradiert oder auch das Jetzt, in dem man nicht leben will.

ROSA Schrecklich.

ERIC Er studierte Medizin, glaube ich ... Es erfordert eine sehr lange und tiefgehende Behandlung, an die Ursachen zu kommen, und ich kann keine neuen Patienten mehr nehmen ... Du weißt, ich will langsam etwas kürzertreten ... Ich hab genug. *(Kurze Pause)* Sonst hat er nichts gesagt?

ROSA Ach, wir haben nur ein paar Worte geredet ... Er war so weich. Ich kann mir nicht vorstellen, daß er gewalttätig sein kann ... er ist so höflich und kultiviert.

ERIC Wahrscheinlich eine Möglichkeit für ihn, die Aggression auf Distanz zu halten.

ROSA Hör jetzt auf zu reden.

ERIC Du redest.

ROSA *(streichelt seine Schenkel)* Was soll ich machen? Ich sehne mich nach dir. Wirklich.

ERIC Nach mir oder danach?

ROSA Das ist dasselbe ... Willst du nicht?

ERIC Ja, nein, ich weiß nicht.

ROSA Du kannst auch nicht ohne es sein.

ERIC Ich leide mehr darunter, als daß ich es genieße.

ROSA Wer leidet mehr? Wer genießt, das heißt, leidet mehr?

ERIC Wie kann man es leiden nennen, wenn es ungefährlich ist?

ROSA Es ist nicht ungefährlich. Es war noch nie ungefährlich. Du glaubst doch, wenn man alles sagen kann, kann man auch die Wahrheit sagen – weißt du nicht, daß man bestimmte Gedanken nicht denken darf, sonst öffnet man die Tore zur Hölle ... und dann gewöhnt man sich daran, hindurchzusteigen und zu verschwinden. Das will ich. In deinen Flammen verschwinden.

ERIC Können wir nicht bald aufhören? *(Kurze Pause)* Einfach aufhören.

ROSA Das können wir nicht. *(Kurze Pause)* Stell dir vor, es ist das einzige, was uns jetzt verbindet, das einzige, was übrig ist ... Wo sollten wir jemand anders finden, der versteht?

ERIC Es gibt so viele ... Es werden mehr und mehr, Tag für Tag, Ödipus' Kinder ... Jokastes Kinder.

ROSA Geh jetzt, warte nicht mehr. Es gefällt dir, wenn du es tust.

ERIC Ich gefalle dir, wenn ich es tue ... Muß ich?

ROSA Ja.

Eric steht auf, geht hinaus, kommt dann mit einem alten, schmutzigen Stahlrohrstuhl zurück, Utensilien, um sie festzubinden, eine rostige Stehlampe ohne Schirm, einen schmutzigen Sack, dann eine Matratze mit Lederlaken, braun, steif – macht den fremden Raum zurecht, löscht die Lampen im Zimmer, macht die alte Lampe an, geht zu ihr, die mit geschlossenen Augen dasitzt, legt ihr freundlich die Hand auf die Schulter; sie steht stumm auf, und er führt sie sanft, die Hand auf ihrem Rücken, in den Raum, zeigt auf den Stuhl, bedeutet ihr, sich zu setzen – sie setzt sich, noch immer mit geschlossenen Augen.

ERIC Sieh her. *(Sie sieht auf.)*

ROSA Gut.

ERIC *(schlägt zu)* Halt's Maul.

ROSA Verzeihung.

ERIC Ich habe dir nicht erlaubt zu sprechen. *(Tritt sie hart, es tut weh, sie schreit auf.)* Hast du nicht gehört, was ich sage! Keinen Laut über deine dreckigen Lippen. *(Sie senkt den Kopf.)* Kopf hoch. *(Drückt ihr Gesicht hoch.)* Das wird schnellgehen … *(Freundlich)* Wie geht's?

ROSA Verzeihung.

ERIC Wie geht's, hab ich gefragt.

ROSA Ich weiß nicht.

ERIC Du weißt nicht, wie es geht?

ROSA Verzeihung.

ERIC *(noch immer freundlich)* Du sollst nicht um Verzeihung bitten, du kleine jüdische Hure. Du sollst nur die Fragen beantworten. Alle Fragen, die ich stelle. Dann kannst du um Verzeihung bitten.

ROSA Ja.

ERIC Also –

ROSA *(leise)* Die Musik.

ERIC *(packt ihr Haar, zieht ihren Kopf noch mehr nach hinten)* Hörst du nicht, was ich sage?

ROSA *(schwach, leise)* Die Musik … du vergißt die Musik.

ERIK *(dreht langsam den Haarschopf herum)* Ich vergesse nichts …

ROSA Nein.

ERIC Wer vergißt hier denn was? *(Schlägt sie ins Gesicht.)*

ROSA Nicht ins Gesicht.

ERIC Verzeihung.

ROSA Ich brauche es.

ERIC Was willst du damit? *(Reißt ihre Bluse auf, sie zerreißt, zerrt ihr dann den BH herunter.)* Das gefällt dir, was? *(Sie antwortet nicht.)* Antworte, hab ich gesagt. Ich sagte, das gefällt dir.

ROSA Ja.

ERIC Du meinst vielleicht, du bist schön. Das stimmt nicht. Du bist nicht schön. Du bist zu alt. Hier haben wir schöne junge Mädchen mit festen jungen Brüsten – deine sind schlaff und aderig – wer will die schon? *(Umfaßt eine Brustwarze.)* Wie alte Reifen. Wer will die schon? Meinst du, ich will hier mit dir sein? Antworte!

ROSA Nein.

ERIC Lauter.

ROSA Nein.

ERIC Das mein ich auch nicht. Aber wir können es einfach oder schwer machen, oder? *(Pause)* Wie willst du es haben? Willst du es einfach oder schwer, du jüdische Fotze?

ROSA Ja.

ERIC Du kannst die Wahrheit sagen oder auch nicht. Ich scheiß darauf. Du bedeutest nichts. Spielt keine Rolle, ob du lebendig oder tot bist. Du hast nie existiert. *(Zieht ihr den schmutzigen Sack über den Kopf.)* Wie heißt du? Wie hast du geheißen, bevor du herkamst? *(Sie sagt etwas.)* Lauter!

ROSA Sabato. *(Kurze Pause)* Rosa Sabato.

ERIC Warst du Jüdin?

ROSA Ja.

ERIC Und was bist du jetzt? *(Geht zum CD-Player, legt eine CD ein, darauf heftiges Entengeschnatter, manchmal recht laut, ab und zu klingt es wie Gesang.)* Waren alle in dieser Gruppe Juden?

ROSA Ich weiß nicht ... es war keine Gruppe ... wir waren nur Studenten.

Eric schlägt sie.

FÜNF

Eric ist in der Wohnung, räumt auf, hört Musik, bereitet seine Arbeit vor. Es klingelt.

ERIC *(geht zur Sprechanlage, nimmt den Hörer)* Ja? Hallo?

LUCA *(erregt)* Ich muß dich sehen! Mach auf! Schnell!

ERIC Nein, das geht nicht ... es geht nicht. *(Kurze Pause)* Geh nach Hause.

LUCA Ich muß dich sehen!

ERIC Du kannst nicht herkommen. Das verstehst du doch. *(Kurze Pause)* Luca. Geh nach Hause.

LUCA Laß mich rein – es ist wichtig. Ich muß dich sehen!

ERIC Rosa kann jeden Augenblick kommen ... Kapierst du nicht? Es ist unmöglich.

LUCA Mach auf.

ERIC Ich kann nicht. Unmöglich. Ich ruf dich an. *(Legt auf, bleibt an der Sprechanlage stehen, es klingelt wieder.)*

LUCA *(als Eric abhebt)* Ich bin vielleicht positiv ... Was machst du dann?

ERIC Nein, das bist du nicht.

LUCA Was machst du dann? Was wirst du dann tun?

ERIC Bitte, du ... Ich kann darüber nicht durch eine Sprechanlage reden.

LUCA Eine andere Möglichkeit gibst du mir ja nicht! *(Pause)* Oder? *(Pause)* Hallo!

ERIC Ja ... ich bin hier, aber ich kann nicht länger reden.

LUCA Geh zum Teufel. *(Pause)* Mach auf. Mach jetzt auf.

ERIC Ich kann jetzt nicht. Ich komm zu dir nach Hause ... *(Sieht auf die Uhr.)* In drei Stunden. *(Pause)* Hallo ... Ich komme in drei Stunden. *(Stille)* Luca. *(Lauscht.)* Luca ... Antworte. *(Stille)* Luca – ich weiß, daß du da bist. Hallo ... Antworte doch. *(Steht da, legt dann den Hörer auf, hebt wieder ab.)* Ich weiß, daß du da bist. Geh jetzt nach Hause, warte da ... Ich komme in drei Stunden. Um neun ... Dann können wir reden.

Stille, legt dann auf, geht ins Zimmer, ist sehr unruhig, geht zu seinem Arbeitstisch, setzt sich, steht auf.

Es klingelt an der Wohnungstür. Er läuft hinaus in die Diele, reißt die Tür auf.

ERIC Was ist denn!

LUCA *(still)* Ich will dich sehen. Ich will dich nur sehen. Das ist nichts Schlimmes.

ERIC *(nach einer Pause)* Geh. *(Pause)* Ich bitte dich darum.

LUCA Ich will nur sehen, wie du wohnst, wie es ist. *(Lächelt.)* Ich hab mir Sorgen gemacht deinetwegen.

ERIC Geh jetzt. Sie kann jeden Augenblick nach Hause kommen. Begreifst du das nicht?

LUCA Ist doch egal. Es kann nicht gesund sein für dich, die ganze Zeit lügen zu müssen, bei ihr und bei mir. *(Kommt in die Wohnung.)* Ja, genauso, dachte ich, sieht es aus. So fein, so sauber, steril … unmenschlich. Hier könnt ihr in alle Ewigkeit wohnen … Hier könnt ihr glücklich sein in eurem Sarkophag. Weißt du, als ich zum erstenmal in Florenz in den Uffizien war, dachte ich, diese großen Särge wären Badewannen.

ERIC Luca. Ich bitte dich.

LUCA Schönes Gefühl – wenn du mich bittest. Sonst bitte immer ich. Warum hast du mir Thomas Bernhard geschenkt? Es handelt nur von Selbstmord … Willst du, daß ich mich umbringe? Ist das deine Strategie? *(Geht ins Zimmer, reißt Gegenstände herunter, kippt den Schrank mit den CDs um, zieht Bücher heraus, wirft sie hin etc. trampelt herum.)*

ERIC Hör jetzt auf. Beruhige dich.

LUCA Beruhige du mich! Du bist der Therapeut! Du weißt doch, wie man Leute beruhigt! *(Gib ihm einen Stoß.)* Fang schon an! Therapier mich ein bißchen!

ERIC *(still)* Was willst du von mir?

LUCA Was ich von dir will? Hab ich vergessen. Ich wollte, daß du dich zu mir bekennst. Ich wollte, daß du mit mir lebst. *(Versucht, Eric zu umarmen.)*

ERIC *(gibt ihm einen Stoß)* Du darfst nicht hier sein.

Luca fängt an, sich auszuziehen, zieht das Hemd aus, dann die Hosen, die Socken; setzt sich auf den Stuhl am Schreibtisch, der vor dem offenen Fenster steht, zündet sich eine Zigarette an und legt dann den Kopf auf den Schreibtisch, sitzt still.

ERIC *(der versucht hat, ihn daran zu hindern)* Was soll das hier.

LUCA Zieh dich aus ... Ich bleibe hier.

ERIC Verschwinde! *(Zieht ihm den Stuhl weg, schlägt ihn.)* Nimm deine Sachen und hau ab.

Luca lacht.

ERIC Hau ab! Hau ab! Verschwinde! Raus mit dir! *(Zieht ihn durch das Zimmer. Luca versucht lachend, sich zu wehren. Eric wirft ihn hinaus in die Diele, holt seine Sachen, wirft sie durch die Tür hinaus, versucht dann, Luca auf demselben Wege hinauszubekomen. Luca lacht nur.)*

LUCA Du bist vielleicht wütend ... Ich hab nicht gedacht, daß du so wütend werden kannst.

ERIC Steh auf und geh.

LUCA Mein Gott.

ERIC Raus mit dir.

LUCA Ich kann nicht ... Ich kann nicht gehen. Mein Fuß. Ich kann nicht darauf stehen.

ERIC Du mußt jetzt gehen. *(Ruhiger)* Entschuldige. Ich wollte dir nicht weh tun.

LUCA Ich kann mit dem Fuß nicht auftreten.

ERIC Zieh deine Sachen an und geh runter, ich rufe ein Taxi.

LUCA Ist nicht deine Schuld. Ich verletze mir immer den rechten Fuß. Ich hab ihn mehrere Male gebrochen ... Das letzte, woran ich mich von meinen Eltern erinnere, ist übrigens, wie ich im Krankenhaus liege, weil ich ihn gebrochen habe, ich weiß nicht, wie, und sie kommen mich besuchen. *(Steht langsam auf, tritt mit dem linken Fuß auf, hält sich am Stuhl fest.)* Sie haben Obst und Bücher mitgebracht. Ich glaube, es ist Sonntag, denn die ganze Zeit läuten die Glocken, und es ist schönes Wetter, und sie schieben mich hinaus auf eine Terrasse. Es war «Die drei Musketiere» … jedenfalls bin ich nicht dazu gekommen, es zu lesen. Das ist meine letzte Erinnerung an sie. Dann gibt es sie nicht mehr. *(Will Eric umarmen und küssen.)* Entschuldige, aber heute hab ich plötzlich Bescheid bekommen. Ich bin positiv. Ich bin so verzweifelt.

ERIC *(zieht sich erschrocken zurück)* Nein.

LUCA Das geht vorbei.

ERIC Das ist nicht wahr.

LUCA Doch. Es ist wahr. Heute nacht habe ich geträumt, ich hätte einen Brief bekommen, in dem stand, ich bin positiv. Ich war so froh, als mir klar wurde, es war nur ein Traum. Dann hatte ich ein paar Kurse, und als ich am Nachmittag nach Hause kam, lag da ein Brief vom Krankenhaus.

SECHS

Lucas Wohnung. Er ist unruhig, kann nicht stillsitzen; geht zum Telefon, ruft bei Eric an, legt wieder auf; stellt Musik an, stellt sie wieder ab, geht zum Kleiderschrank, wühlt in den Kleidern; wirft sich aufs Bett, wird ruhig, beschließt, sich anzuziehen und auszugehen. Es klingelt an der Tür. Luca freut sich, läuft hin, im Glauben, es sei Eric; ist froh und wütend zugleich.

LUCA Jetzt kommst du! *(Öffnet die Tür.)*

ROSA *(steht draußen)* Verzeihung … verzeihen Sie, daß ich mich aufdränge, und so spät. Ich weiß nicht, ob Sie sich an mich erinnern. Ich hab Sie in der Metro gesehen, und ich dachte … Aber vielleicht –

LUCA *(plötzlich höflich)* Verzeihen Sie … Natürlich erinnere ich mich an Sie. O ja. Natürlich … Ich wußte nicht … Wollen Sie nicht reinkommen. Es sieht hier entsetzlich aus … Ich … studiere … ich will Arzt werden, wie ich Ihnen, glaub ich, im Fnac erzählt habe, aber … dann hab ich keine Zeit, zu … auch kein Geld – aber kommen Sie rein …

ROSA Danke. Ich wollte nur … ich weiß nicht, warum ich … Ja, offen gesagt, ich hatte plötzlich den Impuls, und …

LUCA Nein, das ist doch nur nett … Ich liebe es, wenn Menschen ihren Impulsen nachgeben … Aus ihren Gefängnissen ausbrechen … nicht daß ich meine, Sie wären in irgendeinem Gefängnis –

ROSA Doch, das bin ich wohl …

LUCA Ja, kommen Sie rein … Irgendwo müßte es auch was zum Sitzen geben … Man glaubt nicht, daß man in Paris jemanden wiedertrifft, den man nicht näher kennt … An den man aber denkt. Ich könnte genau das Gegenteil sagen – nur in Paris trifft man jemanden wieder, den man nicht kennt, an den man aber gedacht hat … Wohnen Sie in der Nähe?

ROSA Nein, nein.

LUCA Wohnen Sie zentral?

ROSA Ziemlich … Geht nicht anders.

LUCA Achtes?

ROSA Nein. Das wär ja Champs Elysées. *(Lacht ein wenig.)*

LUCA *(der eine Zigarette angezündet hat, hält sie weg)* Entschuldigung … Darf ich – *(Drückt sie aus.)* Ja …

ROSA Nein, nein … Rauchen Sie … Leben Sie allein?

LUCA Ja … nein. Ich bin ständig unter Menschen. Es gefällt mir, unter Menschen vollkommen einsam zu sein. Ich habe heute einen Menschen obduziert. *(Kurze Pause)* Am Anfang habe ich das Gesicht abgewandt, wenn ich schneiden sollte, aber der Pathologe sagte, du gewöhnst dich daran … und das ist wahr … *(Sie sieht ihn an, er begegnet ihrem Blick, lächelt schnell, dreht dann das Gesicht zur Seite, sieht nach unten.)* Ja … Sie sind verheiratet … Natürlich, Ihr Mann … Was hat er gesagt? *(Lacht.)* Hat er sich an mich erinnert … oder an mein Symptom … Erinnert er sich an einen Mann, der sich nicht erinnert?

ROSA Ja … O ja. *(Kurze Pause)* Ich weiß wirklich nicht, warum ich hergekommen bin …

LUCA Nein, aber man wünschte, es würde öfter passieren, oder? *(Steht auf.)* Daß man jemandem begegnet, wo … man nichts erklären muß. Und dann … Wollen Sie nicht aufstehen?

Rosa steht auf.
Luca umarmt sie, küßt sie.

ROSA Und dann?

Luca knöpft ihr die Bluse auf, streichelt ihre Brüste. Sie ziehen sich gegenseitig aus. Sie lieben sich. Dann liegen sie Seite an Seite, halten einander an der Hand. Sehen einander nicht an.

LUCA *(nach einer Weile, lächelt)* Sie rauchen nicht nach dem Liebesakt?

ROSA Ich rauche nie … Aber rauch du, wenn du Lust hast.

LUCA Nein, ich hab keine Lust. *(Pause)* Ich bin vollkommen zufrieden. *(Längere Pause)* Haben Sie schon Chereaus Film gesehen – «Die Bartholomäusnacht»?

ROSA Nein, nein, gar nichts … Es gibt so viel, was ich nicht gesehen habe.

LUCA Die Kritiker waren offensichtlich völlig verwirrt ... Es gibt eine phantastische Szene am Schluß, wenn die Königinmutter, Virna Lisi, ihre Unterwäsche verbrennt. Sie hat Syphilis. Sie verwest von innen. Ihr Gesicht ist wie ein Totenschädel ... Adjani spielt Königin Margot.

ROSA Ja. Ich muß ihn sehen. Ich versuche, ihn zu sehen.

LUCA Ja. Aber man schafft nicht alles. *(Pause)* Hat es Ihnen gefallen?

ROSA Ja. Ich glaube.

LUCA Aber das hängt ja davon ab, was für ein Motiv Sie hatten ... oder?

ROSA Was für ein Motiv ich hatte?

LUCA Vielleicht das gleiche wie ich. *(Pause)* Rache?

ROSA So was hab ich noch nie gemacht. *(Kurze Pause)* Woher kommst du?

LUCA *(kurze Pause)* Wieso? Bin ich nicht Franzose?

ROSA Nein. Nimm's mir nicht übel. *(Pause)* Das bist du doch nicht?

LUCA Nicht? Was bin ich dann? *(Setzt sich auf, sieht sie an.)* Möchten Sie etwas trinken?

ROSA Nein. *(Setzt sich ebenfalls auf, sucht mit den Blicken nach ihren Kleidern.)* Spanien?

LUCA Spanien? Nein. Nicht Spanien.

ROSA *(Pause)* Es könnte überall sein.

LUCA Ja ... überall. *(Steht auf, holt ihren BH, kommt zurück, reicht ihn ihr; sie sitzt da wie ein kleines Mädchen, die Hände zwischen den Schenkeln.)*

ROSA Man geniert sich fast mehr, wenn man sich beim erstenmal anzieht, als wenn man sich auszieht.

LUCA *(im Begriff, sich die Socken anzuziehen)* Haben Sie mit mir geschlafen, weil ich Patient Ihres Mannes war?

ROSA *(fängt an zu lachen)* Nein, absolut nicht – das glaub ich nicht. *(Ihr Blick fällt auf seinen verwachsenen Fuß.)* Was ist das? Was hast du mit deinem Fuß gemacht?

LUCA Ich hab Sie neulich im Fernsehen gesehen, als Sie interviewt wurden ... Ich fand Sie so schön, aber ich hab kaum etwas mitbekommen. Ich war in einem Café, es war ziemlich laut und voll.

ROSA Was ist mit deinem Fuß passiert?

LUCA Ach, gar nichts ... Ich hab ihn mir gebrochen, als ich klein war, und hatte offensichtlich keine adäquate Pflege.

ROSA Wieso? *(Pause)* Was war los? *(Lauter)* Wie ist das passiert?

LUCA Was ist denn?

ROSA Wie lange ... wie lange lebst du schon in Paris?

LUCA Ja ... ich lebe hier seit ... ich kam '89 her, im Frühling. *(Zündet sich eine Zigarette an.)* Ich studiere Medizin. Ich will Arzt werden. Ich habe jetzt zweieinhalb Jahre studiert. Ich will praktischer Arzt werden ... normalen Menschen begegnen.

ROSA Wer bist du? *(Nach einer kurzen Pause)* Leben deine Eltern noch?

LUCA Meine Eltern? Sicher ... Ich hoffe es ... Ich meine, ich hatte nicht soviel Kontakt mit ihnen im letzten Jahr. Es ist so weit weg. Mein Vater ist Angestellter bei einer amerikanischen Versicherungsgesellschaft in Santiago.

ROSA Amerikanisch?

LUCA Er ist achtundfünfzig. Redet davon, sich pensionieren zu lassen. Wir haben nicht sehr viel gemeinsam ... wie die meisten Söhne und Väter. Er liebt Football, joggt regelmäßig ... ist gern in den Bergen, angelt ... und so weiter. Hat sich einen amerikanischen Lebensstil zugelegt. Meine Mutter ist Lehrerin. Ich habe keine Geschwister. *(Sieht sie an.)* Was ist denn? Fühlen Sie sich nicht wohl?

ROSA Doch ... ich fühle ...

LUCA Das heißt, das sind meine Pflegeeltern ... Ich bin adoptiert ...

ROSA *(nach einer langen Pause, leise, kaum hörbar)* Und die anderen ... die anderen ...

LUCA Wer?

ROSA Deine wirklichen, biologischen Eltern ... wo sind –

LUCA Die sind nicht besonders wirklich. Bloß biologisch ... Er ist rechts, bewundert Pinochet. Wäre er Amerikaner, er würde Ross Perot wählen.

ROSA Wo sind sie ... was ist mit ihnen passiert ... was weißt du –

LUCA Mit meinen biologischen? *(Pause)* Ich weiß nicht. *(Leicht)* Tot, vielleicht. *(Leicht)* Sie waren so jung. Sie verschwanden während des Militärputsches. Sie waren Sozialisten. *(Zündet sich eine Zigarette an.)* Sie wissen doch alles darüber.

ROSA Nein ... Nein.

LUCA Ich war wohl sechs, sieben, als es passierte ... Ich war gerade zur Schule gekommen ... Ich habe nur eine undeutliche Erinnerung an zwei schöne dunkle Gestalten ... Sie war so fröhlich, flink ... kurze dunkle Haare.

ROSA Nein. *(Lange Pause)* Nein.

LUCA *(der beinahe angezogen ist)* Aber diese Dinge passierten ja ...

Sie hören, wie die Tür geöffnet wird. Luca reagiert mit Bestürzung. Rosa sitzt bewegungslos, gelähmt auf dem Bett. Eric kommt herein.

SIEBEN

Eric kommt durch die Tür herein, hat noch den Schlüssel in der Hand – das Zimmer ist dunkel. Er sagt «Luca?» – dann fällt sein Blick zunächst auf Rosa, die noch mit gesenktem Kopf auf dem Bett sitzt, den Blick im Nirgendwo, und die Hände ringt. Luca steht mitten im Zimmer, denselben Ausdruck versteinert im Gesicht, den er hatte, bevor die Tür geöffnet wurde – ein Ausdruck zwischen Erstaunen und Schadenfreude und Erwartung. Eric sieht Luca an, der Rosa ansieht, die keinen von beiden sehen will. Eric guckt dann auf den Schlüssel in seiner Hand, hält ihn krampfhaft fest, wendet dann den Blick ab.
Langes Schweigen.

LUCA Ja ... was sollen wir sagen? *(Kurze Pause)* Was sagt man in einer solchen Situation ... Man kann ja sagen, was ist das für eine Art, hier so reinzuplatzen, ohne Vorwarnung, aber das ist wohl das ständige Risiko des Eindringlings ... oder? Und es ist vielleicht auch egal. Die Wahrheit kommt doch an den Tag, früher oder später. In diesem Fall aber reichlich spät ... Ehrlich währt am längsten ... geht aber zu weit. *(Lacht.)* Ich weiß nicht – soll ich dich fragen, ob ich dir was anbieten kann, wenn ich gerade deine Frau gevögelt habe ... Ein Jammer, daß wir uns so begegnen mußten, wir drei, die wir an diesem dreckigen Ort soviel gemeinsam haben ... Aber es ist wohl so, wie Bordieu sagt, man muß ihn einfach zitieren, unser größtes Problem ist, daß wir am falschen Ort gelandet sind – nicht die condition humaine, sondern die position humaine quält uns ... Es wird auch langsam kalt? *(Zu Rosa)* Frieren Sie? Ja, die Concierge trinkt, ihr Mann auch, die gehen nie aus ... Ja, Sie wissen, was los ist. Hat aber wohl keinen Sinn, daß wir darüber reden, das dauert so lange, Betrug, schlechtes Gewissen, Schmutz, Wiederholen, Akzeptieren ... Jetzt ist es passiert. Besser, ihr geht zum Zentrum für Familientherapie oder tut was für die Junkies aus Nordafrika.

Rosa zieht sich an. Eric vermeidet, sie anzusehen. Luca will ihr aus reiner Höflichkeit helfen, doch sie reagiert nicht – steht auf, geht umher, bleibt vor einer Fotografie von Eric stehen, auf der er auf einem Platz in Florenz steht.

ROSA Das hab ich letzten Sommer in Florenz gemacht. *(Kurze Pause)* Ich hab es noch nie gesehen.

LUCA Ich bin auch eine Woche hingefahren, in der Hoffnung, wir würden uns zufällig irgendwo in die Arme laufen und vielleicht einen Espresso trinken ... Ist es nicht hübsch? *(Kurze Pause)* Ein glückliches Bild.

ROSA Wir haben davon gesprochen, im Sommer wieder hinzufahren, ein paar Wochen ... An denselben Ort.

LUCA Wie gesagt, schade, daß wir uns so zum erstenmal begegnen mußten, aber ... so was kommt vor.

ROSA *(dreht sich nicht um)* Es ist nicht das erstemal.

LUCA Bitte?

ROSA *(flüstert)* Es ist nicht das erstemal.

LUCA Wir drei, meine ich. Es ist das erstemal, daß wir uns gleichzeitig begegnen.

ROSA Wir sind uns schon vorher begegnet.

LUCA Aha ... Wo denn? *(Aggressiv zu Eric)* Setz dich hin, beweg dich, mach was! *(In einem anderen Ton)* Daran erinnere ich mich nicht. Wo denn?

ROSA *(sieht ihn an, dann zum erstenmal auch Eric)* Du bist mein Sohn.

LUCA Bitte? *(Lächelt).*

ROSA Du bist mein Sohn, unser Sohn. Du bist unser Sohn. Du bist Paolo, unser Sohn. Das letztemal gesehen habe ich dich 1973 im Krankenhaus. Du warst sieben. Es war ein Sonntag. Du lagst dort, weil du dir den Fuß gebrochen hattest, und Eric und ich kamen dich besuchen. Es war ein Sonntag. Wir hatten Bücher und Obst mitgebracht ... du hast gern gelesen ... Wir saßen auf der Terrasse. Es war ein Sonntag.

LUCA Das haben Sie schon gesagt.

ROSA Da habe ich dich zum letztenmal gesehen.

LUCA Nein. Nein. *(Lacht.)* Nicht mich.

ROSA Da habe ich dich zum letztenmal gesehen.

LUCA Nein, nein, das war ich nicht. Das kann ich nicht gewesen sein. *(Kurze Pause)* Welches Buch? Welches Buch? Welche Bücher!

ROSA Es ist wahr.

LUCA Was waren das für Bücher?

ROSA Es ist wahr.

ERIC Ja.

LUCA Aha ... *(Kurze Pause)* Und was wollt ihr jetzt machen?

ERIC Ich weiß nicht ... Ich wußte es nicht ... Ich konnte es nicht wissen.

LUCA Das ist keine Entschuldigung ...

ROSA Wie könnt ihr damit leben? ... Wir?

ERIC *(schreit, zum erstenmal)* Ich kann es nicht!

LUCA Und ich? Was soll aus mir werden ... mit solchen Eltern? Es ist nicht wahr ... Ich kann nie wieder anderen Menschen begegnen ... wie kann ich anderen Menschen begegnen und ... von meinen Eltern erzählen.

ERIC Ich wußte nichts ... Wie sollte ich ... wie sollte ich ...

ROSA Nein.

ERIC Er war nur ein Patient ... irgendeiner ...

ROSA Ich kann hier nicht bleiben. *(Setzt sich.)* Ich fühl mich, als hätte ich kein Blut mehr in mir.

LUCA Muß ja gräßlich sein ... Muß ein gräßliches Gefühl sein.

ROSA *(steht wieder auf, sucht, als suche sie nach einer Tür)* Ich geh.

LUCA *(still)* Man kann wohl nirgends hingehen.

ERIC *(für sich)* Ist es ein Verbrechen, wenn man nicht weiß, daß man es begangen hat?

LUCA *(zu Rosa)* Ruhig ... Setz dich wieder hin ...

ERIC Entweder müssen wir ... zusammensein und uns gegenseitig weiterhelfen ... oder einfach gehen ... jeder für sich, und uns nie wiedersehen.

ROSA Mein Mann und mein Sohn ... mein Mann und mein Sohn ... mein Mann und mein Sohn ...

ERIC Ich wußte nicht, was ich tue.

ROSA Mein Mann und mein Sohn, mein Mann und mein Sohn.

ERIC Und du? *(Pause)* Darüber kann man nicht reden ... verstehst du?

ROSA Und was sollen wir machen!

Dunkel.

EPILOG

Eine Zelle für zwei Personen, recht gemütlich; die halbe Zelle nimmt ein Kamerateam ein, das ein Interview vorbereitet. Luca sitzt auf einem Stuhl, lächelt höflich, wirkt demütig, ruhig, ohne stärkere Gefühle, psychisch im reinen. In der Zelle sind Bücher, Toilettengegenstände, Transistorradio, zwei Betten; man sieht ein vergittertes Fenster von normaler Größe – man kann nicht erkennen, was für eine Landschaft draußen ist, doch es wirkt banal, zugebaut. Luca trägt seine eigene Kleidung – Hemd, Hose, Sommerschuhe.
In der Ecke hinter Madeleine Hirsch stehen der Kameramann mit der Videokamera, ein Tontechniker, ein Wärter – alle beherrscht und freundlich. Der Kameramann raucht.

MADELEINE H *(zum Kameramann)* Ja, wenn Sie fertig sind, können wir anfangen.

DER KAMERAMANN Wir auch. *(Kurze Pause)* Nur noch eine Kleinigkeit.

MADELEINE H Okay, danke. *(Zu Luca)* Man muß immer warten. *(Kurze Pause)* Anscheinend sind wir gleich fertig.

LUCA Macht nichts. Ich hab nichts dagegen zu warten.

MADELEINE H Genau das macht man wohl hier?

LUCA So ungefähr … Bin ich blaß?

MADELEINE H *(freundlich* Ja … nein, ich finde nicht … Aber es wäre ja kein Wunder, oder? *(Kurze Pause)* Wir hatten ja nicht sehr viel Sonne diesen Herbst.

LUCA Nein, schade … Aber spielt ja keine Rolle.

DER KAMERAMANN Wenn Sie fertig sind, dann …

MADELEINE H Okay. *(Pudert sich schnell das Gesicht nach.)* Danke, ich bin fertig. *(Zu Luca)* Lassen Sie sich Zeit. *(Lächelt ihm zu – die Kamera läuft.)* Willkommen zu Imago. Wir befinden uns in der rechtspsychiatrischen Klinik der Salpétrière, um mit dem siebenundzwanzigjährigen Luca S zu sprechen, der hier seit einigen Monaten zur Beobachtung ist, nach dem Mord an seinen beiden Eltern, der in den Massenmedien und in der Öffentlichkeit so große Aufmerksamkeit erregt hat. Daß Imago heute ein so erschütterndes Thema aufgreift, das auf den ersten Blick nicht in eine Sendung über Kunst und Kultur zu gehören scheint, beruht darauf, daß der Fall als ein Beispiel dafür angeführt worden ist, daß die Grenzen zwischen Leben und Kunst aufgehoben sind; er hat auch zur Wiederbelebung der alten Diskussion über Authentizität in der Kunst geführt und heftigen Debatten darüber, wie man solche Ereignisse schildern soll – es ist nämlich geplant, einen Film über die Morde zu machen. Hat der Künstler Verantwortung für die Themen, die er wählt, und hat er Verantwortung dafür, welchen Einfluß sein Werk ausübt. Um die Tragödie der Familie S kurz zusammenzufassen: Vor etwa einem Jahr fand man die beiden Eltern des Luca S ermordet in seiner Wohnung im 18. Arrondissement. Schon nach kurzer Zeit fiel der Verdacht auf ihn, er wurde verhaftet und gestand das Verbrechen sofort. Nach der Voruntersuchung wurde er in die rechtspsychiatrische Klinik eingewiesen und wartet jetzt auf den Abschluß der Untersuchung, nach der der Prozeß beginnen wird ... Die Geschichte hat offensichtlich Parallelen zur griechischen Schicksalstragödie. Man hat sie als modernes Ödipus-Drama beschrieben, nicht zuletzt deshalb, weil sich die Beteiligten erst im letzten Augenblick bewußt wurden, in welcher verwandschaftlichen Beziehung sie zueinander standen. Eric und Rosa Sabato, die aus Chile stammten, wurden aufgrund ihrer politischen Aktivität in den sechziger Jahren nach dem Militärputsch gezwungen, ihren kleinen Sohn zurückzulassen, als sie des Landes verwiesen wurden, und wußten nichts über sein weiteres Schicksal. Der Sohn wuchs in einem Kinderheim auf. Zwanzig Jahre später kam es zur Wiedervereinigung der drei in Paris, eine Begegnung mit furchtbaren Konsequenzen. Gleichzeitig konnten wir dieses Jahr in Paris nicht weniger als sechs Inszenierungen des alten Dramas sehen, historisch und modern interpretiert ... Wir müssen uns fragen, ob das ein Zufall ist. Haben die schrecklichen grausamen Ereignisse, von denen wir umgeben sind – die Vorgänge im ehemaligen Jugoslawien, die Konflikte im Mittleren Osten, die Kriege in Afrika, die Gewalt in den modernen Städten –, dem Menschen die Maske der Zivilisation heruntergerissen? Befinden wir uns tief in einem sozialen Alptraum, und werden wir noch weitere Beispiele von griechischen Tragödien erleben? Ist der Mensch noch immer nicht weiter, muß Generation um Generation das gleiche verhängnisvolle Drama wiederholen, und ist es Aufgabe des Künstlers, dieses in dem Strom unerklärlicher Abläufe zu finden und zu gestalten? *(Wendet sich an Luca.)* Luca ... ist auch Ihnen die Parallele zu dem berühmten griechischen Schicksalsdrama aufgefallen?

LUCA *(lächelnd, im Bewußtsein seiner Schönheit und seiner Position)* Ja, natürlich. Selbstverständlich. Absolut. Auf mehreren Ebenen. Außer, daß ich mich nicht geblendet habe wie Ödipus. Ich wollte mein Schicksal sehen, und meine Opfer ... Ich meine, auf einer anderen Ebene ist ja ganz Südamerika eine einzige kolossale Ödipus-Tragödie mit Bergen von Vaterleichen ... Im Namen sozialer Revolutionen ermorden Söhne und Väter einander ununterbrochen, aber in einem Ausmaß, daß es jede Individualität verliert – es sind kollektive Ödipus-Tragödien. *(Kurze Pause, lächelt wieder.)* Ich meine, was mich betrifft, war das kein Trost. Erst als ich es erfuhr, konnte ich es sehen ... Sogar mein Fuß ... Auch Ödipus hatte einen Klumpfuß.

MADELEINE H Welchen der Morde halten sie für den ... ernsteren? Welcher erschüttert Sie mehr – der Mord an Ihrem Vater oder an Ihrer Mutter?

LUCA *(nach einer kurzen Pause)* Ja ... eine unerwartete Frage ... Alle anderen hat man mir schon gestellt ... Darüber habe ich nicht nachgedacht ... Ich weiß nicht ... Ich kann sie nicht richtig unterscheiden ... Ich kannte ja meinen Vater etwas besser, aber ... seine Mutter zu ermorden ist vielleicht das schwerere Verbrechen ... jedenfalls hier im Gefängnis.

MADELEINE H Können Sie uns etwas sagen darüber, was für Gefühle Sie dem Geschehenen gegenüber haben?

LUCA Nein. *(Pause)* Ich weiß nicht, was man da für Gefühle haben kann.

MADELEINE H Aber ...

LUCA Meinen Sie Reue und so ... Ja. Es ist schwer zu beschreiben. Ich sehe es einfach als ... als Ende von etwas, als Ende einer Kette von Ursachen, die ich nicht beeinflussen konnte, die ich irgendwie nicht verhindern konnte ... als gäbe es keinen anderen Weg ... als würde ich eindringen ins Schicksal meines Lebens.

MADELEINE H Inwiefern?

LUCA Aber so sind vielleicht alle Morde oder ... sehen so aus ... Ich weiß nicht. *(Kurze Pause)* Schwer zu erklären. Es passierte so vieles gleichzeitig. Ich kannte sie ja nicht ... Ja, Eric, meinen Vater – es fällt mir immer noch etwas schwer, ihn «Vater» zu nennen – ihn kannte ich ja, wie gesagt, etwas besser, aber Rosa bin ich nur zweimal begegnet, bevor es passierte ...

MADELEINE H Wie kam es ... warum war sie da? Warum kam sie in Ihre Wohnung?

LUCA Sie suchte mich auf. Sie kam hin. Ich hatte absolut nicht erwartet, daß sie kommen würde. Sie kam einfach hin. Sie folgte mir ... Es war so dumm ... Wenn sie nicht hingekommen wäre, wäre es nie passiert. Ich hatte sie so eine Woche vorher in einer Buchhandlung kennengelernt, ich arbeitete dort als Aushilfe ... Und dann kam sie zu mir nach Hause ...

MADELEINE H Und was passierte dann?

LUCA Sie war sehr nett. *(Kurze Pause)* Ja. Überhaupt keine griechische ... keine griechische Offenbarung.

MADELEINE H Nur eine normale verzweifelte Frau.

LUCA Ja. Genau ... *(Nach einer kurzen Pause)* Nicht am Anfang, aber dann ... Als sie sagte, ich bin ihr Sohn, aber da war Eric schon da, er kam später.

MADELEINE H Sagte sie, sie sei Ihre Mutter?

LUCA Ja, genau. *(Kurze Pause)* Ich war natürlich sehr erregt und ...

MADELEINE H Haben Sie geglaubt, daß es wahr ist, daß sie Ihre Mutter ist?

LUCA Ja. Sofort. Ich weiß nicht, warum, aber ich habe es geglaubt. Ich habe ihr geglaubt. Sobald ich begriffen habe ... Und dann, als Eric ... mein Vater ... reinkam und einen eigenen Schlüssel hatte, war es ja klar ... Da kam's ja heraus ... Obwohl – sie wußte es sicher davor, einen Augenblick davor.

MADELEINE H Was kam heraus?

LUCA Ja ... mit der Beziehung.

MADELEINE H *(nach einer Pause)* Die Beziehung zwischen Ihnen und Ihrem Vater? Die physische Beziehung?

LUCA Ja. *(Kurze Pause)* Ja.

MADELEINE H Sie hatten eine physische Beziehung?

LUCA Ja. *(Kurze Pause)* Ja, sicher.

MADELEINE H Eine Liebesbeziehung?

LUCA Ja ... Ich habe ja mit den Leuten hier, den Psychologen, soviel darüber geredet, aber ich habe nicht ... *(Pause)* Das hatte wohl Ödipus mit seinem Vater nicht?

MADELEINE H Nein ... nein, ich glaube nicht. *(Pause)* Und dann ... was passierte dann?

LUCA Ja ... Wir haben ein bißchen geredet. Und dann habe ich sie umgebracht.

MADELEINE H Wußten Sie, wer sie waren, daß es Ihr Vater und Ihre Mutter waren?

LUCA Ja. *(Kurze Pause)* Genau ... Aber ich hab es nicht deswegen getan, sondern weil ... Ich habe darüber nachgedacht ... ich habe versucht zu überlegen ... ich habe ja über sie gesprochen ... aber ich hab ... ich hab's getan, um ihnen zu helfen.

MADELEINE H Helfen?

LUCA Ja. *(Kurze Pause)* Um es ihnen zu ersparen. So daß sie nicht erleben mußten, was passiert war. Ja, es war ganz natürlich, ich konnte nichts anderes machen – ich konnte nicht sagen okay, tschüß, wir sehen uns nicht mehr ... Ich konnte auch nicht weiterleben wie vorher, aber ich hab es vor allem ihretwegen getan. Zuerst sie. Es war schwer, sie starb nicht so schnell. Dann schnitt das Messer wieder quer über ihren Hals. Und dann war es aus. *(Kurze Pause)* Da hab ich zum erstenmal den Ausdruck «von Ohr zu Ohr» verstanden. *(Er hat Lust zu lachen, läßt es aber.)* Und dann war er an der Reihe. Er sollte es nicht sehen, sehen, wie sie aussah ... Das wollte ich nicht. Es sollte so schnell gehen, daß er es nicht sehen konnte ... Dann starb er auch. *(Kurze Pause)* Und dann, danach, war ich schrecklich müde. Als wäre ich tagelang Auto gefahren, ohne Pause. Ich war schrecklich müde, völlig fertig. Ich bin einfach zusammengeklappt. Ich bin dort eingeschlafen. Ich habe bis zum nächsten Tag geschlafen, bis mittags, dann wachte ich auf und hatte Hunger und ging weg, weil ich was essen mußte ... Und dann bin ich tagelang herumgelaufen, überall, ich weiß nicht, wo ich war und was ich gemacht habe. Ich wollte nicht zurück und sie wiedersehen. Ich wußte ja, was ich getan hatte, aber ich konnte nicht daran denken, ich dachte nicht daran. Es war wie ein Traum, als wäre es jemand anders.

MADELEINE H Und jetzt? *(Kurze Pause)* Was würden Sie ihnen sagen, wenn Sie ihnen heute begegneten?

LUCA Heute? *(Pause)* Ich weiß nicht ... ich weiß nicht ... Was sollte ich sagen?

MADELEINE H Glauben Sie, sie würden Ihnen vergeben?

LUCA Nein ... Ich weiß nicht. *(Pause)* Wenn überhaupt jemand, dann wahrscheinlich sie ... aber ... ich weiß nicht.

MADELEINE H *(nach einer langen Pause)* Danke. *(Kurze Pause, wendet sich dann zum Kameramann, nickt, er nickt zurück.)*

LUCA *(bricht das Schweigen)* Ist es gut geworden? War es okay?

MADELEINE H Ja, ich glaube ... Ich glaube, es war gut. *(Kurze Pause)* Wissen Sie, wann die Dreharbeiten zu dem Film anfangen?

LUCA Im Mai, glaub ich ... Aber sie wollen ein paar Sachen bei der Begegnung zwischen Rosa und mir ändern – sie in ein Café verlegen. Sie soll mich sehen, wenn ich auf einem großen alten Motorrad ankomme, ich soll einen dunklen Anzug anhaben, Smokinghemd und so, weil ich in einem Restaurant arbeite, und sie soll rauskommen, und es soll was zwischen uns sein. An dem Abend, wo wir uns begegnen, soll ich im Krankenhaus gewesen sein, bei einer Obduktion ... und danach soll ich mit dem Motorrad in Paris herumfahren, aber ich habe ihnen gesagt, sie sollen es erzählen, wie es war, ich will, daß es ist, wie es war, ich will nicht, daß sie etwas ändern.

Das Interview ist beendet, die Scheinwerfer sind erloschen, die Crew packt zusammen. Madeleine H zündet eine Zigarette an, zieht kaum daran, legt sie weg.

MADELEINE H Eines verstehe ich nicht ganz bei der ganzen Sache.

LUCA Ja? Und was?

MADELEINE H Das andere ist erschreckend, man kann es aber immerhin begreifen ... aber ich bin selber Kind eines Analytikers ... und ich verstehe nicht – würde ein Analytiker seinen eigenen Sohn wirklich nicht wiedererkennen, auch wenn sie sich zwanzig Jahre nicht gesehen hätten?

LUCA Nein.

MADELEINE H Würde er nicht wissen, daß er seinen eigenen Sohn behandelt?

LUCA Natürlich wußte er es. *(Pause)* Er hat es gewußt.

EINE ART HADES

[ETT SORTS HADES]

Deutsch von
Angelika Gundlach

PERSONEN

HENRIK
MARIE
JULIA
AXEL
BEN
DANNE
JANE
JONNY
DER ARZT
ULF
MICKE
ERIK
MORGAN
BERTIL
KALLE
1. POLIZIST
2. POLIZIST
DIE FRAU
GRETA
JOHAN
DER MANN

DER GRIECHE
DER ROMANCIER
DIE BOSNIERIN
EDDIE
MANUEL
SARA
DER MANN MIT DEM KREUZ
PFLEGERIN
MANN MIT STREICHHOLZSCHACHTEL
ÄLTERE FRAU MIT PLASTIKTÜTEN
EIN MANN
EIN ALTER, ABGEARBEITETER MANN
EIN MANN
DR. AZIZ
JUNGE
MÄDCHEN
ÄLTERER MANN
EIN JUNGER MANN
EINE FRAU IM KORRIDOR
KLEINES MÄDCHEN
JAKOB

ERSTER AKT

ERSTER TEIL

Ein sehr großer, beinahe leerer Raum, jetzt in absolutem Dunkel. Marie liegt auf dem Tisch, eine Decke über sich. Julias Kleider hängen über einem Stuhl.
Auf dem Tisch liegt ein nacktes Herz, das schlägt und schlägt, bis es aufhört zu schlagen.
Kalle sitzt vor dem Raucherzimmer. Jonny kommt mit dem Teewagen.

AXEL *(dreiundsechzig bis fünfundsechzig, früherer Studienrat in Griechisch und Latein, geht ins Raucherzimmer, wo Ben schon sitzt.)* Guten Morgen, sollte man wohl sagen ... Du bist schon auf?

BEN *(klein, ziemlich dick, ebenfalls um die dreiundsechzig, sieht aus wie ein alter kleiner Junge, mit lockigem Haar; hat vor, aufzustehen, will gehen; wendet sich von Axel ab.)* Ja ... Ich bin etwas früher aufgestanden. *(Schaukelt leicht vor und zurück, trampelt unruhig mit den Füßen.)*

AXEL Aha. Ich wach auf, wenn ich eine Zigarette will ... Die kommen sicher bald mit diesem Wagen.

BEN Ja, ist sicher gleich hier ... Jeden Augenblick ... Ist ja gleich sieben.

AXEL Plötzlich ist er da. Hab ich mich angezogen? Ja, hab ich. Alles pünktlich wie in Rußland.

BEN Ich warte auf Kaffee.

AXEL Ja, worauf warte ich. Gibt es hier keinen Geistlichen? *(Knöpft sein Jackett auf, nimmt ein zerknittertes Päckchen Zigaretten heraus und eine Schachtel Streichhölzer.)* Ich hab wohl nichts, worauf ich warte, ich auch nicht... oder ich auch ... Wenn ich aufwach, denke ich, ich muß zur Schule.

BEN Nein. *(Saugt an einem Zahn, preßt die Zunge daran.)*

AXEL Ich auch nicht ... War die Nacht – wie sagen die immer? – sanft und gut? Stimmt irgendwas nicht?

BEN Fünf vor neun. *(Hustet bellend.)* Ich muß sie bitten, daß sie mir was Stärkeres geben. Das was ich kriege, reicht nicht mehr.

AXEL Das wäre wohl nicht zuviel verlangt heutzutage, wo die Seele zu Chemie geworden ist. *(Befühlt die Knopflöcher.)* Ein starkes Stück, wie ausgeweitet diese Knopflöcher sind. Bald halten nicht mal mehr die Knöpfe. Weil man so wohlerzogen ist. Jedesmal, wenn man sich setzt, knöpft man das Jackett auf und knöpft es wieder zu, wenn man aufsteht oder geht – aber nie, wenn man sitzt, das sieht lächerlich unbequem aus. *(Zündet sich eine Zigarette an, raucht gierig mit kurzen, nervösen Zügen.)* Gott ja ... Jetzt ist man wieder man selbst. *(Kurze Pause)* Man spürt, wie sich ein göttliches Lächeln heilend im ganzen Körper ausbreitet. *(Kurze Pause)* Ich empfinde den gleichen Frieden wie eine Mutter, die ihr Kind an die Brust legt. Das ist meine einzige wirkliche Freude ... und Erholung ... die einzige, die überdauert hat jedenfalls ... Was würde man ohne sie anfangen? Ich möchte sie beinah als sakrale Kraft bezeichnen. *(Lächelt)* Wenn ich mich entscheiden müßte, zwischen der Zigarette und Gott, fiele mir die Wahl nicht schwer.

KALLE *(angestellt bei der Altenhilfe, bekam Nierenbeckenentzündung und wurde schwer krank, erlitt beinahe eine Blutvergiftung und geriet danach in eine psychische Krise – sitzt in einem Sessel links, schweigend und still im ganzen ersten Teil des Ersten Aktes, und weint manchmal, ohne daß sich sein Gesichtsausdruck verändert. Kalle weint.)*

AXEL *(inhaliert Rauch)* Nicht nur, daß es ein Genuß ist. Es soll einem auch das Leben verkürzen ... Und Hitler hat nicht geraucht. Ich sage, Hitler hat nicht geraucht und mochte keine Juden. Stalin auch nicht ... Ich bin davon überzeugt, hätten beide zwischen zwanzig und dreißig Zigaretten am Tag geraucht, wären uns Auschwitz und Gulag erspart geblieben ... uns, die wir nicht dort waren. *(Pause)* Ich weiß jedenfalls, hätte ich bei dem Terror in den Pausen nicht nach einer Zigarette greifen können, hätte ich in meinen vergeudeten Jahren als Studienrat aller Wahrscheinlichkeit nach eine große Anzahl meiner Schüler oder mich selbst gemordet. Vermutlich mich selbst ... Wir alle brauchen etwas, das uns nach unten zieht. Was hast du, was zieht dich nach unten? *(Pause)* Der Schnaps?

BEN Ja ... Vielleicht ... in mäßigen Mengen – zur Entspannung.

AXEL Zur Entspannung? Was meinst du damit? Du bist doch nicht pädophil?

BEN Ja ... Früher vielleicht ... Jetzt lese ich nicht mehr soviel. *(Pause)* Ich dachte, du hast mich gefragt, ob ich lese ... ob ich gern lese.

AXEL Das hab ich nicht gefragt.

BEN Und ich seh auch nicht soviel fern, es sei denn, es ist ein alter schwedischer Film.

AXEL *(intensiv)* Gibt doch immer nur Naturfilme, stimmt's! Jäger, die sagen, sie lieben Tiere, und dann erschießen sie sie. Und dann versuchen sie, ihre Motive zu erklären. Wie wenn ein Pädophiler sagt: Ich liebe Kinder.

JULIA *(dreht das Wasser ab, steht völlig still, hat noch immer die Augen geschlossen. Geht dann zur Pritsche, nimmt die Kleider, die dort liegen – ein Paar Herrenunterhosen, Herrenstrümpfe und ein Hemd.)*

BEN Er bekam Nierenbeckenentzündung, und das hätte zur Blutvergiftung führen können. Sie dachten, es wäre Grippe, und schickten ihn nach Hause. Er hätte sterben können, wäre ihm nicht geholfen worden. *(Nickt Kalle zu.)*

AXEL Und wurde ihm geholfen? Dostojevskij mochte Kinder. *(Pause)* Ruhig und still heute ... Sind nur noch wir auf der Welt? Sind wir die einzigen, die noch auf der Welt sind?

BEN Es ist Sonntag. Heute ist Sonntag.

AXEL Und Frühstück gibt's noch nicht. Früher konnte ich mit der ersten Zigarette warten bis nach dem Frühstück, jetzt rauche ich die ganze Nacht!

BEN Viele fahren nach Hause ... viele sind zu Hause ... die ein Zuhause haben, wo sie hinfahren können.

AXEL Wozu auch immer das gut sein soll. *(Kurze Pause)* Dadurch geht es ihnen nicht besser. Eher im Gegenteil. Die meisten sind in einem viel schlechteren Zustand, wenn sie zurückkommen ... Als kämen sie aus der Hölle zurück zur Erde.

BEN Ja.

AXEL Schwer zu sagen, was schlimmer ist. Antigone erhängt sich mit dem Seil, das sie aus ihrem Schleier gemacht hat. Das passiert jetzt. Es passiert ständig.

BEN Ja, aber glücklicherweise gibt es ja ... gibt es ja so was wie hier.

AXEL Findest du?

BEN Ich glaube schon. Ja, wirklich.

AXEL Glaubst du nicht, daß es früher besser war, als sich die Mönche darum gekümmert haben?

MARIE *(zwischen einundzwanzig und dreiundzwanzig, liegt auf dem Bett und guckt auf die Gegenstände im Raum, die Plastikbehälter, die Plastikflaschen, Hygieneartikel, Sessel, Wandlampen. Sie trägt Jogginghosen, dunkle Jacke, Socken – unter dem Bett steht ein Paar dunkle alte Reebokstiefel, Citymodell. Auf dem Nachttisch – wenn es einen gibt – liegen ein kaputter Walkman, zusammengehalten mit Klebeband, ein paar Bänder und ein Buch, das sie nicht liest. Es ist noch immer dunkel im Raum. Man weiß nicht, ist es später Nachmittag, Abend oder Morgen.)*

HENRIK *(um die fünfzig, zweiundfünfzig – ein gewöhnlicher Mensch, vielleicht Lehrer, Ingenieur, Bankangestellter –, voller Angst, arbeitslos zu werden – gewöhnliche Hose und Jackett, graues Hemd, Schlips, kurzgeschnittenes Haar, adrett, blaß, müde – ließ sich von der Mutter seiner Tochter vor langer Zeit scheiden, hat eine neue Familie, eine Tochter, die vierzehn, fünfzehn ist, einen Sohn von acht Jahren, der gern Eishockey spielt. Er betritt den Raum, vorsichtig, trägt eine Plastiktüte, mit Shampoo, Obst, Blumen, öffnet die Tür – wenn es eine Tür gibt –, tritt ein, sieht sie an, sagt leise, beinah flüsternd)* Hallo ... Ich bin's.

MARIE *(reagiert langsam, sieht ihn nicht an)* Hallo.

HENRIK Darf ich reinkommen? *(Pause)* Schläfst du? *Etwas längere Pause)* Wie? *(Pause)* Bist du müde? *(Kommt weiter in den Raum.)* War schwer, herzufinden ... Ich hab mich verlaufen. *(Kommt noch weiter herein.)* Hallo, Marie. *(Dann eine Pause)* Wie geht es dir? *(Pause)* Bist du müde?

AXEL Kriegst du heute Besuch?

BEN *(während sich ein schwacher innerer Schatten über ihn legt)* Ich? Nein ... Mich besucht keiner mehr, jetzt, wo Mama tot ist ... obwohl, sie ist ja auch nicht gekommen, als sie noch lebte. *(Pause)* Ich wollte nicht, daß sie mich hier sieht ... Ich hab immer gesagt, ich bin auf Dienstreise ... Und dann hab ich ihr Souvenirs gekauft ... Teller und so was in Antiquitätengeschäften, aus verschiedenen Ländern.

AXEL Du hast doch drei Söhne, die dich besuchen könnten.

BEN Sie hat sich nicht wohlgefühlt in Schweden. Sie ist 1937 aus Ostdeutschland gekommen, gehörte damals zu Polen. Ich glaube, jetzt ist es wieder Polen. Sie hatte Glück. Als sie älter war, lebte sie sozusagen mehr in der Vergangenheit als hier. Die haben an ihre eigenen Angelegenheiten zu denken ... sie sind verheiratet und arbeiten viel ... um mithalten zu können. *(Kurze Pause)* Es ist Jahre her, daß ich sie gesehen habe ... meine Söhne, meine ich. Sie haben alle eine kaufmännische Einstellung.

AXEL Ich hab Glück, denn ich bin der letzte. Ich bin glücklich, daß ich der letzte bin ... ich bin der letzte meiner Art. Und daß all das hier mit mir aufhört ... Mein verdammter Vater lebt zwar noch, falls man das Leben nennen kann. Er ist fast neunzig und völlig klar und gemein im Kopf ... und ich fühl mich noch so, als würde von mir erwartet, daß ich die Hosen runterziehe und mich mit dem Gürtel verprügeln lasse, wenn ich ihm begegne ... obwohl er nicht allein essen kann und die Hälfte aufs Lätzchen geht ... Und bei ihm hab ich mich nie getraut, ein Wort zu sagen, wer ich bin ... aus Rücksicht auf ihn ... Er war Polizist, war in den Fünfzigern, während des kalten Krieges, bei der Säpo, brachte das mit nach Hause ... Ich glaube, Mama wußte es ... wollte es aber nicht wahrhaben.

BEN Sie war so schön.

AXEL Meine Mutter?

BEN Nein, meine. Sie war so schön.

AXEL Ja, meine war wie ich. Schweden ist ein interessantes Land, stimmt's?

DER WANDERNDE GRIECHE *(geht vorbei. Er trägt einen weiten schwarzen Mantel mit einer gewöhnlichen Schnur um die Mitte, große Stiefel, zerlumpte Kleidung, alles ist schmutzig und verschlissen, und er trägt große übelriechende Plastiktüten und Taschen, die er niemals abstellt. Er durchsucht sie unaufhörlich und packt sie um, zählt und sortiert seine Habseligkeiten, findet manchmal nicht, was er sucht, glaubt, es ist verlorengegangen, wird von Panik ergriffen, muß von vorn anfangen etc.)*

Von Jonny wird der Teewagen hereingefahren.

AXEL Aha, jetzt geht das wieder mit dieser verdammten ewigen Wanderung los ... Wir gehen und gehen. Wann wird das aufhören. Nicht mal im Grab findet man Ruhe ... Schön, daß man wenigstens nicht um Kinder trauern muß, die einen vergessen. *(Kurze Pause)* Scheußliches Wetter, nicht? Ich fahr vielleicht nur runter zum Kiosk und komm dann zurück. Man fühlt sich wie Ovid, mit drei Monate alten Zeitungen nach Tomis verbannt ... unter Barbaren ... Hat es geschneit?

BEN Ich weiß nicht. Ich glaube. Es ist so still. *(Kurze Pause)* Ich sollte nach Hause fahren und mich um Mamas Sachen kümmern, aber ich hab noch nicht recht die Kraft – es ist noch so nahe, so, als wäre sie noch warm ... Außerdem fällt es mir etwas schwer, in Schwung zu kommen. Ich hatte hohen Blutdruck, Thrombose und Probleme mit den Beinen. Ich kann in der Wohnung nicht wohnen bleiben. Da gibt es so viele glückliche Erinnerungen. Aber sie ist viel zu groß und zu teuer für mich. Ich hab ja nie allein gewohnt. Als ich mich scheiden ließ, zog ich zurück in mein Elternhaus und wohnte in meinem alten Zimmer und schlief in meinem alten Jugendbett ... ein bißchen schmal und kurz vielleicht, aber ... Das alles nehmen sie mir bald weg, ich kann die Miete nicht bezahlen ... Dann habe ich alles verloren.

AXEL Wie schön ... Ich beneide dich.

MARIE *(ziemlich schnell; sie ist psychotisch, im Augenblick aber ruhig, abwesend, hat starke Medizin bekommen, alles ruht auf Distanz.)* Ich seh mir die Sachen hier an und überlege, was ich mit nach Hause nehmen würde, wenn ich gezwungen wäre, mich für eine zu entscheiden. *(Pause)* Wenn ich gezwungen wäre, eine mitzunehmen ...

HENRIK Nein. *(Sieht sich um.)* Ich weiß nicht, was das sein sollte ... Die Lampe?

MARIE Die ist scheußlich! Die kann ich nicht haben.

HENRIK Ja ... Nein, die ist ziemlich langweilig.

MARIE Die will ich nicht haben. *(Nach einer kurzen Pause)* Die Blumenschale vielleicht ... Für die hat man immer Verwendung.

HENRIK Ja. *(Pause)* Ich hab dir ... Ich hab Shampoo und etwas Obst gekauft, und ... *(Holt heraus, was er gekauft hat, und legt es auf den Nachttisch.)* Soll ich es hierher legen?

MARIE *(wartet, sagt dann)* Danke.

HENRIK Ich leg es hierher. *(Sieht sie an.)* Brauchst du noch was anderes?

MARIE Nein ... Ich brauche nichts ... Ich kriege alles hier. *(Pause)* Wie geht es Lisa?

HENRIK Gut. Sie hat jetzt in der Schule soviel zu tun. Sie büffelt. Sie will ans Adolf Fredrik, aber dann muß sie ihre Punktzahl von 3,8 auf 4,8 steigern, mindestens ... wenn sie eine Chance haben will.

MARIE Sie ist so tüchtig.

HENRIK Es ist schon sehr viel ... in einem Halbjahr.

MARIE Sie ist so hübsch. *(Kurze Pause)* Sie ist einfach hübsch. Dünn.

HENRIK Es wird noch sehr hart für sie ... Ich frag mich, ob sie es schafft ... Wir werden sehen ... wie es wird.

MARIE Ich hab nichts geschafft. Ich war in nichts gut.

HENRIK O doch. Warum sagst du das? Bist du deswegen hier?

MARIE War ich in etwas gut? *(Pause)* In was? *(Pause)* Sag was, worin ich gut war.

HENRIK Ja ... *(Pause)* Im Moment fällt es mir nicht ein, aber ... Ich kann im Moment nicht daran denken. Natürlich nicht ... Ich denke an das, was passiert ist ... Ich kann nicht.

MARIE Weil es nichts gibt.

HENRIK Verstehst du?

MARIE Weil es nichts gibt. Ich war in nichts gut. Ich hatte in allen Fächern furchtbar schlechte Noten. Ich war die Schlechteste. Ich hatte furchtbare Schwierigkeiten in der Schule. Es war die Hölle.

HENRIK Ach so.

MARIE Ich hab nichts begriffen ... Ich hab nicht begriffen, was die sagen. Ich hab nicht begriffen, was die sagen.

HENRIK *(nach einer Pause)* Du hattest Zeichnen gern ... Und Musik.

MARIE Das sind keine Fächer. Das zählt nicht. Ich meine die normalen Fächer. Mathe, Schwedisch, Englisch. Ich hab's nicht geschafft.

HENRIK Nein … Ich war auch nicht so gut in Mathe … Ist doch nicht so schlimm.

Es ist eine gewisse Zeit vergangen. Beide haben Teetassen.

AXEL Jetzt weint er wieder?

BEN Wer?

AXEL Er … schon wieder.

BEN Er arbeitet beim ambulanten Hilfsdienst, mit alten Leuten.

AXEL Das will ich nicht wissen! Das ist mir egal! Ich hab gesagt, er weint.

BEN Ja ja ja. *(Für sich)* Er sammelt alles über Rita Hayworth, die Schauspielerin, die später Alzheimer bekam.

AXEL Wer ist das?

BEN Ja, diese Schauspielerin, die Alzheimer bekam. Du weißt …

AXEL *(verzweifelt)* Nein, eben nicht! Ich weiß absolut nicht, wer das ist – *(Steht auf, geht ab.)*

BEN *(fährt fort)* Er sammelt alles, was ihm in die Finger kommt, wenn es nur um sie geht, Bilder, Zeitungen, Filme, Bücher, alles, was ihm in die Finger kommt … Er sagt, er weiß, daß das etwas kindisch ist, aber sie hat offensichtlich einen so unauslöschlich starken Eindruck auf ihn gemacht, irgendwann in seiner Jugend.

AXEL *(kommt plötzlich zurück, setzt sich)* Tag.

BEN Hallo … Wo warst du?

AXEL Soso, du sitzt hier … Ist lange her … Wie geht's?

BEN Ja … wie vorhin … wie vor ein paar Minuten … Ja, ist kein größerer Unterschied.

AXEL Nein, ich weiß … Ja, ist eine ganze Weile her … Wie ist es dir ergangen?

BEN Wie, was meinst du?

AXEL Was ich meine? Ja, wie es dir ergangen ist, seit wir uns voriges Mal getroffen haben natürlich. *(Bückt sich, klaubt Schmutz, Fäden oder Kies aus den Umschlägen seiner Hose.)* Was sammelt man für eine unerhörte Menge unnötigen Dreck an, einfach, indem man ist. Was ist passiert in deinem Leben?

BEN Wir haben hier doch vor einer Weile miteinander geredet ... wir haben uns vor einer Weile unterhalten ... Du bist einfach rausgegangen und ...

AXEL Was sagst du?

BEN Du bist einfach rausgegangen ... und dann zurückgekommen?

AXEL Was sagst du?

BEN Wir haben hier vor ein paar Minuten gesessen und miteinander geredet ... wir haben uns vor einer Weile unterhalten.

AXEL Was sagst du?

BEN Wir haben miteinander geredet ... vor ein paar Minuten.

AXEL Was haben wir ... du und ich?

BEN Ja ... Wir haben Tee getrunken.

AXEL Du und ich?

BEN Ja, und dann bist du rausgegangen.

AXEL Du und ich? Geredet ...

BEN Ja. Klar haben wir?

AXEL Worüber haben wir geredet?

BEN Worüber wir geredet haben? Ja ... Über ... Ja, über alles mögliche.

AXEL Alles mögliche? *(Kurze Pause)* Ist das möglich?

BEN Ja ...

AXEL Wie zum Beispiel?

BEN Ja ... über ... Erinnerst du dich nicht?

AXEL Dann würd ich wohl nicht fragen! Nein, nein, nein, das kann nicht stimmen, das muß jemand anders gewesen sein, nicht ich ...

BEN Aber du hast von deinem Vater erzählt ...

AXEL Meinem Vater? Vater? Was hab ich? Ich rede nie über ihn. Warum sollte ich mit dir über ihn reden?

BEN Du hast nur gesagt, daß er neunzig ist und in den fünfziger Jahren bei der Säpo war.

AXEL Mein Vater? Das ist völliger Wahnsinn. Mein Vater ist seit dreißig Jahren tot, er starb im April 1964 an Krebs in der Hauptschlagader, in der Aorta, der wichtigsten Blutbahn des Körpers ... und als er obduziert wurde, entdeckte man, daß der

Tumor auch die Lymphe angegriffen hatte … und daß er Studienrat in Latein war … und dann wurde er einbalsamiert, und der Balsamierungszustand dauert höchstens ein bis zwei Monate … also ist von ihm jetzt nichts mehr übrig, jedenfalls nicht so viel, daß es sich lohnen würde, darüber zu reden, definitiv nicht so viel, daß es genug wäre für ein Gesprächsthema.

BEN Du hast gesagt, er war bei der Säpo in den Fünfzigern … im kalten Krieg.

AXEL Warum hätte ich das sagen sollen? *(Lacht.)*

BEN Ich weiß nicht … Ich weiß es wirklich nicht.

AXEL Und was weißt du?

BEN Ich weiß, daß du hier ziemlich lange gesessen und geredet hast, und dann bist du aufgestanden und weggegangen.

AXEL Ich bitte dich … das ist das erstemal, daß ich heute hier bin. Ich war gestern hier, aber nicht heute. Heute bin ich noch nicht hiergewesen. Ich bin jetzt gekommen. Ich bin gerade gekommen. Ich war den ganzen Tag in meinem Zimmer und habe gelesen, und gelesen, und gelesen, und gelesen.

BEN Aha.

AXEL Willst du nicht fragen, was ich lese?

BEN Doch doch, klar … Was liest du?

AXEL Ich glaub nicht, daß ich dir das erzähle … Etwas darf man wohl für sich behalten … Wo warst du übrigens? Warst du verreist?

BEN Nein … Ich kann mir nicht leisten zu verreisen.

AXEL Hast du gegessen? Du hast ja einen recht umfangreichen Kadaver.

BEN Nein.

AXEL Was nein?

BEN Gar nichts … Gar nichts.

AXEL Und was sagen die Ärzte?

BEN Worüber?

AXEL Über deine Krankheit natürlich. *(Kurze Pause)* Das hier ist doch ein Krankenhaus?

BEN Ja.

AXEL Wir sind doch krank?

BEN Jaja … Ja … daß ich mich ausruhen soll.

AXEL Ja, tu das ... Beeil dich.

HENRIK Bist du allein hier in diesem Raum? *(Pause, sieht sie an.)* Ich meine, bist du die einzige hier?

MARIE Nein. *(Kurze Pause)* Noch eine.

HENRIK Aha. Wo ist sie?

MARIE Ich weiß nicht.

Sara geht mit Messern und Gabeln vorbei.

AXEL Ich hab nichts gegen Doktor Aziz, als Iraner betrachtet, er ist weich und angenehm und völlig substanzlos, inkonsistent, aber ich empfinde es als etwas merkwürdig, daß die, gerade die, deren ganze Ausbildung in diesem Land, in Schweden, bezahlt worden ist, es nicht für angemessen halten, in ihre eigenen Länder zurückzukehren, wieviel Wüste es dort auch geben mag, und einen sozialmedizinischen Einsatz zu leisten. Dort braucht man sie wohl dringender – die haben wohl ihre eigenen Geisteskrankheiten. Reichen die nicht?

HENRIK Aha ... Ist sie nett? Wie alt ist sie? *(Pause)* Wie heißt sie?

MARIE Ich weiß nicht.

HENRIK Du weißt nicht? Du weißt nicht, wie sie heißt? *(Pause)* Aha.

MARIE Sie ist aus dem dritten Stock gesprungen, sie wollte sich umbringen, aber sie hat sich nur das Bein gebrochen, und irgendwas ist gesplittert ...

HENRIK Was? Was ist gesplittert?

MARIE Ich weiß nicht ... Das Becken.

Sara deckt den Tisch.

AXEL Ärzte entstellen Wörter. Die können Latein nicht aussprechen – u ist u und nicht ü, und o ist o. Sie sagen te deüm statt te deum – galüm statt galum – cantare statt –

Es liegen Messer und Gabeln auf dem Tisch.

HENRIK Wie schrecklich. *(Pause)* Wie alt ist sie? *(Pause)* Ist sie in deinem Alter?

MARIE Was ist mein Alter?

HENRIK Willst du die Tür offen haben?

SARA *(geht vorbei, sehr langsam, stellt sich ans Schwarze Brett und preßt das Gesicht dagegen, liest den Text unter einer Taube und einem Bild des gekreuzigten Christus – sie hat kurzgeschnittenes, fast geschorenes Haar, ist sehr dünn, schön – schreibt seltsame Gedichte, sehr, sehr abwesend, doch manchmal sieht man ein erschreckendes Bruchstück von Klarheit; atmet wie ein Tier, spricht nicht.)*

AXEL Bald gibt's doch keinen Schweden mehr, der einen anderen Schweden pflegen will.

HENRIK Ja, ist sie jung, mein ich.

MARIE Ich weiß nicht. Ich weiß nicht, wie alt sie ist. Ich weiß gar nichts.

AXEL Nörgle ich? Ja ... Na ja. Manchmal ... Ist bestimmt ein Teil des Krankheitsbildes. *(Lacht trocken, sieht Kalle an, der langsam die Hände ringt und den Mund öffnet, ohne daß ein Laut kommt)*

HENRIK *(still)* Nein. Ich frag ja nur.

MARIE *(etwas heftig)* Ich hab nicht mit ihr geredet. *(Nach einer kurzen Pause)* Sie schläft tagelang. *(Kurze Pause)* Das finde ich gut. Sie ist immer hier ...

HENRIK *(lacht ein wenig, dann)* Wie ... wie geht's dir? Wie sieht es aus?

AXEL Man nörgelt, wenn man in meinem Alter seine Gewohnheiten aufgeben muß ... und wenn man behandelt wird wie Vieh, obwohl man sein Leben lang allein zurechtgekommen ist und unterrichtet hat, Catull und –

MARIE Sie muß Medikamente nehmen, wenn sie aufs Klo will. *(Pause)* Hat sie gesagt.

HENRIK Aha. *(Pause)* Wie fühlst du dich? *(Kurze Pause)* Marie.

MARIE Was?

HENRIK Marie?

MARIE Schlecht. *(Sieht ihn lange an, ohne die Trauer im Blick zu ändern.)*

HENRIK Hallo. *(Kurze Pause)* Bist du da? ... Marie.

MARIE *(nach einer kurzen Pause)* Warum habt ihr mich Marie getauft?

HENRIK *(weiß zunächst nicht, was er antworten soll)* Ja, ich glaube … wir fanden, es ist ein schöner Name. Wir fanden ihn schön … Gefällt er dir nicht? *(Sie reagiert nicht.)* Es ist doch ein hübscher Name? *(Längere Pause)* Hättest du anders heißen wollen?

AXEL Wo war ich? *(Pause)* Was hab ich gesagt?

BEN Catull.

AXEL Catull! Catull, ja! *(Lacht.)* Catull und Homer und Ovid und Horaz, mehr als dreißig Jahre lang – von Horaz stammt übrigens die schmerzliche Aufforderung Carpe diem – der ganze Text ist märchenhaft: Sapias, vina liques et spatio brevi spem longam reseces. Dom loquimur, fugerit invida aetas: carpe diem, quam minimum credula postero … Obwohl – in unserer Lage hier sollte man vielleicht lieber jeden von uns auffordern, die Nacht zu ergreifen, denn nur dann wagt man, die Schwelle der Ohnmacht zu überschreiten … Mein Vater war im großen und ganzen sehr sprachbegabt, das hab ich wohl von ihm, wie auch die Unfähigkeit, in einer großen Anzahl von Sprachen etwas Wesentliches zu sagen, wie auch die Unfähigkeit, vorübergehende oder auch dauerhafte menschliche Kontakte zu knüpfen, und letzte Weihnachten hab ich ihm, als Versöhnungsgeste, «Pu der Bär» geschenkt, auf Latein … Ich dachte, das würde ihm Spaß machen … Hat es nicht. Aber ich will nicht klagen, auch wenn ich's manchmal tu. Ich weiß nicht, wie viele Sprachen er beherrscht … Er macht jetzt einen Kurs in Japanisch. Er hat nicht vor zu sterben. *(Sieht den Griechen an, der zurückkommt und vorbeigeht.)* Der treibt's wirklich auf die Spitze mit dem Dreck. Jetzt rauch ich noch eine Zigarette. Ich hab in Griechenland, dem Griechenland der Literatur, soviel Wunderbares erlebt. Ich kann es nicht erzählen. *(Wischt sich etwas Geifer aus den Mundwinkeln.)* Oder doch? Der Mensch ist ja eine Mischung aus Fleisch und Geist. Griechenland ist meine zweite Heimat, vielleicht meine erste. Ist ja auch so billig und leicht zu reisen, heutzutage. Als ich letztes Mal da war, hatte ich einen Fischerjungen, so einen, der die Liegestühle am Strand aufstellt, da traf ich ihn an einem frühen Morgen, und er ging mit mir gegen eine kleine, geringe Vergütung rauf zu den Pinien, und da, im Schatten eines kaputten Plastikbootes voller Plastiktüten und zerschlagener Flaschen, genoß ich ihn auf eine Art und Weise, die hierzulande nicht möglich wäre ... aber davon erzähl ich ein andermal ... wie der Samen auf den sonnenverbrannten Bauch fiel ... wie ein Kind kotzt.

HENRIK *(seufzt)* Hast du mit einem Arzt reden können? *(Pause)* Kannst du nicht antworten?

MARIE Hat Mama dich nicht angerufen?

HENRIK Ja, doch ... Klar hat sie. Sie hat gestern angerufen.

MARIE Ich hab gesagt, sie soll nicht anrufen. Ich hab gesagt, sie darf dich nicht anrufen.

HENRIK Klar hat sie mich angerufen. Ich bin schließlich dein Vater! Ich hab ein Recht zu erfahren, was passiert ist ... Das verstehst du doch! Ich bin dein Vater! *(Pause)* Oder? *(Pause)* Wen sollte sie sonst anrufen? *(Pause)* Was ist denn passiert? *(Kurze Pause)* Warum wolltest du nicht, daß sie mich anruft? *(Pause)* Warum? *(Kurze Pause)* Antworte. *(Pause)* Ich bitte dich.

MARIE Du wirst nur sauer.

HENRIK Nein ... bestimmt nicht.

MARIE Bist du sauer?

HENRIK Nein, ich bin nicht sauer.

MARIE Bestimmt nicht?

HENRIK Ich bin nicht sauer ... Ich mach mir Sorgen ...

MARIE Du klingst sauer.

HENRIK Ich mach mir Sorgen, ich mach mir große Sorgen ... Begreifst du das nicht?

MARIE *(trocken)* Nein.

AXEL Wir sollten uns davor hüten, Opfer einer rassistischen Arroganz zu werden. Die ihren Ursprung darin hat, daß sie uns so tief verachten ... Ich spreche natürlich ein schöneres, grammatikalisch korrekteres Griechisch als die meisten Griechen. Ich hab ja, Gott steh mir bei, fast fünfundvierzig fürchterliche Jahre lang sowohl Griechisch als auch Latein unterrichtet – zu absolut keinem Nutzen die identisch gleichen Tage meines Lebens mit dem Versuch vergeudet, total desinteressierten und unwilligen jungen Menschen einen schwachen Begriff von der Kathedrale der Sprache, vom Griechischen und vom Lateinischen zu vermitteln, meinen Samen auf dem Fels vergossen, wenn du so willst, und jetzt ist es im großen und ganzen vorbei ... ich meine, ich mache ja trotzdem weiter und unterrichte mich selbst, nachdem alle anderen den Schauplatz, das Leben – nenn es, wie du willst – verlassen haben ... Unsere Mühen schreiben wir ins Wasser. Unser Leben schreiben wir ins Wasser ... Und das einzige, was mir das gegeben hat, ist eine periodische Migräne. *(Kurze Pause)* Unser Leben schreiben wir in Wasser ... das nicht fließt ... Ich war kein hervorragender Pädagoge. Dafür habe ich mein Fach zu sehr geliebt.

MARIE Hat sie erzählt, was passiert ist?

AXEL Was sagt sie?

HENRIK Sie hat erzählt, daß du hier bist, sie sagte, du bist hier ... und ich will wissen, warum.

MARIE Hat sie gesagt, daß ich massenhaft Schlaftabletten genommen habe?

HENRIK Ja, sie sagte, sie hat dich auf der Toilette gefunden ... Gestern ...

MARIE Daß ich versucht habe, Selbstmord zu machen?

HENRIK Hast du das? *(Pause)* Hast du versucht, Selbstmord zu begehen? *(Kurze Pause)* Warum denn ... Warum, warum hast du das gemacht?

MARIE Ich hab sie rausgekotzt.

HENRIK Aber ... Warum hast du das gemacht? *(Pause)* Warum?

MARIE *(leicht)* Ich wollte sterben.

HENRIK Das willst du doch gar nicht ... Rede nicht so.

MARIE Ich will auf jeden Fall nicht mehr leben.

HENRIK Ich hab letzten Monat mehrere Male angerufen, aber es ist nie jemand drangegangen, ihr geht nicht dran ... oder es kommt tagelang das Besetztzeichen, weil du den Hörer daneben legst ... Und da hab ich mir gedacht, du willst deine Ruhe haben ... Du rufst an, wenn du reden willst. *(Kurze Pause)* Oder? *(Kurze Pause)* Warum bist du nicht drangegangen?

MARIE Wie lange bleibst du?

HENRIK Was? Wie lange ich bleibe? Ich weiß nicht ... Eine Weile.

MARIE Ich bin müde. *(Pause)* Ich bin müde.

AXEL Ich war nicht charismatisch genug, um ihre Aufmerksamkeit zu erregen – ja, ihre sadistische infernalische Aufmerksamkeit ... Sie sind ja einzigartig grausam, wenn sie so ewig jung sind. Kein antiker Gott hätte sich so rücksichtslos aufführen können wie ein junger Mensch, wenn er sich wirklich anstrengt – kein antiker Gott hätte sich eine so sinnreiche Bosheit ausdenken können wie ein junger Mensch, wenn er sich anstrengt. Sie denken, sie werden nie der Herrschaft der Zeit und des Todes unterworfen ... sie meinen, ihre Füße sind so leicht und flink, daß sie davonlaufen können aus der Welt, die sie selber schaffen ... Und dazu kommt, daß weder Latein noch Griechisch besonders kommerzielle Waffen sind in der Arena der Marktkräfte unserer Zeit ... Daß man eine unsterbliche Sprache beherrscht, bedeutet auch nicht, daß man davor gefeit ist, Gemeinheiten zu begehen ... Es gibt keine Kultur mehr bei einem Menschen, der sich bedroht fühlt, seiner sozialen Zukunft beraubt zu werden, wie hart sie auch ist ... Ich habe oft gemerkt, daß die Gebildetsten auch die Gemeinsten sind ... Kann man nicht gut sein in etwas Wertvollem, kann man zumindest gut darin sein, am schlechtesten zu sein ... Aber auch da ist die Konkurrenz hart heutzutage ... Aber was kann man schon erwarten bei einer sozialdemokratischen Schul- und Sozialpolitik, der es nach vierzig Jahren eifriger Demontage von geistigen und humanistischen Werten gelungen ist, dieses entsetzliche Getto zu produzieren, in dem wir leben, jetzt, wo die Verlierer die Verlierer fressen ... Würdest du den Aschenbecher rüberschieben? Sicher würdest du.

BEN Verzeihung ... Bitte sehr.

AXEL Danke.

MARIE Ich bin müde.

HENRIK Ja, das versteh ich. *(Pause)* Du darfst so was nicht machen ... Du darfst nicht den Hörer so daneben legen.

MARIE Ich will mit niemand reden.

HENRIK Ich bin nicht irgend jemand. Ich bin dein Vater.

(Pause) Was waren das für Tabletten? Waren sie stark? *(Kurze Pause)* Wie viele hast du genommen?

MARIE *(gleichgültig)* Alle.

HENRIK Und wie viele? Wie viele waren es?

MARIE Ich weiß nicht. Ich hab sie nicht gezählt, ich hab sie geschluckt.

HENRIK Ja ... Warum?

MARIE Was?

HENRIK Warum ... frage ich. Warum hast du das getan?

MARIE *(nach einer langen Pause)* Weißt du das nicht?

HENRIK Nein. *(Sieht sie an, begegnet wieder ihrem starken unerschütterlichen Blick.)* Nein, ich weiß es nicht. *(Kurze Pause)* Ich weiß es wirklich nicht. Also, es kam wie ein Blitz aus heiterem Himmel ... Ich weiß von nichts ... Nein. *(Pause)* Du wirktest so fröhlich und offen in ... als wir uns letztesmal gesehen haben ... Ich weiß gar nichts ... Es wirkte so, als wäre alles gut. *(Hebt ein wenig die Stimme.)* Es war doch wunderschön im Sommer ... auf dem Lande. Oder? *(Kurze Pause)* Ging es uns da nicht gut?

MARIE *(tonlos)* Nein. Mir ging es nie gut.

HENRIK Ach so ... Nicht? *(Müde)* Sag nicht so was. *(Längere Pause)* Nein, es kann ja sein ... wenn du es so empfindest ... Du wirktest jedenfalls fröhlich ... Du und Agneta, ihr wart halbe Nächte auf und habt geredet ... wir haben Musik gehört und Spaziergänge gemacht, es war einfach schön ... Das Wetter hätte etwas besser sein können ... aber ich fand, es war ganz schön.

MARIE Ich hab nur gespielt ... Ich hab gespielt, ich wär fröhlich, seit ich klein war ... Jetzt kann ich nicht mehr spielen.

HENRIK Nein, nein.

MARIE *(etwas lauter)* Jetzt kann ich nicht mehr.

HENRIK Nein.

MARIE Ich kann nicht.

HENRIK Nein. *(Kurze Pause)* Aber ...

MARIE Ich kann nicht. Ich will nicht leben.

HENRIK Ja, mein Gott ... so ein Gefühl kann man manchmal haben, aber –

MARIE Ich hab kein Leben. Du hast es mir genommen.

HENRIK Was! Was meinst du damit?

MARIE Du hast mein Leben zerstört.

HENRIK Was sagst du? *(Unsicher, beunruhigt)* Wie denn das? *(Sie sehen einander an.)* Antworte. *(Nickt, will sie ermuntern.)* Antworte. *(Beugt sich vor.)* Was meinst du damit?

MARIE *(schreit ungehemmt, hysterisch)* Laß mich in Ruhe! Geh!

HENRIK *(still)* Jetzt begreif ich nichts mehr.

MARIE Geh! Ich will dich nicht sehen! Ich will nicht, daß du hier bist! Ich will nicht, daß du herkommst! Es gibt keine Marie mehr! Es hat sie nie gegeben! Du hast ja noch eine Tochter, die reicht ja wohl, mich hast du sowieso nie gern gehabt!

HENRIK *(beruhigend)* Natürlich hab ich das. Ich hab dich immer gern gehabt.

AXEL *(zündet die Zigarette an, raucht)* Ich will dich nicht verfolgen ... Du munterst mich auf. Ich bekomm immer bessere Laune, wenn ich mit dir rede. Du bist immer fröhlich und jovial, zumindest nach außen hin, und das reicht. Benutzen wir das Wort «Getto» zu leichtfertig, siehst du das so? Sollte man bei der Benutzung des schändlichen Wortes vorsichtiger sein, im Hinblick auf seine furchtbaren Konsequenzen für dein Volk? Aber eigentlich stammt es wohl aus Venedig? Wenn mich mein Gedächtnis nicht täuscht, habe ich das vage Gefühl, es hat etwas zu tun mit der Glasherstellung auf Murano, oder etwas Ähnlichem? Korrigiere mich, wenn ich mich irre. Beruht das Fehlen von Abbildungen dessen, in den euer Volk seine Hoffnung setzt, darauf, daß ihr es nicht aushaltet oder nicht wagt, Gott so deutlich zu sehen? Hast du niemals Angst? Wo ist deine Angst? Du kannst dir meine borgen.

BEN Angst? *(Lacht ein Lachen, das voller Angst ist.)* Nnein ... Weiß ich eigentlich nicht, was das ist ... Hab ich, glaub ich, nie gehabt.

AXEL Nicht? Seltsam.

HENRIK Ich denke ständig an dich und frag mich, wie es dir geht, und weiß nicht, wie ich dir helfen kann.

MARIE Ich will nicht, daß du an mich denkst.

HENRIK Ja, aber das tu ich ... das tu ich jedenfalls ... die ganze Zeit.

MARIE Ich will, daß du gehst, und nie mehr hierherkommst.

HENRIK Aber Marie ...

MARIE Geh jetzt. Ich bin müde. Ich will schlafen. Läßt du mich schlafen? Läßt du mich schlafen? *(Wendet sich ab.)*

HENRIK *(sitzt noch eine Weile da, steht dann auf)* Okay ... Ich geh jetzt. Wenn du willst. *(Pause)* Willst du das? *(Pause)* Wie? Hallo ... Du. *(Pause)* Okay ... Ich ruf heut abend an. *(Pause)* Du. *(Pause)* Ich ruf heut abend an.

MARIE Ich geh früh schlafen.

HENRIK Ja, ja ...

MARIE *(still)* Ich will nicht, daß du anrufst.

HENRIK Ja, ich ruf jedenfalls an ... Beruhige dich jetzt.

AXEL Ich dachte, dein ganzes Volk trüge an einer vollkommenen ewigen Angst ... zwischen der göttlichen Berufung und den täglichen Trivialitäten bis ins feinste Gewebe zerrissen zu werden.

BEN Ich gehör wohl zu den wenigen Glücklichen, die mit einer positiven Einstellung beschenkt sind ... nicht alles so schwerzunehmen, vielleicht. Ich weiß nicht.

AXEL Nein. Und trotzdem bist du hier, mitten in der Hölle ... Aber du empfindest doch Schuld?

BEN Nein ... Weswegen?

AXEL Ich dachte, an diesem Gebrechen leiden wir beide?

BEN Jude zu sein?

AXEL Nein, Schuld empfinden, Schuld, Schuld. *(Pause)* Warum befindest du dich sonst hier an diesem elenden Ort?

BEN *(während ihm der Schweiß das Gesicht herunterläuft wie Lampenöl)* Ich weiß nicht ... Ich konnte ganz einfach nicht mehr ...

AXEL Nein, das kann dem Besten passieren. Es ist mir passiert.

BEN Ich konnte nicht mehr ... Alles unter Kontrolle haben ... was man machen muß ... Ich mußte mal ein bißchen raus ... mich ausruhen ... irgendwo.

AXEL Müssen wir alle mal ... Raus aus dem Leben ... bald ist es vorbei. *(Lacht)*

HENRIK Ich ruf heut abend an.

MARIE Du. *(Pause)*

HENRIK Ja?

MARIE Darf ich dich etwas fragen?

HENRIK Sicher ... Was denn? Wonach?

MARIE Hast du einen Aidstest gemacht?

HENRIK Was? *(Lacht ein wenig.)* Ob ich einen Aidstest gemacht habe?

MARIE Ja ... Hast du?

HENRIK Ob ich einen Aidstest gemacht habe?

MARIE Ja?

HENRIK Warum hätt ich das machen sollen?

MARIE Hast du einen gemacht?

HENRIK Nein ... Nein. *(Lacht wieder.)* Warum sollte ich? Ich hab keinen Grund dazu ... Warum fragst du?

MARIE Ich hab Angst ... Kommt soviel in der Zeitung und im Fernsehen darüber ...

HENRIK Sicher ... Eine schreckliche Krankheit ... Entsetzlich ... Die ganze Welt hat wohl schon Aids ... Aber du brauchst dir keine Sorgen zu machen. Ich nicht ... solche Beziehungen hatte ich nicht. *(Kurze Pause)* Jetzt muß ich gehen. *(Geht, bleibt an der Tür stehen.)* Brauchst du irgend etwas? *(Sie antwortet nicht.)*

AXEL Dein Jackett ist zu eng. Komische Farbe. Ich hab ein Sommerhemd an. Ich hab kein anderes. Sicher, es ist furchtbar anstrengend, allein schon Mensch zu sein. Nicht nur, daß man denken muß, Moralbegriffe haben, Essen kaufen und die Monatskarte für den Bus, die Schuhe zum Besohlen bringen, heißt das so, und den Schlüssel nicht vergessen, wenn man aus dem Haus geht; man muß sich auch waschen – Sohlen, Halbsohlen, Absätze –, sich rasieren und die Zähne putzen und sich anziehen und das Lateinische am Leben erhalten, oder das Deutsche ... und versuchen, sich an die Wörter in seiner eigenen Sprache zu erinnern, jeden Tag ... obwohl man kein einziges sinnvolles Motiv dafür feststellen kann, und begreifen, daß Haß Liebe bedeutet oder Mangel an Liebe und daß Liebe die Abwesenheit von Haß ist und auch der haßerfüllteste Schrei ein Ausdruck von Liebe ... Und begreift der, was ich sage, ist der Mensch wirklich derselbe, im Iran wie in Vasastan ... die meisten meiner Schüler wurden abgelenkt von der leisesten Bewegung oder nicht mal dann, wenn vor ihren Augen Menschen in Streifen geschnitten wurden ... Wie sollten sie sich da konzentrieren können, wenn ... Was gibt ihnen die Apologie des Sokrates ... wie sollten sie sich daran freuen, sie würde ihr ganzes Leben verändern ... Leben? ... Es ist so mühsam und sinnlos, wenn sich doch keiner dafür interessiert, wer man ist ... Ich begreife nicht, daß nicht viel mehr Menschen aufgeben und sich nicht mehr bemühen, anständig zu sein ... Ich für mein Teil hab mich nur aufrecht gehalten durch eine unendliche Menge von Routinen, die mich zugleich unten gehalten haben ... Wenn du verstehst ... Der Krieg fängt an, wenn die Routinen aufhören. Wenn wir in der Ordnung, die wir errichtet haben, nicht mehr leben können oder leben dürfen, fängt der Krieg an. Der Krieg fängt an, wenn wir nicht mehr die Kraft haben, anständig zu sein, wenn wir zu lange anständig waren, dann haben wir Sehnsucht, uns die zivilisierte Maske vom furchtbaren Gesicht zu reißen und Blutbäder anzurichten ... Zu sehen, wie das Blutbad anfängt, sein eigenes Leben zu leben ... Ich muß jeden Tag zum beinah gleichen Zeitpunkt exakt das gleiche tun, um nicht verrückt zu werden, wenn auch auf friedliche Weise ... Auf der gleichen Straße zum gleichen tristen Supermarkt gehen und das gleiche frühstücken, das gleiche Buch lesen, mich zum gleichen Zeitpunkt ausziehen, waschen und schlafen gehen und exakt die gleichen Gedanken denken, tagaus, tagein ... und alles muß ich hinlegen und wiederfinden, wo ich es vor fünfundvierzig Jahren hingelegt hab ... um nicht ganz einfach die Struktur der Wirklichkeit zu verlieren ... Sind wir nicht gegenseitige Gestaltungspsychologen, bis in den Tod. Je langweiliger die Beschäftigung, desto interessanter ... Sonst weiß ich nicht, was passieren würde. Bin ich es, der redet? *(Kurze Pause)* Doch, ich weiß, das bin ich. *(Kurze Pause)* Ein Beruf mit Zukunft ist Roboterpsychologe. Der Brandopferaltar, auf dem Abraham Isaak opfern wollte, hat einen Gottesherd, der zwölf mal zwölf Ellen maß, laut Hesekiel. Ich bin der Dildo in deinem Mund. Hircus alarum ist der Schweißgeruch der Achselhöhlen. Ich will Süßigkeiten. Und krieg nur alten Käse. Wie anders alles klingt mit einer überraschend piepsigen Stimme.

ZWEITER TEIL

MARIE *(sieht viel schlechter aus. Sie sitzt auf dem Bett, tut nichts. Sie hat ihr Haar zu einer seltsamen, etwas erschreckenden Frisur aufgesteckt. Sie sieht aus wie ein zerbrechliches Vogeljunges, ihr eigener Schatten. Zusammengekauert. Hat Angst.)*

HENRIK *(kommt in ihr Zimmer, vorsichtig; nickt, lächelt, wartet kurz, tritt dann näher, hat ein paar Geschenke bei sich)* Hallo. Ich bin's. *(Will guter Laune sein.)* Hallohallo. *(Pause)* Wie geht's dir? *(Kurze Pause)* Ich bleib nur einen Augenblick. Komm nur auf einen Sprung in der Mittagspause. *(Geht zu ihr.)* Ich hab dir ein Parfum gekauft – Amarige ... Kennst du das? *(Pause)* Ich weiß nicht, ob es ganz dein Fall ist, aber ... Hallo. *(Nimmt die Schachtel heraus, reicht sie ihr. Sie nimmt sie nicht.)* Hier. *(Stellt sie auf den Tisch.)* Ich stell es hierher ... Du kannst es später aufmachen, wenn du ...

MARIE Was willst du?

HENRIK *(sieht das zweite, leere Bett an)* Ist sie immer noch weg? *(Kurze Pause.)* War Mama hier?

MARIE Nein.

HENRIK Nicht? Sie kommt wohl heute abend? *(Kurze Pause)* Ich konnte gestern nicht weg, eine Sitzung. Aber ich versuch zu kommen, sooft ich kann ... Agneta läßt grüßen, Lisa auch. *(Kurze Pause)* Dich.

MARIE Warum?

HENRIK Warum ... Weil ... weil sie sich Sorgen machen ... sie haben dich gern ... Natürlich.

MARIE Warum kommst du her?

HENRIK Weil ich ... weil ich dir helfen will ... sosehr ich kann.

DIE BOSNIERIN Hallo.

MARIE Ich will keine Hilfe.

DIE BOSNIERIN Hallo.

MARIE Ich will Hilfe zum Sterben.

DIE BOSNIERIN *(Sie ist etwa fünfunddreißig, trägt Krankenhauskleider, ist sehr schön, sehr krank; wurde eingeliefert wegen Psychose*

– spricht erregt, aber leise am Telefon mit ihrem Mann; der Apparat ist an der Wand ein paar Meter links hinter John angebracht, der nichts zu hören scheint – was sie sagt, muß ins Bosnische übersetzt werden.) Du mußt machen, was ich sage, es sind nur noch ein paar Minuten ... Bitte, beeil dich. Halt dich nicht auf mit den Koffern, sie brauchen nichts zum Anziehen, es gibt nichts zum Anziehen, sie brauchen nichts, das können sie später bekommen ... besser, sie sind nackt als tot. Bald sind sie hier ... sie waren hier heut nacht ... Stehst du am Fenster. Geh da weg. Du darfst da nicht stehen. Doch, sie waren hier heute nacht. Ich weiß es. Ich hab sie gesehen. Ich hab sie gehört ... Du warst nicht hier. Warte. *(Hält den Hörer von sich weg und lauscht.)* Ich weiß nicht, ob sie das sind ... Nein, nein, du mußt mir zuhören ... Sag jetzt nichts. Sie machen dir etwas vor, sie sagen das nur, damit ihr nicht flieht, damit ihr dasitzt und wartet, dann haben sie keinen Ärger, die wollen, daß ihr ... Das ist nicht wahr, das sieht nur so aus ... Ich hab gesehen ... bald kommen sie ... sie werden die Kinder ermorden ... Denk jetzt nicht darüber nach! Wer sie sind! Ich weiß, wer sie sind! Sie waren mehrere Male hier, aber sie haben mich nicht gesehen ... Bitte ... red jetzt nicht, ich hab keine Zeit mehr ... Nein, nein, das sollst du nicht ... Dir sind deine Instrumente wichtiger als Asija und Adnan. *(Fängt an zu weinen.)* Bitte, bitte, ich flehe dich an ... nur darum bitte ich dich ... Rede nicht mehr, leg den Hörer auf, rede nicht, geh jetzt, nimm sie mit, beeil dich, aber sei ruhig, damit sie nichts merken, geh einfach ruhig los, als wolltest du ins Geschäft, rede mit ihnen, sag nichts zu den Kindern, und dann gehst du in den Wald, versteck sie im Wald ... oder im Wasser ... aber geh nicht so schnell, sonst wissen sie, was los ist, geh wie immer ... nimm was zum Anziehen mit, und Turnschuhe, die sind am besten, damit kannst du besser laufen ... Sie können jeden Augenblick kommen. Sie sind jetzt hier. Einer von ihnen war heute nacht hier. Er hat mich angeguckt. Er kommt auch heute nacht. Er hat versucht, die Adresse rauszukriegen, aber ich sage nichts. Er sieht aus wie der, der Asija vergewaltigt hat.

MARIE *(die Stimme)* Ich will sterben.

HENRIK *(die Stimme)* Nein, nein, das willst du nicht.

DIE BOSNIERIN Nein. Ich brauche keine Sachen. Ich

muß angezogen sein wie sie. Sonst wissen sie es. Ich sage nichts. Dann wissen sie es. Ich sage nichts. Ich nicke nur. Ich muß jetzt gehen. Ich hab die Fotos in die Tasche getan, die ich auf der Hochzeit hatte. Sie liegt ... Warte. *(Pause)* Ruf nicht mehr an. Ruf nicht mehr an, bevor es vorbei ist. *(Legt auf.)*

HENRIK Nein, nein, das willst ... das willst du nicht. Nein. Nein. Du willst bestimmt wieder glücklich werden ... Das wirst du auch. Ich weiß es. Ich weiß, wie das ist. Stimmt's? Warum sollst du sterben? *(Kurze Pause)* Es wird gut.

MARIE Nein.

HENRIK Doch. Ich weiß es. Du weißt es auch. Vielleicht nicht jetzt, aber. *(Marie sagt nichts.)* Ich sag jetzt nichts mehr ... Hast du gegessen? *(Kurze Pause)* War es gut? *(Pause)* Es ist schön draußen. Wirklich schön heute ... Beinah wie Frühling. Achtzehn, neunzehn Grad vielleicht ... ich weiß nicht. *(Pause)* Wollen wir einen Spaziergang machen ... nur hier im Park? Na?

MARIE *(tonlos)* Nein. Ich will sterben.

HENRIK Wollen wir? Willst du? *(Pause)* Ja, wir bleiben hier. *(Kurze Pause)* Wir können hierbleiben, wenn es ... *(Kurze Pause)* Ich muß bald gehen. *(Seufzt.)* Wollen wir mal sehen, was das ist? *(Nimmt das Paket, öffnet es, nimmt die Flasche, riecht daran, reicht sie ihr, sie nimmt sie nicht.)* Riecht nach nichts. *(Versprüht etwas von dem Duft.)* Doch, ein bißchen ... Willst du ... willst du, nur ein kleines bißchen? Was meinst du? *(Atmet ein.)* Ist es gut? Mild? Gefällt es dir? *(Pause)* Ist es zu süß, oder ... Ich wußte nicht, was ich nehmen sollte ... Ich hab gesagt, es ist für ein junges Mädchen, dunkel ... klein ... Das hier paßt sicher zu ihr, wenn sie dunkel ist ... Aber, ja ... ich weiß nicht. Was sagst du? *(Pause)* Möchtest du noch etwas anderes? *(Kurze Pause)* Meinst du, du möchtest was zum Lesen?

MARIE Die Leute in Sarajewo dürfen sterben.

HENRIK Ein Buch, eine Zeitung ... Keine Zeitung?

MARIE Warum darf ich nicht sterben?

HENRIK Nichts. *(Kurze Pause)* Es ist gut, wenn du liest ... Du kannst Märchen lesen, oder ... einfache Sachen ... Comichefte ... Damit du dich nicht aufregst. *(Längere Pause)* Siehst du fern? ... oder was machst du?

BEN Ich war nie nachlässig bei meiner Arbeit ... Und jetzt, wo ich pensioniert bin, würde ich gern mal ausgehen und irgendwo, wo es nett ist, in aller Ruhe ein Glas Wein trinken und gut essen und vor mich hin meditieren und all die Menschen um mich sehen, die, die gern dort sind, die lieber nicht dort wären, und die, die gar nichts wollen ... Und vielleicht ab und zu verreisen, eine Woche Paris ... Mehr verlange ich nicht vom Leben.

AXEL Mit heiler Haut davonzukommen und sich dann zur Ruhe zu begeben ... Das ist das, was man verlangt und nicht kriegt ... Hast du das nicht begriffen? *(Wischt sich den Geifer von den Mundwinkeln.)* Ich weiß nicht, wo der herkommt.

BEN Ich hab selbst darum gebeten, vorzeitig pensioniert zu werden, man wollte große Veränderungen vornehmen – ich war Hauptarchivar im staatlichen Planungsbüro –, alles auf Computer umstellen, und ich war froh, daß ich mich da nicht einarbeiten mußte, etwas völlig Neues und Fremdes ... Ich glaube nicht, daß ich das geschafft hätte.

AXEL *(raucht, drückt die Zigarette aus)* Das Personal raucht mehr als die sogenannten Patienten. Mir gefällt es nicht, daß sie ihre eigenen Sachen tragen. Man hat nicht das Gefühl, daß den Problemen, die man eventuell hat, mit hinreichend professionellem Respekt begegnet wird, wenn man sie einem juvenilen Sadisten im Addidas-Overall mitteilen soll ... Ich will sie nicht als Privatpersonen betrachten, als Bekannte, deren Umgang ich mir selbst ausgesucht habe ... Ich will sie nicht kennenlernen. Ich will nicht ihre verdammte Empathie! *(Spuckt es aus.)* Ich will mein eigenes Privatleben, meine Idiosynkrasien und meine Normen behalten, und zwar so, wie sie immer waren, auch wenn ich zufällig hier sein sollte!

EIN GANZ NORMALER MANN *(geht mit einem dünnen Stamm vorbei, der aussieht wie ein Kreuz. Eventuell hilft Sara dem Mann.)*

BEN Die wollen wohl, daß wir uns wie Gäste in einem Hotel fühlen ... oder einer Pension.

STIMME EINES KLEINEN MÄDCHENS Mama ist psychisch krank, darum bin ich Papas Frau.

BEN Ich hab mich komisch angezogen zum Ausgehen ... ich wußte das, aber ich hab trotzdem nicht daran gedacht ... Ich hatte Mamas schwarzes Kleid angezogen, ich weiß nicht, wie alt es ist, aber es ist immer noch hübsch und ordentlich, überhaupt nicht verschlissen ... vielleicht ein bißchen in den Achselhöhlen, aber sie hatte es fast nie an, wenn sie ausging, sie ging nie aus, vielleicht am Yom Kippur, die paar Male vielleicht ... Darum bin ich hergekommen ... Als sie starb, wurde sie sehr schnell begraben ... aber ich wollte nicht, daß sie es anhat, wenn sie begraben wird ... ich hab's versteckt, damit die nicht ausgerechnet das nehmen ... es ging so schnell ... die Blätter fielen ... es passierte, als die Blätter fielen ... nur eine nackte alte Frau in einem Sarg ... Sie war mal jung und schön ... und dann ist nur das noch übrig ... in einem Kühlraum anderer toter Körper ... Mutterseelenallein ... Ich glaub nicht daran, daß sie miteinander reden da im Dunkeln, wenn die Tür geschlossen ist.

MARIE Er ist Romancier.

JANE *(im Morgenrock)* Lebt der hier, oder ist er nur zu Besuch? Ist er nur zu Besuch, oder ist er auch hier?

MARIE Er kommt nur zu Besuch ... aber er hat's sehr eilig.

JANE Wenn er kommt?

HENRIK Siehst du fern? *(Marie sieht ihn an.)* Wie? Hältst du das aus?

MARIE Wie?

HENRIK Siehst du fern? Nein, nichts ... Es war nichts. *(Kurze Pause)* Ja. *(Längere Pause)* Du hast das Haar hübsch. *(Kurze Pause, hebt dann die Stimme.)* Du hast das Haar so hübsch ... Dein Haar ist so hübsch.

MARIE Aha.

HENRIK Ja, wirklich ... Sehr, sehr hübsch ... Was hast du gemacht? *(Pause)* Was hast du gemacht?

MARIE Was?

HENRIK Mit deinem Haar ... Was hast du gemacht. *(Lächelt. Sieht sie an, sieht, daß ihre rechte Hand etwas umschlossen hält.)* Hast du etwas in der Hand? *(Pause)* Was hast du in der Hand? *(Stille)* Marie, *(Pause)* Du hältst etwas fest ... Was ist das? *(Pause)* Marie. *(Pause)* Darf ich mal sehen? *(Nimmt ihre Hand.)*

MARIE Nein.

HENRIK Nein, aber ich möchte sehen, was es ist. *(Öffnet die*

Hand, die keine Kraft hat.) Ich will es nur sehen. *(In der Hand hält sie ihre alte, verschrammte Armbanduhr, eine Herrenuhr mit neongrünem Zifferblatt, ohne Armband.)* Ist das deine Uhr? Warum hast du sie hier? Warum hältst du sie fest? *(Kurze Pause)* Hast du kein Armband?

MARIE *(tonlos, unter dem Einfluß der Medikamente, trocken im Mund)* Ich will wissen, welche Zeit es ist.

HENRIK Was sagst du? Ja, das versteh ich, aber du mußt sie doch nicht dauernd festhalten?

MARIE Ich will wissen, welche Zeit es ist.

HENRIK *(seufzt)* Soll ich ein Band kaufen, daß du sie am Arm tragen kannst, dann mußt du sie nicht herumtragen.

MARIE Ich will wissen, welche Zeit es ist.

HENRIK Ja, sicher.

MARIE Ich will sie nicht verlieren.

HENRIK Was sagst du? Du willst sie nicht verlieren? *(Pause)* Ich kann nicht richtig hören, was du sagst.

JANE Was hat dein Großvater mit deiner Mutter gemacht, weswegen deine Mutter mit dir gemacht, was du mit deiner Tochter machen mußt?

MARIE Wie?

JANE Hat er gesagt. Das hat er gesagt. Ich vergesse es nie.

JULIA *(in weißem Kleid, kniet im Park und lehnt den Kopf an eine Eisenbank, weint vielleicht.)*

DANNE *(kommt ins Raucherzimmer – er ist klein, zwischen fünfundvierzig und fünfzig, zittert leicht, sieht äußerst müde und mitgenommen aus, ist ebenso müde wie freundlich; hat schlechte, narbige Haut, hat Schmerzen, vielleicht Probleme mit der Leber, setzt sich still, nickt)*

Servus.

AXEL Morgen, Danne.

DANNE Servus.

JULIA *(die jetzt auf der Parkbank sitzt, knöpft die oberen drei Knöpfe ihres Kleides auf.)*

DANNE Wie steht's? *(Pause)* Wie geht's dir? *(Betont dir)*

AXEL Wie's mir geht? Gut für mein Alter.

DANNE Aha. *(Zündet sich eine Zigarette an, zittert am ganzen Körper.)* Bald Frühstück, ... so 'ne Viertelstunde.

AXEL Willst du keinen Tee?

DANNE Nein ... ich glaube nicht. *(Pause)* Ich trink morgens welchen, wenn ich zu Hause bin.

BEN Ja, ich hab richtigen Hunger. Doktor Aziz sagt –

AXEL Er spricht sieben Sprachen – Französisch Deutsch Englisch Italienisch Spanisch Norwegisch und Schwedisch neben seinem eigenen Persisch, übrigens eine sehr weiche und schöne Sprache, aber er kann nicht eine richtige Diagnose stellen – er behauptet, ich bin manodepressiv und insuffizient –, daß ich aufgrund des enormen Müßiggangs hier leicht depressiv bin, kann ich vielleicht in einem gewissen Maß unterschreiben, aber insuffizient – falls er weiß, was das bedeutet ... bin ich definitiv nicht – ich bin nicht im geringsten insuffizient, in keinem Teil meiner Persönlichkeit ... wenn überhaupt, dann ist der Rest der Welt insuffizient, und ich bin nur eine schwache Spiegelung davon ... Wirke ich insuffizient, daß heißt, sichtlich unfähig, für mich selber zu sorgen, und gefährlich für mich und meine Umgebung ... Welche immer es auch sein mag, ist das nur meine Art, auf einer Höhe mit den Umständen zu sein. Aber wenn ich versuche, mit ihm eine Diskussion darüber einzuleiten, lacht er nur ... und leider ist es wohl so, daß der, der zuerst lacht, auch zuletzt lacht. Wer zuerst lacht, ist auch der, der zuletzt lacht. Wer zuerst lacht, der lacht auch zuletzt.

Die nächste Szene beginnt vom Ton her schon in dieser Szene. Jonny schließt einen Laptop. Im Fernsehen läuft eine Natursendung.

JONNY Dungeons und Dragons sind toll am Anfang ... obwohl ich finde, Internet bringt mehr – liegt vielleicht daran, daß die Anforderungen gestiegen sind ... die Anforderungen an mich selbst.

EINE MÄNNERSTIMME Totaler Schrott.

JONNY Hall of Champions.

AXEL Leider lacht der, der zuerst lacht, auch zuletzt.

JONNY Ja, die Art ... wenn man Anfänger ist ...

Ulf kommt mit einem blauen Seidenviscoseanzug herein.

JONNY Ich mag die Krieger, wenn sie eingefroren in der Hall of Champions liegen, bevor man angefangen hat. Wenn man über sie bestimmt.

BEN Nein, nein ...

DANNE Nicht mehr als die anderen.

AXEL Welche anderen?

BEN Ja, ich nicht.

DANNE Ja, alle anderen.

HENRIK Okay ... Möchtest du eine neue Uhr? *(Marie antwortet nicht.)* Ja, dann weiß ich, was ich kaufe ... was ich dir kaufe. Gut, gut ... Ja. *(Etwas ungeduldig, trommelt leicht mit den Fingern auf den Nachttisch, sieht eine Fotografie an, die sie über ihrem Bett an die Wand gehängt hat.)* Was ist das? *(Sie dreht sich nicht um. Er deutet, er klingt etwas heiterer.)* Die Fotografie? Was ist das für ein Foto? Hast du es aufgehängt? *(Kurze Pause)* Was ist das denn? Ein Rollstuhl ... Ist das ein Rollstuhl ... Hast du das aufgehängt?

MARIE Ja.

HENRIK Aha. *(Pause)* Warum hast du das gemacht? Was soll das? Was soll das sein?

MARIE Ich will ihn dem Doktor zeigen.

HENRIK Ach so. Ah ja.

MARIE Ich will ihn dem Doktor zeigen.

HENRIK So? Ah ja ... Ich hab bald ein Gespräch mit ihm. Ich habe um ein Gespräch mit ihm gebeten. *(Pause)* Ist das der aus ... was war das, Irak, oder Iran, oder was? Weißt du, woher er kommt? *(Kurze Pause)* Er scheint nett zu sein ... Ist aber anscheinend etwas schwierig, einen Termin zusammenzukriegen, an dem ich kann ... Aber ich versuch's ... Findest du ihn gut? Ist er nett? *(Kurze Pause)* Hast du mit ihm geredet? *(Pause)* Warum willst du ihm das zeigen? Was soll das sein? *(Pause)* Das Foto ... Was soll das darstellen?

MARIE Das bin ich.

HENRIK Das bist du?

MARIE Ja. Ich.

HENRIK Ach so. *(Kann ein Lachen nicht unterdrücken.)* Wie? Inwiefern? Inwiefern bist das du? Ist jedenfalls nicht besonders ähnlich ... so aus der Distanz. Ich seh keine Ähnlichkeit.

MARIE Was?

HENRIK Ich seh keine Ähnlichkeit.

MARIE Es ist leer. Da ist niemand.

HENRIK Du bist lustig. *(Kurze Pause)* Du bist lustig.

MARIE Ja.

HENRIK Was? *(Kurze Pause)* Wie kannst du sagen, es ist leer? Das kann doch nicht wahr sein. Du bist erst einundzwanzig ... zweiundzwanzig, du hast noch das ganze Leben vor dir, mit ...

MARIE Ja.

HENRIK Du mußt es nur versuchen.

ULF Ich hab Computerspiele satt – geht zu langsam, ich sitz nur da und warte – aber die besten von allen sind Maxis, japanisch-amerikanisch, die neulich A Train rausgebracht haben. Die haben Ken Karakotsis gebeten, ein Computerspiel übers Leben zu machen, heißt Simlife –

JONNY Das ist der, der mit Biologen, Chemikern und Klimatologen gearbeitet hat ... Ich dachte, du hättest Urlaub.

ULF Yes, I have, ich wollte nur mein Telefon aufladen ... Ich hab ein großes Zimmer in meiner Wohnung, steht nur ein Flugzeugsessel drin, den man justieren kann, und Computer, und ein Bigscreen bedeckt fast die ganze Wand, und manchmal stell ich alles ab, kipp den Stuhl nach hinten und guck die Auflösung auf dem Schirm an – Landschaften, Sterne, Heere, Sprachen, Zusammenbrüche, die Zellen, Städte ... ich weiß nicht, was ... meine Seele, wie sie mal wird. Dann geh ich wieder. Ich will es mit niemand teilen.

JONNY Ich sollte eigentlich nicht hier sein – sondern meine Tochter, ich bin an ihrer Stelle hier, weil sie nicht will, oder weil sie es will – ich sag zu ihr, sie verbrennt sich nur an mir, wie Jeanne d'Arc.

BEN Nein, den Eindruck machst du überhaupt nicht auf mich ...

AXEL Überhaupt?

BEN Ja, machst du nicht.

AXEL Sieh mal an.

JONNY Was ist das da? Entschuldige die Frage.

ULF *(guckt zu seinen nackten Handgelenken hinunter, die zwi-*

schen den Knien hängen; er sitzt leicht vornübergebeugt) Ich hab mich ein bißchen geschnitten, ich wollt fühlen, ob man es fühlt ... wie ich reagieren würde, aber ich hab nicht reagiert, ich fühl keinen Schmerz mehr, ich hab nur gefühlt, ich fühle, daß ich nichts Besonderes fühl.

BEN Er kriegt nächst Woche Vaterschaftsurlaub.

AXEL Logisch, daß er seinen Kindern mehr Fürsorge und Zeit widmet als seinen Patienten.

DANNE *(zitternd)* Dann kommt wohl 'n Neuer. *(Kurze Pause, dann eine Spur lauter)* Dann kommt wohl irgend 'n neuer Idiot.

ULF Es gibt nichts im Internet, was meinen nettesten Alpträumen auch nur nahekommt. *(Lacht laut und schmerzlich.)*

AXEL Nächsten Monat bin ich nicht hier.

ULF Ich lach so laut, und böse.

DANNE Nein. *(Pause)* Nein.

JONNY Ja, was soll man machen.

ULF Ich hab alles ausprobiert, wozu ich gekommen bin, und ich finde, nichts war für meine Destruktionsfähigkeit konsistent oder widerstandsfähig genug ... ich habe keine äußeren Grenzen für meine Fähigkeit zu denken bei mir gefunden ... obwohl ich ja freiwillig Patient bin ... Jesus ist natürlich auch eine Widerspiegelung meines Inneren ...

JANE Das ist Maries Vater und Julias, was soll man sagen.

ULF Das einzige, was eine anhaltendere stimulierende Konsistenz hat, ist meine Fähigkeit, mich da hineinzuversetzen und es zu beherrschen und zu benutzen – ich beschäftige mich ja mit mir, solange ich Interesse und Spaß daran habe ... Ich hätte ebenso gut wie Tessa Tennant in Lacans Seminare gehen können ... ohne das vielleicht, was ich jetzt habe ... und zwar für immer, wenn man diesen verdammten Idioten glauben soll ... Soll man diesen verdammten Idioten glauben?

JANE Nein, er kommt nur zu Besuch, besucht alle beide, aber zu verschiedenen Zeiten, das ist das Komische. Nicht zuerst die eine und dann die andere, sondern an verschiedenen Tagen ... zu unterschiedlichen Gelegenheiten.

ULF Jetzt hab ich gehört, meine Eltern wollen mich besuchen.

GRETA Aber er ist auch Schriftsteller?

ULF Endlich ... dürfen sie sich mal um mich kümmern ... Bis in die Hölle. In ihre.

JANE Ja, aber nicht der Schriftsteller, der hier ist, das ist ein anderer Schriftsteller, sie wirken zwar gleich alt, aber sie schreiben völlig verschieden ... ja, natürlich, sie sind ja nicht dieselbe Person ... Nicht daß ich was von einem von ihnen gelesen hätte, das kann ich so nicht sagen ... Ja, du weißt, was ich meine. Der, der hier ist, schreibt Romane, ich hab seit mehreren Jahren kein Buch gelesen, sie sind ein bißchen trist, glaube ich, nach seinem Aussehen zu urteilen, aber kurz, und er hat ein kleines Buch geschrieben, das heißt «Vernichtung» ... und da ist er reingeraten. *(Lacht.)* Das ist mein Humor. *(Lacht wieder.)* Ich bin so traurig, wenn ich lache. Aber der andere, Maries Vater und Julias, was soll man sagen, sie ist ja noch nicht so lange hier, nur zwei Tage, ich weiß nicht, ob man alles glauben kann, was sie sagt, sie redet soviel, es dauert eine Weile, bis sie die Wahrheit sagen, über sich selbst zumindest ... aber er kommt jedenfalls her und nimmt sie in den Arm, er wirkt lieb, das habe ich gesehen, und sie gehen in ihr Zimmer und sitzen eine Weile da, und er sagt, daß er ihr Mann ist oder es wird ... Er schreibt auch Romane. Am Anfang führen sie sich ja auf, als wären sie Stars, sie können für sich jeden Hintergrund erfinden. Sie wechseln die Leben wie Kleider, sie können anybody sein, sie spielen eine phantastische Rolle nach der anderen, ohne es zu merken ... Aber er hat dieses Stück geschrieben ... Dann werden sie eins zwei drei sie selber ... die Wahrheit ist hart ... dieses Fernsehspiel über einen Krankenpfleger in Lund, ich sag mal Krankenpfleger, oder war es eine Krankenschwester, aber das kann man ja nicht sagen von einem Mann ... der hat einer Menge hilfloser alter Leute Desinfektionsmittel eingeflößt, und die sind bestimmt schrecklich gestorben. Ich hab gelesen, er kam aus

Das Mädchen herein.

JANE dem Gefängnis, als wäre nichts passiert, und wohnt wieder zu Hause bei seinen alten Eltern und radelt in der Stadt herum, als wär nichts ... Und lustig und schrecklich war: Am selben Tag, als ich von den Morden gelesen habe, siebenundzwanzig Leute, glaub ich, hab ich auch in einem kleineren Krankenhaus gearbeitet, als Hilfskraft, ich wollte Geld verdienen, damit ich von zu Hause wegkonnte, und ich weiß noch, daß ich dastand und dieses Mittel, Gevisol, in einem Waschraum eingoß, es roch fürchterlich, weil ich in der Abteilung die Toiletten putzen sollte, es war eine Radiumklinik. Ja, und du, was machst du, wenn du nicht hier bist, ich kann nicht mehr. *(Lacht.)*

GRETA Ich bin Sekretärin.

ULF Was zum Teufel soll ich mit denen machen: in den einen das Messer rammen, in den anderen den Schwanz.

JANE Das fragen die immer die Leute, die hier sind, damit's ein bißchen lustiger wird: Was machst du, wenn du nicht hier bist, dann frage ich immer ... damit es nicht so ernst wirkt, eben ein bißchen leichter. Jaja, du.

GRETA Ja ... Ich arbeite als Sekretärin im ... am Sozialministerium.

JANE Ich bin Ergonomietherapeutin. Und du? *(Zu dem stillen, blassen Mädchen, 17, 18 Jahre, das jetzt in einer Ecke sitzt)*

DAS MÄDCHEN Ich bin Vegetarier.

ULF Und der andere ist vielleicht nicht der, für den du ihn hältst. Diese Schuhe hier haben 2700 Kronen gekostet, aber ich glaub, sie sind zu groß, eine halbe Nummer zuviel, zu groß. Siebeneinhalb, und ich hab sonst nur sieben, ich hab immer sieben, mein ich, aber sie hatten die Größe nicht da von diesen Schuhen. Und ich wollte diese Schuhe. Ich war in Eile. Ich hatte nichts zu tun, aber ich war in Eile. Kennst du das Gefühl? Streck deine Zunge raus.

JONNY Meine Zunge?

ULF Ja, streck sie raus, bitte, ich möcht sie sehen.

JONNY Warum denn?

JANE Ich bin Hausfrau – ich war die letzten, was soll ich sagen, vier Jahre zu Hause. Mein Mann ist Architekt. Sehr, sehr erfolgreich, hat auch viel Geld. Er hat mehrere Bürohäuser für die Nordbank entworfen. Da arbeiten seine Kumpel. Entweder setzt du auf die, die Schweden in die Krise geführt haben, Ingvar

Carlsson und Wibble, oder du setzt auf die, die Schweden aus der Krise herausführen werden, Percy Barnevik und wie sie alle heißen – du mußt dich nur entscheiden, wessen Aktien du kaufst, an wessen Aktien du glaubst. So was sagt er nicht mir. Das sagt er unseren Nachbarn, bei einer Grillparty. Er bindet mich fest an einem Küchenstuhl, nach der Grillparty, bindet mir die Hände hinter die Lehne des Aalto-Stuhls und dann die Beine um die Stuhlbeine, sie sind aus Metall, wahrscheinlich kein Aalto, er hört Walzer, und dann pißt er mir in den Mund. Ekelhaft. Ich war schon früher hier. Ich komm ins Krankenhaus und wieder raus, irgendwie, meistens rein ... wie ein alter Kahn mit Löchern ... Ja, du weißt, was ich meine. Ich glaub, deinen Mann hab ich mal gesehen, von weitem, irgendein Abend. Als er kam oder ging. Das war er doch – er hat dich ein paarmal besucht und wirkt sehr lieb und hält deine Hand?

GRETA Ja ... Das ist er.

JANE Schlank, grauer Anzug. Kurze Haare, kurzgeschnitten ... Er sieht lieb aus. Ist ja auch nicht so leicht, hierherzukommen. Sie wissen nicht, was sie sagen sollen. Sie fragen immer das gleiche, weil sie nicht wissen, was sie fragen sollen. Und die Antworten wollen sie nicht hören.

GRETA Ja.

JANE Oder?

EINE MÄNNERSTIMME Wer bist du?

EINE FRAUENSTIMME Ich bin der Dildo in deinem Mund.

JONNY Warum willst du meine Zunge ansehen?

ULF Sieh meine an.

JONNY Ja, kann ich ja machen. *(Streckt die Zunge raus, ebenso wie Ulf.)*

ULF Ich hab einen Pilz.

GRETA Mit den Kindern ...

HENRIK Du darfst nicht so aufgeben. Denk an uns. *(Kurze Pause)* Das ist nur vorübergehend. Es geht vorbei. Bald geht's dir wieder gut. Ich meine ... alles ist möglich ... Es ist, wie es ist ... Es ist alles möglich ... Es hängt von dir ab, du bist es, die ... auch ... Stimmt's? *(Kurze Pause)* Klar, wenn du dich entscheidest, daß du nicht willst, dann ... daß nichts ist. *(Pause)* Du mußt dich vielleicht nur eine Weile erholen und ... und dann ... eines nach dem anderen. Nur mit der Ruhe. *(Steht auf.)* Du brauchst eine Arbeit, du mußt Leute treffen, etwas erleben, etwas tun ... es gibt so vieles. Stimmt's nicht?

MARIE Was denn?

HENRIK Alles ... *(Pause)* Du hast doch angefangen, dein Abitur nachzumachen ... Ich begreif nicht, warum du ... *(Seufzt.)* Wie kannst du meiner Meinung nach zurechtkommen, wenn du einfach abspringst ... von allem ... sobald es ein paar Schwierigkeiten gibt ... Du kannst nicht einfach ...

MARIE Warum soll ich mein Abitur machen, wenn ich sterbe?

HENRIK Nein, nein, klar ... Aber laß uns jetzt nicht darüber reden. Nicht jetzt. Das Wichtigste ist, daß du wieder Kraft bekommst. Es wird besser, ich weiß es ... ich weiß, es ist schwer ... Ich meine, es ist nicht leicht zu leben, auch wenn man nicht deprimiert ist, für alle ist es manchmal schwer, man kann keinen Schritt mehr ... man will aufgeben, man begreift nicht, warum man weitermachen soll ... Ja, aber so geht es uns allen – nicht nur dir. Glaubst du, ich finde es immer so verdammt lustig, was ich mache, glaubst du nicht, daß es Augenblicke gibt, wo ich mir sage, warum mach ich das hier, das führt doch zu nichts, außer daß ich älter und müder und leerer werde oder was das ist – es ist gar nicht so leicht, etwas Enthusiasmus für Krankheitsfragen und Einsparungen zusammenzukratzen, jetzt, wo die Dinge liegen, wie sie liegen, und man ständig sagen muß, das Geld ist alle, es ist nicht mehr da, es spielt keine Rolle, welche Beschlüsse man faßt und wer sie verwalten soll, alle müssen vom gleichen Defizit ausgehen, und leider schrumpft der Kuchen ... es ist leicht, Politiker zu sein, wenn man Mittel für neue Reformen hat und nur die Geschwindigkeit der Veränderungen zu diskutieren braucht, aber wenn man zu Kürzungen kommen muß, dankt einem niemand, man wird nicht gerade sehr geschätzt, irgendwann ist das Geld alle, und dann muß man für die ganze Scheiße die Verantwortung übernehmen, man ist sozusagen die personifizierte Kürzung, keiner steht gern auf und nimmt defensiv massenhaft

Kritik und Drohungen auf sich ... das einzige, was ich sehe, sind Ziffern und Diagramme, ich fühl mich schon selber wie ein Diagramm, das geradewegs ins Nichts stürzt ... und das einzige, worauf ich noch hoffe, ist, daß ich die Möglichkeit habe, auf die Nominierungsliste für die Reichstagswahl im Herbst '94 zu kommen ... und da muß man sich möglichst bedeckt halten und sozusagen aufflammende Angriffe vermeiden, gleichzeitig aber interessant für die Zukunft sein ... und dann komm ich zumindest in eine andere Umgebung, ich liege zur Zeit ganz gut im Rennen, wenn ich nicht über irgendeine verdammte Leiche stolpere, die die um die Ecke geworfen haben ... wenn ich meine Karten ordentlich spiele ... Ich versuche, mit der Familie soviel zu machen, wie ich kann ... und mit dir auch, Agneta ist ja phantastisch tüchtig, und ich kann mir keine bessere Frau vorstellen ... aber natürlich beschwert sie sich, ich bin nicht einen Abend vor halb elf zu Hause, und ich arbeite fast jedes Wochenende, ich weiß nicht mehr, wann wir zuletzt ein gemeinsames freies Wochenende hatten und was wir da gemacht haben, ich kann mich nicht erinnern ... und sie will ihr Leben wohl anderen Dingen widmen ... ich komm nicht mal dazu, Lisa bei den Hausaufgaben zu helfen ... ich komm nicht mal dazu, darüber nachzudenken, was ich mache – ich hätte es nötig, auf einem Stein in den Schären zu sitzen und nachzudenken, was ich eigentlich mache, was ich will und so. *(Sieht auf die Uhr.)* Aber das wird schon wieder ... Natürlich hat man das Gefühl, daß man nicht unbegrenzt durchhalten kann ... Man kommt auch nicht dazu zu schätzen, was man hat ... Ja, du weißt ... Zunächst war es ja ein Engagement, aber jetzt ist es ... Was ist es jetzt? ... Ich kann nicht mehr machen, als ich schon mache. *(Lacht auf.)* Das ist jedenfalls sicher ... *(Schüttelt den Kopf.)* Aber du wirst wieder glücklich. Ich weiß es ... Du mußt kämpfen ... Es gibt doch Dinge, die du willst ... ich meine, die ganze große Welt ... Es gibt so vieles. Es muß doch sehr, sehr viele Dinge geben, die du machen willst.

MARIE Ich will sterben.

HENRIK Ja.

GRETA Mit den Kindern ... Er war mit den Kindern hier, er

hatte sie mitgebracht, ein Mädchen und einen Jungen, glaub ich, ganz, ganz süß.

JANE Ja.

GRETA Wie alt ist das Mädchen?

JANE Sieben.

GRETA Sieben?

JANE Sie ist im März sieben geworden.

GRETA Geht sie schon zur Schule, oder kommt sie erst in die Schule?

JANE Ja, im Herbst. *(Pause)* Sie will Klavier spielen lernen.

GRETA Wie nett ... Ist dein Mann musikalisch?

JANE Ich glaube nicht. *(Kurze Pause)* Nicht so, daß es stört.

GRETA Meine Tochter ist jetzt vierzehn. Als sie sieben war, hat ihr mein Mann ein Klavier gekauft, damit sie spielen lernt, er mußte das wohl mit sechs, sieben, aber sie wollte nicht, sie fand es langweilig, Klavierspielen ist nicht lustig, wenn man eine Mutter hat, die verrückt ist – Ist meine Schuld, sagt er, sie kann sich auf nichts anderes konzentrieren, Noten zum Beispiel ...

Es wird dunkel. Dann wieder hell. Die Lampen gehen aus und an.

GRETA Ich weiß tatsächlich nicht mehr, ob wir es gekauft haben oder nicht, ich glaube, wir haben es nur gemietet, ich kann mich nämlich nicht erinnern, wo es dann abgeblieben ist, aber so war es mit allem, alles verschwand einfach, Hundewelpen, Kanarienvögel, Fahrräder, Selbstachtung, you name it, ich hab es jahrelang nicht gesehen oder daran gedacht, damals war ich nur traurig, tief deprimiert, ich weiß nicht, warum, und sie kann nicht Klavier spielen.

Jonny geht in den Tagesraum, setzt sich, zieht eine Zeitung zu sich heran, liest, ohne zu sehen.

HENRIK Wie geht's mit den Gedichten? Schreibst du irgendwas? *(Lächelt.)* Ist vielleicht gut, wenn du schreibst. *(Pause)* Hast du was vom Verlag gehört? *(Längere Pause)* Hast du Gedichte eingeschickt? *(Pause)* Hast du eine Antwort bekommen? *(Pause)* Wie?

MARIE Ich werd nie mehr schreiben.

HENRIK Warum denn nicht? *(Pause)* Mir haben sie gefallen. Ich fand sie sehr, sehr schön ... Aber die kriegen sicher massenhaft Gedichte ... du darfst nicht aufgeben. *(Sieht auf die Uhr.)* Ich muß jetzt gehen ... Übrigens ... Wie ist es mit dem Geld? *(Pause)* Brauchst du etwas? *(Nimmt die Brieftasche heraus.)* Ich hab nicht sehr viel. Zweihundert ... Reicht das? *(Kurze Pause)* Du kriegst doch Geld von der Krankenkasse? Aber nimm inzwischen das hier. *(Legt das Geld auf den Nachttisch.)* Ja. Ich treffe mich in einer Stunde mit dieser Nominierungsgruppe ... Die wollen mich über meine Einstellung zur EU ausfragen ... Ich weiß nicht, ob ich eine habe. So ... Okay ... Ich muß jetzt gehen. *(Geht zu ihr.)* Hallo. Bringst du mich raus? *(Längere Pause)* Okay ... Ich ruf heut abend an ... Nur die Ruhe. *(In der Tür)* Ich geh jetzt. *(Pause)* Bis dann.

DRITTER TEIL

JULIA *(setzt sich schnell in den Stuhl des Arztes, ihm gegenüber. Sie ist um die dreißig, vielleicht etwas jünger; schön, schmal, blaß; trägt eine lange dunkelgraue Strickjacke, einen kurzen schwarzen enganliegenden Samtrock, schwarze Strümpfe, Wildlederslipper; hat langes hellbraunes Haar, kleine Brüste; sieht krank und nervös aus, arrogant und hochnäsig. Sie hat sich auf ein Einstellungsgespräch vorbereitet und hat eine Bibel und eine Aktentasche bei sich)* Hallo, bist du der, der versuchen soll, mich zu sozialisieren? Wie heißt du?

DER ARZT Ich heiße Krister Syd.

JULIA Ich bin Julia und die Geister. Du, aber ... bist du nicht furchtbar jung? Wärest du nicht besser Betriebswirt? Bist du nicht viel zu jung, um mit sensiblem Material wie Menschen umzugehen, obwohl – das hier ist ja wohl nur wie eine chemische Werkstatt ... chemische Ingenieurskunst, oder? Du kannst doch nicht älter sein als höchstens siebenundzwanzig oder achtundzwanzig – ich glaube, ich möchte mit jemandem sprechen, der älter und erfahrener ist und einen breiteren humanistischen Hintergrund hat, falls es so jemanden gibt an einem Freitag abend ... Wie alt bist du?

DER ARZT Ich bin vierunddreißig.

JULIA Ja, aber in Schweden passiert ja nicht soviel, ihr kommt nie in Kontakt mit größerem Leiden ... mal ein Seufzer oder eine Träne im Auge, und dann brechen die Leute zusammen, weil man ihnen die Scheckkarten wegnimmt – weißt du, was am größten von allem Leiden ist? – normal bleiben zu wollen, nachdem man verrückt geworden ist – also bist du wohl immer noch unerfahren – hier steht die Zeit ja beinahe still. Wo wurdest du ausgebildet? Wo hast du deine Ausbildung bekommen – kannst du's nicht sagen, schämst du dich? Ich war in Harvard in den USA, vier Jahre lang. Weißt du, was Harvard ist? Ich habe acht Jahre in den USA gelebt. Ich habe Philosophie, Ethik, Literatur, Soziologie und Englisch studiert und zwei Semester Politikwissenschaft. Wie lange, würdest du sagen, hat deine Ausbildung gedauert? *(Pause)* Und wo wurdest du ausgebildet?

DER ARZT Wo ich ausgebildet wurde?

JULIA Ja, irgendwo bestimmt.

DER ARZT Ich wurde ausgebildet am ... unter anderem am Karolinischen Institut. Aber das war ...

JULIA Ja, bestimmt eine ziemlich mittelmäßige Ausbildung. Wer in den USA Arzt werden will, muß fünf Jahre Philosophie und Ethik und allgemeine Geisteswissenschaften studieren. Das muß man hier bestimmt nicht? Die Ausbildung ist wohl ziemlich einseitig, ein paar Semester Anatomie und Chemie und mehr nicht ... ihr überlaßt die Therapie bestimmt Krisengruppen ... aber das paßt doch gut – geht doch Hand in Hand mit der Konzentration von Geldmitteln für die genetische Forschung an ... wie heißt das? Weibulls? Hurra auf die Neunziger! Die neunziger Jahre werden das Jahrzehnt des Gehirns werden. Hast du Molekularbiologie studiert?

DER ARZT Wir wollen jetzt nicht über mich reden.

JULIA Wer entscheidet das?

DER ARZT Na ja, es wäre vielleicht sinnvoll, wenn wir statt dessen ein bißchen über dich reden würden.

JULIA Sinnvoller für wen?

DER ARZT Ja ...

JULIA Jetzt weißt du keine Antwort. Antworte nie auf eine Frage, die nicht gestellt wurde. Hast du «A Chorus of Stones» gelesen?

DER ARZT Du, wir sollten vielleicht ...

JULIA Du ... lies lieber die Bibel. Da steht alles, was man machen muß. Es macht mich sicher fertig, mich auch ... Liebe macht einen fertig ... Man ist fertig, als würde man geliebt von jemandem, den man nicht liebt, obwohl man sagt: Ich liebe dich nicht ... es nützt nichts, er läßt nicht locker ... Jesus läßt nicht locker ... Er macht einen fertig mit seinen Blicken. Die Menschen haben ein furchtbares Geschenk angenommen. Sie können es nicht zurückgeben. Hast du das gewußt? Wo waren wir? Ich werd alles erzählen, aber du sollst nichts erzählen. Ich find es nur unheimlich wichtig für mich, daß ich weiß, wer mich behandeln soll, damit ich nicht irgendeinem Amateur in die Hände falle. Wenn ihr schon mein Gehirn verändern wollt, könnt ihr doch auch gleich die Analfistel wegmachen?

DER ARZT Analfistel? Hast du Probleme mit einer Analfistel?

JULIA Haben doch alle denkbaren Menschen. *(Lacht.)* Darum bin ich hier. Sie übernimmt gerade meine Persönlichkeit. Ich will, daß jemand sie wegmacht, ohne daß es weh tut. Nein, war nur ein Witz. Aber im Ernst – hast du irgendeine primitive Ausbildung in Ethik und Philosophie und Politikwissenschaft genossen? Ich hab Ethik und Philosophie und Politikwissenschaft studiert, acht Jahre lang, und außerdem drei Jahre englische Renaissancedramatik, und ich schreibe an einer Dissertation über Virginia Woolf, aber die kann ich nicht abschließen, solange ich in Schweden bleibe, weil ich mein ganzes Material in den USA habe; darum muß ich so schnell wie möglich zurückfahren, damit ich fertig werde und kein anderer sie mir wegschnappt, dann kann ich weitermachen, ich muß meine Aufenthaltsgenehmigung erneuern, und ich bin schon seit neun Monaten hier, du verstehst also, daß ich keine Zeit hab' hierzusein. Ich war dabei, «Die Wellen» ins Schwedische zu übersetzen, als der Streß losging. Hieß ursprünglich «The Moth», aber sie hat den Titel geändert ... War ein Bild, auf das sie oft zurückkommt, von ihren Brüdern, die im Garten spielen, aber auch die Nachtmotte, die gegen die Lampe fliegt, in die Flamme ... ein Bild, auf das sie immer wieder zurückkommt ... Hast du das Buch gelesen?

DER ARZT Ich meine, du hättest vier Jahre gesagt, du hättest vier Jahre in Harvard studiert ... Jetzt hast du acht gesagt.

JULIA Das kannst du mir glauben, vier Jahre in Harvard und vier Jahre an The New School in New York. Du wirst kaum etwas von ihr gehört haben. Äußerst anspruchsvoll, gilt als eine der besten auf der ganzen Welt – The New School for Social Research, um exakt zu sein, liegt in New York. Ich war in Seminaren von Agnes Heller, um nur einen Namen zu erwähnen, der in deiner Allgemeinbildung fehlt – lüg nicht, sei ehrlich. Sie ist eine der berühmtesten modernen Philosophen Ungarns. Und sie ist oder war Professorin an der New School. Ich hab einen Aufsatz für sie geschrieben, «War and Morality», über die Verhältnisse der jungen amerikanischen Middle-class-Jungens, die mit in Vietnam waren, mein Gott, das ist nicht vergessen wie hier, jetzt kommt langsam alles raus, die sozialen Schäden in der nächsten und übernächsten Generation, im ganzen Staatsapparat, die moralischen Schäden. In Ungarn war sie politische Dissidentin. Ihr Mann ist auch Philosoph, sie mußten ins Exil gehen. Da sie außerdem Jüdin ist, hatte sie allen Grund, über die Ausstoßungsmechanismen der modernen Gesellschaft zu reflektieren, sie unterscheidet sich nicht nennenswert von der unmodernen Gesellschaft. Menschen mit Moral werden ausgestoßen oder eingesperrt – das ist eine Entscheidungsfrage, hängt davon ab, wie weit es zur Außenwelt oder wie gut die Wirtschaft des Landes ist, oder eher, wie stark die Unterdrückung ist. Was man sich immer leisten kann, sind Irrenhäuser und Gefängnisse … Glaubst du, du könntest mich da reinbringen?

EINE STIMME Weiß ich doch nicht.

DER ARZT *(nach einer kurzen Pause)* Dich da reinbringen?

JULIA Jaja.

DER ARZT Wie meinst du das?

JULIA Du hast einen plumpen Versuch gemacht, mich da reinzubringen, durch die Andeutung, ich hätte nicht die Wahrheit gesagt, wie lange ich in den USA studiert habe, stimmt's?

DER ARZT *(nach einer kurzen Pause)* Machen wir weiter?

JULIA Stimmt's? Oder etwa nicht? Werde ich jetzt bestraft? Ist das eine Art, sich den Patienten zu nähern, wenn man erzählt, sie hätten eine mangelhafte Realitätswahrnehmung oder phantasierten einen Lebenshintergrund zusammen? Ja, von mir aus gern. Mach weiter mit dem Verhör. Warum bist du Psychiater oder was du bist?

DER ARZT Ja.

JULIA Ja?

DER ARZT Ja, tatsächlich stell ich hier die Fragen.

JULIA Du lieber Gott, ich bin schon ein braves kleines Mädchen. Damit ich gelobt werde. Wie hattest du dir gedacht, mich zu heilen, oder mich zu erreichen … In den USA betrachtet man Psychiater mehr und mehr als Leute, die gegen hohe Bezahlung Gräber schänden, meistens das Grab des Vaters, denn wie kann der sich wehren, wenn er tot ist ... du setzt ja wohl voraus, daß du denjenigen erreichen mußt, von dem du glaubst, du wirst ihn behandeln, oder kommen nur Medikamente in Frage, okay, wenn du nicht kommunizieren willst, keinen Dialog führen, ich glaube an Fakten, sondern nur Fragen stellen?

DER ARZT Ich hab noch keine Fragen gestellt. *(Lächelt.)*

JULIA Klar, es gibt immer Gewalt. *(Lächelt zurück.)* Freundlichkeit kann auch Gewalt sein, oft. Kannst du die Brille abnehmen?

DER ARZT Bitte?

JULIA Kannst du nicht die Brille abnehmen? Ich kann deine Augen nicht sehen. Sie blendet. Das Licht von der Lampe bricht sich darin. Sobald ich dich angucke, seh ich nichts.

DER ARZT *(ruhig)* Nein ... Das kann ich nicht.

JULIA Ich seh nichts. Zu starke Reflexe. Ich will die Augen sehen, wenn ich mit jemandem rede, sehen, wie er ... nicht daß ich glaube, es gäbe dort was zu sehen, aber trotzdem.

DER ARZT Aber dann seh ich nicht viel. *(Freundlich)* Ich kann die Lampen drehen.

JULIA Das nützt nichts.

DER ARZT So? *(Kurze Pause)* Besser?

JULIA Und durch das Trilaphon seh ich noch schlechter. Ich muß die ganze Zeit blinzeln, als hätt ich Staub in den Augen, aber das nützt nichts. *(Kurze Pause)* Kannst du dich nicht eine Spur weiter nach links setzen, so daß du nicht genau im Licht sitzt? Unheimlich komisches Gefühl, mit jemand zu reden, dem man nicht in die Augen sehen kann.

DER ARZT Wir vergessen das jetzt. *(Kurze Pause)* Ich nehm jetzt nur deinen Namen und deine Adresse auf, und ein paar andere Angaben.

JULIA Das hab ich schon fünfmal angegeben. Meine Mutter hat's. Sie war mit hier. Das find ich unheimlich überflüssig. Ich will einen Arzt sprechen, der was zu sagen hat und mir erzählen kann, wie lange ich hier sein muß. Ich bin freiwillig hier.

DER ARZT Ja ... Du siehst den Stationsarzt am Montag, glaub ich. Ich brauche nur ein paar Angaben für die Aufnahme –

JULIA Ich hab alle Angaben gemacht, die ihr braucht.

DER ARZT Für diese Station ... Können wir das jetzt erledigen? Bist du zum erstenmal auf einer psychiatrischen Station?

JULIA Wenn ich nicht antworte, was passiert dann?

DER ARZT Du machst es dir nur selbst schwer – nur ein paar persönliche Angaben, die du mehrmals am Tag machst, normalerweise –

JULIA Dann kann das doch ein Sekretär machen? Ich will viel lieber mit einem Sekretär reden. Ich bin freiwillig hier, damit meine Mutter sich nicht ängstigen muß.

MICKE *(kommt in den Tagesraum, bleibt stehen. setzt sich, pfeift; er ist blaß, schlank, sieht sehr gut aus, dunkles kurzgeschnittenes Haar, altes, abgetragenes, ehemals weißes T-Shirt, am Hals und in den Achselhöhlen zerrissen, abgetragene dunkle Jeans mit Löchern und Rissen hier und da, Turnschuhe, Converse – bewegt sich ruckartig und beherrscht zugleich, schiebt Gegenstände auf dem Tisch hin und her)* Servus.

JONNY *(der langsam hochgeguckt hat, als Micke hereinkam, und dann wieder in die Zeitung)* Hallo. *(Blickt auf.)* Hallo.

MICKE Aha, du bist's heute?

JONNY Was?

MICKE Du bist's heute.

JONNY Ja ... sicher.

JULIA Warum ist die Tür offen?

DER ARZT Warum sollte sie nicht offen sein?

JULIA Ja ...

DER ARZT *(nach einer kurzen Pause)* Willst du, daß wir sie zumachen?

JULIA Willst du?

DER ARZT Warum nicht? *(Lächelt.)*

JULIA Weil was passieren kann.

DER ARZT Aha ... Was denn? *(Kurze Pause)* Was sollte passieren?

JULIA Du. *(Lacht.)* War nur ein Scherz.

DER ARZT *(Kurze Pause)* Wir können sie doch offenlassen, wenn du willst.

JULIA Ich will nichts. Ich will mit einem Arzt reden, der mir helfen kann.

DER ARZT Ja. *(Kurze Pause)* Du bist also zuerst nach St. Göran gekommen? *(Pause)* War das letzten Freitag?

JULIA Wenn ich hierbleiben soll, muß mein Computer her, da ist mein ganzes Leben drin.

MICKE Den ganzen Tag?

JONNY Was? *(Kurze Pause)* Naja ... bis drei.

EINE MÄNNERSTIMME Ich hab nichts gemacht, keinen Scheißdreck. Bin nur zufällig besoffen.

ERIK *(um die vierzig, ziemlich dick, mittelgroß; schwitzt; trägt ein weißes Hemd, Schlips; rote Augen; hat einen Kater oder ist unglücklich, hat vielleicht geweint)* Nein, ich rauche nicht, ich hab nur gesehen, daß du hier sitzt, und ...

DER ROMANCIER *(der in einer Fensternische sitzt und raucht, hat einen Verband oder ein Pflaster über dem linken Auge; ist um die fünfzig; dünnes, dunkles Haar, schlank, blaß; ein wenig bedrückt; Anzughose, weißes Hemd; der rechte Arm liegt oft auf der linken Schulter; hat die Zigarette im Mund, nimmt sie heraus, bläst Rauch aus; liegt halb auf dem Stuhl)* Ja ... Sicher.

ERIK Man hat ja noch niemand kennengelernt. *(Lange Pause)* Gestern hab ich sicher den ganzen Tag geschlafen ... Hatte keine Ahnung, wo ich war, als ich aufgewacht bin ... Nicht die leiseste Ahnung.

DER ROMANCIER Nein.

ERIK Jetzt weiß ich, wo ich bin. *(Pause)* Bist du auch hier?

DER ROMANCIER Ja ... nur zu Besuch.

ERIK Ah ja. *(Pause)* Ah ja ... Ich hätt dich nicht erkannt, hätt ich dich nicht in der Zeitung gesehen. *(Kurze Pause)* Irgendein Buch, wie?

DER ROMANCIER Ja.

ERIK Du hattest irgendein Buch geschrieben ...

DER ROMANCIER Ja, genau.

ERIK Aber ich weiß nicht mehr, was es war.

Ein fünf-, sechsjähriges Mädchen sitzt in einem großen schwarzen Sessel. Sie ist schwarzgekleidet, trägt T-Shirt, Rock, Turnschuhe, schwarze Decke, hat einen kleinen Vollgummiball bei sich.

MICKE Jaja, du. *(Kurze Pause)* Hast du dann frei?

JONNY Ja. *(Kurze Pause)* Dann. *(Kurze Pause)* Bis Dienstag.

MICKE Bis Dienstag?

ERIK Du bist also Schriftsteller?

DER ROMANCIER Ja.

MICKE So lange ... Ah ja.

ERIK Ich hab's in der Zeitung gesehen. Ich hab dein Bild in der Zeitung gesehen.

MICKE Ja, ist doch gut. *(Gähnt)* Wie?

ERIK Bist du schon lange hier?

DER ROMANCIER Nein. *(Pause)* Ich bin nur zu Besuch.

Pause

MICKE *(sieht auf seine Schuhe, beschreibt mit den Füßen Kreise, Achten, Dreiecke)* Converse.

ERIK Ist aber mindestens ein Jahr her.

MICKE Der einzige Schuh zum Laufen ... der endgültige Schuh zum Laufen.

JONNY *(nimmt die letzte Zigarette aus dem Päckchen, wühlt darin herum, dreht es zusammen und wirft es weg.)*

MICKE Die letzte?

ERIK Ich bin wohl nicht so ganz auf dem laufenden, was hier passiert. Ich bin im März aus den USA zurückgekommen.

JONNY Ja, genau.

ERIK Ich hab da, wie lange, sieben Jahre gelebt.

DER ROMANCIER Ach so ... Wo denn? Wo hast du gelebt?

ERIK In Kalifornien ... Malibu ...

DER ROMANCIER Ach so.

ERIK Ja ... Drei Jahre mitten in Los Angeles.

DER ROMANCIER Aha ...

ERIK Ja. *(Kurze Pause)* Ich war da verheiratet. Ich war ein paar Jahre verheiratet. Jetzt bin ich einfach eine Weile hier. Ich hab eine harte Scheidung hinter mir, hat ein bißchen an den Kräften gezehrt, und finanziell, da hab ich gedacht, ich sollte heimfahren und mich ausruhen und später zurückkommen.

DANNE *(kommt in den Tagesraum.)*

MICKE Servus ... Wie geht's?

DANNE *(ohne ihn anzusehen, nickt, sagt still)* Doch, okay.

MICKE Warst du wieder auf der Toilette?

DER ROMANCIER Und was arbeitest du hier? *(Drückt die Zigarette aus.)*

ERIK Dasselbe wie in den USA, Versicherungen, ich war in der Versicherungsbranche.

DER ROMANCIER Ach so, wo denn?

ERIK Jetzt, meinst du?

DER ROMANCIER Bei welcher Gesellschaft arbeitest du? Schwedisch?

ERIK Nein, ist bloß eine kleinere Gesellschaft, eine kleine Gesellschaft – ein Kumpel und ich haben eine Gesellschaft, eine Versicherungsgesellschaft.

EINE MÄNNERSTIMME Ja, das ist hart.

DER ROMANCIER Ah ja.

EINE ZWEITE MÄNNERSTIMME In Filipstad.

JULIA Ich hab Trilaphon gekriegt. Ich weiß nicht, ob das so gut ist. Ich hab gelesen, es kann die Selbstmordneigung erhöhen. Wie geht das mit meinem Zustand zusammen ... Ich hab alles im Kopf, was ihr mir gegeben habt.

MICKE Was steht da? *(Kurze Pause)* Steht da was?

DER ROMANCIER Und wie ist der Markt?

ERIK Schlecht, zäh wie Scheiße.

MICKE In dem Käseblatt?

ERIK Aber ich hab auch ein paar neue Sachen laufen. Ich hab vor, 'ne neue Geschäftszeitung zu starten, wenn ich mich ausgeruht habe. Oder erholt.

DER ROMANCIER Aha.

ERIK Ja, wenn ich mich erholt habe. *(Kurze Pause)* Ja. *(Kurze Pause)* Japp. *(Kurze Pause)* Für die Exportindustrie. Wir könnten so zwanzig-, dreißigtausend Unternehmen beliefern, und ist, sagen wir, auch nur ein Drittel interessiert, kann man sich durchwurschteln, hängt davon ab, welche Startkosten man hat.

MICKE In der Zeitung ... Steht da was?

JONNY Nein ... Nur ein Haufen Scheiße. Lauter Scheiße.

MICKE Ja, ist meistens Scheiße.

JONNY Verkauft sich.

MICKE Ich hab noch ein paar andere Projekte laufen, dann werden wir sehen ... was draus wird ... was dabei rauskommt.

JONNY Meistens über Michael Jackson und diese Scheiße.

MICKE Michael Jackson –

JONNY Ja, und diese Sache mit den kleinen Jungs. Jetzt sagt seine Schwester, klar hat er 'nen Riesenhaufen Kohle ausgegeben, für kleine Jungs, die auf seiner Ranch übernachtet haben, und klar hat auch sie die Jungs da gesehen, wenn sie sozusagen heimlich da hinkamen oder wieder weggefahren sind ... Die wußten 'ne ganze Menge davon, die, die da gearbeitet haben, mit der Bewachung und den Kameras und im Haus.

MICKE Was 'n Ding.

JONNY Um.

MICKE Jaja ... Ist das diese Toyota oder Toya oder wie heißt die noch mal?

Aus der Tischplatte fliegen Vögel auf.

MICKE Wie?

JONNY Was hast du gesagt?

DER MANN MIT DEM KREUZ Gehe hin in Frieden, mein Sohn.

MICKE War da nicht irgend so 'ne blöde Sache, daß sein Privatchauffeur gesagt hat, er hat ihm auch Jungens rausgebracht?

JONNY Wer?

MICKE Ich weiß nicht, wann das war.

JONNY Wer hat was gemacht?

MICKE Michael Jacksons Chauffeur.

JONNY Was hat der gemacht?

MICKE Michael Jacksons, sein Privatchauffeur ... War da nicht irgend so was, daß er 'n paar kleine Jungs abgeholt hat und die rausgefahren hat zu dieser Ranch von ihm da irgendwo in der Wüste, und dann hat er sie erst hinterher wieder abgeholt ... War's das nicht, oder irgend so was?

JONNY Ja ... was war das noch?

MICKE Ja, da war irgendwas.

JONNY *(nach einer kurzen Pause)* Ja, und dann war da auch noch was mit seinen Leibwächtern.

MICKE Ja, irgend so was.

JONNY Die wußten was.

MICKE Da war auch was im Fernsehen. Irgend jemand war im Fernsehen, der hat's erzählt.

JONNY Die hatten was gesehen.

MICKE Der hat sich bei denen gemeldet ... Aber ich hab's nicht gesehen ... Hab nur davon gehört.

JONNY Oder waren das Clintons?

MICKE Was? Wer?

JONNY Clinton ... Bill Clinton ... der Präsident.

MICKE Ach so, der ... Jaja.

JONNY Clinton ... der immer joggt ...

MICKE Ja, ja, der ... Ja, ich weiß.

JONNY Spielt auch Saxophon.

MICKE Jaja. *(Pause)* Jaja.

JONNY Also, er muß aber ...

MICKE Dann hat er wohl was gemacht ... Dann ist es wohl so gut wie ...

JONNY Der joggt jeden Morgen. Solltest du auch.

MICKE Ja, vielleicht ...

JONNY Ja, man weiß nie.

MICKE Nein.

JONNY Was?

MICKE Nein.

JONNY Man weiß nicht, was wahr ist von der ganzen Scheiße.

MICKE Nein.

JONNY Die die immer schreiben.

MICKE Nein. Klar. *(Sieht auf seine Turnschuhe.)*

JONNY Da muß ja irgendwas sein ... muß was dahinterstecken.

MARIE *(nicht mehr als ein physisches Flüstern, kommt aus ihrem Zimmer, hat geduscht, hat Zigaretten und Feuerzeug in einer Hand, mit der anderen umklammert sie wie gewöhnlich die Armbanduhr, sieht oft darauf, geht in den Tagesraum, raucht hastig, guckt geistesabwesend geradeaus, ohne jemanden anzusehen. Sie kommt wieder heraus, setzt sich schweigend und still ganz vorn auf einen Stuhl ein kleines Stück von den Männern entfernt. Sie sieht zum Licht, das durch das Fenster oder die Tür hereinfällt. Es wird vollkommen still. Dann hört man Julia eine Melodie pfeifen, schlicht und schön.)*

JULIA *(zieht sich um und sortiert ihre Papiere. Sie pfeift.)*

MICKE Klar – die würden das wohl nicht überall so groß aufmachen, wenn die da nicht irgendwas wüßten ... Obwohl, ist ja klar ... Wenn man so irre bekannt ist ... gibt's vielleicht irgend 'nen Kerl, der ihn erpressen will, Kohle kriegen.

JONNY Ist ja klar.

MICKE Erpressung ...

JONNY Doch, doch.

MICKE Die erpressen ihn ... Klar, so einer wie der kann sich die besten Anwälte der Welt besorgen, und dann kann er weitermachen wie vorher.

JONNY Ja. *(Blättert um zu den Kinoanzeigen.)* Wer weiß. *(Pause)* Der hat's ja. Der kann alles kaufen, das ganze Scheiß ...

MICKE Die glauben doch, die können machen, was sie wollen, egal was.

JONNY Das ganze Scheiß-Puerto-Rico, wenn er will.

Jemand sieht im Fernsehen Nachrichten. (Der Fernseher ist von Anfang der achtziger Jahre.) Erik kommt zum Fernsehen. Man sieht einen nackten Mann um die fünfzig, der in einem schlechten körperlichen Zustand ist, in einem recht kleinen Zimmer auf einem gewöhnlichen Bett liegen; neben ihm, den Kopf unter einer seiner Achselhöhlen, liegt ein nackter Junge von vielleicht neun, zehn Jahren, mit etwas dunklerer Hautfarbe. Der Mann onaniert mit der linken Hand, während er gleichzeitig den Jungen onaniert. Das Gesicht des Mannes ist abgewandt, doch man sieht deutlich das des Jungen, es ist ausdruckslos.

MICKE Hast du das über Roseanna gesehen?

JONNY Wen? *(Pause)* Über wen?

MICKE Roseanna, du weißt. Du weißt schon, die so irre fett ist, im Fernsehen, dieser Fernsehstar, der so irre fett ist, hat 'ne eigene Fernsehsendung, irgend 'ne Serie ... Sie hat diese Serie im Fernsehen, läuft schon irre viele Jahre ... Sie hat 'ne Serie mit irgend 'ner Familie gemacht und ihren Kindern, und ihr Mann war, was war der noch, war ziemlich bekannt, hat in 'ner Menge Filme mitgespielt, der auch ... Ist wohl so 'n Jahr her, daß sie gelaufen ist, wo ich sie gesehen hab, ich hab sie mindestens ein Jahr nicht gesehen, ist vielleicht vorbei, aber dann gibt's ja Wiederholungen ... Roseanna, 'ne riesige Mamma, wiegt bestimmt mindestens an die hundertdreißig, war aber ziemlich klein ... Die mußt du gesehen haben.

JONNY Nein ... ich glaub, ich hab sie verpaßt.

MICKE Nein, ist doch jahrelang gelaufen.

JONNY Leider ... Man kann ja nicht alles sehen.

MICKE Du weißt, wer's ist, wenn du sie siehst. So was von dick. Roseanna.

JONNY Ja, fällt mir nichts zu ein ... Was war denn mit der?

MICKE Ich hab ein Interview mit ihr gelesen, in der Zeitung. Sie hat gesagt, sie war Prostituierte. Sie ist Prostituierte gewesen. Und zwar, bevor sie diese Serie gekriegt hat ... Roseanna.

JONNY Ah ja ... Roseanna heißt die?

MICKE Ja, in der Serie ... da heißt sie Roseanna ... Vielleicht heißt sie wirklich Roseanna, in Wirklichkeit ... Aber sie hat's selber gesagt. Ich war Prostituierte ... Hure.

JONNY So.

MICKE Ja, und jetzt hat sie 'ne Serie.

JONNY Jaja.

MICKE Oder hatte ... Ich weiß nicht, ob sie weitergeht, ob sie neue Folgen drehen oder ob sie aufgehört haben. Das war irgend so 'n Interview. Sie hat Valium gefressen und zehnmal versucht, sich umzubringen.

JONNY Ach ja ... Ja, ich hab sie vielleicht gesehen.

MICKE Ja, wenn du sie erst gesehen hast, weißt du, wer das ist.

JONNY Ja, vielleicht ... wenn du's sagst.

MICKE Also, das mußt du einfach. Roseanna Soundso. Irre

fett überall. Wär Platz genug in ihrer Möse, um mit 'nem Lastzug reinzufahren. *(Lacht)* Wenn man die Zeit hätte. Die sind ja wie Tiere, die Sorte, total. *(Lacht)* Wär das ein Spaß, wenn mal ein Star herkäme ... daß man die mal sehen könnt. *(Pause)* Und, laufen irgendwelche guten Filme?

JONNY Ach, ich weiß nicht. Ich guck gerade. *(Pause)* Will gucken. *(Pause)* Nein ... Der hier ... «A Perfect World» ... Den könnt man vielleicht ansehen.

MICKE Was ist das für einer?

Man sieht Micke auf einem Bildschirm in einer beinah dunklen Großaufnahme, eine Sequenz, die einige Minuten früher aufgenommen worden ist.

MICKE Was ist das für einer?

JONNY Irgend 'nen Abend. Wie? *(Pause)* «A Perfect World». *(Pause)* Amerikanisch.

MICKE «A Perfect World»?

JONNY «A Perfect World».

MICKE Aha ... Ist der neu?

JONNY Klingt wie 'n Computerprogramm.

MICKE Ja, genau.

EINE MÄNNERSTIMME Sag jetzt, was es ist ... Du kannst doch sagen, was es ist ... Ich bin doch dein alter Mann.

MICKE Ist der gut?

JONNY Mit Clint Eastwood.

EINE MÄNNERSTIMME Nein ... Sag jetzt, was es ist ... Du kannst doch sagen, was es ist ... Ich bin doch bloß dein alter Mann.

MICKE Clint Eastwood ... Ja. Der ist immer gut ... «Dirty Harry».

JULIA *(allein)* Ihr seid genau wie dieser Faurisson ... zuerst zerbröseln sie Menschen zu Asche, dann versuchen sie, die Zeugnisse und die Erinnerungen an das, was passiert ist, noch einmal zu Asche zu zerbröseln. *(Sie geht.)*

Man sieht Bilder vom Erdbeben in Los Angeles im Januar 1992 – Brände, zusammengedrückte Autos, nackte abgeschnittene Free-

ways, verschobene Brücken, eingestürzte Häuser usw. – eine Familie sitzt bei Nacht in großen Sesseln bei ihrem Haus vor einem alten Fernsehapparat, der auf dem Rasen steht, sieht eine Reportage vom Erdbeben früher am Tag, ein Auto, das kreuz und quer über eine Straßenbrücke schlittert und genau vor einer abgestürzten Stelle stehenbleibt; Menschen bereiten im Dunkeln Essen zu, Interviews mit Feuerwehrleuten, Polizisten, Opfern etc.

JONNY Clint Eastword und Kevin Costner.

EINE MÄNNERSTIMME Es gibt verschiedene Arten von Leiden.

MICKE Aha ... Im selben Film? Alle beide?

JONNY Ja.

MICKE Da kann man mal sehen.

JONNY Ja. *(Pause)* Wer weiß? Vielleicht. *(Pause)* «A Perfect World» ... Kevin Costner spielt 'nen Gefangenen, der aus irgend 'nem Gefängnis irgendwo in Texas, glaub ich, ausbricht, hat 'nen kleinen Jungen bei sich, den er als Geisel nimmt, damit sie ihn nicht greifen, wenn er abhaut, und Clint Eastwood spielt 'nen älteren Bullen, der ihn wieder einfangen soll, aber dann geht alles schief, kein gutes Ende, am Ende wird er erschossen und stirbt.

MICKE Wer? Der Bulle?

JONNY Nein, nicht der Bulle ... das war dieser, wie hieß der noch ... mit Michael Douglas, da stirbt er am Ende, der Bulle, wird erschossen ... das war 'n anderer, wie hieß der noch ... Der war gut. Das war ... Michael Douglas spielt jemand, der die Nase voll hat und plötzlich wild um sich schießt, weil – er will wieder nach Hause zu seiner Familie, aber sie will ihn nicht sehen, die haben auch ein Kind, ich weiß nicht mehr, was das war, und da ist ein älterer Bulle, der ... ja, genau, der soll pensioniert werden, ist sein letzter Arbeitstag, und er hat 'ne Frau, die ist bekloppt, irre, völlig plemplem, nicht, und da ruft sie im Revier an, und er muß ihr was vorsingen, irgendso 'n blödes Lied, von dem sie ruhig wird ... und dann, damit's zusammengeht, erschießen die ihn am Ende.

MICKE Ah ja ... Welche Rolle spielt Clint Eastwood? Ist er der Bulle, der, der am Ende erschossen wird.

JONNY Nein. *(Pause)* Das ist nicht der Film. Ist 'n anderer Film. Ist nicht derselbe Film. Die ist wie 'n Kind.

MICKE Ah ja … 'n Kind.

JONNY Die Frau in dem anderen Film … Das ist … Das ist 'n anderer Film, da spielt Clint Eastwood nicht mit. Irgend 'n anderer Schauspieler, völlig verschieden, die sind völlig verschieden.

MICKE Ah ja.

JONNY Fällt mir nicht ein, wie der hieß. *(Pause)* Aber in diesem … der, von dem wir reden … spielt Kevin Costner mit. Diesen Gefangenen, und er wird am Ende erschossen und stirbt. Nicht der andere.

MICKE Nein … Ja, ja. *(Pause)* Und Clint Eastwood?

JONNY Was?

MICKE Wird der auch erschossen? Stirbt er auch?

JONNY Nee, weiß ich nicht.

MICKE Nein, der schafft's immer … Ich glaub, ich hab keinen einzigen Film gesehen, in dem er gestorben ist. *(Pause)* Du?

JONNY Ich weiß nicht, was passiert mit dem … Hab neulich 'n bißchen in «Die Filmchronik» geguckt.

MICKE Der soll dann doch wohl sterben.

JONNY Clint Eastwood?

MICKE Nein, der andere … Kevin Costner … Der soll's dann wohl nicht so gut schaffen … Manchmal, wenn die richtig schwere Dinger drehen, sind die irgendwie von Anfang an verurteilt … Man weiß von Anfang an, daß sie's nicht schaffen, daß die sie erschießen werden, aber manchmal weiß man's auch nicht … Ist irgendwie schwerer geworden zu wissen, wer's schaffen wird. Wußte man früher immer.

JONNY Ja, ich weiß nicht.

MICKE Das weiß man jetzt nicht mehr von Anfang an, wer's schafft oder wer erschossen wird.

JONNY Manchmal werden ja alle erschossen.

MICKE Ja, eben.

JONNY Ist verschieden.

MICKE Ja. *(Pause)* Ja, der ist vielleicht gut. *(Legt die Arme um den Oberkörper, als friere er, umarmt sich selbst.)*

JONNY Ja, scheint so.

MICKE *(nach einer kurzen Pause)* Ich hab überlegt, ob ich mal kurz in die USA rüberjette, wenn ich rauskomm. Kostet ja nicht viel, so wie's jetzt ist. Bloß ein paar tausend. Drüben 'n Auto mieten und dann die Küste runter, oder ins Land rein, Texas und so, Arizona, die Wüste ... gucken, wie's da ist.

JONNY Was willst du denn in der Wüste?

MICKE Nee, nur gucken, wie es ist.

BEN *(kommt herein, setzt sich, sitzt aufrecht und schwer. Schwitzt. Er trägt ein hellblaues Hemd mit einem großen Fleck Eigelb, das er auf der rechten Seite verkleckert hat.)*

JONNY Hallo... Du bist's.

BEN Hallo, hallo. *(Lächelt ohne Absicht.)*

MICKE Servus.

BEN Hallo.

JONNY Nein, nicht die «Filmchronik».

MICKE Nein. *(Pause)* Aha.

JONNY Nein, die gibt's ja nicht mehr, die haben sie eingestellt, das war so 'n Promotionfilm, den die bei den Dreharbeiten machen, mit Interviews und ... die nehmen bestimmte Szenen aus dem Film ... damit man neugierig wird und sich den Rest im Kino anguckt ...

MICKE Jaja. Genau. Das beste.

JONNY Ja, und das ist ja oft besser als der Film.

MICKE Jaja. *(Pause)* Wo läuft der?

JONNY Der Film? Wo er läuft?

MICKE «A Perfect World».

JONNY Ja, wo läuft der? ... Ja, der läuft ... wo läuft der noch? Wahrscheinlich an massenhaft Kinos im Moment ... Überall. Läuft wohl schon 'ne Weile. Geht wohl gut.

MICKE War 'ne Fünfundvierziger, die der hatte, nicht, Magnum?

JONNY Wer?

MICKE «Dirty Harry» ... 'ne Magnum ... Die könnte 'nen Panzer stoppen.

JONNY Ich glaube. In «Dirty Harry».

MICKE Hieß der nicht so?

JONNY Wie?

MICKE Magnum Soundso?

JONNY Der hieß doch «Dirty Harry».

MICKE Aha. *(Pause)* Ich hab gedacht, der heißt nur so. Dirty Harry ... Nicht der Film. *(Kurze Pause)* Die haben doch mehrere Filme gemacht ... Wenn die einen gemacht haben, der gut geht, machen die ja noch 'n paar. *(Pause)* Ja. *(Pause)* Sollte man vielleicht sehen.

JONNY Läuft wohl noch 'ne Weile ... würd ich sagen.

MICKE Ja ... genau. Wenn er gut ist. *(Pause)* Du kannst ihn ja heut abend sehen.

Jemand stellt den Fernseher auf einen anderen Kanal ein, weg vom Erdbeben – ein Video mit Cher, sie singt «I've got you Babe», zusammen mit Beavis und Butthead.

JULIA *(kommt herein, geht zu Jonny.)*

JONNY Nein, nicht heut abend ... Heut abend komm ich nicht dazu.

JULIA Verzeihung ... Kann ich frische Bettwäsche haben?

MICKE Hast du andere Pläne?

JONNY Frische Bettwäsche?

JULIA Ja, bitte. Für mein Bett. Geht das?

JONNY Nein ... das geht wohl nicht.

JULIA Warum nicht?

JONNY Ja, weil ... hast du nicht Freitag frische Bettwäsche gekriegt?

JULIA Die war wirklich nicht besonders frisch, ist mir wirklich aufgefallen, aber da hab ich nicht daran gedacht.

JONNY Ich glaub, du hast sie gekriegt.

JULIA Du glaubst? Ah ja.

JONNY Ich mein, ich bin mir ganz sicher.

JULIA Aber ich kann nicht in Bettwäsche liegen, die nicht sauber ist. Die kann vor mir jeder gehabt haben. Vielleicht zuletzt ein Skinhead oder jemand, der infiziert ist. Ich finde, es ist ein unangenehmes Gefühl, in den körperlichen Ausdünstungen und Absonderungen anderer Leute zu liegen. Hier ist es auch so schon schmutzig genug.

JONNY Schmutzig?

JULIA Vielleicht gehört das zur Behandlung.

JONNY Was ist hier schmutzig?

JULIA Warum fragst du?

JONNY Was ist hier schmutzig? Was denkst du dir dabei?

JULIA Wieso?

JONNY Du hast gesagt, es wär schmutzig ... Was denkst du dir dabei?

JULIA Skinheads und Nazis können auf der Straße frei herumlaufen, wie sie wollen, und machen, was sie wollen, die müssen nicht hier landen, die bekommen ein eigenes Haus, wo sie sich aufhalten können und neue Mißhandlungen und Morde vorbereiten, und dafür werden sie berühmt, keiner ist wohl so berühmt und über allem erhaben wie die, die bekommen jede mögliche Aufmerksamkeit, die werden nicht in der Stille begraben wie friedlichere Irre. Die sind ja vollkommen normal. Die sind absolut normal. Die sind supernormal.

JONNY *(freundlich)* Ja ... von diesen Sachen weiß ich nicht soviel, aber –

JULIA Genau das haben die in Deutschland auch gesagt, in den dreißiger Jahren. Ihr glaubt wohl, die schreien sich nur ein bißchen von der Gewalt aus dem Leib, und dann passen sie sich an, marschieren geradewegs in die normale Gesellschaft und werden zu netten normalen Lohnsklaven.

JONNY Aber ich kann mir nicht vorstellen ... daß du ... daß deine Bettwäsche schon schmutzig war –

JULIA Aber ich bin schon still, ich auch ... Du weißt, das Blöken des Lamms reizt das Raubtier.

JONNY Kann ich mir nicht denken ...

JULIA Warum kannst du dir das nicht denken?

JONNY Nee, fällt mir schwer, mir das vorzustellen.

JULIA Ja, mein Gott, ich muß nicht leiden, weil dir das Denken schwerfällt.

JONNY Ja ... hör mal ... wenn du irgendwie praktische Probleme oder Fragen hast ... mußt du's in der Versammlung ansprechen.

JULIA Warum?

JONNY Ja ... aber das weißt du.

JULIA Was? Was weiß ich? Wenn das Waschbecken undicht ist, soll ich dann auch warten und es in der Versammlung ansprechen.

JONNY Ja, du hörst, was ich sage ... All diese Sachen weißt du.

JULIA Was weiß ich?

JONNY Ja, du weißt, daß es an einem Sonntag keine frische Bettwäsche gibt.

JULIA Du weißt, daß ich das weiß? Etwa weil Gott heute ruht?

JONNY Ja ... du weißt es, man hat es dir gesagt.

JULIA Hat er wirklich ... hat Gott wirklich seine eigene Schöpfung überlebt? Seit wann weiß ich es?

JONNY Seit du hier bist ... weißt du es.

JULIA Was weißt du sonst noch? Was weißt du noch, was ich weiß?

JONNY Ich weiß jedenfalls, daß du heut keine frische Bettwäsche kriegen kannst ... also hör jetzt auf zu labern.

JULIA Mehr weißt du nicht? Ah ja, dann soll ich wohl auch Zahnpasta nehmen, die andere benutzt und ausgespuckt haben, wenn's konsequent sein soll ... wenn meine alle ist.

JONNY Hör auf zu labern, hab ich gesagt ... Wenn deine alle ist, mußt du dir neue kaufen. So ist das.

JULIA Und wie? Ich darf ja nicht reinfahren. Ich darf hier ja nicht weg. Ich darf ja nicht gehen. Du hast wohl keine Zeit zu antworten. Ihr entscheidet ja über Himmel und Erde, da habt ihr natürlich unheimlich viel zu tun. *(Sieht Cher an.)* Cher ... the human robot ... Ist die auch hier?

JONNY Hör auf zu labern, sag ich ... Du kriegst jedenfalls keine frische Bettwäsche. *(Jonny geht in Richtung Korridor.)*

JULIA Und wenn ich reinscheiße, krieg ich dann frische? Oder bewahrt ihr sie dann auf, legt sie in den Versammlungsraum als irgend so ein heiliges Tuch?

ULF *(kommt herein, trägt einen dunkelblauen, sehr schönen Armani-Anzug, Kostenpunkt um die neuntausend, den er in Paris gekauft hat, ein Hemd in offwhite, rote Armani-Krawatte usw. usw. usw. In der Hand hält er sein schweres Mobiltelefon usw. usw. usw. – er wiegt jedoch für die Größe des Anzugs mindestens zehn Kilo zu wenig. Begegnet Jonny und Julia.)*

JONNY *(zu Ulf)* Fertig?

ULF Ja, im großen und ganzen ... Wenn's recht ist. Wann soll man die Dinger hier eigentlich benutzen können? Steht man oben im Kaknästurm, «DA SCHLÄGT MAN DIE GANZE VERDAMMTE STADT K. O.», und wo man sie am besten gebrauchen könnte, weil es so tödlich langweilig ist, wenn man nicht mit der Concorde über den Atlantik fliegt, stürzt das Flugzeug ab, wenn es klingelt; als ich's mir angeschafft habe, hieß es, ich könnte überall in Europa anrufen ... war aber gelogen, das auch ... Zur Zeit fliege ich gern so lange wie möglich, dann kann mich niemand erreichen, und die Erde sieht so wunderbar wehrlos und weich aus da unten, aber früher war es mit das schlimmste für mich, daß mich niemand erreichen könnte, falls was passiert, auch falls nichts passiert, und das passierte immer ständig klick, klick, klick, eins nach dem anderen ... Aber dieses verdammte Mistding hier hat nie irgendwo funktioniert ... die sind zu gut ... Aber mein Gott, was soll man machen, ich meine ... man hat sich ja dran gewöhnt ... der Haltungsrelativismus, der hält noch eine Weile, überlebt einen ja, es gibt nichts mehr, wozu man eine Haltung hat, nur seinen eigenen Tod.

JONNY Und wann wolltest du zurück sein?

ULF *(einen Augenblick still)* Du hast die Pause gehört ... Ich bin ja noch nicht weg. Warte. Ich muß das nur noch sagen. Ich geh vielleicht nicht. Ich bleib vielleicht hier. Meine Rasse ist jetzt weg, sie ist zerbrochen, ist ausgebrannt, jedenfalls zur Zeit, jetzt machen die ruhigen, sicheren Makler um die fünfunddreißig mit Haus und Familie die Gewinne, die sind zwar geringer, aber trotzdem recht beachtlich, wenn man mit Leuten in der Handelskammer oder beim Zoll vergleicht, und sie wissen, wo sie plazieren, so daß es sich hält, wir hatten keine Zeit ... aber das funktioniert nicht in Rom, nicht in Paris, nicht in London, nicht in Frankfurt und auch nicht in Båstad. Er hat im Januar '93 13 000 gekostet, ich weiß nicht, was er heute kostet, 5000 vielleicht, aber so geht's, wenn eine neue Generation Chips kommt ... vor ein paar Jahren passierte das alle achtzehn Monate, jetzt muß es jeden achten sein ... Früher bin ich da mitgekommen. Jetzt nicht mehr ... weil ich nicht will. Wenn ich wollte, wär ich wieder an der Spitze. *(Sieht auf die Uhr.)*

Henrik geht vorbei, um Marie zu besuchen.

ULF Da unten wird eine weiße Limousine mitten vor dem Eingang stehen, vor diesen ganz normalen Menschen, die da sitzen und rauchen. Ich darf meinen eigenen Wagen nicht fahren, solange ich auf Rohypnol bin. Und außerdem hab ich ihn zerlegt.

MICKE Er ist vorbeigegangen.

ULF Ich hab vor ein paar Wochen versucht, in den Stuvsta-Kreisel reinzufahren, aber ich kam ins Schleudern, ich bin sozusagen an ihm vorbeigerutscht, mit einem Affenzahn, und dann fing er an zu rollen und rollen, anstatt mit mir und allem in Flammen aufzugehen. Ich hab ihn im Mai '89 gekauft. In der Woche hab ich vier schwedische Millionen verbraten. Ehrlich. Ich hab in London einen Francis Bacon gekauft, einen Kopf von 1967, eins seiner letzten Gemälde, ganz in Grün Grün Grün. Keine Investition, ich hab mich verliebt, ich war genuin interessiert an Kunst, als Ablenkung, ich meine, als ein Kanal ... Ich hab's noch irgendwo. Okay, mein Freund, mach jetzt auf ... Ich verlasse diese sichere Hölle hier für ein paar Stunden.

JONNY Okay. Wann wirst du zurück sein?

ULF Du weißt, wann ich zurück sein werd.

JONNY Ja, Hauptsache, du weißt es.

ULF Ha! Meinst du, ich komme nicht zurück? Nichts würde mich daran hindern zurückzukommen. Mir geht's gut hier, ist ein herrlicher Platz, einer der besten, wo ich gewesen bin, hier kann ich mich ausruhen und sein, wie ich bin, nicht, keiner kann mir was, falls die das wollten. Man lernt nicht aus. Interessante Menschen, Anorektiker, Senile, Manische, Kokser, Psychopathen, Schizophrene und noch mehr Schizophrene, mit schweren Problemen bei der Körperkontrolle, die in die Hose scheißen, wenn sie nicht ihren Willen kriegen, das machen die mindestens, in ihrer Scheiße rumtrampeln, Dealer, Depressive, hab ich das gesagt, Alkoholiker auf Entzug, you name it, Katatone, die sich aufführen wie Der Panther in Rilkes bekanntestem Gedicht, nehm ich an, manchmal geht irgendein verdammt komisches Wesen oder gewissermaßen Geist in ihre Pupille wie durch einen Vorhang, und sie zittern am ganzen Körper, und dann die Apathischen, die bloß darauf warten zu hören, wieviel Punkte sie im Stanford-Binet-Test gekriegt haben klick klick klick.

JONNY Du darfst hier nicht rauchen.

ULF Okay. Du darfst hier nicht rauchen, Ulf. *(Läßt die Zigarette in den kalten Kaffee fallen und reicht ihn Jonny.)* Ich will nur zum Therapieessen zu meinen Eltern in der Tegnérgatan, gegenüber der Meierei... Meine Eltern sind die Leiche meiner Kindheit, meine Eltern sind die Scheiße meiner Kindheit. *(Lacht lange und sehr verzweifelt. Dreht sich dann um und sitzt einer Radiojournalistin gegenüber, die eine Sendung über seinen Aids-Tod macht – sie befinden sich am selben Ort, jetzt aber hat er sich gesetzt; sie widmet sich ihm ebensosehr wie dem Tonbandgerät.)* Es wär lustiger, wenn ich sie essen könnte, mit einem Tacker in ihrem Wohnzimmer an die Wand nageln, zwischen dem Vitrinenschrank und den Kristallgläsern, von denen kein einziges ganz ist, und dem braunen *Pilaster* mit der Sammlung Glasschwäne und ihnen dann mit einem japanischen Messer die Haut abziehen, das nehm ich mit. Georg Jensens sind zwar schöner, wenn man sie von oben sieht, aber stumpfer, und sie in Dreihundert-Gramm-Steaks filieren, überall auf dem beschissenen Tisch von Svenskt Tenn, überhaupt das Häßlichste, was ich mithab, aber das darf man nicht, leider, man ist schließlich nicht Jeffrey Dahmer, sonst würd ich ihnen 'nen totalen Dahmer antun – gibt ein großartiges Rezept in «American Psycho», hätt ich das bloß gelesen, hätt es das bloß gegeben, bevor ich strafmündig war, aber «Less than Zero» war ein besserer Roman, bessere *Literatur*, der Meinung bin ich auch, ich begreif nicht, wie Leute Geduld haben können, was fertigzumachen, egal, wie gut es ist, das Buch, das er über sein Leben geschrieben hat, ist hier weniger bekannt, aber das ist, war wie eine Art Vater zu dem hier, was ich jetzt empfinde, ich bin ein bißchen besessen von serial killers, ich les alles, was ich kriegen kann, ganz oben auf der Liste steht zur Zeit ein Buch eines englischen Journalisten über Tjikatilov, diesen russischen Schullehrer, der mehrere hundert Leute ermordet hat, war er Lehrer? aber in dem Scheißland da, da begreift man ja, daß er fast dreißig Jahre so weitermachen konnte, bei so einem Chaos, da ist er durchgeschlüpft, in so einem überkontrollierten Land ...

JULIA Hallo. Ich bin Julia ...

ULF *(zurück im Korridor mit Jonny und den übrigen)* Und ... und? *(Lächelt ein Lächeln, das jenseits jeden Gefühls ist.)* Du bist 'ne Frau, nicht?

JULIA Ich bin Freitag gekommen.

ULF Nein, tatsächlich? Ja, die Welt ist im Grunde schrecklich, wenn man darüber nachdenkt, das versucht man ja eben zu unterlassen. Man versucht ja sozusagen, gleichzeitig drinnen und draußen zu leben, damit man seinen Verstand behält – ich hab ja von zu Hause keine guten Werte mitbekommen ... ich hatte keine Großmutter oder so oder irgendeinen Verwandten an der Peripherie mit einem anderen Wertesystem, zu dem ich damals meine Zuflucht hätte nehmen können, sondern ich hatte nur das, das ich hatte, als ich eben überall war, darum ...

JULIA Mit wem redest du?

ULF Ich ... Wir setzen uns hierher. Die Zeit ist so kurz. Wir müssen Freunde werden, die sich mindestens fünf Jahre kennen, das ist eine lange Zeit heute, eine vollkommene Ewigkeit ... Aber gleichzeitig, wenn wir voraussetzen, daß wir alte, intime Freunde sind, muß ich dir heimlich alles über mich erzählen. Okay.

Pause

JULIA *(still)* Ich bin nicht krank. Nur verliebt.

ULF Oh, wie schön. Bin ich auch ... konstant, konsistent, und dabei verwende ich die ökonomische Bedeutung ... Ich bin sterblich, und damit meine ich sterblich mit allem, was das mit sich bringt, verliebt in einen unglaublich unangenehmen Steward bei der Sabena, du weißt – such a bad experience never again, und das kann ich unterschreiben, das hast du schon mal gehört ... Alitalia ist auch lustig auf ihre Weise – always late in transit, always late in arrival – wirklich, ich hab so oft auf La Ponsa gesessen und gewartet, daß sie mir drei ganze Wochen schulden, in nur drei Jahren, die besten Jahre meines Lebens vermutlich ... man kann sich fragen, warum sie die Flugplätze immer an die nebeligsten Scheißstellen des Landes legen, in Mailand startet nur jede dritte Maschine, weil nur jede dritte Maschine landet ... Wo waren wir? Ach ja, ich hatte eine Adresse an der 27 Avenue Franklin Roosevelt, da hatte ich meine Anzüge her, mein Gott, werd ich das vermissen, den Herbst bei Yamamoto, ich mußte da sogar auf den Schlußverkauf warten, es gibt nichts Exklusiveres, jetzt gibt es Leute, die wissen es nicht besser und fallen in Trance vor Ermenegildo Zegnas Soft Line! Aber um darauf zurückzukommen – ich verliere nie den Faden –, er ist siebenundzwanzig, aus Bochum, das Ruhrgebiet hat sich so verändert gegenüber den siebziger Jahren, aber da war ich erst sechs, es ist nicht mehr dieselbe Landschaft, weißt du, daß Spanien jeden Sommer die Ausscheidungen von zwei, drei Millionen fetten Touristen aufnimmt – denk mal an all die Scheiße, die durch die spanische Kanalisation soll, wie viele Tonnen deutscher Ausscheidungen da durch sollen, und die Deutschen scheißen dreimal soviel wie andere Leute, ich komm nie dazu, ihn zu sehen ... jetzt fliegt er für Canadian, ich weiß nicht, wo er sich jetzt aufhält, vermutlich in den Armen seines latin lover in Montreal – mir gefallen diese Transitstädte, Triest ist meine Lieblingsstadt, da will ich langsam sterben, ich weiß nur noch nicht, bei welcher Musik, ich schwanke zwischen Miles Davis, Round about Midnight, mit Coltrane, oder Beach Boys, alle Beach-Boys-Singles, «Keep an Eye on Summer» – die spielen wir nachher, oder «The Warmth of the Sun». Hast du die Bilder von Jeff Walls gesehen? Ich bin von einer Frau im Radio interviewt worden, im ersten Programm. Was heißt das? Der Tod ist seriös. Der Tod? Weißt du, daß ich einen Jeff-Wall hatte? Das ist wahr, unglaublich, aber wahr, er ist phantastisch, aber leider nicht «The Arrest». Ich denke so oft daran. In dieser Nacht ... Hast du Falsettos am Broadway gesehen? War besser, bevor sie hinkamen, als sie noch draußen gespielt haben, dann ist was passiert, ich hab sie jedesmal gesehen, wenn ich da war, verdammt intelligent, Doktor Neill Shachts sagte Take two aspirins, see Falsettos and call me in the morning, ist das lustig? *(Sieht zum Fernseher.)* Guck mal, da ist, wie heißt sie, Agneta Soundso, die verzeiht mir – sie hat der Möse ein Gesicht gegeben, oder? Wer hat gesagt, es muß alle möglichen Menschen geben? Voriges Jahr hab ich Amnesty International 80000 geschenkt, wer kann mehr tun, ich war so gerührt, ich hab einen kleinen Jungen auf einem Bild gesehen, und was hat mir das gegeben, er hat nicht mal geweint? Warum schreiben die nicht an Carl Bildt, damit ich aus dem Gefängnis meiner Eltern rauskomme, hast du eine Ahnung, was für eine Folter da stattfindet, was ist für ein Unterschied zwischen mir und Jabbar Rashid Shifke – er kann meine Eltern gern haben, dann krieg ich seine Elternlosigkeit ... Er kann wenigstens Saddam Hussein die Schuld geben, aber meine Eltern liebt jeder, und alle meinen, ich verdiene jede Scheißinfektion, die ich krieg. Er ist erst seit zehn Jahren verschwunden – und ich? Wenn du 1994 einen Roman lesen willst, lies «Northanger Abbey» von Jane Austen. Entschuldige die Frage, aber bist du psychotisch?

JULIA Ich weiß nicht. Das weiß man wohl nicht, wenn man es wohl ist? Das weiß man wohl nicht, wenn man es ist, meine ich. Wenn man Angst hat, man ist es, ist man es wohl nicht, oder glaubt, man ist es ... Oder ist es umgekehrt – wenn man nicht glaubt, man ist es, ist man es wohl mit großer Wahrscheinlichkeit oder Sicherheit.

ULF Ich hab gedacht, diese Art Logik ist auf dem Therapiemarkt in den sechziger Jahren ausgestorben. Ich mag Frauen, wenn sie rasiert sind und eine Aura von sobriety haben. Ein schönes Wort. Mir gefällt das Wort. Ich sage es manchmal. Jaja, es hatte eine gewisse sobriety, oder ... nein, das mochte ich nicht, zu wenig sobriety ... Mein Gott, ich weiß, ich bin infantil. Aber man muß ja seine Welt aufbauen, seine Legenden ... man muß um alles herum eine Atmosphäre aufbauen ... und abends glaubt man daran, morgens glaubt man nicht daran ... Du solltest sehen, wie ich aussehe, wenn ich nicht glaube. Dann bin ich nichts, dann bin ich niemand! Ich meine, all das hier machen wir, damit wir zu etwas vordringen, etwas Einfachem ... einfach und schön ... etwas danach, und dann ist da nur der Tod ... Ich meine, die Lilien kennen ihre Grenze, und der Mohn, und die Spatzen auch. Ja, und so weiter. Soso, du bist psychotisch ... Was bedeutet das Wort?

JULIA Nein, aber ich finde es schwer, darüber zu reden.

ULF Findest du?

JULIA Ja.

ULF Ist wohl heutzutage leichter, über seine Schizophrenie zu reden als über seine Hämorrhoiden. Leichter, über Sodomie zu reden als über Arbeitslosigkeit. Jabbar Rashid Shifke. Der hat so schöne dunkle Augen, er sieht mir so ähnlich, so wie ich mit fünfzehn war. Ich weiß, daß ich adoptiert bin. Mein sogenannter Vater arbeitete 1963, als ich empfangen wurde, bei Ericsons im Irak. Eines Tages kam ich mit Turban in Die Börse – ein innerer Trieb, ein innerer Ruf nach Zusammengehörigkeit.

JULIA Ich hab keine Hämorrhoiden.

ULF Nein, das hab ich immer gesagt, die Natur ist so menschlich. Aber du mußt dir keine Sorgen machen, solange ich hier bin, verlaß dich nur immer auf meine Protektion.

JULIA Du meinst wohl deine Erektion. Du, aber weißt du nicht, daß man unheimlich psychotisch werden kann aus Liebe, man kann völlig psychotisch werden, wenn man sich verliebt. Wirklich. Als wenn man vom Blitz getroffen wird. Man muß ins Krankenhaus. Das Herz wird zu einem einzigen Zittern, und dann steht alles still, und man verbrennt innerlich, ohne daß man es von außen merkt, obwohl, das merkt man wohl doch. Manchmal besteht man nur aus Liebe, wie eine Feuerflamme. *(Lacht.)* Das ist nicht mein eigener Morgenrock – hast du das geglaubt? Ich hab ihn hier gekriegt, gehört zur Behandlung. Ich habe einen chinesischen Morgenrock aus reiner Seide, den habe ich in Soho gekauft, er ist weiß, er ist wie Frost.

ULF Ich weiß nicht, was ich machen wollte. Ich hab vergessen, was ich machen wollte. *(Verzweifelt)* Ich hab Lust, mich selbst zu schlagen. *(Pause)* Ich hab schon entschieden, wo ich später liegen will, das war es also nicht ... Manchmal kommt es vor, daß ich mich danach sehne. Aber daran denke ich jetzt nicht. Ich hab keinen Hunger, ich hab keinen Durst, ich will nichts … doch, das will ich, aber ich weiß nicht, was.

JULIA Den konnte ich mitnehmen, aber nicht meine Literatur. Ich hab zehn Jahre in New York gelebt, unter anderem auf der Avenue B, ein Drittel meines Lebens, stell dir vor, ein Drittel meines Lebens – ich bin erst seit einem Jahr zu Hause, und es gibt nichts hier, was sich verändert hat. Ich hoffe, mein Mann bringt meinen Morgenrock mit, wenn er kommt, er braucht nichts mitzubringen, wenn er kommt, Hauptsache, er kommt.

Jonny kommt.

JULIA *(unruhig)* War er schon hier? War jemand hier und hat nach mir gefragt, er weiß vielleicht nicht, daß ich nach hier verlegt bin – ein kleiner blonder Mann, der furchtbar lieb und ungeduldig aussieht, ein bißchen wenig Haare, man erkennt ihn an der Nase. *(Lacht.)* Ich war beim Arzt, und da war er vielleicht hier? Er ist so flink. War er schon hier? Habt ihr ihm gesagt, daß ich nicht hier bin? Darf ich keinen Besuch bekommen?

JONNY Nein … ich meine, es war niemand hier.

JULIA Wirklich nicht? *(Pause)* Bist du sicher, daß er nicht hier war, daß niemand nach mir gefragt hat, ist das sicher?

JONNY Ja, hier war niemand und hat nach jemand gefragt.

JULIA Ich hab nicht gesagt jemand, sondern nach mir. Warst du denn die ganze Zeit hier? Du warst vielleicht so versunken in die Zeitung, daß du nicht gesehen hast, ob jemand hier war und gesucht hat. Vielleicht war er hier, als du nicht hier warst? Warst du wirklich absolut die ganze Zeit hier, als ich nicht hier war? Ich brauche meine eigenen Sachen. Er trägt seine eigenen Sachen, ist das Diskriminierung, ist das ungerecht?

ULF *(über seinen Anzug)* Ist bloß ein Armani. Ich hätte einen dunkelblauen Versace vorgezogen, aber dann müßte ich nach Paris, oder Yamamoto. Den hab ich vor zehn Tagen gekauft, bevor ich in die Söderklinik gefahren bin. In der Klinik hatte ich nur den an; etwas Selbstgefühl muß man sich bewahren. Hat 9000 gekostet. Hängt vom Dollarkurs ab. Ich hab Größe 46 gekauft, dabei wieg ich sieben Kilo weniger als früher, ich hab immer 46, aber ich geb nicht auf.

JULIA Ich muß meine Dollars umtauschen. Ist jetzt sicher ein guter Zeitpunkt, meine Dollars umzutauschen. Darf ich heut nachmittag rausgehen und meine Dollars umtauschen?

ULF Langsam erreichen die Sachen von Dries van Noten auch Schweden – zwar nicht die erste Kollektion, aber trotzdem. Das beste kommt ja nie nach Schweden, die Leute hier haben keinen Sinn für Qualität.

JONNY *(freundlich)* Was glaubst du?

ULF Ich weiß es.

JONNY Nein, ich meine sie ... was sie glaubt.

ULF Da war 'ne Gruppe von sechs jungen belgischen Designern an derselben Fachhochschule, aber jetzt haben sie sich getrennt und angefangen, allein zu arbeiten ... Er ist ganz harmlos, aber er hat ein phantastisches Gefühl für Stoffe und Schnitte.

JULIA Ich glaub, ich darf es nicht. Ich glaub, ich will sowieso nicht rausgehen, ich werd mich ausruhen.

JONNY Ja, mach das ... Heut ist Sonntag, du kannst heute sowieso nichts umtauschen.

JULIA Was soll ich mit Geld? Ich krieg ja alles, was ich hier brauche. Hier kann man ja leben wie die Lilien auf dem Feld. Ich hab keine Dollars bei mir, die hab ich zu Hause, ich bin völlig blank, brike, ich hab gar nichts, ich bin alles los, ich hab sogar meinen Charme verloren, I've got plenty of nothing, ich bin nichts, alle können mit mir machen, was sie wollen, ich glaub an alles, sag irgendwas, ich glaub daran, ich bin wie ein offenes Buch, ich bin wie ein unbeschriebenes Papier, ich bin einfach null und nichtig ... wer bin ich? Es muß irgendeine Wechselstube geben, die offen hat, könnten ja Touristen kommen, was soll der arme Tourist machen, wenn er an einem Sonntag nach Stockholm kommt, ja, er kann ja auf Arlanda Geld umtauschen, aber wenn er es nun vergessen hat ... da kann ich wohl nicht hinfahren, da kann ich die erstbeste Maschine nach New York nehmen, ich kann mit Finnair fliegen, das kostet nichts, dann lande ich auf Kennedy Airport, ich hasse Newark, das ist so deprimierend, so verlassen und so ein langweiliger Weg zur Stadt.

ULF Letzten Dienstag hab ich fünfundvierzigtausend ausgegeben. Ist nichts dagegen, was ich früher verbraten hab, aber ich konnte nicht mehr, mir fiel es plötzlich schwer zu atmen. Ich hab Aids.

JULIA Ach was, das ist gar nichts. Ich heile dich.

ULF Das ist wahr. Ich hab Aids, Aids, Aids.

JULIA Ich kann dich kurieren. Laß mich ein Hauch von Gesundheit sein. Wo keine Winde wehen.

JONNY Na, wie willst du's jetzt machen – gehen oder hierbleiben?

ULF Ist das eine Alternative? Ich lag eine Woche am SÖS, ich hatte Lungenentzündung, aber da hatte ich anscheinend einen enormen Zusammenbruch, und da haben sie mich hergeschickt, zur Beobachtung. Die sagen, ich bin manisch-depressiv. Ich muß jetzt losrasen, solange ich manisch bin.

JULIA Ich steh hier und warte auf dich ... Dann können wir weitermachen mit unserer Krankenhausromanze.

BEN Was war das?

MICKE 'ne Scheißfliege oder so. Was macht die hier? *(Fängt an zu pfeifen.)* Was ist der Unterschied zwischen einem überfahrenen Kanaken und einem überfahrenen Elch?

BEN Weiß ich nicht.

MICKE Jonny ... Jonny.

JONNY *(der zurückkommt, nachdem er für Ulf die Tür aufgeschlossen und sie wieder verschlossen hat)* Was ist denn?

MICKE Was ist der Unterschied zwischen einem überfahrenen Kanaken und einem überfahrenen Hasen?

BEN Hasen?

MICKE Ja. Was ist der Unterschied?

BEN Ich mein, du hättest Elch gesagt.

MICKE Ja, hab's mir aber anders überlegt ... spielt überhaupt keine Rolle dabei – Elch, Hase, Kaninchen, Reh, eben irgendwas ... Weißt du's?

JONNY Was? Nein.

Pause

JONNY Und was? *(Pause)* Also was?

MICKE Vor dem Elch gibt's 'ne Bremsspur. *(Lacht nicht. Pause.)*

BEN Wahrscheinlich, weil man nicht in ihn reinfahren wollte.

MICKE Was?

BEN Wahrscheinlich, weil die nicht in ihn reinfahren und verletzt werden wollten. *(Pause)* Elche können ja ziemlich groß sein.

MICKE Ja.

JULIA *(ist wieder in die Dusche gegangen, steht still, schließt unter dem Wasser die Augen.)*

HENRIK *(geht mit einem Blumenstrauß vorbei.)*

HENRIK *(kommt herein, ist abgehetzt, hat einen Strauß blaue Iris, keinen Mantel; Sakko, Krawatte etc. – das Licht draußen ist sehr schön, wie in einer Kathedrale.)* Hallo, Marie ... *(Geht zu ihr.)* Endlich. Wie geht's dir? *(Sieht sie an, erschrickt über ihr Aussehen, weiß dann nicht, was er sagen soll.)* Hm? *(Kurze Pause)* Nicht so gut? Ich hatte keine Zeit ... Ich hab dir ein paar Blumen gekauft. *(Pause)* Guck mal. *(Pause)* Blaue Iris. *(Pause)* Wo soll ... wo soll ich sie hinstellen? Ich kann vielleicht da draußen jemanden fragen.

JULIA *(geht unruhig und vorsichtig den Korridor entlang, weint – geht zu einer Pflegerin, einer Frau um die vierzig, die aus dem Raum der Pfleger kommt und an ihr vorbeigehen will. Julia hebt eine Hand und hält sie auf, tritt vorsichtig näher an sie heran, bleibt stehen.)* Halt mich fest ... bitte ... *(Wartet darauf, daß die Pflegerin sie in den Arm nimmt, steht völlig passiv da.)* Bitte ...

DIE PFLEGERIN *(nimmt Julia in den Arm, drückt sie vielleicht an sich, oder nur eine leichte Berührung)* Schon gut.

HENRIK *(geht ein wenig umher, hält noch den Blumenstrauß)* Hast du hier irgendwo eine Vase? Nein. Nicht? Hast du eine gesehen? *(Setzt sich dann ein Stück von ihr entfernt, hält den Blumenstrauß zwischen den Beinen.)* Ich frage jemanden ... Gott, ja. Ist ja lange her ... Ich hab ein paarmal versucht, anzurufen ... aber du hast geschlafen ... da hast du geschlafen ... Die sagten, du schläfst ... Ich hab gestern angerufen, um zu sagen, daß ich komme, aber da ging überhaupt keiner ran. *(Pause)* Wie geht es mit den Medikamenten? *(Kurze Pause)* Kriegst du noch dieselben wie früher? *(Kurze Pause)* Ich meine, Mama hätte gesagt ... du wolltest wechseln. *(Kurze Pause)* Helfen die, was meinst du ... oder? *(Pause)* Hm? *(Kurze Pause)* Wie sieht's aus? *(Pause)* Ja, tut mir leid, daß ich ... ich konnte wirklich nicht früher kommen ... ich hatte so furchtbar viel zu tun ... es kam einfach alles auf einmal und ... Ich war so gut wie nie zu Hause ... nur zum Umziehen ... Es war jetzt so verdammt viel ... Wir hatten ... wir haben Probleme mit dem Haushalt und ... ja, alle Zahlen zu kriegen und so ... und ... alles ... Ich weiß nicht, ob du's in der Zeitung gelesen hast, oder was gehört hast ... ich saß in Sitzungen und Diskussionen bis tief in die Nacht, weil die gestreikt haben, und dann mußte ich letztes Wochenende auf eine Konferenz, und da hatte ich vor ... vor, dich zu besuchen, aber ich hab's nicht geschafft. Es ging um die Wahl ... wie wir formulieren und uns ausdrücken sollen, eine Art Wahltaktik vor dem Herbst. Im Herbst ist ja Wahl. *(Kurze Pause)* Weißt du ja, oder. Eine sehr wichtige Wahl ... ich meine, für alle. *(Lacht auf.)* Ja, du weißt ... Aber heute, da hatte ich plötzlich über Mittag eine Stunde frei, und da ... dachte ich, ich sollte ... Ich hab mit Mama geredet, ich hab sie angerufen. Sie sagt, es geht nicht so gut ... Sie meinte ... es wär jetzt etwas schlechter ... Du würdest dich nicht mehr trauen rauszugehen, und du hättest Angst vor ... Schlangen. *(Pause)* Oder? Waren es Schlangen? *(Pause)* Oder? Ja, hab ich auch. *(Längere Pause)* Willst du was machen ... Jetzt? Irgendwo hingehen? *(Pause)* Willst du was machen? *(Kurze Pause)* Wollen wir heute ins Zimmer gehen? Nein? *(Pause)* Willst du nicht? *(Kurze Pause)* Okay ... Dann bleiben wir hier ... *(Längere Pause)* Wie... wie geht es ... wie geht es ihr ... ihr da, die ich nie ... *(Kurze Pause)* Ist sie nie hier? Nie, wenn ich hier bin. *(Wieder Pause)* Marie ... bist du nicht wieder ziemlich dünn geworden ... sehr dünn ... etwas zu sehr? Ißt du nicht ordentlich? *(Lächelt.)* Du darfst nicht mehr dünner werden ... Die achten doch drauf, daß du ordentlich ißt? Was ißt du denn? *(Pause)* Marie ... Bitte. *(Kurze Pause)* Kannst du nicht ... Mit mir reden ... Sag was ... irgendwas.

MARIE Und was?

HENRIK Ja, einfach ... rede mit mir ... Sag ... ich weiß nicht ... Du kannst es doch versuchen.

EINE MÄNNERSTIMME Du sollst dich nicht aufregen, und du sollst anti sein.

MARIE Ich hab nichts zu sagen.

HENRIK Was? Was sagst du?

MARIE Ich habe nichts zu sagen.

HENRIK Nein, nein, aber ... Ja, aber ... kann ich denn gar nichts tun?

MARIE Nein.

HENRIK Willst du gar nichts haben?

Pause

MARIE Wie geht's Lisa?

HENRIK Lisa? Ja, der geht's sicher gut ... Sie wird jetzt auch schon groß.

MARIE Ich habe sie lange nicht gesehen.

HENRIK Sie ist fast schon groß. Sie ist meistens mit ihren Freunden zusammen. Die besuchen sich gegenseitig. Ich seh sie selber kaum ... Ich hab sie seit Tagen nicht gesehen ... hin und wieder eine Viertelstunde.

MARIE Eine Viertelstunde?

HENRIK Ja, eine Viertelstunde, so etwa ... Ich arbeite zur Zeit soviel ... Willst du, daß sie dich besuchen kommt? Sie hat gefragt, wie es mit dir steht ... Soll ich sie bitten zu kommen?

MARIE Nein.

HENRIK Warum nicht?

MARIE Nein.

Pause

HENRIK Tun dir die Augen weh ... oder was hast du? *(Pause)* Liegt's an den Medikamenten?

MARIE *(nimmt die Plastikflasche, trinkt – er sieht zu.)*

HENRIK Jetzt ist bald Ostern, bald ... ja, in ein paar Tagen. *(Kurze Pause)* Ich und Agneta, wir fahren nach Rom, Italien. *(Pause)* Wir müssen eine Weile raus. Wir konnten voriges Jahr nicht fahren. Wir fahren am Mittwoch und kommen am Sonntag zurück. Wir müssen mal raus ... Wir brauchen ein paar Tage eine andere Umgebung. *(Pause)* Ist aber nur ein kurzer ... Gibt es irgend etwas, was ich dir kaufen soll?

Pause

HENRIK Es ist schon Ostern ... Ist aber früh dies Jahr. *(Pause)* Was soll ich dir kaufen? Möchtest du irgendwas haben?

(Kurze Pause) Brauchst du neue Schuhe? *(Kurze Pause)* Du hast immer Reebokstiefel ... oder? *(Pause)* Ich werd sehen, was ich finde. *(Kurze Pause)* Ja, ich muß wohl bald gehen.

Pause

MARIE Warum warst du blöd zu mir, als ich klein war?

HENRIK Was sagst du? *(Kurze Pause)* Was? *(Kurze Pause)* Blöd? *(Kurze Pause)* Wieso, was meinst du? *(Lächelt.)*

MARIE Warum warst du blöd zu mir, als ich klein war?

HENRIK Blöd ... War ich blöd? Wieso? Inwiefern?

MARIE Als ich klein war.

HENRIK Was meinst du? War ich blöd? *(Kurze Pause)* Wieso? *(Lacht ein wenig.)* Woran denkst du?

MARIE Als ich klein war.

HENRIK Was meinst du?

MARIE Als ich klein war.

HENRIK Ja? *(Pause)* Was denn?

MARIE Als ich klein war.

HENRIK Ja, das hast du gesagt ... aber was meinst du ... was denn? *(Kurze Pause)* Was meinst du? *(Kurze Pause)* Was? ... Ich versteh nicht ... ich versteh nicht, was du meinst – mein ich.

MARIE Warum hast du das gemacht?

HENRIK *(sieht sie verwirrt an)* Was gemacht? *(Kurze Pause)* Was meinst du? Was hab ich gemacht? *(Kurze Pause)* Was denn? *(Etwas lauter)* Hallo!

MARIE Warum hast du das gemacht?

HENRIK *(sieht sie an, sehr erstaunt, dann ernst)* Nein, also ... Was gemacht? *(Kurze Pause)* Was gemacht? *(Kurze Pause)* Ich meine, ich weiß leider nicht, was du meinst ... Ja? *(Pause)* Was ... soll ich gemacht haben? Was ... willst du damit sagen? *(Pause)* Ehrlich gesagt, hab ich keine Ahnung, wovon du redest. Ich kann mir nicht vorstellen, daß ich was gemacht hätte.

MARIE Doch.

HENRIK Aha. *(Pause)* Aber was ... Was bloß? Woran denkst du?

MARIE Du weißt es.

HENRIK Nein ... Nein, nein, nein ... Ich weiß es nicht. *(Lacht kurz.)* Was habe ich gemacht? Ich versteh nicht.

MARIE Das weißt du.

HENRIK Nein ...

MARIE Du weißt es.

HENRIK Ach so? *(Pause)* Ach ja. Ja, aber ... nein, ich weiß es nicht. Ich weiß nicht, was du meinst. Nein.

In der letzten halben Stunde ist Sara langsam im Raum auf und ab gewandert – sie bleibt manchmal stehen, steht völlig still, wie gelähmt, bevor sie wieder zu gehen beginnt – man weiß absolut nicht, was sie fühlt oder denkt, manchmal sieht sie ruhevoll glücklich aus, oder listig.

MARIE *(sitzt jetzt im Raucherzimmer, hat sich eine Zigarette angezündet, raucht sehr schnell, sagt dann still)* Ich hab «Bodyguard» mit Kevin Costner gesehen, mit ... mit meinem Vater.

MICKE Wirklich? Erzähl!

MARIE Was?

MICKE Erzähl.

MARIE Was denn? *(Pause)* Was soll ich erzählen?

MICKE Irgendwas.

Im Tagesraum sitzt ein kräftiger älterer Mann, der wirkt, als habe er den größeren Teil seines Lebens in der Anstalt verbracht – er hat dünnes schwarzes Haar, dunkle Hosen, ein altes graues Hemd, verschlissene Pantoffeln – er legt eine Streichholzschachtel an die Tischkante, so daß sie ein wenig übersteht, und schlägt danach, so daß sie hochfliegt; macht das so um die hundertmal, manchmal fällt sie herunter, er hat keinen Ausdruck mehr im Gesicht.

JONNY *(setzt sich, sieht auf die Uhr.)*

MICKE Wie spät ist es?

JANE *(geht ins Raucherzimmer, steht eine Weile da, zündet sich eine Zigarette an, setzt sich dann, starrt Danne an.)*

JONNY Es ist jetzt ... elf Uhr neunundzwanzig.

MICKE Ist die digital?

JONNY Ja … wahrscheinlich.

Pause

MICKE Ja, und wie war er? *(Zu Marie.)* Wie?

MARIE Wie?

MICKE *(ruhig)* Der Film … den du … *(Kurze Pause)* Wie hieß der?

MARIE Ach ja. «Bodyguard».

MICKE Ach ja. Wie war er?

MARIE Ich weiß nicht. *(Pause)* Einigermaßen.

MICKE War er gut? Einigermaßen?

MARIE Einigermaßen.

MICKE Einigermaßen? Ah ja. Da kann man mal sehen.

MARIE Ja.

JULIA *(sitzt in einem kleinen dunklen Badezimmer in einer alten Badewanne. Das Wasser geht ihr bis zur Taille, man sieht auf ihren Rücken, sie umfaßt sich selbst, als friere sie, sieht klein und verlassen aus, kauert sich zusammen und versucht, sich noch kleiner zu machen, wirkt schreckensstarr, wagt kaum über die Schulter zu blicken – ihr Haar ist aufgesteckt, die Augen sind groß und schwarzgeschminkt.)*

MICKE Nur einigermaßen.

MARIE Ja.

MICKE Ah ja … War er mit Julia Roberts?

EINE FRAUENSTIMME Das ist das mindeste, was du tun kannst.

JULIA *(nimmt erschrocken mit zwei Fingern ein geheftetes Buch aus dem Wasser, in das sie es hat fallen lassen, hält es ein wenig in die Luft, während das Wasser von ihm abläuft, um dann die Hand schlafwandlerartig über den Badewannenrand zu strecken, hält das Buch eine Weile still, läßt es dann los.)*

MARIE Nein.

MICKE Nicht? Nein, nein.

MARIE Nein.

MICKE Wer war das denn? *(Zu niemandem, gleichgültig.)* Wer zum Teufel war das dann?

JULIA O Gott. *(Pause)* O Gott, o Gott, o Gott … o Bachtin.

MORGAN *(ein Mann um die sechzig; kräftig, müde, sieht aus, als hätte er nie irgend etwas erlebt, außer sich bei seiner Mutter, mit der er in einer engen kleinen Zwei-Zimmer-Wohnung am Gullmarsplan zusammenlebt, zu bedanken, als er früh am Tag gegangen ist – er hat ihr gerade geholfen, am Balkon im zweiten Stock Blumentöpfe anzubringen, ihr zugewunken, als er hinausgekommen ist – er sieht nicht, ob sie zurückwinkt, sagt sich, daß sie gewunken habe, er es aber nicht habe sehen können – hat beim Gehen die Wohnungstür nicht zugemacht, nur Tschüß gesagt, sie ebenfalls, und er: bis später. Er schließt die Tür zur Abteilung auf, kommt dann herein, hält inne, ohne stehenzubleiben, begrüßt Jonny, sagt artig)* Ja, hallo ... ja, entschuldige, ich glaub, ich bin wohl etwas spät dran.

MICKE Wenn es nicht Julia Roberts war. *(Zu Morgan.)* Servus – Wachablösung?

JONNY Ah, bist du jetzt da?

MORGAN Ja, irgendwelche Schwierigkeiten mit der U-Bahn ...

MARIE Whitney Houston ...

JULIA *(kniet in der Wanne und streicht unsichtbares Wasser vom Umschlag des Buches, «A Chorus of Stone».)*

Gleichzeitig fällt das Buch wieder und wieder Julia aus der Hand, während sie in der Badewanne sitzt, scheu und verängstigt wie ein Reh.

Das Bild, die Szene verbrennt unsichtbar, wie ein Film, der zu lange stillsteht, wie trockenes Papier, wie eine alte weiße Rose, verbrennt unsichtbar und schrumpfend.

Gleichzeitig hört man The Beach Boys, die «Keep an Eye on Summer» singen.

MICKE Ach so, die ... Das war 'n anderer Scheißfilm.

JONNY Pretty Woman.

MICKE Wo die mitgespielt hat.

MORGAN Ich hab Mama geholfen, Blumenkästen anzumachen ... auf dem Balkon ...

MICKE Und die Zeit flog dahin.

JONNY Ja, und, ist schon okay.

MORGAN Ja, sind aber jedenfalls *(sieht auf die Uhr an seinem*

Arm) ... ja, fast zwanzig Minuten ... Du kriegst sie nächstes Mal zurück, dann komm ich etwas früher.

JULIA *(sitzt Henrik gegenüber, der eine Fotografie von ihr in der Hand hat – sie sieht, wie er die Fotografie verbrennt.)*

MICKE Und die Zeit flog dahin. Da drin war sie 'ne Hure.

JONNY Ja, das ist er ... der. Lief neulich im Fernsehen.

MICKE Ah ja? War er gut?

JONNY Ich weiß nicht ... Hab ihn nicht gesehen.

MICKE Nein, man schafft es nicht ... man schafft es nicht, alles zu sehen.

MANUEL *(der klein und dünn ist, kommt auf den Korridor, geht um den Tisch herum, guckt den Romancier an, der die Asche von der verbrannten Fotografie Julias zusammensammelt – ihre Blicke begegnen sich. Der Romancier wird etwas unruhig, denn er versteht nicht den Ausdruck in Manuels Augen – es ist, als ob sie sich eine Spur weiteten –, und er weiß nicht, was Manuel tun könnte; sie sind sich nie zuvor begegnet. Manuel ist es völlig gleichgültig, wer der andere ist. Er geht weiter um den Tisch, bewegt sich unerhört schnell und leicht – hat eine amerikanische Kappe, Turnschuhe, verschlissene Jeans, mehrere schwarze T-Shirts, bleibt schließlich dem Romancier gegenüber stehen, sehr nahe – zeigt einen Zigarettenstummel, den er in der Hand hält, ohne Filter, sehr kurz, drei Millimeter vielleicht, beinah nur noch Papier)* Feuer?

DER ROMANCIER *(ist leicht verwirrt, faßt es beinah als Provokation auf. Nimmt dann sein Feuerzeug heraus, sieht, wie schwer es ist, den Stummel anzuzünden, will Manuel eine Zigarette geben, nimmt sein Päckchen, entdeckt, daß nur noch eine darin ist, ebenfalls ein Stummel)* Warte – du kannst – *(Zündet das Feuerzeug an.)*

MANUEL *(macht eine auffordernde Geste)* Anmachen.

DER ROMANCIER Okay ... *(zündet den Stummel an.)*

MANUEL *(als die Zigarette nicht brennt)* Mehr.

DER ROMANCIER Sicher ... Okay.

MANUEL *(raucht vom Stummel, was er kann, geht dann weiter herum.)*

DER ROMANCIER *(versucht stillzusitzen, seiner Angst keinen Ausdruck zu geben und sich nicht umzudrehen, um Manuel nicht nervös zu machen – nimmt seinen letzten Stummel heraus, sieht, daß er beschädigt ist, bricht ihn oberhalb des Filters ab, legt den Filter in den Aschenbecher und zündet an, was übrig ist, ist sich die ganze Zeit Manuels hinter seinem Rükken bewußt.)*

MANUEL *(geht, ohne daß der Romancier es merkt, läßt seinen Stummel auf den Boden fallen und tritt darauf.)*

MICKE *(gibt einen kleinen Laut von sich, sagt dann schnell zu Ben)* Wie ist die Lage?

BEN Ja ... primaprima.

MICKE Primaprima.

MORGAN *(kommt aus dem Personalraum.)*

BEN Ich müßte mir den Bart schneiden. *(Streicht sich über den dünnen Kinnbart.)*

MICKE Wo ist Julia? Hat sie auch Urlaub?

JONNY Nein. *(Kurze Pause)* Sie hat wohl mit dem Arzt geredet.

DER ROMANCIER *(geht aus dem Raucherzimmer, begegnet Erik, der aus seinem Zimmer kommt und sich vor ihn stellt.)*

MICKE Mit dem Arzt? Ist hier irgend 'n Scheißarzt heute? *(Kurze Pause)* Wußte ich nicht.

ERIK Du erkennst mich nicht wieder, stimmt's?

DER ROMANCIER *(sieht ihn an)* Nein. *(Sieht ihn wieder an)* Nein ... Ich glaube nicht.

ERIK Nein. Ist ja auch schon eine Weile her.

DER ROMANCIER Ah so ... Was denn? *(Setzt sich auf einen Stuhl im Korridor.)*

ERIK Ja, ist eine Weile her.

DER ROMANCIER Was? Sollte ich dich wiedererkennen?

ERIK Ja, hättest du vielleicht tun sollen.

DER ROMANCIER *(nach einer kurzen Pause)* Ich kann nicht ... ich glaube nicht –

ERIK Nein. *(Kurze Pause)* Klar. *(Kurze Pause)* Ich bin der Sohn von der Frau, die deinen Vater geheiratet hat, ein paar Jahre, bevor er starb.

DER ROMANCIER So? (Kurze Pause) *Aha.*

ERIK Ich hab ihn gefunden nach seinem Tod.

DER ROMANCIER Aha ... Ja, genau. Ja, dann –

ERIK Ja, die Welt ist klein ... Eine kleine Welt.

DER ROMANCIER *(nach einer kurzen Pause)* Wie heißt du?

ERIK Erik. *(Kurze Pause)* Ist ja ganz schön lange her. *(Pause)* Ich war nur ganz kurz bei dir oben.

DER ROMANCIER *(nach einer Pause)* Ja ... Ich erinnere mich wirklich nicht ... soviel ich weiß. *(Lächelt.)*

ERIK Nein. *(Pause)* Ich weiß. *(Pause)* Ich bin zu dir raufgekommen, um dir zu sagen, daß er tot ist.

EINE MÄNNERSTIMME Wenn man bei McDonald steht und ist blau.

DER ROMANCIER *(nach einer weiteren Pause)* Ja, genau. *(Pause)* Jetzt fällt's mir wieder ein ...

ERIK Die konnten dich ja nicht erreichen, und ich hab damals in Stockholm gearbeitet – da bin ich raufgekommen.

DER ROMANCIER Daran erinnere ich mich.

EINE ZWEITE MÄNNERSTIMME Das ist nicht gut.

ERIK Du hast damals auf Kungsholmen gewohnt, nicht?

DER ROMANCIER Ja. *(Kurze Pause)* Genau.

ERIK Wohnst du da noch?

DER ROMANCIER Nein. *(Pause)* Ich bin umgezogen. Ich wohne da nicht mehr. Das ist lange her. *(Pause)* Es ist sehr lange her.

ERIK Jaja. *(Pause)* Ja, sie waren ja nicht so lange miteinander verheiratet. Nur zwei, drei Jahre. *(Pause)* Dann ist er ja in die Stadt gezogen.

DER ROMANCIER Ja, genau.

ERIK Er war 'ne Weile Portier, nicht?

DER ROMANCIER Ja. *(Pause)* Genau. Ich glaube.

ERIK Hat nachts gearbeitet.

DER ROMANCIER Um. *(Steht auf.)* Meine Zigaretten sind alle.

ERIK Hat ihm wohl gefallen?

JULIA *(tanzt im Korridor oder in ihrem Zimmer herum, als wäre es ihr Hochzeitstanz, und mit dem gleichen Ausdruck, singt.)*

MICKE *(pfeift wieder)* Ruhig heute ... Ziemlich tot.

JONNY Ist ja auch Sonntag.

MICKE Ist ja schön, das auch.

JONNY Normalerweise.

BEN Viele fahren übers Wochenende nach Hause ... Die ein Zuhause haben, mein ich ... die was haben, wohin sie fahren können. *(Guckt einen älteren Mann an, der ins Raucherzimmer gekommen ist und sich auf einen Stuhl gesetzt hat, dann wieder aufsteht und sich auf einen zweiten setzt und so weiter zwischen fünf, sechs Stühlen.)*

MICKE Ruhig und still soll's sein. Aber du hast doch auch ein Zuhause?

BEN Ja, sicher. *(Lacht.)* Sicher. Sicher hab ich ein Zuhause.

MICKE Aber da ist es nicht so gemütlich ... Wie hier.

ERIK Ah ja ... Was machst du jetzt hier?

DER ROMANCIER Ich ruh mich nur aus. Versuche, mich auszuruhen. Versuche, ein bißchen wegzukommen.

ERIK Ach ja, du.

DER ROMANCIER Damit mich keiner findet.

ERIK Ah ja, ja.

DER ROMANCIER Ja, du weißt, das wird jetzt wohl ein ziemliches Theater. Ich hab doch gestern den Nobelpreis gekriegt.

ERIK Was sagst du?

DER ROMANCIER Ja, du weißt schon.

ERIK Den Nobelpreis?

DER ROMANCIER Ja, für Literatur.

ERIK Gestern?

DER ROMANCIER Ja, sicher. Ich wußte ja, daß ich ihn kriege. Ich war unten am Stureplan, da hab ich's gehört. Da hat mich keiner erkannt, ich versuch ja sozusagen, natürlich zu sein. Ich war in der Apotheke, als plötzlich alle darüber redeten, und dann haben sie mich gejagt wie die Irren ... also mußte ich herfahren. Ich bin unter einem anderen Namen hier, damit sie nicht herkommen.

ERIK Ah ja ... Der Nobelpreis ... Ja, das ist ja schön.

DER ROMANCIER Ja, aber das heißt, ich werde mehrere Jahre nicht schreiben können. Ich kann jetzt ja nichts machen.

ERIK Das ist natürlich ziemlich viel Geld.

DER ROMANCIER Aber was soll ich damit?

ERIK Ja, dann mußt du wohl ablehnen.

DER ROMANCIER Ja, aber dann werden sie sauer, dann

werden sie ... ich weiß nicht, was sie machen werden. Dann werden sie ... ich hätte vielleicht nicht herkommen sollen, ich komm vielleicht nicht wieder raus, die verstecken mich hier, weil ich gedacht habe, ich will ihn nicht, und dann komm ich nicht mehr raus, und sie nehmen alles, was ich schreibe, und zerreißen es –

ERIK Nein ... Ich werd wohl eine Weile fernsehen ... mal sehen, ob es was gibt.

DER ROMANCIER Ja.

ERIK Irgend 'nen Mist gibt es wohl ... Wie spät ist es?

DER ROMANCIER Ja ... ich weiß nicht.

ERIK Ja ... Bis später.

DER ROMANCIER Ja, bis später dann.

Beide gehen.

JANE *(geht ins Raucherzimmer, läßt sich schnell auf den Stuhl fallen)* Bitte, hast du eine Zigarette?

DANNE Ja, sicher. O ja.

JANE Gut. Wunderbar. Du kriegst sie später zurück ... Ich will nur schnell eine rauchen. Ich wollte versuchen aufzuhören, ich auch, aber das schafft man ja nicht an dieser blöden Anstalt. Das ist schon Strafe genug, auch wenn man nichts gemacht hat. *(Danne zündet ihr die Zigarette an.)* Danke, supertoll ... Man wird so unheimlich müde, wenn man aufhört zu rauchen, stimmt's, und fühlt sich komisch. *(Raucht gierig.)* Was soll man bloß machen? Was soll man sich bloß einfallen lassen?

DANNE Nee, da gibt's nicht soviel.

JANE Nee, da kann man bloß warten. Und das war's dann. *(Zuckt die Achseln.)*

DANNE Nee.

JANE *(gähnt)* Ja ... Hier ist nicht viel los.

DANNE Nein, kann man nicht behaupten.

JANE Nein, das wär zuviel gesagt. *(Pause)* Und wo wohnst du?

DANNE Söder ... Götgatan.

JANE Ah ja, du ... Da ... Ja, die ist auf Söder. Ja, irgendwo muß man wohnen.

DANNE Ja ... aber ich will dann versuchen, was anderes zu finden ... Ich wohn da nämlich nicht selbst.

JANE Du wohnst da nicht selbst?

DANNE Nein.

JANE Wer wohnt denn da für dich?

DANNE Was?

JANE Wenn du nicht selbst da wohnst, wer wohnt dann da für dich ... Wohnt da jemand anders für dich?

DANNE Nein. *(Lacht kurz auf.)* Nein, ich meine ... ich meine, ich wohn da nicht allein ... ich wohn noch bei meiner Mutter ...

JANE Ach so. So ist das ... Was machst du?

DANNE Was ich mach? Ich bin Hausmeister im Eriksdalsbad.

JANE So? Wie interessant ... Und was machst du da?

DANNE Ja ... alles mögliche.

JANE Kann ich mir denken. Ich hab nicht gedacht, daß es noch Arbeiter gibt, ich dachte, die gäb's nicht mehr. Ich hab lange keine mehr gesehen. Ich verkehr nicht in diesen Kreisen. Ich dachte, die hätten ihr eigenes Krankenhaus. Mein Mann ist Architekt, er entwirft Krematorien. Postmoderne Krematorien. Du weißt, man wird in einen Computer reingefahren und verbrannt und wird zu Asche ohne Umweltrisiken, Risiken für die Umwelt. Hast du mal was vom Postmodernismus gehört? Ich hab Philosophie studiert, wann war das, in den siebziger Jahren. Hatte Hans Mathlein. Später fing er an, über Tierversuche zu schreiben, wie wir unsere armen Tiere behandeln, wie freundlich wir zu denen sind, für die wir sorgen sollen. Jedenfalls raucht er nicht. Man bläst den Rauch den Tieren direkt in die Augen, glaub ich, und die können nichts machen, weil man ihnen die Augenlider hochgezogen und dann befestigt hat, so daß die Augen die ganze Zeit offen sind. Er ist reinlich, das ist das mindeste, was man sagen kann, er wäscht sich jedesmal nach dem Pinkeln, das ist immerhin etwas. Du mußt zur Maniküre, auch zur Pediküre, so kannst du nicht rumlaufen. Du kriegst keine Frau, wenn du so rumläufst. Du glaubst doch nicht etwa, daß du mich anfassen dürftest mit diesen Händen.

DANNE Nein, das hatt ich nicht vor.

EINE MÄNNERSTIMME Weiß ich doch nicht.

JANE Ist bestimmt schöner, als dir in den Arsch zu fassen.

Mein Mann ist ein guter Liebhaber, man kann sagen, was man will. Ich krieg solche Orgasmen und alles.

DANNE Aha.

JANE Und alles. Du kapierst nicht, was ich sage. Ich weiß nicht, was ich machen soll. Er ist gut. Ich will nicht, daß jemand mit dreckigen Nägeln und jemand voller Schmutz, und man weiß nicht, was die angefaßt haben, meine Klitoris berührt – die ist so zart und empfindlich. Aber ihr aus der Arbeiterklasse, ihr habt wohl nie was über Hygiene gelernt ... ihr habt ja im Grunde nichts, wofür ihr leben könnt, ihr seid am Ende, ihr seid tot, ihr seid vollkommen vergessen, ihr sitzt bloß tagelang in einer Sofaecke und raucht und seht fern.

DANNE Ich finde nicht, daß –

JANE Hör mal zu, du, es interessiert keinen Menschen, was du findest. Keiner redet mit dir. Du redest mit dir selbst. Du führst einen Monolog. Keiner will mit dir reden. Keiner will mit dir reden. Kapierst du das nicht?

DANNE *(friedlich)* Nein ... da bin ich froh drüber.

JANE Du hast keinen Grund, froh zu sein, du verdammte Niete. Verdammter Schlappschwanz. Keinen auf der ganzen Welt. Du hast keinen einzigen richtigen Kumpel. Ist das nicht demütigend?

DANNE *(still)* Ja, sicher sicher ... Absolut.

JANE Nimm deinen Dildo aus dem Mund, verdammter Waschlappen, man hört nicht, was du sagst.

DANNE Was ist mit dir los?

JANE Mit dir ist was los. Ich bin ein normaler Mensch, aber was bist du? Was bist du? Was bist du? Was bist du?

DANNE Ich sitz nur hier und rauche. Ich hab nicht ...

JANE Halt die Schnauze, verdammtes Opfer. Halt die Schnauze verdammtes Opfer. Verdammtes Opfer. Du redest und redest und redest und redest und redest und redest –

DANNE Ich hab nichts gesagt.

JANE Und redest und kannst nichts und begreifst nichts und weißt nichts und bist nichts und wirst nichts und warst nichts und du kapierst nichts –

DANNE Und was bist du? *(Schüttelt den Kopf.)* Scheiße, das ist ja tragisch –

JANE Halt die Schnauze halt die Schnauze halt die Schnauze halt die Schnauze halt die Schnauze halt die Schnauze halt die Schnauze halt die Schnauze halt die Schnauze halt die Schnauze halt die Schnauze ... *(Noch zwanzigmal. Danne steht auf.)* Bitte, wir können doch zusammen reden? Wir können doch zusammen onanieren, du hast doch deinen üblichen Stil?

DANNE Du hast sie ja nicht alle. *(Geht.)*

JANE Warte, warte, warte jetzt hier. *(Geht ihm nach.)* Bitte, du klingst so sexy, du klingst so entwicklungsgestört. Du Ärmster. Gib nicht auf, bevor du nicht gekommen bist. *(Geht ihm nach, spricht beinahe vor sich hin.)* Du darfst nicht mehr meine Möse lekken. Jetzt darfst du die Möse der Seele lecken.

MARIE Du weißt es.

HENRIK Nein, weiß ich nicht. Ich weiß nicht, was du meinst. Nein. Wirklich. *(Etwas kräftiger.)* Ich weiß absolut nicht, worauf du anspielst ... was du meinst ... Was denn bloß? *(Kurze Pause)* Ich frag mich, ob du es weißt. *(Sieht sie an)* Denkst du an damals, als ich versprochen hatte, daß wir nach Rom fahren ... aber es wurde nichts daraus ... es kam irgendwas dazwischen ... Meinst du das? *(Pause)* Meinst du etwa das?

MARIE Nein.

HENRIK Aber was denn dann? Es tut mir sehr, sehr leid ... Ich weiß, es hat mir sehr leidgetan, und man soll nichts versprechen ... aber es ist noch nicht zu spät ... Rom existiert noch. Die Ewige Stadt ... Ja ... Wir können ein andermal hinfahren, wenn du wieder gesund oder fröhlich bist ... Und ich hab ja auch gesagt letzten Sommer, wenn du irgendwo hinfahren willst, Italien oder Spanien, versuch ich, meinen Beitrag zu leisten. Selbstverständlich ... Du bist ja noch nicht gereist. Du mußt mal rauskommen. Vielleicht kannst du irgendwo hinfahren diesen Sommer. *(Pause)* Willst du? *(Pause)* Wir werden sehen ... Wär vielleicht gut. Etwas, worauf du dich freuen kannst.

MARIE Das war es nicht.

HENRIK Was dann? *(Sie sehen einander lange an.)* Warum guckst du mich so an? *(Pause)* Erzähl mir jetzt, was es ist. Ist ja vielleicht nicht so schlimm. *(Kurze Pause)* Also, was ist es, Marie? *(Seufzt, dann lauter.)* Ich will, daß du jetzt sagst, was es ist! *(Ruhiger.)* Sonst kann ich ja nichts begreifen. Soll ich das denn nicht?

MARIE Du warst blöd.

HENRIK *(trocken)* Jaja. Ja, ja ... Und inwiefern?

MARIE Zu mir.

HENRIK Ja? Und –

MARIE Mama weiß es.

HENRIK Ah so. *(Kurze Pause)* Ah ja ... was weiß sie? *(Kurze Pause)* Was weiß sie ... was ich nicht weiß?

MARIE Was du gemacht hast.

HENRIK Soso, sie weiß das, aber ich weiß es nicht ... Ich weiß es nicht. *(Lauter.)* Das ist doch idiotisch. Sag jetzt ... sag mir jetzt, was es ist! *(Kurze Pause)* Entschuldige, ich sollte nicht so laut reden ... aber ich muß bald gehen. Ich hab eine Sitzung ... geht um Reiseaufwandsentschädigungen. *(Pause, mit einer gewissen Verzweiflung.)* Ich mach wirklich alles, so gut ich kann ... Ich versuche ... Ich versuche, alles zu schaffen, aber ich bin dem nicht gewachsen ... ich bin wie ... bitte, Marie.

MARIE Du weißt, was es ist.

HENRIK Nein, das weiß ich eben nicht. Ich weiß es nicht. Ich weiß es nicht. Ich weiß nicht, was du dir einbildest, was ich gemacht hätte, ich hab keine Ahnung ... und ich will ... ich will es jetzt wissen. *(Pause)* Was es auch ist, was du auch meinst, was ... wessen ich angeklagt werde.

Pause

HENRIK Nein *(Pause)* Aha ... ja, was soll ich dann machen? *(Steht auf, geht umher, bleibt dann stehen, ändert den Ton, klingt versöhnlich.)* Du ... Können wir nicht, nein, laß uns die Sache jetzt klären, dann ist das klar ... Oder? Es geht nur darum, daß du ... sagst was es ist ... was es auch ist ... Ich muß bald gehen. *(Sieht auf die Uhr.)*

MARIE Hast du Angst.

HENRIK Was? *(Kurze Pause)* Angst? Warum sollte ich Angst haben? Was meinst du damit? Wovon redest du. *(Bleibt vor ihr stehen, legt ihr die Hand auf die Schulter.)* Warum verflucht noch mal sollte ich Angst haben? *(Kurze Pause)* Und wovor? *(Lacht auf.)* Wovor sollte ich Angst haben?

MARIE Vor dem, was du gemacht hast.

HENRIK Was?! *(Kurze Pause)* Vor was denn? Ich hab nichts gemacht! Nicht das kleinste bißchen ... Ich hab nicht das kleinste bißchen gemacht ... Nein, ich werd verrückt ... Das ist doch nicht –

MARIE Dann kannst du auch hier sitzen.

Pause

HENRIK Nein, jetzt mußt du wirklich. *(Sieht auf die Uhr.)* Ich weiß nicht mehr, was ich sagen soll ... Hat das Ganze etwas mit deinem Krankheitsbild zu tun? Nein, ich meine nicht, daß du krank bist ... du bist deprimiert und ... Mama sagte irgendwas, du hättest in den Kommodenschubladen Tiere gesehen ... und so ... scheußliche Dinge ...

MARIE Du hast gesagt, da wär eine Schlange im Kühlschrank ... die wär giftig und würde ... mich auffressen, wenn ich den Kühlschrank aufmach, wenn ich allein bin ... Du hast gesagt, da wär 'ne Schlange im Kühlschrank ... hinter der Marmelade, und die würde mich beißen, wenn ich die Tür aufmach.

HENRIK *(fängt an zu lachen)* Das war es? *(Kurze Pause)* Mein kleiner Liebling ... War es ... war es das, was du meintest?

MARIE Du hast gesagt, da wär eine Schlange im Kühlschrank, und die würde mich beißen, wenn ich die Tür aufmach.

HENRIK Hast du das gemeint? Ja, das war blöd ... War wohl ein Scherz ... ich hab nur einen Witz gemacht ... hab ich ja öfter gemacht ...

MARIE Du hast gesagt, sie wär in der Mayonnaise.

HENRIK Ja, das war schon blöd ... Ich wußte nicht ... Es war ziemlich blöd ... Ich hatte nicht die Absicht, dich zu erschrecken ... Ich hab nicht nachgedacht ... Sollte ein Spiel sein, aber es war blöd. Ich hatte nicht vor ... nur ein Witz, ganz nebenbei. Verstehst du? So was läßt man sich manchmal zuschulden kommen. *(Sieht auf die Uhr.)* O Gott ... ich muß gehen.

JULIA *(die gebadet hat, kommt im Morgenrock aus dem Bad, sieht Eddie, der auf einem Stuhl ganz unten im Korridor am Telefon sitzt; er sieht sehr schlecht aus, Alkoholiker und drogenabhängig, vierzig, fünfundvierzig – trägt einen weiten schwarzen schmutzigen und verschlissenen Mantel, an einem Kragen ist ein Abzeichen)* Hallo.

EDDIE *(sieht sie an, ohne zu antworten.)*

JULIA Was steht auf dem Knopf da an deinem Mantel?

EDDIE *(ruhig)* Warum hast du nicht lesen gelernt?

JULIA Ich kann lesen ...

EDDIE Ja, dann mußt du's doch nur machen.

JULIA Die Medikamente, wenn ich die nehme, seh ich nicht so gut.

EDDIE Dann mußt du wohl wiederkommen, wenn du sehen kannst, falls ich dann hier bin. Kommt darauf an.

JULIA *(nähert sich, liest)* I'm not deaf, I'm just ignoring you. *(Lacht.)* Lustig.

EDDIE Die meisten sehen das nicht so ... Viele.

JULIA Nein, aber ich versteh es.

EDDIE Wirklich? Nicht zu subtil?

JULIA Nein ... Wie geht es Will ... William? Wie geht es ihm?

EDDIE Wie geht es wem?

JANE *(laut)* Weißt du, wie wir unsere Tiere behandeln? Ich weiß, wie wir unsere Menschen behandeln. Wir behandeln unsere Frauen jedenfalls besser als Tiere! Da kannst du mal sehen!

MICKE *(ist ins Rauchzimmer gekommen, sagt zu Danne, der sich ihm gegenüber in einen Sessel gesetzt hat)* Na, wie?

DANNE Naja. *(Pause)* Man wird etwas blöd im Kopf von den Medikamenten ... Man wird etwas leer.

MICKE Sicher. Ist doch gut, man soll leer werden, ausgenommen ... daß man von vorn anfangen kann.

DANNE Ja, vielleicht.

MICKE Sicher. *(Pause)* Was willst du jetzt machen?

DANNE Wann denn?

MICKE Jetzt ... Was willst du jetzt machen?

DANNE Ich weiß nicht. *(Kurze Pause)* Kommt darauf an.

MICKE Kommt drauf an? Was kommt darauf an?

DANNE Ich weiß nicht.

MICKE Nein. *(Kurze Pause)* Ich werd sehen.

MICKE Ja.

DANNE Was ich machen will.

MICKE Ja, soviel kann man hier ja nicht machen.

DANNE Nein, klar.

AXEL *(kommt durch die Tür zu seinem Zimmer – man sieht weder Zimmer noch Tür; geht auf den Knien, kniet dann und schrubbt mit seiner Zahnbürste sehr sorgfältig und langsam den Boden sauber.)*

DER ROMANCIER *(geht vorbei, bleibt stehen)* Axel. *(Pause)* Axel. *(Legt ihm eine Hand auf die Schulter.)* Was machst du?

AXEL Ich bin bald fertig. Es ist sauber, bis Papa kommt.

DER ROMANCIER Es ist jetzt schon sauber. Du brauchst nichts mehr zu machen.

AXEL Ich muß fertig werden, bis Papa kommt. *(Dann spuckt er darauf. Mit einem furchtbaren Blick zum Romancier auf.)* Tina und Jens gehen in die Versöhnungstherapie, Olof will nichts sagen, er ist auf dem Ölberg, er will nicht reden, bevor es vorbei ist.

JULIA *(zu Eddie)* Hast du nicht eine Verabredung mit dem Mann auf der Platte?

DER ROMANCIER Sauberer kann es nicht werden ... Steh jetzt auf, wir gehen Kaffee trinken.

AXEL Besser, man trinkt drei Gläser Wasser, wenn man Kopfweh hat, als daß man eine Tablette nimmt. Mehr ist nicht nötig. Wasser ist die beste Medizin gegen alles. Ich war im Sommer in der Türkei. Ich bin gut klargekommen – ich hab jeden Tag sieben Liter Wasser getrunken. So viel verliert man. Hat der Arzt gesagt. Aziz. Warum fährt er in die Türkei, wenn er aus Iran geflohen ist? War es Iran?

DER ROMANCIER Wollen wir Schach spielen?

AXEL «Was hilft mich alles dies?»

DER ROMANCIER Was sagst du?

AXEL «Sobald ihr mich / Von diesem Sitz und aus dem Lande treibt / Aus Angst vor meinem Namen? Nicht vor mir / Und meinen Werken! Meine Werke sind / Weit eher ja gelitten als getan. / Des Vaters und der Mutter Schicksal, das / Euch so entsetzt, ich weiß es ganz genau / Bin ich …»

BEN *(sitzt auf dem Sofa, Jonny gegenüber, Micke dort, wo er die ganze Zeit gesessen hat – Danne sitzt ganz vorn auf dem Stuhl und schaukelt leicht, Jonny guckt nach wie vor in die Zeitung.)*

MICKE Verflucht, das ist ja Plastik, deswegen klebt man dauernd fest, ist ja wie 'ne Möse, wenn man aufsteht.

BEN Dienstags hatte ich Bewegungsgymnastik, mittwochs Wassergymnastik, und donnerstags hab ich einen langen Spaziergang nach Källhagen gemacht … aber die übrigen Tage war ich frei.

AXEL Wenn man eine Uniform hat, dann um zu zeigen, man ist nicht … Was ist man nicht?

HENRIK O Gott … ich muß jetzt gehen. Tut mir leid … Ich komm zu spät … Denk jetzt nicht mehr daran … Wir reden darüber, wenn ich wiederkomme … Ja. Ich komm am Sonntag abend spät. Dann ruf ich an. Vielleicht ruf ich von Rom aus an. Ich werd's versuchen. Sonst komm ich am Montag … Morgen kommt ja Mama.

MARIE Und dann hast du mich gezwungen, an deinem Hintern zu riechen. Das war widerlich. Du hast mich gezwungen, deinen Schwanz anzufassen.

HENRIK Was? Was sagst du?

MARIE Es war widerlich. Ich hab versucht zu duschen. Aber es geht nicht ab.

HENRIK Was sagst du da? *(Sieht sie an.)* Marie. *(Pause)* Weißt du, was du sagst?

MARIE Du hast es gemacht.

HENRIK *(völlig bestürzt)* Was?

MARIE Du hast es gemacht.

HENRIK Was gemacht?

MARIE Du hast es gemacht.

HENRIK Bist du noch gescheit! Ich hab nichts gemacht! Ich hab nichts gemacht! Was zum Teufel soll das hier!

MARIE *(ruhig und still)* Doch. Du hast mich vergewaltigt, als ich klein war. Du hast mich an dem roten Stuhl festgebunden und vergewaltigt.

HENRIK *(starrt sie an. Nach einer ziemlich langen Pause, leise)* Das ist nicht wahr. Das ist nicht wahr. *(Sieht sie an.)* Das ist nicht wahr.

MARIE Du hast mich vergewaltigt.

HENRIK Nein.

MARIE Doch.

HENRIK Nein, sag ich. So etwas habe ich nicht gemacht. Da kannst du sicher sein. *(Pause)* Das ist ja entsetzlich.

MARIE Mama weiß es. Ich hab es dem Doktor erzählt.

HENRIK Was?

MARIE Mama weiß es.

HENRIK Was hast du getan? *(Kurze Pause)* Bist du noch gescheit? Das gibt es doch nicht! Du bist ja ... also, Marie ... Das ist ja zum ... Weißt du, was du tust? *(Pause)* Weißt du, was du tust? *(Sie sitzt still da und sieht ihn an, die Hände geballt auf dem Schoß.)* Du weißt nicht, was du tust ... Es ist nicht wahr, es ist nicht wahr... Es ist nicht wahr, sage ich! *(Kurze Pause)* Willst du ... willst du mein Leben zerstören ... Ist es das, was du willst? Ist es das, was du willst?

MARIE *(ruhig)* Du hast meines zerstört.

Sie sehen einander an. Er hat Mühe zu atmen.

HENRIK Es ist nicht wahr ... es ist nicht wahr. *(Pause)* Nein, also ... Was ist denn das?

Auf Bens Körper werden Worte aus Paulus' 1. Brief an die Korinther projiziert, Worte aus schönem Licht, der ganze Text über die Liebe; doch nur Ben sieht sie, er hat sie auch im Gesicht und auf den Händen, sehr schöne rote, goldene und dunkle Buchstaben; er sieht sie auf seiner Hose und seinem Sakko und schüttelt sie, versucht dann etwas fester, sie abzuklopfen, doch sie bleiben da – er ist verzweifelt. Er steht auf, fängt an, um sich zu schlagen, an seinen Kleidern zu zerren.

JONNY Was ist denn jetzt?

MICKE Was zum Teufel macht der da?

BEN Nimm die weg.

JONNY Welche die?

BEN Die Wörter. Nimm sie weg!

MICKE Was denn für Scheißwörter? Sag mal.

BEN Ich hab überall Wörter ... am ganzen Körper. Ich weiß nicht, wo die herkommen. Überall.

MICKE Ich seh keine Wörter. Siehst du Wörter?

JONNY Nee, nicht daß ich wüßte.

BEN Von Paulus?

MICKE Paulus?

JONNY Wovon redet er?

MICKE Wovon redest du?

BEN Paulus ...

MICKE Was?

BEN Siehst du sie nicht ... die Wörter an mir –

JONNY Hast du Wörter an dir?

MICKE Also, wir sehen nicht die Scheißspur.

JONNY *(ruhig)* Was denn für Scheißwörter?

BEN Ich weiß nicht ... Nein, ich weiß nicht.

JONNY Ah ja.

MICKE Jaja, du.

BEN *(fängt an, sich auszuziehen, doch die Wörter sind an seinem Körper.)*

ERIK *(kommt aus dem Tagesraum ganz unten im Korridor, läuft direkt in Morgan, der sich umgezogen hat)* Ich war da! Ich war in derselben Ecke! Ich war da in genau der Scheißecke, wo es passiert ist! Ich war da!

MORGAN Jaja, du.

ERIK Zum Teufel, bestimmt! Ich bin direkt durch diese Ecke gefahren, vor drei Monaten! Ich bin manchmal diesen Scheißweg gefahren, wenn Stau war! Das ist doch nicht ganz normal! Ich war ja da ... verdammt noch mal, das ist nicht normal.

MORGAN Da kann man mal sehen.

ERIK Ich bin direkt durch diese Stelle gefahren, ich bin erst vor drei Monaten an derselben Scheißstelle gefahren. Ich hätte da hinfahren können. *(Wird plötzlich völlig ruhig.)* Verdammt komisch ... verdammt merkwürdig ...

MORGAN Ja, ja.

ERIK Was? Verdammt merkwürdig ... Ich hätte da sein können, als es passiert ist. Wenn es passiert wäre.

MORGAN Jaja, ist es aber nicht.

ERIK Wär ich nicht nach Hause gefahren ... Wenn es gekommen wär, als ich da war.

MORGAN Aber du warst ja nicht da.

ERIK Ich hätte vorbeikommen können, als es passiert ist ... Ich meine, ich fahr nicht absolut jeden Tag diesen Weg, aber ziemlich oft, ich bin ihn bestimmt mindestens zwanzig-, dreißigmal gefahren, wenn Stau war auf der – großer Gott ...

MORGAN Da kann man mal sehen.

ERIK Ich hab da jeden Scheißdreck wiedererkannt. Genau da. Mann, ich bin ganz schön erschüttert. Ich hatte einen Ford Mondeo, völlig neu, ich dachte, ich sollte noch 'ne Weile bleiben, schwarze Air Condition, aber dann ging es schnell ... Sie hat ihn genommen, ihn auch ... Verflucht noch mal, wär ich da gewesen, sie hätte keinen Schimmer von ihm gesehen, verdammte verkommene Fotze. Ich hatte ja die Versicherung nicht bezahlt. *(Lacht.)*

Dunkel.

ZWEITER AKT

FÜNFTER TEIL

Derselbe Raum. Zunächst Stille.

JONNY Du hast mit deinem Vater 'ne Menge Filme gesehen.

MARIE So ziemlich.

JONNY Und wie viele?

BERTIL *(ein älterer Mann, ziemlich dick, klein, breit, sitzt im Korridor auf einem Plastikstuhl, die Art, wie man sie in schäbigen Cafés findet. Er trägt eine Pyjamajacke, die nicht zugeknöpft ist, der Bauch quillt heraus, darunter braunbeige schmutzige, zu enge Hose, der Hosenschlitz ist nicht zugeknöpft)* Wie heißt du?

MARIE Ich weiß nicht.

JONNY Du weißt nicht?

JOHAN *(der vielleicht da ist, oder nur eine Stimme)* Johan.

BERTIL Johan?

MARIE Ja, sind wohl einige – *(unterbricht sich, verstummt.)*

JOHAN Ja.

BERTIL Ah ja ... Und wie alt bist du?

JOHAN Achtzehn ... Und du?

BERTIL Und ich?

JOHAN Ja. Wie alt bist du?

BERTIL Ich? Ich bin dreiundfünfzig.

JOHAN Ah ja.

BERTIL Zu alt für dich?

JOHAN Nein, nein.

BERTIL Nicht? Nein. *(Pause)* Und wie geht es dir? *(Kurze Pause)* Wie?

JOHAN Geil.

BERTIL Ich auch. *(Pause)* Kann man dich anrufen?

JOHAN Nein ... Geht nicht.

MARIE Wir waren in «Falling Down», aber ich konnte den Schluß nicht sehen.

MICKE Du konntest den Schluß nicht sehen?

MARIE Ich konnt ihn nicht sehen ... ich halt das nicht aus, diese psychologischen Filme, die –

JOHAN Leider.

BERTIL Kann ich dich nicht anrufen?

JOHAN Leider nein.

BERTIL Schade.

MICKE «Falling Down» ... Ach ja.

BERTIL Wirklich schade.

JOHAN Ja, vielleicht.

MICKE Was hab ich noch gesehen? Was war das noch?

BERTIL Was machst du? *(Pause)* Wichsen?

JOHAN Ja.

BERTIL Ja, ich auch.

MICKE Ich komm nicht darauf, was ich gesehen hab ... Was war das noch?

Man sieht acht, neun Matratzen, die auf dem Boden liegen. Rechts sieht man kurz den Schatten von Julia, die herumläuft.

MARIE Schwedisch?

BERTIL Schön.

MICKE Schwedisch, nein.

JOHAN Ja.

MICKE Nein, nicht schwedisch.

JOHAN Ja.

BERTIL Haach, wie schön.

MICKE Nein, was war ... was war das noch für einer?

JOHAN Ich bin unheimlich geil.

BERTIL Bist du nackt?

JOHAN Ja. So gut wie.

BERTIL Jaja. Liegst du ... oder sitzt du?

JOHAN Nein. Ich liege ... auf dem Bett.

BERTIL Ich auch. Ich sitz auf dem Sofa ... Sag mal, kann man dich nicht anrufen?

MARIE «Nikita»?

MICKE Was ist das für einer?

MARIE Ja, das ist ein Film … der … den ich gesehen hab.

MICKE Nein, der war's nicht, das war 'n anderer, 'n amerikanischer. Ist der amerikanisch, ist es ein amerikanischer Film?

MARIE Ja … obwohl, ja –

MICKE Was?

MARIE Ja … Nein, nichts.

Eine ältere Frau mit Plastiktüten geht vorbei.

BERTIL Ich kann dich anrufen, ich ruf dich an.

JOHAN Nein, das geht nicht.

BERTIL Warum geht das nicht?

JOHAN Ich bin nicht allein.

BERTIL Du bist nicht allein? *(Kurze Pause)* Ist jemand da?

JOHAN Ich wohn bei Mamma … Sie ist zu Hause.

BERTIL Ah ja. *(Pause)* Ist sie jetzt zu Hause?

JOHAN Ja.

MICKE Nein, das war nicht der … Was war das für ein verdammter Film?

JONNY Ja, frag nicht mich … Ich weiß es nicht.

MICKE Ich auch nicht … Ich komm nicht darauf, was es war, aber er war gut, obwohl – *(Verstummt, sitzt völlig still da, als wäre er tot.)*

JONNY Was?

MICKE Was?

JONNY Was war denn?

MICKE Was denn?

JONNY Ja, du wolltest … du hast was gesagt von irgend 'nem Film … du hast von irgendeinem verdammten Film geredet! Was war denn?

MICKE Ach so, nein – ja, nein … gar nichts.

BERTIL Sie ist also jetzt zu Hause?

JOHAN Ja.

BERTIL Was macht sie? *(Pause)* Was macht sie jetzt?

MICKE Ich hab vergessen, was es war.

JONNY *(aggressiv)* Ja, hab ich gemerkt.

MICKE Vielleicht …

HENRIK *(steht in Maries Zimmer. Das Bett ist nackt, Matratze, Laken usw. sind weg. Es ist ein Plastikbett. Man hört Maries Rufe, doch sie ist nicht da.)*

MARIES STIMME *(im Plastikbett)* Hilfe ... Hilfe ... Ich kann nicht atmen ... Ich krieg keine Luft.

HENRIK *(versucht, das Bett aufzureißen.)*

MARIES STIMME *(immer tiefer im Bett)* Ich kann nicht atmen ... Hilfe ...

HENRIK *(als die Stimme unten am Fußende und im Begriff ist zu verschwinden – zerreißt, zerbeißt das Plastik mit den Zähnen, reißt die Eingeweide auf, sucht verzweifelt, findet aber niemanden.)*

JONNY *(ruhiger)* Könntest du nicht über was reden, wo du drauf kommst.

MICKE Liegt vielleicht ... liegt vielleicht an den Medikamenten.

BERTIL Was macht sie jetzt? *(Pause)* Hallo.

JONNY Ja.

MICKE Kann es an den Medikamenten liegen?

MARIE Ich erinnere mich an alles.

JOHAN Sie ist unter der Dusche.

BERTIL Unter der Dusche?

JOHAN Ja.

BERTIL Ah ja. *(Pause)* Weiß sie, daß du wichst?

MICKE Ja, war aber vielleicht doch irgend so'n blöder Clint Eastwood ... oder Mel Gibson.

BERTIL Weiß sie, daß du wichst? *(Kurze Pause)* Weiß sie, daß du jetzt wichst? *(Kurze Pause)* Hallo? *(Erneut Pause)* Hallo?

JOHAN Ich bin hier.

BERTIL Hallo.

JOHAN Ich bin hier.

BERTIL Ich auch. *(Pause)* Ich bin auch hier.

MARIE «Terminator».

BERTIL Weiß sie, daß du jetzt wichst?

JOHAN Ja.

BERTIL Weiß sie es? Weiß sie es?

JOHAN Ich glaube.

MICKE Ja, war er vielleicht. *(Pause)* Ja, sehr gut möglich.

MARIE Mit Schwarzenegger.

MICKE Nee, der nicht … nein, daran hätt ich mich erinnert.

BERTIL Kannst du sie nicht bitten, dir wichsen zu helfen?

MICKE Ist lange her, daß einer mit Mel Gibson gelaufen ist?

MARIE Film?

MICKE Ja.

BERTIL Kannst du sie nicht bitten, dir wichsen zu helfen?

JOHAN Nein, das trau ich mich nicht.

BERTIL Doch, mach das … Würde sie bestimmt machen.

JOHAN Ja.

BERTIL Wenn du sie bittest.

MICKE Wie hieß der noch? «Tödliche Waffe»?

MARIE Eins und zwei und drei.

MICKE Drei auch?

JOHAN Ich hab auch gesehen, wie sie sich selber streichelt.

MICKE Ich hab ihn mit meinem Halbbruder gesehen.

BERTIL Das hast du gesehen?

JOHAN Ja. Oui.

MICKE Wir haben denselben Vater, aber verschiedene Mütter.

JONNY Ihr habt nicht die richtig selbe Mutter.

BERTIL Hast du mal ihre Möse gesehen?

JONNY Nicht richtig gleich.

BERTIL Hast du? Hast du die Möse gesehen?

MICKE Nein, seine Mutter ist 'n Sozialfall. Wirklich. Ist tragisch. Treibt sich irgendwie in der Stadt rum, mit 'nem Riesenhaufen Plastiktüten.

HENRIK *(in Julias Zimmer, wo es sehr warm ist – sie liegt im Bett, es geht ihr sehr schlecht, hat starke Medikamente bekommen und weiß nicht, was passiert – das Licht ist sehr stark dort drinnen, das Zimmer wirkt groß, Bett und Nachttisch weit voneinander entfernt – riesige Distanzen zwischen allem. Auf ihrem Tisch steht eine große Fotografie von ihr selber mit fünf Jahren; es liegt eine aufgerissene Packung Twist auf dem Tisch, sie hat einige gegessen, die übrigen sortiert; ihr Koffer steht am Fußende. Er setzt sich auf die Bettkante, nimmt ihre leblose Hand, streichelt sie, streichelt dann ihr Gesicht, die Wangen; Gesicht und Haare sind schweißnaß)* Julia … Hallo. *(Pause)* Julia. Liebling.

JULIA *(versucht, den Blick auf ihn zu richten; man weiß nicht, ob sie ihn erkennt, sie sieht ihn an, als sähe sie ihn nicht, und die ganze Zeit blinzelt sie.)*

HENRIK Ich bin's ... Schläfst du?

JOHAN Ja.

BERTIL War sie naß in der Möse?

JOHAN Klitschnaß.

BERTIL Klitschnaß?

JOHAN Ja.

BERTIL Herrlich ... Schön ... Herrlich.

HENRIK Schläfst du? *(Pause)* Hast du Medikamente bekommen? *(Sie versucht, ihn zu sehen, kann ihn aber mit Augen und Bewußtsein nicht fixieren.)* Ich bin's nur ... Ich hab ja gesagt, daß ich komme.

JULIA *(hebt eine Hand, um ihn zu berühren, ist aber ein gutes Stück daneben, versucht, etwas zu sagen.)*

HENRIK Wach nicht auf ... Schlaf nur ... Ich sitze hier. *(Pause)* Ich geh nicht.

BERTIL Wie alt ist sie?

JOHAN Dreiundvierzig.

MICKE Er spielt irgend 'nen Scheißbullen ... der Probleme hat.

BERTIL Na, das ist doch kein Alter. *(Kurze Pause)* Ist doch kein Alter für eine Möse.

HENRIK So ... Julia. *(Pause)* Ich bin hier. Ich bleibe hier.

JULIA *(versucht, sich aufzusetzen, sinkt wieder zurück, versucht es noch einmal, will aufstehen, steht auf, macht ein paar Schritte, fällt beinah hin.)*

HENRIK *(umarmt sie)* Julia. *(Pause)* Hallo. *(Sieht ihr in die Augen, es sieht so aus, als erkenne sie ihn.)* Hallo, ich bin's. *(Kurze Pause)* Ich liebe dich.

JULIA Liebe?

HENRIK Ja.

JULIA Liebe ...

HENRIK Ja, ich liebe dich.

JULIA Ja ... *(Lange Pause)* Nein.

HENRIK Doch, sehr, sehr ... Ich liebe dich sehr. Komm jetzt. Leg dich hin. Du sollst dich hinlegen, dich ausruhen, ich sitze bei dir, ich bleibe bei dir, ich sitze hier. Soll ich die Gardine zuziehen?

JULIA *(macht ein paar Schritte auf das Bett zu, dreht sich dann um und geht zum Kleiderschrank, will dort etwas holen.)*

HENRIK Möchtest du irgendwas haben? Soll ich irgendwas holen?

JULIA *(versucht, zum Schrank zu gehen, er geht mit ihr; als sie ankommt, kann sie den Türgriff nicht finden; er dreht sie um, geht mit ihr zum Bett, sie wimmert; er setzt sich neben sie, nimmt ihr Gesicht, küßt sie auf die Stirn)* Muß den Tisch decken.

HENRIK Ja ... Kannst du später machen.

JULIA Glas. Serviette. Serviette.

HENRIK Ja. Leg dich inzwischen hin. Ich sitze hier. *(Pause)* Willst du schlafen? *(Legt sie ins Bett.)* Möchtest du irgendwas? Kann ich irgendwas machen?

JOHAN Ich bin scharf auf sie, wenn ich ehrlich sein soll.

HENRIK Ich glaub, ich zieh die Gardine zu. *(Will aufstehen, sie packt ihn, er setzt sich wieder.)* Okay.

JONNY Ja, irgend so was war das wohl.

MICKE Was?

JONNY Ja, irgend so was, irgendwas Tödliches.

HENRIK Vielleicht möchtest du was trinken?

JULIA Alle deine ... so.

BERTIL Hat sie große Brüste? *(Pause)* Hallo.

HENRIK *(geht im Zimmer umher – auf einem Tisch weiter hinten stehen ein paar große Plastikflaschen Coca Cola – es wirkt, als wäre der Tisch sehr weit weg. Henrik geht durch Schatten von Jalousien; holt eine Flasche, schenkt in ein Zahnputzglas ein, geht zurück zum Bett)* Hier. *(Pause)* Das ist Coca Cola. *(Pause)* Julia. *(Hebt ihr Gesicht hoch, sie trinkt und bekleckert sich.)* So.

DIE FRAU *(beinahe sechzig, trägt eine Hemdbluse, ein breites hellgelbes Band über dem Haar, das straff zurückgekämmt ist, sieht aber dennoch etwas schlampig aus; Rock, langweiliger Schmuck, wirkt bitter und vergrämt – hält gleichgültig eine recht große Fotografie von sich selbst vom Anfang der fünfziger Jahre hoch, auf der sie zweiundzwanzig, dreiundzwanzig ist und beinahe den gleichen Gesichtsausdruck hat wie jetzt – zeigt auf die Fotografie)* Das bin ich. So sehe ich aus. Es ist dieselbe Frau. Kann man gar nicht glauben. Das bin ich, alle beide – nur die Zeit ist vergangen. *(Lacht kurz und unerwartet.)* Da gibt's jemand, der nagelt, in einem fort Nägel in die Wand schlägt. Entsetzlich. Ja, ich sollte wohl machen, was ich immer mache. Das gehört ja dazu an so einem, so einem … Freudentag, in Ermangelung von etwas Besserem. Man ist ja so konventionell, letzten Endes. Ich glaub, das wird man immer sein. *(Geht hinaus, kommt sofort mit einer kleinen häßlichen Torte mit einer einzigen Kerze zurück.)* Kommt Torte essen! Wo ich sie schon mal gekauft habe. *(Alle gehen hin, außer denen, die sich nicht bewegen können – versammeln sich um sie und die Torte.)* Es gibt Torte! Heute spendier ich Torte, denn ich feiere … ratet ihr, was? Wißt ihr, was ich feiere? *(Nein – alle schütteln den Kopf, was mag das sein.)* Heute feiere ich den zehnten Jahrestag des letzten Beischlafs mit meinem Mann. *(Zündet die Kerze an, bläst sie dann aus, schneidet sehr dünne Tortenstücke auf, nimmt dann den kleinen Kerzenhalter auf der Torte, wickelt ihn in ein Taschentuch und steckt ihn in ihre Handtasche.)* Ich hab ja auch ein Ekzem bekommen, ein inneres Ekzem. Ich lade euch ein, in Ermangelung meiner Freunde … Die wollen sich hier ja nicht blicken lassen. Das heißt, vielleicht wollen sie das doch. Wäre sicher interessant. Gibt hier viel zum Angucken … Und meine Tochter …

Das Licht beginnt zu blinken, und schließlich erlischt es. Alle fangen an zu rufen und zu lärmen.

JOHAN Sie hat große Brüste … Sie ist schlank und hübsch … Jetzt duscht sie.

BERTIL Du kannst anklopfen.

JOHAN Nein, das geht nicht.

BERTIL Doch, geh jetzt hin und klopf an.

JOHAN Nein … das geht nicht.

BERTIL Hat sie nie zugeguckt, wenn du dabei bist?

JOHAN Ich glaub, sie hat gesehen, daß ich wichse.

BERTIL Hast du gesehen, daß sie gesehen hat, daß du wichst?

JOHAN Ja, so ungefähr …

BERTIL Sorgst du dafür, daß sie sieht, wenn du wichst, damit sie es weiß?

JOHAN Ja, so ungefähr.

BERTIL Herrlich.

JOHAN Ja.

BERTIL Herrlich.

JOHAN Ja.

Pause

DIE FRAU Wir hätten auch ein bißchen Musik gebraucht, Musik und Gesang und solches Zeug ... Vera Lynn. Wirklich schön.

BERTIL Hat sie 'ne schöne Möse?

JOHAN Ich glaube.

BERTIL Mußt du abchecken ... Mußt du untersuchen.

JOHAN Ja.

BERTIL Du mußt mal reingreifen.

JOHAN Ja ... Würd ich gern machen.

BERTIL Schön.

JOHAN Ja.

BERTIL Hat sie 'ne scharfe Möse?

JOHAN Ja.

BERTIL Herrlich. Schön. *(Pause)* Kommst du jetzt?

JOHAN Ja.

BERTIL Kommst du?

JOHAN Ja.

BERTIL Jetzt komm schon. Komm schon, komm schon.

JOHAN Ja, ja, ja ... jetzt komm ich.

BERTIL Ich auch. Ich komm jetzt. Herrlich ... Wirklich herrlich gespritzt. *(Stille)* Hallo. *(Kurze Pause)* Bist du da?

MICKE *(sieht das Plakat an, pfeift)* Ja, da müßte man jetzt sein ... Marokko. *(Stellt den Tortenteller hin.)* Tunesien ... oder Spanien ... irgendwo, bloß nicht hier. *(Kurze Pause)* Stimmt's?

DIE FRAU Iß erst die Torte, und fahr dann nach Spanien. Besser kann's dir nicht gehen.

EINE MÄNNERSTIMME Er wohnt auch südlich von der Stadt, aber nicht so südlich von der Stadt.

HENDRIK Ich wüßte gern, wer diese Plakate herstellt.

BERTIL Ich hab auch das Telefon vollgespritzt.

JONNY *(nach einer Pause)* Die Reederei.

HENRIK *(schiebt die Twist-Bonbons auf dem Nachttisch umher)* Krieg ich einen? *(Kurze Pause)* Julia. *(Kurze Pause, lächelt.)* Krieg ich einen Twist ... Julia?

JULIA *(sieht ihn an, reagiert sehr langsam, der Blick bewegt sich mit enormem Umstand zum Tisch, sieht zu, was er tut, begreift es nicht - er hält ihr einen Bonbon hin.)*

HENRIK Bekomm ich den? *(Sie antwortet nicht, murmelt etwas anderes.)* Krieg ich den? *(Hält ihn ihr still hin.)* Das ist ... Nougat ... Magst du das? *(Julia nimmt ihn langsam von seiner Hand, schiebt ihn an eine andere Seite des Tisches.)* Krieg ich ihn nicht? Magst du die? *(Nimmt einen weiteren.)* Krieg ich dann den hier? *(Ohne den Bonbon anzusehen, nimmt sie ein leeres Papier und gibt es ihm.)* Den da? Nein, ich will kein Papier. Ich will einen Bonbon. Krieg ich keinen? *(Sie gibt ihm das Papier.)* Krieg ich bloß das? Krieg ich bloß das Papier? *(Pause)* Krieg ich nicht den hier? *(Alles geht bei ihr sehr langsam, sie nimmt ein weiteres Papier und hält es; er nimmt es ihr weg.)* Das ist doch bloß Papier. *(Kurze Pause)* Liebling ... Willst du schlafen? Soll ich mich da drüben hinsetzen? *(Beugt sich über sie und küßt sie – streichelt sie dann.)*

MICKE Ich glaub, ich hau irgendwohin ab, wenn ich rauskomm. Spanien vielleicht. *(Pause)* Gibt's irgendwas Gutes im Fernsehen?

JONNY Ich weiß nicht. *(Pause, sieht nach dem Datum der Zeitung.)* Die ist vom Freitag.

DIE FRAU Ist ja nett, wenn man so unbeliebt ist. Mich mag sie am allerwenigsten.

EINE MÄNNERSTIMME Ich bin auch haargenau vierzig. Ich hab keine Krisen.

MICKE Freitag? Dann steht ja nicht drin, was es heute gibt.

JONNY Was?

MICKE Aber dann steht doch nicht drin, was es heute gibt ... im Fernsehen.

JONNY Nee. Steht nicht drin. *(Kurze Pause)* Es gab 'nen ... 'nen Film mit Mickey Rourke ... «Der stumme Zeuge». *(Liest.)* Über die IRA oder so.

MICKE Ah ja.

JONNY Irland.

MICKE War vielleicht gut.

JONNY Ja, einigermaßen ... hat drei Sterne gekriegt.

MICKE So Durchschnitt.

JONNY Mittelgut.

MICKE Mittelschlecht.

JONNY Mittelbeschissen. Im Vierten ... Lief im Vierten.

MICKE Letzten Freitag ... Das war ja vor mehreren Tagen.

JONNY Fing zweiundzwanzig Uhr ... vierzig an ... zwanzig vor elf ... Da sollst du schlafen.

MICKE Zwanzig vor elf? So spät.

JONNY Da sollst du im Bett liegen und pennen, mit dem Teddy. *(Pause)* Das ist doch nicht spät. Zwanzig vor elf, nicht zwanzig vor zwölf.

MICKE Mann, da schläft doch das halbe schwedische Volk ... die, die 'nen Job haben jedenfalls ... So lange aufbleiben können bloß die anderen.

DANNE Wie viele sind das?

MICKE Bestimmt 'ne ganze Menge.

HENRIK Das ist so, damit die keiner sieht.

DANNE Was?

HENRIK Die Sendungen ... die Sendungen im Fernsehen. Wahrscheinlich legen sie die deswegen so spät.

DANNE Wer macht das?

HENRIK Die, die das Programm gestalten, die Programmgestalter.

DANNE Uhum.

MICKE Ich seh fast nie fern. Der steht bloß da.

JONNY Ja ... aber du hast doch keinen Job.

DANNE Braucht bestimmt Zeit, wenn man sich schlecht fühlt ... oder krank ist. Ich meine, auf die Art.

JONNY Ja, aber da kann 'n bißchen Abwechslung ja ganz gut tun.

DANNE Ja, tut es aber nicht unbedingt.

MICKE Nein, als ich einen hatte.

DIE FRAU *(nimmt ein Stück Toilettenpapier aus ihrer Handtasche, hebt es hoch)* Jetzt werd ich mich schneuzen.

MICKE Ist gar nicht so sehr lange her, eigentlich. Erst zwei Jahre. Hätt ich damals um sechs aufstehen müssen und zur Arbeit gehen, hätt ich keine Chance gehabt, den zu sehen, oder, wenn's nicht irgendwas Besonderes war, aber sonst nicht. Hätt ich um sechs angefangen, hätte ich um viertel vor fünf aufstehen müssen und irgendwas runterwürgen und zur Arbeit gehen, und dann wär ich spätestens um zwölf oder so im Bett gewesen, und dann hätt ich den Schluß auf jeden Fall verpaßt, falls der Film gut war.

JONNY Jaja, klar.

DIE FRAU Wo ist Jane? *(Pause)* Weiß das jemand? Kann sich jemand daran erinnern? Nein, die andere, die immer so sauer war.

JONNY Jaja, ist klar ... Man muß Prioritäten setzen.

DANNE Ich glaube, ganz schön viele wollen arbeitslos sein, auch wenn sie sagen, ihnen geht's beschissen.

HENRIK Ja, jedenfalls die, die einen Job haben.

DANNE Was?

HENRIK Die möchten sicher eine Weile arbeitslos sein.

DANNE Zumindest, wenn es was Gutes im Fernsehen gibt.

MICKE Nein ... ich bin erst seit einundneunzig arbeitslos, und das kommt einem vor wie mindestens zehn Jahre ... Aber dann kann man sowieso nicht fernsehen. Man kann nicht aufstehen, auch wenn man um zehn ins Bett geht, jetzt, mein ich. Man schläft einfach rund um die Uhr, wenn man nichts hat, das ... einen antreibt. Man wird nur müder und müder, je mehr man pennt. Ich war viel mehr fit, als ich früher zehn Stunden gearbeitet hab, mehr als jetzt. Wo ich nicht arbeite. Man wird auf 'ne andere Art müde. *(Pause)* Müde von allem, man wird ja mehr müde, wenn man nichts macht.

JONNY Ja, aber dann war da doch auch noch das andere.

DANNE Was denn?

JONNY Nicht nur der Job. Das kam wohl wie ein Brief von der Post, ein Brief auf der Post.

MARIE *(liegt auf dem Bett und schläft, noch magerer, bleicher. Henrik kommt herein, eine Spur frühlingshafter gekleidet, hat Geschenke aus Rom mitgebracht – ein Parfum, Issey Miyake, eine Brieftasche, ein Paar Ohrringe. Er hat etwas Farbe bekommen, sieht aber sehr müde aus und ist vielleicht auch magerer. Er geht zu ihr, steht da und sieht sie an, wirkt böse und unglücklich zugleich, versucht sich zu beherrschen.)*

HENRIK Hallo ... *(Streckt eine Hand aus, berührt Marie aber nicht, wartet.)* Hallo.

MARIE *(wacht auf, starrt hinauf an die Decke, spürt dann, daß jemand gekommen ist, zuckt zusammen, wendet ihm langsam das Gesicht zu, sieht ihn, reagiert nicht – all ihre Bewegungen, ihr Verhalten und ihre Worte sind sehr entfernt und langsam.)*

HENRIK *(der auf ihren Ausdruck mit Schmerz reagiert, sagt mit sehr kleiner Stimme)* Hallo. *(Hustet.)* Verzeihung. Hab ich dich geweckt ... Hast du geschlafen, ich wollte ... *(Dann mit normaler Stimme.)* Ich wollte nur reingucken ... Die sagten, du bist in deinem Zimmer. Hier. *(Pause)* Wie geht es dir? *(Geht umher, legt die Geschenke hin, holt einen Stuhl, setzt sich aber nicht hin, geht zurück zum Tisch am Fenster, bleibt dort stehen, spricht leiser und langsamer als sonst.)* Wir sind gestern nach Hause gekommen, spät ... aus

Rom. Wir waren in Rom, ein paar Tage. *(Pause)* Wie ist es dir ergangen? Hast du … *(Pause)* Wie ist es dir ergangen? *(Wartet.)* Nicht so gut.

MARIE So einigermaßen.

HENRIK Ja. *(Pause)* Ja, ja.

MARIE Schlecht.

HENRIK Ja. *(Lange Pause)* Wir müssen nach Rom … Ich meine, wenn du dich erholst, wenn es dir bessergeht … dann fahren wir nach Rom … du und ich. Wenn du willst … Ja, und Agneta … Eine wunderbare Stadt, sehr, sehr schön … es hat Spaß gemacht da … Ich meine, ja … Phantastisch. In jeder Hinsicht … Wir waren zwar nur so kurze Zeit da, aber … nur – wie lange, nicht mal viereinhalb Tage, nicht mal, aber wir haben trotzdem eine ganze Menge geschafft, ziemlich viel gesehen und … Obwohl, ja … das Hotel war schlecht … war in der Nähe von Sachen, die ich auch sehen wollte, wo's nicht ging, wo – die Sixtinische Kapelle, kennst du die, die ist sehr berühmt … die waren gerade dabei, sie zu renovieren, war geschlossen … ist sie wohl meistens … Du weißt, Michelangelos Skulpturen und so … und noch ein berühmter, noch ein berühmtes Kunstwerk … Apollonios' Torso vom Belvedere … war natürlich weg zur Restaurierung … Die restaurieren die Ewigkeit ununterbrochen, die Römer. *(Lacht.)* Es heißt schließlich die Ewige Stadt, also müssen sie … darauf achtgeben, sie manchmal restaurieren, damit sie nicht völlig zerfällt. Aber wir waren in der Peterskirche und auch außerhalb von Rom, in Tivoli … in der Hadriansvilla und der Villa d'Este … Da müssen wir hin … die mußt du sehen … Da müssen wir wirklich hinfahren, wenn es dir gutgeht … wenn ich frei hab … Sie ist berühmt für ihre … gibt da eine Riesenmenge von Fontänen und Springbunnen überall, kleine und große, wo man auch hingeht … Überall … Ich weiß nicht, wie viele. *(Pause)* Und das Essen. *(Pause)* Klar, es waren so viele Leute da, gerade jetzt. Ostern. Dann fahren die Leute ja nach Rom. War wohl keine gute Idee, gerade über Ostern nach Rom zu fahren, aber … Es hat zwei Tage geregnet … Aber es war schön. *(Kurze Pause)* Jetzt ist es schwer, wieder zu arbeiten, aber man muß ja … Ich bin noch gar nicht richtig zu Hause … Wird so intensiv, wenn die

Zeit so kurz ist. *(Kurze Pause)* Agneta läßt grüßen, läßt dich grüßen. Sie hat dir ein Paar schöne Ohrringe gekauft. *(Nimmt das kleine Paket. Liest.)* Nadar, Roma, Via del Governo Vecchio 32. *(Kurze Pause)* Sie hat sie für dich gefunden, sie sagte, die hier wären was für Marie. Ja. *(Verzieht das Gesicht.)* Ich hoffe, sie gefallen dir. Sie hofft es ... Ich wußte nicht mehr, ob du Löcher in den Ohren hast oder nicht. Willst du sie sehen? *(Kurze Pause)* Dann kannst du sie vielleicht nicht tragen. *(Hält ihr das Paket hin, sie nimmt es nicht.)* Willst du nicht sehen, wie sie aussehen? *(Öffnet das Paket, das wie eine Tüte geformt ist.)* Hier. Guck mal. *(Pause)* Sind die schön? *(Pause)* Kannst du sie nicht angucken?

MARIE Ja.

HENRIK Gefallen sie dir?

MARIE Nein.

HENRIK Nein, nein ... Ich leg sie hierher ... Du kannst sie dir später ansehen.

EIN ALTER MANN *(zwischen sechzig und siebzig, trägt einen weiten dunklen Mantel, der ziemlich schmutzig ist – er ist insgesamt ziemlich dreckig und ungepflegt, kommt in den Raum, bleibt stehen, sieht sie nicht an)* Ist Jesus hier?

MICKE Er ist dir sicher nah.

DER MANN Jesus kommt.

DANNE Um welche Zeit?

MICKE Um welche Zeit?

DANNE Wo, wann?

DER MANN *(sieht ihn nicht an, steht still, geht dann)* Jesus kommt. Seid bereit.

MICKE Habt ihr gehört, was der gesagt hat: Ist Jesus hier? Kommt rein und fragt, ob Jesus hier ist.

DANNE Nein, ist er nicht.

MICKE Was hätte er hier zu tun?

JONNY Du sagst es. *(Lacht.)*

MICKE Ja, wieso übrigens nicht? Hier gibt's sicher viel zu tun für ihn.

JONNY Sicher. Ja, wir werden sehen, ob er kommt ...

MICKE Ja, warten wir und sehen wir, ob er auftaucht.

DANNE Nein, ich glaub nicht, daß er kommt ... Aber vielleicht atmet er heftiger.

MICKE Was?

DANNE Ja? *(Pause)* Kommt Jesus?

MICKE Ja?

DANNE Kommt Jesus? *(Pause)* Nein ... aber er atmet heftiger.

KALLE *(sitzt seit langem still auf einem Stuhl in der Ecke, hat aufgehört zu weinen, sagt zu Morgan, der ihm gegenübersitzt)* Ich hab Nierenbeckenentzündung gekriegt ... Darum ging es mir so schlecht ... Das ist wie eine Blutvergiftung im ganzen Körper ... Jetzt ist es besser ... Ich hab Morphium bekommen.

MICKE Das ist nicht witzig ... Nicht, wenn man glaubt, nicht, wenn man religiös ist.

DANNE Du bist doch nicht religiös?

MORGAN O ja, du. Ja, das ist gefährlich.

DANNE Seit wann?

KALLE Ich hab Morphium gegen die Schmerzen gekriegt, und das war schön, phantastisch, als wäre man plötzlich im Paradies. Wenn ich nicht richtig krank geworden wäre, wär es wohl weitergegangen wie immer, ich hätte noch einige Zeit weitermachen können wie immer ... Aber dann hab ich solche Angst gekriegt.

MORGAN Ja.

KALLE Es gibt Sachen in meinem –

MORGAN Ist ja manchmal ein Glück, daß es sie gibt.

KALLE Ja, in meiner Kindheit, über die würd ich gern mit jemand reden ... Aber das einem jungen Menschen erzählen, der noch gar keine Lebenserfahrung hat und gerade mit der Ausbildung fertig ist, das, was ich erlebt hab, das kann ich nicht ... Da finde ich keine Worte.

MORGAN Nein. Es ...

KALLE Ich empfinde einen solchen Haß auf meinen Vater, weil er mich mißhandelt hat, als ich klein war ... daß er sich jetzt im Körper festsetzt und mich vergiftet, und ich weiß nicht ... Mama sagte zu ihm, sie sah ja, wenn er mich schlug und konnte nichts machen, denn er schlug mich ja, so sehr er konnte, auch um sie zu bestrafen, denn er wußte ja, wie schrecklich es für sie war, das zu sehen, da sagte sie, begreifst du nicht, daß du ihn gegen dich aufbringst, du erweckst seinen Haß. Er wird dich niemals gern haben oder dir verzeihen können ... aber das hab ich versucht, jahrelang ... obwohl ich so erniedrigt war durch ihn ... Ich dachte, ich hätte ihm verziehen ... aber er sagte, was macht das, er soll mich nicht gern haben, er soll zerbrechen, und er soll tun, was ich sage, das reicht ... Als er später Krebs hatte und im Sterben lag, war ich die ganze Zeit da, und ich hatte ihm verziehen, aber jetzt ist es trotzdem wieder da ... Ich habe nichts ... Es tut weh wie damals ... als ob er mich jetzt schlüge, mich jetzt geschlagen hätte, es tut weh wie damals.

MORGAN Nein.

DIE FRAU *(geht in ihrem Zimmer umher und packt ihre Sachen in einer Tasche zusammen, zufrieden und nervös zugleich, singt die ersten drei Minuten der Goldberg-Variationen, falsch oder sauber – als sie fertig ist, geht sie hinaus.)*

JONNY *(hält sie auf, schüttelt den Kopf)*

DIE FRAU *(zuckt leicht die Achseln, so als wäre die Chartermaschine eine weitere halbe Stunde verspätet)* Ziemlich warm hier, die Luft ist ziemlich schlecht, oder wie ... wie die Luft in einem Hähnchenbeutel, äußerst unrein ... Man muß ja soviel Verwesung und Bakterien einatmen.

MORGAN Nein.

KALLE Ich seh dir jetzt an, daß du freundlich bist, und ich muß etwas sagen ... Mit den Ärzten kann ich ja nicht reden.

DER ARZT *(kommt aus dem Ärztezimmer, Jeans, Sakko, blaukariertes Hemd, gelber Schlips, Aktentasche, geht durch den Korridor vorbei an Morgan und Kalle.)*

KALLE Da ich ja bei der Fürsorge bin ... Altenhilfe ... Ich arbeite da. Ich bekam den Job, als ich bei Konsum aufgehört hatte ... Dann wollte ich mit Menschen zu tun haben, mich um Menschen kümmern, in Kontakt mit Menschen kommen, nicht nur ... Aber da gibt es so viel Sterben, so viel Sterben und Leiden, das steht mir bis hierher ... Ich bete jeden Abend und jeden Morgen zu Gott, daß ich nicht bei der Altenhilfe arbeiten muß, zu den Leuten nach Hause gehen ...

MORGAN Nein, mein Vater lebt noch, meine Mutter auch.

KALLE Da gibt es so viel Sterben, ich kann das nicht mehr sehen ... und Einsamkeit ... Ich muß für sie putzen und einkaufen und kochen, manchmal sind sie so bösartig, hart ... bitter, das betrifft alles, das Leben, das sie böse gemacht hat ... Und nie besucht sie jemand, außer mir ... und ich kriege alles ab ... Ich wollte mich vorzeitig pensionieren lassen, aber die Ärzte bei der Rentenversicherung, die den Patienten nicht mal zu sehen bekommen, die werden über mich urteilen ... Ich werde vor ihnen stehen, und sie haben mein Leben in ihren Händen ... Sie haben mal an mir experimentiert, Ende der Fünfziger im Krankenhaus, ich war bei einem Projekt dabei, sie wollten neue Medikamente an Menschen testen ... Der Arzt von damals, er lebt noch, er ist pensioniert ... Und er glaubte wohl an das, was er tat, mehr als an den Menschen ... Und ich war bei dem Arzt der Rentenversicherung, eine junge Frau, sie sah ständig auf die Uhr, ich hatte das Gefühl, sie hört mir nicht zu, sie wollte nur fertig werden, um sagen zu können ... Ich hatte aufgeschrieben, was ich erlebt habe, um es erzählen zu können, wenn ich bei ihr bin, falls ich nervös werde, und ich las es ihr vor ... und da sagte sie, so kann das nicht gewesen sein, so was tat man doch nicht ... Der Oberarzt sagte: Wir werden ihn so komplett vernichten, daß eine neue Person herauskommt, jemand, der mit normalen Störungen fertig wird ... Das war 1962 in St. Jörgens ... sie bekamen Mamas Erlaubnis, ein neues Medikament auszuprobieren, sie war ja verzweifelt, ich war ja nur ein Frachtstück ... Diese Experimente hatte man mit amerikanischen Gefangenen gemacht, die lebenslänglich hatten, die nie wieder rauskommen würden, und für die spielte es schließlich keine Rolle – sie versuchten, einen neuen Menschen zu schaffen, der keine Angst hatte, der machte, was sie wollten ... Und das sitzt ja noch in den Knochen. Ich weiß nicht, ob auch das Medikament an sich, aber wie sie mich behandelt haben, daß ich mich nicht wehren konnte, man war gewissermaßen in einem Raum, wo man ertrank, wo sie einen ertränkten ... damit man jemand anders wurde.

MORGAN Ja.

KALLE Nein, weil ... meine Eltern waren ja sehr arm, man

kann sich nicht vorstellen, wie arm man damals war, richtige Not, als er arbeitslos wurde, darum mußte ich früh anfangen zu arbeiten, um mitzuhelfen, und Papa trank ja, das hatte er ja auch vorher getan, und im Sommer mußte ich in einer alten Pension arbeiten, einem Hotel oben in Smögen, ich war erst neun oder zehn, als ich da anfing, und das war so weit weg von zu Hause, daß ich den ganzen Sommer nicht einmal nach Hause fahren konnte, und ich hatte auch kein eigenes Geld, denn den Lohn schickten sie an Mama, damit sie ihn bekam, darum mußte ich den ganzen Sommer da wohnen, ab Juni, wenn die Schule aufhörte, und dann konnte ich erst im August zurückfahren ... So war es mehrere Sommer, fünf Jahre, glaub ich ... Ich mußte bei allen Drecksarbeiten helfen, abwaschen und Kartoffeln schälen und so was, und diese alten Kellner, die da im Sommer gearbeitet haben, die kamen da auch nur im Sommer hin, die waren ja allein und betranken sich, und einer vergriff sich an mir, als er voll war, da war ich zehn, und ich hab Mama gebeten, daß ich nicht mehr dahin muß, aber sie konnte mich nicht zu Hause behalten, es hatte keinen Sinn, ihr etwas zu erzählen, denn einerseits trank Papa, und sie hatte genug mit ihren Problemen zu tun, und sie sagte, es wäre besser für mich, ich wär da draußen auf dem Land, es wär immerhin auf dem Land, und ich könnte baden, wenn es warm wär, und andererseits brauchten wir das Geld, und ich traute mich nicht, ihr zu erzählen, warum ich da nicht sein wollte.

MORGAN Nein, klar.

MICKE Wo wohnst du?

DER ROMANCIER Gärdet ... Värtavägen.

MICKE Nicht du – du.

JONNY Husby.

MICKE Wo liegt denn das?

JONNY Neben Kista.

MICKE Tensta ... Da draußen.

JONNY Nein, Kista ... Kista, Husby, Akalla.

MICKE Ach so, da, da draußen ... im Norden ... Arbeitest du hier schon lange?

JONNY Ja, seit, wie lange, bald einem Jahr.

MICKE Ah ja, du, ein Jahr ... Ich bin hier erst etwas länger als einen Monat. Bald. *(Pause)* Und du? Wie lange bist du schon hier?

MARIE Warum fragst du?

MICKE Nein, interessiert mich nur.

MARIE Ja. Ich weiß nicht. *(Zu Jonny)* Wie lange bin ich schon hier?

DER ROMANCIER Die Zeit spielt doch keine Rolle.

JONNY Seit März ... war das wohl.

MARIE März.

JONNY Ja, oder etwa nicht? März, April, Mai ... Bald vier Monate.

DER ROMANCIER Ja, eine Rolle spielt sie wohl ... ist nur schwer zu sagen, welche.

MICKE Du kamst wie 'ne Taube aus der Hölle –

MARIE Was sagst du, wie –

MICKE Wie 'ne Taube aus der Hölle, oder wie das heißt ... Schwein vielleicht. Taube, Schwein ... oder wie das heißt ... Pidjon ... Pig.

MARIE *(ernst)* Ah ja.

MICKE *(fummelt an seiner Unterlippe)* Tabak, hier. *(Tut es wieder, befeuchtet den Finger.)* Du hast da 'nen Tabakkrümel.

JONNY Pig heißt Schwein.

MARIE Ah ja.

DANNE Schwein gehabt.

MICKE Ist hängengeblieben. *(Pause)* Nimm den weg. *(Pause)* Bitte, nimm ihn doch weg.

MARIE Warum?

MICKE Der irritiert ... Er irritiert ... mich zutiefst ... Er wirkt irritierend. Dann laß ihn eben da.

MARIE *(nimmt ihn weg.)*

MICKE Jaja ... Dann geht's bald nach Hause.

MARIE Nein. *(Pause)* Nein. Nicht für mich.

MICKE Nein, ja, nein, ja, das entscheidest du.

MARIE Nein.

MICKE Nein ... Willst du nicht nach Hause?

MARIE Nein.

MICKE Warum nicht?

MARIE Nein.

MICKE Warum denn das nicht? Ist doch gut?

MARIE Nein ... Ich weiß nicht, was ich machen soll.

MICKE Was du machen sollst? Gibt doch massenhaft Sachen.

MARIE Nein ...

HENRIK Ich hab gehört, du willst nicht essen ... Sie haben gesagt, sie hängen dich an den Tropf, wenn du nicht anfängst zu essen ... Sie müssen dich an den Tropf hängen, wenn du nicht ißt ... Deinen Körper. *(Pause)* Das ist doch nicht so gut ... Es tut weh.

MARIE Nein ... ist besser, wenn ich sterbe.

HENRIK Aha.

MARIE Das ist ja nicht mein Körper.

HENRIK Und wie geht's Crusty? *(Nimmt ihre Puppe, will sie ihr reichen, doch sie nimmt sie nicht.)* Da war etwas ... Wir haben etwas Schreckliches gesehen, als wir in der Villa Adriana waren ... das ist eine Sommer – wie soll man sagen, es sind nur Ruinen, phantastische Ruinen, aber ... sehr, sehr schön ... Der Kaiser wohnte da im Sommer, nahm alle mit, seine ... Senatoren, Sekretäre, seinen Hof ... seine Bediensteten und Köche und so weiter, im Sommer ... dann wohnten sie da draußen, dreißig, vierzig Kilometer von Rom ... Und da stand eine hohe Mauer, war vielleicht früher eine Wand einer Basilika, und als wir da standen und raufsahen, an der Mauer hochguckten, sah Lisa plötzlich einen Vogel ... da war ein Vogel, der hing in einer kleinen Schlinge da oben, hoch oben ... er hatte sich erhängt, er war tot. *(Pause)* Ja, wir mußten Lisa mitnehmen, denn sie hätte bei einer Freundin sein sollen, während wir weg sind, aber ihre Mutter, die Mutter der Freundin, wurde plötzlich krank, irgendwas mit dem Blinddarm, darum konnte Lisa nicht bei ihnen sein, wie geplant, also mußte sie mit. Es ging nicht anders zu machen ... Wir wollten beinah schon zu Hause bleiben ... aber weil Agneta bei der SAS arbeitet, konnte sie das regeln, ein Last-Minute-Ticket. Darum konnten wir nicht für uns sein, wie geplant ... wie wir vorhatten. Aber wir fahren nach Rom, du und ich ... wann du willst. Das versprech ich. Ich weiß, ich hab es dir einmal versprochen, und ich ... konnte damals nicht.

MARIE *(nach einem Augenblick)* Was war das für ein Vogel?

HENRIK *(nach einer Pause)* Nein, das weiß ich nicht ... was das für einer war ... klein ... wie eine Bachstelze oder ... Ich weiß nicht, ich versteh nicht so viel von Vögeln. *(Pause)* Er hing da oben einen halben Meter unterhalb des Nestes ... ja, genau, in einer Schlinge, Bast oder Draht ... Erst dachten wir, er lebt noch, aber er bewegte sich nur im Wind, wenn der Wind sich bewegte ... Er hatte sich selbst erhängt, als er das Nest verlassen wollte ... Ein Loch in der Mauer, ein kleiner sozusagen Spalt zwischen Steinen. *(Kurze Pause)* Da sieht man, daß man sehr genau darauf achten muß, was man in die Natur wirft ... damit nichts passiert. Und keine Bastfäden oder Metalldrähte oder so was, denn dann kann irgendein Vogel kommen und sein Nest damit bauen, und dann ... kann er sich verletzen. *(Kurze Pause)* Wir haben ein paar Aufnahmen von ihm gemacht ... von dem Vogel ... aber bestimmt verwackelt – ich glaub nicht, daß sie was geworden sind, falls man ihn überhaupt sieht ... er war so klein ... Ansonsten haben wir nicht soviel fotografiert, also ... *(Verstummt.)* Na ja. *(Seufzt, atmet aus.)* Ja. Hast du mit jemandem geredet?

MARIE Mit wem?

HENRIK Mit einem Arzt? Irgendeinem Arzt hier? Hast du mit einem von ihnen geredet?

MARIE Nein.

HENRIK Was sagen sie? *(Kurze Pause)* Nicht? Warum –

MARIE Ich hab nur mit Gott geredet.

HENRIK *(Pause)* Aha ... Ja, dann eben nicht. *(Lacht.)* Worüber redest du mit Gott?

MARIE Was?

HENRIK Worüber redest du mit Gott? *(Kurze Pause)* Ich frag ja nur. *(Längere Pause)* Ich frag ja nur.

MARIE Aha.

HENRIK Ich weiß nicht, was ich machen soll.

MARIE Nein.

EIN MANN *(kommt aus dem Tagesraum)* Hat jemand die Fernbedienung gesehen? Hat jemand die Fernbedienung gesehen?

JONNY Die liegt drinnen.

DER MANN Nein, da ist keine.

JONNY Die muß drinnen liegen.

DER MANN Ja, tut sie aber nicht.

JONNY Doch, doch.

DER MANN Hast du sie genommen?

MICKE Wen?

DER MANN Die Fernbedienung.

MICKE Ich nicht, irgendein anderer Idiot.

DER MANN Man kann nichts sehen.

MICKE Armer Kerl. Armer Kerl.

JONNY Was willst du sehen?

MICKE Gibt's jetzt was?

DER MANN Ich weiß nicht ... Ich wollte sehen, ob's was gibt.

HENRIK So. *(Julia lutscht an seinem Finger, der in ihrem Mund ist.)* Liebling, ich muß jetzt gehen.

JULIA *(es klingt wie nein)* Nein.

HENRIK Ich war jetzt lange hier, ich muß.

DER MANN Ich wollte bloß sehen, ob es was gibt.

JULIA Nein.

HENRIK Aber ich komme wieder. Bestimmt. Ich komme morgen wieder. Ich muß gehen, arbeiten. Ich fang in einer Weile an. *(Sieht auf die Uhr.)*

JULIA *(hält ihn hart fest, trotz ihres Dämmerzustands)* Nein.

HENRIK Ich muß. Ich verspreche, ich komme morgen wieder. Ich hole deinen Morgenrock. Willst du mit raufgehen und tschüß sagen? Begleitest du mich raus ... Ich muß gehen.

JULIA Nein ... Nimm mich mit.

HENRIK Ich bin schon spät dran.

JULIA Nimm mich mit.

HENRIK Liebling, das geht nicht.

JULIA Ich will hier nicht sein ... Ich will nach Hause.

HENRIK Das geht jetzt nicht ... Du darfst bald nach Hause *(Pause)* Okay. *(Pause)* Ich setz mich noch eine Weile hin. *(Kurze Pause)*

JULIA Warum bleibst du ...

HENRIK Ich bleib noch eine Weile.

JULIA Warum bleibst du nicht immer?

HENRIK Ich kann nicht.

JULIA Du kannst –

HENRIK Ich kann nicht. *(Kurze Pause)* Willst du raufgehen? Sollen wir ein bißchen herumlaufen?

MICKE Weiß irgend jemand, wie spät es ist?

JULIA – bei mir sein.

DANNE Es ist ... drei Minuten nach zwei.

MICKE Nicht später?

HENRIK Nein ... Die Zeit vergeht langsam.

MICKE Die steht einfach still. *(Pause)* Drei Stunden bis zum Abendessen.

MARIE *(öffnet die Hand, sieht auf die Uhr, die sie immer bei sich trägt.)*

DANNE Hat er die Fernbedienung gefunden?

MICKE Was gibt's übrigens zum Abendessen ... heute?

DANNE Heute?

JULIA The Mott ...

MICKE Ja. Was gibt es heute?

HENRIK The Mott?

DANNE Nicht irgendwelche Pasta.

MICKE Was mit Pasta.

JULIA Ihre Brüder ...

Julia und Henrik kommen heraus. Sie hält ihn fest.

HENRIK Julia, ich muß jetzt gehen, ich muß jetzt wirklich gehen. Ich muß. Aber ich komme wieder ... Ich versuche, heute abend zu kommen.

JULIA *(hält ihn fest wie eine Schlafwandlerin, sieht ihn kaum.)*

JONNY Schon gut, Julia ... Ganz ruhig. Er muß jetzt gehen *(Faßt sie an, versucht, sie von Henrik zu lösen.)* Komm jetzt, wir gehen uns ausruhen ... Komm jetzt. Kein Problem.

HENRIK Tschüß, Liebling ... Ich komme dann. *(Bleibt stehen.)* Tschüß, Julia. *(Geht den Korridor entlang.)*

JULIA *(schreit)* Henrik! Henrik! Henrik!

Er bleibt stehen, dreht sich um, sieht, wie sie weggeführt wird.

Julia kommt im Morgenrock wieder auf den Korridor.

BERTIL *(sitzt auf seinem Plastikstuhl und redet mit einem Mann)* Hast du denn 'ne gute Möse?

DER MANN Ja.

BERTIL Hast du 'ne gute Kindermöse?

DER MANN Ja.

BERTIL Mit Haar?

DER MANN Ja.

BERTIL Ohne Haar?

DER MANN Ja.

BERTIL Ohne Haar auch?

DER MANN Ja ... Sure. Klar.

BERTIL Wie sehr ohne?

DER MANN So ziemlich.

BERTIL Machst du dann auch mit?

DER MANN Ja ... Klar.

BERTIL Wie klein muß die Möse sein, damit du mitmachst?

DER MANN Was?

BERTIL Wie?

DER MANN Ja ... ziemlich klein.

BERTIL Sitzt die wie'n Gummi auf dem Schwanz und wartet auf dich?

DER MANN Ja.

BERTIL Bestimmt?

DER MANN Ja.

BERTIL Und wie klein muß sie sein?

DER MANN Verdammt.

BERTIL Verdammt?

Julia geht vorbei.

DER MANN Verdammt klein.

BERTIL Verdammt klein.

DER MANN Ja, verdammt klein.

BERTIL Um, um ... Du solltest mich fotografieren mit 'ner Kindermöse.

DER MANN Ja.

BERTIL Hast du denn 'ne Kamera?

DER MANN Wie?

BERTIL Hast du eine?

DER MANN Was?

BERTIL Hast du 'ne Kamera?

DER MANN Ja.

BERTIL Hast du eine?

DER MANN Ja.

BERTIL Oder hast du 'nen Paßfotoautomaten?

DER MANN Nein ... hab ich nicht.

BERTIL Aber du hast 'ne Kamera?

DER MANN Ja. Ich hab 'ne Kamera.

BERTIL Hast du die zu Hause?

DER MANN Ja ... klar.

BERTIL 'ne gute Kamera ... Vollautomatisch. Ist die vollautomatisch?

DER MANN Ja.

BERTIL Also kannst du mich knipsen?

DER MANN Ja ... Klar.

BERTIL Dann kann ich dich knipsen.

DER MANN Ja.

BERTIL Dann gibt's Fotos von uns.

JANE Ich war Informationschefin bei Nynäs Petroleum, dann mochte ich nicht mehr, du weißt, Umweltzerstörung, Kontaminierung – Tschernobyl ... ich konnte das nicht vertreten, ich hab geheiratet und drei Kinder gekriegt, das heißt, zwei haben wir adoptiert, fing an mit Gesangstunden, und als sie in den Kindergarten kamen, habe ich mir einen Job bei NK gesucht, in der Buchabteilung gearbeitet, und ich hätte Abteilungsleiterin werden können – du glaubst nicht, wie komisch die Leute sind ... auf jeden Fall, dann wurde ich dort Einkäuferin, aber da war mein Mann plötzlich wie verwandelt, ich verdiente ja fast die Hälfte von seinem Lohn, und dann fing er an, mich zu schlagen, zu treten, mich zu überwachen ... er behandelte mich wie einen

Gegenstand, irgendwas, was er gekauft hatte und nicht mehr mochte, bei dem er bereute, daß er soviel investiert hatte; wäre ich ein Hund gewesen, wär er mit mir nach Albano gefahren, um mich einschläfern zu lassen, ich weiß nicht was, ein Tier, ein Kleidungsstück … er vögelte mich erst in die Möse, dann in den Anus, dann in den Mund, damit ich die Scheiße schmecke, und dann wieder in den Anus, Öl und Wasser, und alles mögliche, und manchmal kettete er mich auch mit Handschellen im Bett fest, und einmal biß er, riß er mir die Klitoris ab … ich habe keine, ich kann keine neue kriegen … Und er beging Inzest mit unseren Töchtern, sie haben gezeichnet, wie es war, Jenny hat gezeichnet, wie es war, wie er aussah … da war ich wohl im Krankenhaus … Sie mußte aufpassen, daß keiner kommt, aber später, wenn ich nachts schlief, muß er sie wohl mit ins Badezimmer genommen haben und was gemacht haben, daß sie zum Arzt mußte … und ich fuhr hin und her, und sie kamen mit einer Diagnose nach der anderen, aber die schlichte Wahrheit wollen sie nicht hören, vielleicht ja doch eines schönen Tages, aber dann ist es zu spät …

Henrik kommt.

JANE Ich kann nicht fernsehen, da erzählen sie ständig die gleiche Geschichte, man muß ihn nur anstellen.

MICKE *(seine Stimme)* Jetzt kommt dein Vati.

HENRIK Ich hatte es, wie du sicher begreifst, nicht so leicht in Rom. *(Pause)* Begreifst du das? *(Pause)* Hörst du, was ich sage?

BERTIL Hallo.

MARIE Nein.

BERTIL Hallo.

HENRIK Aber sicher … Es war die Hölle für mich, ist es immer noch, denn ich bin vollkommen schockiert über das, was du gesagt hast … was du gesagt hast, als ich voriges Mal hier war – dieses … ich habe keine Worte dafür … Was du gesagt hast. *(Pause)* Was nicht wahr ist … Absolut nicht wahr … Die Götter wissen, ich meine, daß es nicht wahr ist … Ich habe nächtelang nicht geschlafen … Ich bin rumgelaufen, völlig, weil ich … Ich begreife, daß du es schwer hast ... in bestimmter Weise ... aber du kannst nicht ... du kannst mein ganzes Leben zerstören, wenn du so weitermachst ... Du kannst tatsächlich mein ganzes Leben zerstören ... Ist es das, was du willst? *(Pause)* Marie ... Ist es das? Willst du mein Leben zerstören? Weißt du, was du da tust?

BERTIL Hat jemand neulich hier jemanden vernascht?

MARIE Was soll ich dann machen?

HENRIK Nein, das machst du nicht. Was du machen sollst? Es ist doch nicht wahr! Ich will, daß du sagst, daß es nicht wahr ist ... daß du phantasierst, bevor es zu spät ist. Das muß du ganz einfach.

EINE STIMME Vernascht?

MARIE Was denn zu spät?

BERTIL Hallo.

HENRIK Ich will, daß du die Wahrheit sagst. Das ist alles. Ich verlange kein –

MARIE Ja, das hab ich doch.

HENRIK Nein, das hast du nicht. Das hast du nicht.

MARIE Doch.

HENRIK Nein.

MARIE Doch.

HENRIK Nein, das hast du nicht ... *(Sieht sie lange an.)* Warum machst du das?

MARIE Hast du Angst?

HENRIK Wieso Angst? Nein, hab ich nicht!

MARIE Du siehst so aus.

HENRIK Nein, ich hab keine Angst.

MARIE Du siehst ängstlich aus.

HENRIK Ich hab keine Angst. Das ist es nicht –

MARIE Du siehst ängstlich aus.

HENRIK Nein, ich bin sauer und empört ... und gekränkt ... Ich bin empört, ich bin – das begreifst du doch! Ich bin sehr, sehr empört! Verstehst du das nicht! Meine eigene Tochter kann ... kann so etwas machen und mich anklagen ... so vollkommen rücksichtslos – einfach so ... Du weißt ja nicht, was du tust! Du weißt nicht, was du tust! Das ist doch Wahnsinn! *(Versucht, leise zu sprechen.)* Warum? Ich begreif nicht, warum ...

warum machst du das? Hab ich nicht mein Bestes getan? Hab ich's nicht versucht? Warum machst du das ... warum machst du das jetzt? Bist du böse auf ... ist es wegen Lisa ... aber ich bin doch nicht der einzige mit zwei Kindern –

MARIE In der Zeitung sahst du ängstlich aus.

HENRIK Was ist das für ein verdammter Blödsinn! Hör jetzt auf damit! *(Kurze Pause)* Überhaupt nicht ... Es war nur ein ... unvorteilhaftes Bild ... das hat nichts damit zu tun, wie ich mich wirklich fühle ... Eines möchte ich wissen – warum sagst du das jetzt, warum klagst du mich jetzt an, wenn das so wäre, wenn etwas passiert wäre ... wie du glaubst ... du hattest ja mindestens zehn, fünfzehn Jahre Zeit, damit rauszurücken, wenn es so wäre? Das kapier ich nicht. Warum kommt das jetzt, warum, warum hast du nicht Mama etwas gesagt oder deiner Klassenlehrerin oder sonst einem Lehrer – du hattest doch massenhaft Möglichkeiten ... zu reden, mit Gott und der Welt.

MARIE Du siehst ängstlich aus.

HENRIK Fällt dir nichts mehr ein? *(Müde)* So? *(Kurze Pause)* Nein. *(Pause)* Wenn ja – das Ganze quält mich einfach. Es gibt doch überall Menschen, mit denen du hättest reden können. Warum hast du's nicht getan? *(Pause)* Antworte doch ... Kannst du nicht antworten? *(Pause)* Nein ... Du warst bei der PBU, ich bin mit dir zur PBU gegangen und hab draußen gewartet – Mama und ich, wir beide sind mit dir zur PBU gegangen, als wir uns getrennt hatten, da hättest du reden können, soviel du wolltest ... Es ist nichts dabei rausgekommen ... Die haben kein einziges Wort gesagt. Ist das nicht etwas merkwürdig? Findest du nicht? *(Pause)* Ich finde schon.

MARIE Du siehst ängstlich aus.

HENRIK *(ruhig)* Ja, ich hör, daß du das sagst, aber ich bin's nicht. Hör jetzt auf. Ich hab keine Angst.

MARIE Du riechst auch ängstlich.

HENRIK Aha ... So?

MARIE Wenn jemand Angst hat, kann man das riechen, am Schweiß – Hunde riechen es, wenn jemand Angst hat – es riecht komisch ... Wenn man Angst hat und nervös ist.

HENRIK Kannst du meine Frage beantworten? *(Kurze Pause)* Warum hast du nichts gesagt, nicht ein Wort in zehn, fünfzehn Jahren? Warum sagst du es jetzt?

MARIE Ich hab mich vorher nicht getraut.

HENRIK Mein Gott ... *(Pause)* Was? Du hast dich nicht getraut? *(Pause)* Nein ... Ach so, ja ... Aber jetzt, jetzt traust du dich also? Jetzt traust du dich?

MARIE Ich hab versucht, mich umzubringen, damit ich nichts sagen muß.

HENRIK Bist du wahnsinnig!

MARIE Ich wollte lieber Selbstmord machen. Ich hab versucht, Selbstmord zu machen, weil ich nichts sagen wollte!

HENRIK Aber ... aber ich hab doch gar nichts gemacht!

JULIA *(packt ein schönes langes Leinenkleid aus.)* 98 Kronen.

HENRIK Wo hast du es gekauft?

JULIA Hennes und Mauritz ... Langweilig? Niedlich?

HENRIK Nein, schick, hübsch, schön.

JULIA 98 Kronen.

HENRIK Ja. *(Pause)* Du solltest so eines mit nacktem Rücken haben, das man knotet. Das ist so sinnlich, ein starker nackter Rücken ... und ein Knoten. Man kriegt Lust, ihn aufzuziehen, und er geht auf.

HENRIK *(bleibt mit Marie vor der Wand stehen, die aus alten Pappkartons und Kästen aus oxidiertem Messing besteht, auf denen Fotografien von Menschen sind, die gestorben sind oder verschwunden)* Hier. Hallo. Wach auf.

MARIE Warum kommst du jetzt? *(Nimmt die angebotene Zigarette, zündet sie an, raucht.)*

HENRIK Weil ich dich sehen wollte.

MARIE Warum?

HENRIK Warum?

MARIE Warum? Warum willst du mich sehen?

HENRIK Natürlich will ich! *(Kurze Pause)* Was hast du denn?

MARIE Jetzt ist keine Besuchszeit. Besuchszeit ist um drei …

HENRIK Ja, aber es geht doch trotzdem. *(Er zieht den Karton mit dem Namen und der Fotografie von jemandem heraus, den er gekannt hat.)*

MARIE Besuchszeit ist um drei.

HENRIK Ja, aber ich bin jetzt hier.

MARIE Besuchszeit ist um drei.

HENRIK Sicher.

MARIE Besuchszeit ist um drei.

HENRIK *(leicht)* Ich weiß, ich weiß … Aber ich bin jetzt hier.

MARIE Warum? Besuchszeit ist um drei.

HENRIK Ja, hast du schon gesagt. *(Pause)* Ich weiß –

MARIE Warum kommst du jetzt? *(Pause)* Besuchszeit ist um drei.

HENRIK *(nach einer Pause)* Ich kannte sie … Ich hab mit ihr gelebt, eine Zeitlang, nicht sehr lange … Aber ich vergesse sie nie … Komisch, daß sie auf diesem Bild hier lacht. *(Öffnet den Karton; darin liegt eine sehr schöne versilberte Lampe in drei Teilen, ein wunderbarer Lampenschirm; sein Oberteil durchzieht ein beinah unsichtbarer versilberter Stern; zwei lange schmale Teile, eine braune Schnur, ein kleiner, harter, stark polierter Schalter.)* Die ist gefährlich, die Schnur hier. Lebensgefährlich, du darfst sie nicht anfassen, die kann jeden Augenblick anfangen zu brennen, und man kriegt einen Schlag, die ganze Lampe kann unter Strom stehen.

MARIE Besuchszeit ist um drei.

HENRIK Ich weiß, aber ich bin jetzt hier. *(Schließt den Deckel, schiebt den Kasten zurück.)* Du hast das Haar so hübsch. *(Zieht einen weiteren Kasten heraus.)*

MARIE *(reagiert nicht)* Was willst du?

HENRIK Was ich will? *(Guckt in den Kasten.)*

MARIE Ja?

HENRIK Ich will dich sehen ... mit dir reden.

MARIE Warum?

HENRIK *(nach einer kurzen Pause)* Ich komme, sooft ich kann ... ich will mit dir reden, dich treffen, dich sehen ...

MARIE Aha.

HENRIK Das verstehst du doch?

JULIA *(geht mit Henrik umher, zeigt ihm die verschiedenen Plätze. Stellt ihn Micke und Jonny vor)* Das ist mein Mann ... wir werden heiraten ... Wenn ich mich ausgeruht hab, feiern wir Hochzeit. Das ist Henrik. *(Zu Henrik)* Werden wir nicht heiraten?

HENRIK Doch.

JULIA Wann? Antworte nicht. Spielt keine Rolle. Wir werden heiraten, wenn du Zeit hast. Komm jetzt, hier ist es so langweilig.

Sie gehen. Sie kommen in Saras Zimmer, die in ihr Tagebuch schreibt und erschrocken die Hände über das Geschriebene legt.

JULIA Sara ... Entschuldige, ich geh schon wieder. *(Zu Henrik)* Das ist Sara, von der ich dir erzählt habe, die so schöne Gedichte schreibt ... Sara, das ist Henrik, er wird mich retten ... Ich will, daß ihr euch kennenlernt, denn ihr beiden seid meine Familie. Hier ist Henrik. Ich werde ihn heiraten. Wir werden heiraten, wenn ich rauskomm. Er wartet auf mich ... obwohl – eigentlich warte ich auf ihn, ich weiß nicht, wie lange ich warte. Willst du, daß ich warte?

HENRIK Ja. absolut.

JULIA Und worauf? Bist du es wert, daß man auf dich wartet? Ist das was Gutes?

HENRIK Ja ... Komm jetzt.

JULIA Bist du müde? Kriegst du Angst? Gehst du schon? Wann gehst du? Kannst du nicht länger bleiben? Du kannst heut nacht bei mir schlafen. Willst du?

HENRIK Ja, ich –

JULIA Nein, antworte nicht, ich weiß, daß du nicht gern antwortest. Willst du Musik hören? Wir haben ein Musikzimmer hier. Komm. *(Zieht ihn weiter ins Musikzimmer, drückt ihn in einen Sessel, geht zum Plattenspieler, legt eine Platte auf.)* Warte. Die hier ist so schön. *(The Beach Boys, «Keep an Eye on Summer».)* Gefällt die dir? *(Stellt den Apparat an.)* Findest du, die ist kindisch?

HENRIK Nein, die ist gut ... Komm her, setz dich.

JULIA Nein, ich trau mich nicht. Ich will nicht, daß du an mir rumfummelst. Kannst du dir nicht die Musik anhören? Kannst du dich nicht zwei Minuten konzentrieren? Warum bist du so speeded?

HENRIK Ich will nur ... ich will nur ...

JULIA Was willst du? Weißt du, was du willst?

HENRIK Ja. Ich will eines nach dem anderen machen.

JULIA Ach, wie fad. Wo man so viel machen kann. Und manche Sachen machen mehr Spaß, wenn man sie gleichzeitig mit anderen Sachen macht ... Liebling, ich seh ja, du bist müde und abgespannt. Vielleicht solltest du besser hier sein ... Jetzt kommt mein Lieblingslied, immer wieder. *(Stellt weiter auf «Breakaway», ebenfalls mit The Beach Boys, dreht den Apparat sehr laut, steht auf, tanzt und singt mit.)*

Es liegt eine kleine Decke da, oder vielleicht liegt sie in ihrem Bett. Sie sitzen ein Stück voneinander entfernt. Sie nimmt die Decke und will sie zusammenfalten, sucht nach verschiedenen Teilen, faltet, unterbricht sich. Eine Szene, bei der sie über etwas anderes redet.

JULIA Magst du Joni Mitchell?

HENRIK Ja.

JULIA *(kniet sich zwischen seine Beine.)*

HENRIK *(ist schließlich sehr irritiert, ruft aus)* Was willst du mit dieser Decke? Willst du sie zusammenfalten oder ausbreiten? Was hast du vor? Hör jetzt auf … hör auf, Julia. Ich werd nervös. Ich werd nervös. Was hast du mit ihr vor?

JULIA Ich will sie zusammenfalten. *(Zieht ihm sein T-Shirt aus, obwohl er das Sakko anhat, streichelt dann unter dem Sakko seine Schultern, Achselhöhlen und küßt seine Brust.)*

HENRIK Was hast du heute gemacht?

MARIE Nichts.

HENRIK Bist du draußen gewesen?

HENRIK Nicht? *(Pause)* Warum nicht? *(Pause)* Wär es nicht schön, rauszugehen.

MARIE Ich hab keine Lust.

HENRIK Warum nicht?

MARIE Nein.

HENRIK Nein, ich weiß. *(Pause)* Es wird schon besser.

MARIE Warum kommst du jetzt? Besuchszeit ist um drei.

HENRIK Ja, ist doch bald drei. Ich weiß, es wird besser.

MARIE Ah ja.

HENRIK Ja, natürlich … Es wird besser. *(Pause)* Möchtest du irgend etwas lesen? Soll ich dir irgendein Buch kaufen?

MARIE Ich will nicht leben. *(Trocken.)* Warum soll ich dann lesen?

HENRIK Du willst nicht leben?

MARIE Nein.

HENRIK Was willst du dann?

MARIE Ich will sterben.

HENRIK Nein. Ja, das ist offensichtlich.

MARIE Doch.

HENRIK Nein … Sag nicht so was.

MARIE Ich will sterben.

HENRIK Sag doch nicht so was.

MARIE *(öffnet die Hand, sieht auf ihre Uhr)* Warum durfte ich nicht sterben? … Warum darf ich nicht sterben? Warum muß ich leben? Die in Jugoslawien dürfen sterben.

MICKE Weiß irgend jemand, wie spät es ist?

DANNE Es ist ... vierzehn Minuten vor drei.

MICKE Drei? Nicht später? *(Kurze Pause)* Das war's doch schon vor einer Weile.

EINE MÄNNERSTIMME Ich kann nicht mehr immer mehr Schuld auf mich nehmen. Ich hab nicht mehr die Schuld. Es ist vorbei mit der Schuld.

DANNE Die Zeit vergeht langsam.

HENDRIK Ja, muß sie ja.

MICKE Langsam ... Die steht doch still, Mann.

DANNE Ja, ist doch gut.

MICKE Bloß ich beweg mich. Ist das gut?

DANNE Ja.

MICKE Für was ist das gut?

DANNE Ja, dann ist ... dann ist ja alles wie früher, wenn wir rauskommen.

MICKE Was denn? Was ist wie früher?

DANNE Wie es vorher war.

JULIA *(nimmt die Bibel, liest darin.)*

MICKE Zwei Stunden bis zum Essen ... Weiß jemand, was es heute gibt?

DANNE Nicht irgendwelche Pasta?

HENDRIK Pasta mit Thunfischsauce.

DANNE Genau, ja. *(Pause)* Das war's.

HENDRIK *(steckt seinen Zeigefinger in den Riß an Bens Sakko, auf der rechten Seite, wo er ein Loch wie von einem Nagel hat.)*

BEN Au.

HENDRIK Was sagst du?

BEN Au.

HENDRIK Tut das weh?

BEN Es hat weh getan.

HENDRIK Aber jetzt nicht? Jetzt tut es nicht weh?

BEN Nein, aber eben hat es so weh getan.

Julia und Ulf sitzen auf einer der abgenutzten Bänke im Korridor.

ULF Ich war Makler, Wechselkurse. Vor zwanzig Jahren

wurden nur zwanzig Prozent aller Bankfinanzen zur Spekulation eingesetzt, heute sind es neunzig. Aber ich bin, war vielleicht, bin, mit der schönsten Frau der Welt verheiratet – Isabella Rosselini, Nastassja Kinski, Lolita Davidovich, das ist gar nichts, sie verschaffte mir eine Gänsehaut, das einzige, was ich von ihr hatte, war 'ne Gänsehaut, das einzige, was mir jetzt 'ne Gänsehaut verschafft, ist der Tod, der Tod und vielleicht Piero della Francesca und allein auf dem Arlington Cemetery in Virginia spazierengehen und ein wirklich armer Mensch, ein *wirklich* verarmter Mensch, ein Mensch jenseits jeder Hilfe und jeder Berührung, weil er den Kontakt mit Gesellschaft und Sprache total aufgegeben hat, dabei denk ich nicht an irgendeinen Geisteskranken, sondern an jemand, der in seinem eigenen Schweigen liegt wie in einer Schüssel. Sie hat auch italienische Anlagen. Wir haben vierzig-, fünfzigtausend die Woche verdient, in der heißesten Phase Ende der Achtziger. Wenn wir in unseren schicksten Klamotten durch den Kungsträdgården gingen – ich in einem schwarzen Anzug von Yohji Yamamoto, Hemd vielleicht von Issey Miyake oder Comme des Garcons und J.-M.-Weston-Schuhe –, ich sah aus wie ein Mönch und gleichzeitig unermeßlich reich, du weißt, wenn Geld nichts bedeutet, aber das ist ja nur kurze Zeit, hat man sozusagen eine Atmosphäre von Lepra um sich, und sie hatte irgendwas Leichtes von Anne Klein an, das wir bei Macy's gekauft haben, wir sind nach Florenz gefahren, nur um bei Tornabuoni Schuhe zu kaufen, da drehten sich die Leute um, wirklich, da erstarrte der Pöbel in seinen tristen Bewegungen, wie sie so herumgingen in der Hoffnung, daß irgend jemand sie sieht, und froren einfach fest und glotzten uns an mit weit offenen Pupillen – es wurde vollkommen still im ganzen blöden Kungsträdgården, du weißt, wie im Film, und sie starrten uns nach, bis wir in den Schatten verschwanden, mitten am Nachmittag, sozusagen erleuchtet davon, daß sie niemals auch nur in die Nähe der Schönheit kommen würden, die sie berührt hatte wie ein Segen.

MARIE *(sieht auf ihre Hände)* Ich erinnere mich nicht.

HENRIK Woran erinnerst du dich nicht?

MARIE Ich erinnere mich an nichts.

HENRIK An nichts. *(Pause)* Nein …

MARIE Ich erinnere mich an nichts.

HENRIK Nein, ich weiß nicht, was du meinst.

MARIE Ich erinnere mich an nichts.

HENRIK Aber das kommt ja vielleicht.

MARIE Ich erinnere mich an Tommy Cooper … Der war nett.

HENRIK Wer?

MARIE Tommy Cooper.

HENRIK Wer ist das?

MARIE Im Fernsehen … Er war so nett. Er wirkte so nett. Er hatte irgendwie 'nen kleinen … irgend so was am Kopf, einen Topf hatte er, und dann hat er gezaubert, wollte er zaubern, aber es hat nie geklappt.

HENRIK Ach so, der … ja, jetzt weiß ich … Ja, er war nett, er war gut, ich mochte ihn auch … Aber er ist dann gestorben.

Ein junges Paar spielt «Die Ermordung Marats» mit dem, was sie haben – der Badewanne, einer Holzkiste, einem schmutzigen Krankenhauslaken. Das Mädchen ist sehr dünn, hat einen kleinen Bauch, aufgestecktes braunes Haar, in der Hand ein Messer aus dem Speisesaal. Der Mann, der Marat ist, ist zunächst lebendig, normal, spielt dann tot, über der Badewanne hängend, in das Laken gehüllt. Es sind Julia und Jakob.

ULF Weißt du, was sie gemacht hat?

JULIA Nein, ich weiß nicht mal, was ich gemacht habe.

ULF Ich hab ihr ja erzählt, daß ich auch schwul bin, vor einem Monat, weil – ich kann mich nicht entscheiden, ich seh inwendig nicht so aus, daß ich mich entscheiden kann, entscheide ich mich für das eine, will ich im selben Augenblick das andere, so ist es auch, wenn ich Musik hören will, ich leg eine CD auf und will, muß gleichzeitig eine andere hören, darum war das wie ein Bekenntnis, eine Beichte, da war ich religiös, ich glaubte, ich finde Vergebung, aber ich wußte, daß sie mich ausstoßen würde … glaubst du nicht, daß das der Anfang des gesellschaftlichen Verfalls war, des sozialen Verfalls, als man das Gericht

Gottes und der Kirche von Staat trennte, beim Staat spielt's wohl keine Rolle, wenn er einen ausstößt oder wie das heißt, aber von der Kirche, von Gott, ausgestoßen sein von Gott, das muß ja viel, viel schrecklicher sein, es war furchtbar, es reißt einem das Herz aus dem Körper, es zerriß meinen ganzen Körper, es gab mir einen Ruck, als ich es gesagt hatte, rein physisch … in den Bann tun, heißt das … rein physisch hüpfte ich ein paar Zentimeter vom Fußboden hoch – da waren wir seit zwei Jahren verheiratet, mein Gott, und wie wir uns liebten, wir waren wie füreinander geschaffen, wo sie aufhörte, ging ich weiter und umgekehrt, wir gingen in- und auseinander wie Ornamente … sie war mehr als meine zweite Hälfte, sie war auch mein Hades, und hätte ich mir gewünscht, eine Frau zu werden, hätte ich werden wollen wie sie, und sie hatte deutliche Züge von mir, das passiert nur einmal in der Weltgeschichte, ich bin ja auch irgendwo Latiner, aber ich konnte sie nicht länger betrügen, auch wenn es an sich die Leidenschaft steigerte, wenn ich mit anderen zusammen war, daß ich alle belog, Betrug als eine phantastische Droge, aber dann fand ich, ich beschmutze unsere Liebe – da hatte ich Bescheid bekommen, da hatte ich mich testen lassen, weil einer von denen, mit denen ich zusammen war, ein Schauspieler aus Rumänien, der in Rom arbeitete, oder Modell, er war nur Modell, er wollte mitspielen in irgendeinem Film, und er hatte ein Verhältnis mit einem phantastischen römischen Fotografen mit einem von diesen wunderbaren faschistischen Namen, ich weiß jetzt nicht mehr, welcher – er sah aus, als wär er einer von den «Freiwilligen Radlern», ein Hirte bei Sironi … leider hab ich die Ausstellung verpaßt, als ich im April unten war … aber er erzählte, er hätte es gehabt, als ich im Dezember in Paris war, da trieb er sich rum ohne Geld oder irgendwas und versuchte, sich mit Prostitution durchzuschlagen, und hatte die Idee, 'ne kleine Firma zu gründen, ein kleines Unternehmen, mit einem Freund, reiche Geschäftsleute und Politiker könnten ein ganzes Wochenende mit ihnen verbringen, ihm und seinem Freund, und damit wollten sie so viel verdienen, daß sie sich 'ne kleine funktionelle Wohnung in Brüssel besorgen könnten, aber das ist ja unöglich zu machen, EU-Beamte bedienen … Das macht ja auch schon die Mafia,

fia, die kriegen soviel Sexsklaven rein, wie sie wollen, von den Philippinen und aus Thailand … und ich war den ganzen Frühling und Herbst unglaublich müde gewesen, hatte gehustet, da erfuhr ich dann, ich bin stigmatisiert, ich auch, und ich wollte ihr wenigstens eine Chance geben, sich zu retten – und sie fragte natürlich, warum ich angefangen hätte, in den letzten Wochen Kondoms zu benutzen, sie nahm ja auch die Pille, wir wollten keine Kinder, wir wollten einfach in Schönheit aussterben … und ich dachte, ich muß es erzählen, und das ist wohl das Furchtbarste, was ich je erlebt habe, außer meiner Kindheit, wie sie das traf, wie nahe es ihr ging, wie sie die Fassung verlor … als ich versuchte, ihr begreiflich zu machen, daß es so ist, daß ich schwul bin und daß sie verheiratet ist mit einem Schwulen oder zumindest bisexuell, ich weiß nicht, wie oft ich von vorn anfangen mußte, es zu erklären, es ging einfach nicht rein, dann aber vollkommen total, daß ich diese Krankheit hätte, daß ich infiziert wäre, daß ich herumliefe und infiziert wäre, obwohl ich so aussähe, wie ein Einundzwanzigjähriger, das kam wie ein Blitz, der nicht mehr aufhörte, das war etwas total Neues für sie – ich hab es nur gesagt, wir waren ausnahmsweise zu Hause geblieben, wir aßen ja nie zu Hause, wir hatten keine Lust, zu Hause zu sein, macht Spaß, spät nach Hause zu kommen, wenn man ekstatisch ist und so, aber nicht einen ganzen Abend, ich hab es nur gesagt, ich bin schwul und HIV-positiv, ich bin schwul und HIV-positiv, ja, zumindest bisexuell, und ich bin HIV-positiv, und das führt zum Tod, das ist so, der Tod ist häßlich und definitiv, ich meine, der Tod ist der Tod, ich werde sterben, ich will nicht, daß du hier bei mir bleibst und mich verwesen siehst, das hab ich mir selbst gesagt, denn sie war schon schreiend rausgestürzt, mit knallenden Türen … und zwei Jahre später … es ging so schnell in meinem Fall, ich war ja für alles offen gewesen, zwei oder vielleicht drei Jahre später habe ich versucht, mir mit dreißig Morphiumtabletten das Leben zu nehmen, aber ich hatte so viele Pilze in Mund und Rachen, daß ich's nicht geschafft hab, die zu schlucken … ja, wenn wir zu Hause waren, haben wir nicht gegessen, wir haben was getrunken, und ich sag, da gibt es was, das muß ich erzählen, und was, nein, ich hab nicht mein ganzes Geld verbrannt, ich hab nicht zehn Millionen verschleudert, nein, ich bin schwul und HIV-positiv ... Und da hat sie ihre Eltern angerufen, solche piekfeinen Scheißhaufen aus Djursholm, denen alles in den Arsch gesteckt worden ist, damit sie in die Stadt kommen und sich um sie kümmern, die sind schlimmer als du, als du herkamst, die haben mich auch immer verabscheut, aber ich hab ihnen das Maul mit meinen Ausgaben gestopft ... und sie war wie ein zerbrochenes Kristallglas – weißt du, was sie dann gemacht hat, bevor die kamen, zuerst hat sie gekotzt, auf der Toilette, und dann das Doppelbett in zwei Teile zersägt, ich hätte nicht gedacht, daß sie soviel Energie hat, in zwei gräßliche Teile ... Ich kann es auch in Mexiko gekriegt haben, siebenundachtzig, ich weiß ja nicht, wie alt es ist ... da bin ich in einer Bar gelandet, wo die tanzen, es endet damit, daß sie mit ihren kleinen Suspensorien auf der Bühne stehen, und man kann sich recken und ihnen einen blasen, einem nach dem anderen, wenn sie sich hinknien, und ihnen Geldscheine reinstecken, und du weißt, das ist wirklich wahr, unten bei den Füßen läuft eine Rinne die ganze Bar entlang, mit fließendem Sperma –

Ein älterer Mann in hellgrauer Pyjamajacke, ohne Schuhe, steht völlig bewegungslos an der geöffneten Tür, sieht auf den Boden. Jemand schließt vorsichtig die Tür.

MARIE Warum hast du das gemacht?

HENRIK Aber ich hab doch nichts gemacht! Nichts, was nicht normal ist! Ich weiß es! Wie soll ich denn ... wie soll ich denn ... Das kann doch nicht wahr sein ... Ich meine, ich hätte es gewußt, wenn ich etwas gemacht hätte ... oder nicht, oder nicht ... wenn ich auch nur das Geringste gemacht hätte, das man hätte mißverstehen können ... Das hätte ich gewußt ... Das ist doch Wahnsinn! Deine Mutter hat mir gereicht zu der Zeit! Ich hab mich nie interessiert für Kinder! Das hätte man ja gemerkt! Und es hätte zwischen uns gestanden ... an so was geht man nicht einfach vorbei und vergißt es so leicht ... oder nicht?

MARIE Hat es ja auch. Darum wollte ich dich nicht sehen und bei dir übernachten ... aber ich hab mich nicht getraut, was zu sagen, bis jetzt. Ich hab mich nicht getraut, aber jetzt muß ich es.

HENRIK Du hast irgend so 'ne verdammte Fernsehsendung gesehen! Nein, entschuldige ... aber, ich glaub es nicht ... ich glaube nicht, daß du weißt, was du tust ... Ich meine – glaubst du, ich hätte mir selbst ins Gesicht sehen können, Tag für Tag ... und weiterarbeiten mit anderen Menschen mit Fragen, die wichtig für mich sind, und sie auch ... und öffentlich auftreten, wenn ich solche ... solche furchtbaren Handlungen hinter mir hätte, wenn ich schuldig wäre des ... wenn ich dessen schuldig gewesen wäre? Glaubst du das? Wenn ich so was mit mir herumtrüge ... Glaubst du das? Glaubst du, dann könnte ich leben, arbeiten und ... hoffen ... und wieder heiraten und alles und auftreten, als ... als ob ... als ob nichts passiert wäre, als wär nichts, wie? *(Kurze Pause)* Glaubst du das?

MARIE Du bist wohl nicht der einzige.

HENRIK Was? «Du bist wohl nicht der einzige.» Was soll das heißen? Ich bin dein Vater.

JULIA *(steht im Duschraum, wäscht sich das Haar und läßt das Wasser über ihren Körper fließen.)*

Sara geht langsam vorbei. Sie hat ein Paar sehr ausgetretene braune Segelschuhe an, sie setzt die Füße schräg nach außen, sie trägt eine kleine blaue Schulterriementasche aus Plastik.
Zwei junge Polizisten kommen mit Manuel herein; sie tragen Lederjacken, halten ihn an den Armen, so daß er wie ein Christus zwischen ihnen hängt; er hat nur sein zerlumptes T-Shirt an, das vollgeblutet ist, und Jeans, keine Schuhe.

1. POLIZIST *(ruhig)* Da ist er. Wir haben ihn in Skogås gefunden.

2. POLIZIST Falls ihn jemand vermißt haben sollte.

MORGAN Aha ... Ist ja gar nicht weit.

1. POLIZIST Saß in einem Keller.

2. POLIZIST Wartete auf uns. Soll er hierher zurück?

MORGAN Ja, wahrscheinlich. *(Steht auf.)* Ich seh mal nach, ob ich einen Arzt finde.

EINE STIMME Wie meinst du das, ich phantasiere?

MORGAN Falls auf der zweiten Abteilung einer ist.

2. POLIZIST War er nicht schon aufgenommen?

EINE ZWEITE STIMME Ich kann dir nicht erklären, wie du phantasierst.

MORGAN Ja, aber irgend jemand muß ihn ja untersuchen, sehen, in welcher Verfassung er ist –

2. POLIZIST Daß er keine Würmer hat.

MORGAN Vielleicht sollt er besser auf die Sieben ... kommt drauf an, in welchem Zustand er dann ist –

1. POLIZIST Sollen wir ihn einfach hierherlegen?

MARIE Du bist wohl nicht der einzige.

HENRIK Was?

MARIE Ja ... du bist wohl nicht der einzige.

HENRIK *(sieht sie lange an, beginnt dann von vorn)* Ja ... was soll ich sagen ... Ich glaube, du machst das, damit du ... ich weiß nicht ... eine Entschuldigung oder Erklärung dafür bekommst, warum es dir so schlecht geht ... je schlimmer, desto besser ... dann mußt du ja dein Leben nicht in die Hand nehmen ... und machen, was alle machen müssen ... dir eine Arbeit besorgen, und alles mögliche ... Ich meine, wenn du willst ... Du läufst statt dessen weg, du fliehst, du gibst auf, du erfindest das Ganze, denn dann mußt du nicht ... So ist es ... Ich hab nichts weiter gemacht, als ein schlechter und egoistischer Vater zu sein, aber das geht nicht nur mir so.

MARIE Du hast mich gezwungen, an deinem Hintern zu riechen und deinen Schwanz anzufassen.

HENRIK Hör auf! Das hab ich nie gemacht! Gebrauch nicht solche Worte! Ich hab dich nie zu so was gezwungen!

MARIE Du hast mich gezwungen, an deinem Hintern zu riechen und deinen Schwanz anzufassen.

HENRIK Ja, wenn du so was sagst, wirst du sicher Frührentnerin! Du mußt nicht einen Tag arbeiten, dein Leben lang! *(Kurze Pause)* Ja, entschuldige. *(Pause)* Warum hätte ich das tun sollen? Warum hätte ich das tun sollen? *(Kurze Pause)* Hörst du nicht selber, wie absurd das klingt? *(Pause)* Warum hätte ich das tun sollen?

MARIE Ich weiß nicht ... Ich weiß nicht, warum du es getan hast.

HENRIK Nein, ich hab's nicht getan! Ich hab es nicht getan! *(Steht auf.)* Wie kannst du so was sagen?

MARIE Es ist wahr.

HENRIK *(müde)* Nein, es ist nicht wahr. *(Pause)* Willst du mein Leben zerstören? Willst du das? *(Kurze Pause)* Wie zum Teufel kann ich eine Nominierung für den Reichstag annehmen und mich einsetzen für ... wie zum Teufel kann ich arbeiten für ... arbeiten für das, woran ich glaube ... wenn ich weiß, in meiner eigenen Familie kann jeden Augenblick eine Bombe hochgehen und alles mit Dreck bewerfen ... alles, was was bedeutet! Wie zum Teufel kann ich leben? Was soll ich zu Hause sagen? Hast du es überall verbreitet? Erzählst du es allen Menschen, denen du begegnest? Wie soll das mit Lisa gehen ... und Agneta ... wenn mich meine eigene Tochter des Übergriffs bezichtigt? Dagegen kann man sich ja nicht wehren! Ich kann dastehen, bis ich siebzig bin, und sagen: Ich bin unschuldig, ich habe nichts getan, ich weiß nicht, warum sie so was sagt ... Die werden mir doch nicht glauben ... Ich bin dann einfach nur tragisch. Dagegen kann man sich ja nicht wehren! Ich werd nur in den Dreck gezogen, egal, was ich tu! Spielt keine Rolle, ob die Leute es glauben oder nicht ... Sozial bin ich ja tot ... Es genügt, daß sie es denken ... daß das Gerücht existiert ... ich kann nicht den Mund aufmachen, ohne daß sie als erstes daran denken ... er hat, das ist der, der ... er hat ... Ich bin tot... Es ist dasselbe wie tot sein ... Dann bin ich tot. *(Außer sich)* Wie? *(Kurze Pause)* Konntest du dir nicht was anderes einfallen lassen! Etwas, was nicht so dreckig ist!

MARIE Ich will, daß du jetzt gehst.

MORGAN Ja, könnt ihr bitte so lange warten?

2. POLIZIST Hier? *(Geht, die übrigen folgen ihm.)*

HENRIK Wir sind doch nicht tot. *(Nach einer langen Pause)* Was sagst du?

MARIE Ich will, daß du jetzt gehst.

HENRIK Das willst du? *(Pause)* Aha ...

MARIE Ich will, daß du nicht mehr herkommst.

HENRIK Nein ... Warum, glaubst du, sitze ich hier?

MARIE Du darfst nicht mehr herkommen.

HENRIK Warum, glaubst du?

MARIE Du darfst nicht mehr herkommen.

HENRIK Warum, glaubst du, bin ich hier?

MARIE Weil du Angst hast.

HENRIK *(steht an der Tür, sieht sie an, steckt die Hände in die Hosentaschen, spürt ein Päckchen, holt es heraus, öffnet es, geht zu ihr, gibt ihr eine schöne neue Uhr)*Nimm die hier als Andenken ... wenn schon nichts anderes. *(Geht.)*

MARIE *(sieht die Uhr an, nimmt sie, wendet sich ab, wirft sie an die Wand, schreit.)*

DIE BOSNIERIN *(dreht sich gleichzeitig am Telefon ebenso langsam einmal herum – wie Marie.)*

MARIE *(sitzt auf dem Boden, trägt das geblümte Kleid, das sie in der zweiten Szene getragen hat, und legt um sich Fotografien aus. Sie ist ziemlich mager. Das Haar ist aufgesteckt, sie hat ihr Leiden ein wenig überschminkt etc. Der Raum ist hell und wirkt stickig.)*

HENRIK *(kommt herein, öffnet die Tür langsam; erschöpft, müde, blaß, reserviert.)*

MARIE *(blickt auf, freut sich, bleibt aber sitzen)* Hallo, Papa! Du bist's? Wie schön, daß du kommen konntest.

HENRIK Hallo.

MARIE Ich hatte fast vergessen, wie du aussiehst. Bist du sauer?

HENRIK Nein, nein … bin ich nicht. Ich bin nicht sauer. *(Kurze Pause)* Du wolltest mit mir reden. Du hast mich gebeten zu kommen.

MARIE Ja, das will ich. Es ist so lange her. Es ist so lange her.

HENRIK Es ist lange her … Wie geht es? Was sind das für Bilder?

MARIE Aber die Zeit spielt keine Rolle, wenn man krank ist. Man darf es nicht zu eilig haben. Krankheiten brauchen Zeit. Aber die Farbe verschwindet von Bildern. Das ist besser bei Schwarzweiß. Man muß akzeptieren, daß man krank ist. Sonst übergeht man es, übergeht es. Man muß akzeptieren, daß es nicht schnell geht. Ich hab schlechte Zähne bekommen, von Saft, Coca Cola und Limonade. Ich hab 'ne Abmagerungskur mit Coca Cola gemacht, aber trotzdem zugenommen. Ich bin dick. Das sind Charlotts Bilder. Meine eigenen will ich nicht angukken. Sie ist so lieb. Ich weiß nicht, warum jemand wie sie, die so lieb ist, hier sein muß.

HENRIK Nein *(Sieht sich um.)* Dasselbe Zimmer.

MARIE Ja … mein Zuhause auf der Erde. Warum sagst du das?

HENRIK Ich weiß nicht.

MARIE Eigentlich bin ich erst fünf, sagt der Arzt. Hier kann ich fünf sein, so lange ich will. Wenn man fünf ist, soll man doch wohl nicht arbeiten, oder?

HENRIK Nein.

MARIE Es ist ja keine Zelle. Ich werde mich nicht erhängen. Aber andererseits – Fünfjährige erhängen sich wohl nicht. Falls es nicht ein Unfall ist. Fünfjährige sind wohl keine Ulrike Meinhof. Weißt du, was ich gern hätte?

HENRIK Denkst du an Ulrike Meinhof?

MARIE Ich hätte gern meinen alten Plattenspieler, diesen aus Plastik mit dem gelben Tonarm, auf dem man nur Singles spielen konnte. Den ich gekriegt hab, als ich klein war. Ich hing an ihm. Wo ist er? Weißt du, wo er ist?

HENRIK Nein.

MARIE Du hast ihn vielleicht weggeworfen, als du 'ne neue Familie gekriegt hast. War nur ein kleiner Lautsprecher. Er stand auf dem Bücherregal und verstaubte. Also, wie? Weißt du, was das ist – klein und gelb und allein?

HENRIK Ja ... Ich weiß nicht. *(Pause)* Nein.

Julia und Ulf küssen einander langsam, wie zwei Kinder.

JULIA Mein Gott, bist du heiß. Hast du Fieber?

ULF Ich hab neununddreißigfünf.

MARIE Ich bin müde.

HENRIK *(will gehen, bleibt aber)* Ja, das bin ich auch.

MARIE Weißt du's nicht?

HENRIK Nein.

MARIE Klein und gelb und schläft allein? Was ist klein und gelb und schläft allein? Was ist das?

HENRIK Was ist das?

MARIE Was ist das?

HENRIK Ich weiß nicht.

MARIE Du weißt nicht? *(Kurze Pause)* Yoko Ono ... Klein und gelb und schläft allein.

HENRIK Ah ja.

MARIE War das lustig? Wie geht es?

HENRIK Doch ... es geht. *(Pause)* Und dir?

MARIE Können wir nicht zu einer Kirche gehen, jetzt im Sommer. Es ist so schön, an einer Kirchenmauer unter den Bäumen zu sitzen. Da ist es so kühl. Es gibt so große Bäume auf Kirchhöfen. Magst du Van Morrison?

HENRIK Ja.

MARIE Weißt du, daß in der Nahrung, die wir essen, so viel Konservierungsmittel und Halbfabrikate sind, daß unsere Körper viel mehr Zeit brauchen, um zu verwesen, als früher? Kannst du das nicht im Reichstag aufgreifen? Wir werden balsamiert. Ich will nicht, daß du Schuldgefühle hast. Ich will nicht, daß du Schuldgefühle empfindest. Ich will, daß du Schuld empfindest. *(Lacht.)* Wie steht's mit dir? Findest du, ich bin dick geworden? Bin ich dick, bin ich das? Ich weiß nicht. Ich finde, ich bin dick. Man beschäftigt sich fast nur mit seinem Aussehen, wenn man krank ist. Ich hab mich sechsmal am Tag umgezogen. Im Herbst kann ich vielleicht nach Spanien fahren, oder vielleicht nicht. Ich hab wieder angefangen zu schreiben. Das war gestern. Ich bin heute morgen im Park gelaufen ... Ich laufe jeden Tag. Woran denkst du?

HENRIK Gut, daß ... daß du wieder angefangen hast zu schreiben.

JONNY *(starrt Ulf und Julia an)* Nicht hier, hört ihr. So was könnt ihr machen, wenn wir es nicht sehen. Ist klar.

ULF War nur, weil wir so nahe saßen.

JULIA Wir kriegen kein Kind oder so was.

ULF Was meinst du damit?

JULIA Aber falls ich eine Tochter kriege, soll sie Shadow heißen. Wir können mit ihr zu Saturnus gehen und Kaffee trinken und ihre Kardamomwecken kaufen, zum Frühstück. Das sind die leckersten in der Stadt. Ich kann abends mit dem Rad hinfahren und welche kaufen.

HENRIK Okay ... Tschüß dann, Liebling. *(Umarmt sie.)* Ich komme ... ich glaub, ich komme morgen oder übermorgen.

MARIE Warum? Ich hab gestern angefangen. *(Kurze Pause)* Können wir nicht ins Kino gehen? Ich möchte «Im Namen des Vaters» sehen. Ich will ausgehen. Ich glaub, wir waren nicht mehr als fünfmal zusammen im Kino, obwohl wir Vater und Tochter sind. Ich will mich schön anziehen und ausgehen. Findest du mich schön?

HENRIK Ja.

MARIE Wirklich? Ich treffe ja den wichtigsten Mann meines Lebens. Hast du nichts zu sagen?

HENRIK Ich weiß nicht ... Was soll ich sagen?

MARIE Ich dachte, du wüßtest immer, was du sagen sollst.

War nur ein Witz. *(Über das Kleid)* Das hab ich von dir. Wie geht es Lisa?

HENRIK Ganz gut ... Sie ist nicht an die Schule gekommen.

MARIE Wie schade. Sie muß sehr traurig gewesen sein. War sie traurig?

HENRIK Ja.

MARIE Ist aber keine Tragödie. Ist nicht so wichtig. Es gibt Dinge, die sind wichtiger. Bist du sauer?

HENRIK Nein. Ich weiß nicht.

MARIE Ich kann jetzt kommen und gehen, wie ich will. Ich brauch keinen Urlaub. Es gibt einen Mann hier, der hat mir einen Antrag gemacht. Ich werde nein sagen. Willst du rausgehen?

HENRIK Ja, können wir machen.

MARIE Wir können rausgehen und was trinken ... ein Glas Wein?

HENRIK Ja. *(Pause)* Wir können was trinken.

MARIE Sieht nicht so aus, als hieltest du das für einen guten Vorschlag. Du siehst nicht besonders enthusiastisch aus. Was willst du dann machen? Wie geht es Agneta? Findest du, ich frage zuviel? Ich weiß ja nichts. Ich war ja eingesperrt hier ... obwohl man dich statt dessen hätte einsperren sollen, wenn Recht Recht wäre. Stimmt's?

HENRIK Ist schon gut.

MARIE Machst du aus einem Elefanten eine Mücke?

HENRIK Wir wohnen im Moment nicht zusammen ... seit einiger Zeit ... auf Probe ... damit ... Es hat wohl nicht funktioniert ... Ich konnte mich nicht soviel kümmern, wie ... Wir werden sehen, wie es geht. Vielleicht trennen wir uns ... Also waren sie ... Sie sind eine Weile in Irland, ein paar Wochen ... Lisa und sie ... Aber sie kommen nächste Woche nach Hause.

MARIE Hast du aus Irland 'ne Karte gekriegt?

HENRIK Ja ... Sicher ... Natürlich.

MARIE Ich wußte, daß es nicht hält, aber ich wollte nichts sagen.

HENRIK Wir haben ja fünfzehn Jahre zusammengelebt.

MARIE Aber ich wußte, daß es nicht hält. Ich mochte sie nicht. Sie war so hart. Sie sprach so hart.

HENRIK Jaja ... Das ist einfach ihre Art.

JONNY *(nimmt Ulf mit.)*

MARIE Wollen wir rausgehen?

HENRIK Können wir machen ... Ich muß –

JULIA *(ist allein zurückgeblieben)* Die holen alle, die mich mögen. Sie verschwinden einfach. Ich bin wie ein alter Vogel, ein kleiner Fäustling. Man soll wohl die Klappe halten und weg sein. Das ganze Teeny-Prestige unterdrücken.

HENRIK *(kommt zurück zu Maries Zimmer, öffnet die Tür. Alles darin ist zerschlagen und zerstört, alles ist in Scherben.)*

2. POLIZIST Ja, jetzt ist der Spaß vorbei, Muhammed.

MANUEL Wer ist Muhammed?

2. POLIZIST Du.

HENRIK *(geht ins Zimmer – es sieht aus, als wäre es sieben Jahre her, daß er dort war – alles ist durch Feuchtigkeit und Schmutz gealtert – es sieht aus wie eine Bodenkammer, die von Obdachlosen benutzt wurde, doch er findet Dinge, die Marie gehört haben, leere Parfumflaschen z. B.)*

1. POLIZIST Das bist du, Muhammed.

MANUEL Ich heiß nicht Muhammed. Ich heiß Manuel.

1. POLIZIST Ist doch dieselbe Scheiße.

2. POLIZIST Das sag ich auch. Ist doch dieselbe Scheiße.

1. POLIZIST Ja, stimmt. *(Pause)* Sitz jetzt still.

2. POLIZIST Hast du nicht gehört?

1. POLIZIST Und halt die Schnauze.

2. POLIZIST Sitz still und halt die Schnauze.

1. POLIZIST Und halt die Schnauze, wie gesagt.

2. POLIZIST Sonst siehst du dich besser vor.

1. POLIZIST Muhammed.

Pause

2. POLIZIST Hör zu, du ... Scheißtürke. *(Pause)*

MANUEL Was?

2. POLIZIST Welches Recht hast du, in Schweden zu leben?

MANUEL Was?

1. POLIZIST Da kannst du nicht antworten.

2. POLIZIST Welches Recht hast du, in Schweden zu leben?

1. POLIZIST In diesem prima Land.

2. POLIZIST Es war prima. Früher.

Pause

1. POLIZIST Er versteht kein Schwedisch ... Der kann kein Schwedisch.

2. POLIZIST Warum ist er dann hier?

1. POLIZIST Nun antworte doch, du Scheißtürke. *(Pause)* Welches Recht hast du, in Schweden zu sein?

MANUEL Ich bin kein Türke. Ich bin aus Kuba.

1. POLIZIST Kuba?

2. POLIZIST Ja, ist doch dieselbe Scheiße.

1. POLIZIST Genau dieselbe Scheiße.

2. POLIZIST Derselbe Scheißdreck ... wie Bolivien.

1. POLIZIST Gar kein Unterschied. *(Ruhig.)* Derselbe Scheißdreck. *(Pause)* Für so was bezahlen wir Steuern, meine ich.

MICKE Ist dein Papi jetzt weg?

MARIE *(hat zwei Hundertkronenscheine um den Finger gewickelt)* Ja.

MICKE Hatte es eilig?

2. POLIZIST Kuba ist besser als Schweden ... Kuba ist am besten.

1. POLIZIST Da kommt der ganze Stoff her.

2. POLIZIST Aus Kuba?

1. POLIZIST Ja, war doch so ... Von wo der ganze Stoff hierherkommt.

2. POLIZIST Ja, da irgendwo-

1. POLIZIST -her. Kuba, Kolumbien und diese Scheißländer da ... Die sind ja besser als Schweden. Kuba ist am besten. Warum kommen die dann her?

2. POLIZIST Ja, das ist die Frage.

1. POLIZIST Man muß bloß sagen, man ist 'n bißchen schizophren und 'n Fixer, dann kann man bleiben und kriegt alle möglichen Beihilfen ... Aber wir, wir sind geboren in diesem

Scheißland und kriegen nichts. Ist das richtig? *(Pause)* Ist das richtig?

2. POLIZIST Nein, das ist es nicht. Wenn du mich fragst.

1. POLIZIST Ist das richtig?

2. POLIZIST Nein, es ist verdammt falsch. *(Pause)* Wie?

MICKE Kennst du den vom Wunschtraum des Pädophilen?

MARIE Nein.

MICKE Na, den Schwanz in Schokolade tunken und nakkend langsam durch 'nen Kindergarten gehen. *(Marie lacht, sie klingt wie ein fröhliches Schweinchen.)* Du klingst wie ein Schweinchen. *(Marie lacht wieder.)* Schrei wie ein Schwein. *(Marie ahmt ein Schweinchen nach, sehr geschickt.)* Schrei wie ein Schwein. *(Marie schreit.)*

2. POLIZIST Hör zu, Neger ...

MICKE Schrei wie ein Schwein.

Marie schreit.

1. POLIZIST Das sagt man nicht ... Man sagt nicht Scheißneger.

MICKE Schrei wie ein Schwein.

Marie schreit wie ein Schwein.

1. POLIZIST Verdammter Bodensatz, verdammter Abschaum, tut so, als ob er lebt ... Ihr lebt bloß von Beihilfen.

2. POLIZIST Die wir erarbeitet haben ... mein Geld, unser Geld.

1. POLIZIST Das Geld unserer Kinder.

2. POLIZIST Ja, die kriegen ja nichts.

MICKE Schrei wie ein Schwein.

2. POLIZIST Lebst du von der A-Kasse?

1. POLIZIST Darum kürzen die auch bei uns anderen.

2. POLIZIST Scheißkaffer.

MICKE Schrei wie ein Schwein.

Marie schreit.

1. POLIZIST Ja, das kann man sagen ... Wie lange sollen wir hier noch so sitzen?

2. POLIZIST Hör zu, ich kann dich anal massieren, wenn du willst. Mit dem Gummiknüppel.

1. POLIZIST Willst du den Gummiknüppel in den Arsch?

2. POLIZIST Hör zu, Neger, geh nach Haus und fick deine Negermammy.

Sara steht am Tisch, mit dem Rücken zu uns. Wir sehen die Narben ausgerissener Engelsflügel.
Die Frau, Julia, Marie und Greta sitzen im Tagesraum. Ein junger Mann ist neugierig, was sie tun. Es sieht aus, als sängen sie. Er öffnet die Tür. Sie singen laut und mit Engagement «Ich danke dem Leben».

DIE FRAU Ich danke dem Leben
es gab mir die Tochter
die alle ihre Schwierigkeiten
und all ihre kleinen Sorgen
der eignen Mutter vorwirft
die sie nur sehen will, wenn sie blau und heftig ist
und die keine Kraft mehr hat, die Last zu tragen, die
ein Kind ist, das nicht leben will noch kann
ein eignes Leben
nicht die Kraft hat zu studieren, einen Job besorgen, eine eigne Wohnung
nur trinkt und sich Männer aussucht, die alles nur schlimmer machen
so daß man nur Angst hat jede Sekunde
Ich danke dem Leben
daß ich alt und einsam geworden bin
auch wenn ich in einer Ehe lebe, in der es nie ein
freundliches Wort gibt oder Zärtlichkeit
nur kalte dürre Kälte
und beinah niemals etwas Geld
Ich danke dem Leben

das mich nie schlafen läßt
nie Ruhe haben
das mich jagt von der einen Schuld zu anderen
so daß ich kaum noch zusammenhalte
O ich danke dem Leben
soviel hat's gegeben

JULIA *(lange nach dem Gesang)* Wo ist Jane? Ich hab sie lange nicht gesehen. Ist sie entlassen?

DIE FRAU Nein. Sie ist tot.

JULIA Tot? Seit wann?

DIE FRAU Sie hat sich das Leben genommen. Sie hat sich das Leben genommen, als sie das letztemal Urlaub hatte.

1. POLIZIST Willst du zugucken, wenn ich deine Mammy ficke?

MANUEL Deine Mammy?

1. POLIZIST Deine Mammy.

2. POLIZIST Deine Hurenmammy.

JULIA Was ist denn?

JANE Ich bin verliebt.

JULIA Wirklich? *(Pause)* In Erik?

JANE In Erik? Warum sollte ich? Nein, nicht Erik. In Erik bin ich nicht verliebt. Ich bin verliebt in Don Johnson.

JULIA Wer ist das?

JANE Don Johnson?

JULIA Ist das ein Pfleger? In der zweiten Abteilung.

JANE Nein, Don Johnson in «Miami Vice». Hast du das nicht gesehen?

1. POLIZIST Er will zugucken, wenn wir seine Mammy ficken. *(Gibt Manuel einen Stoß. Der zweite Polizist stößt ihn zurück.)*

MANUEL *(sehr aggressiv)* Kommt sie doch ficken! Kommt sie doch ficken!

JULIA *(sitzt auf der Bank, nach außen gewandt. Das Licht ist grau und ruhig, die Strahlen sind voller Staub und Staubkörner. Henrik sitzt neben ihr, nach innen gewandt, man sieht vor allem seinen Rücken und sein Profil. Sie sitzen ein Stück voneinander entfernt. Sie sind sehr still. Julia ißt Bohnensuppe aus einem kleinen Plastiknapf)* Das ist Bohnensuppe, möchtest du welche, ich hatte einen solchen Hunger, ich mußte etwas essen. *(Plastiklöffel)* Hat zehn Kronen gekostet … Bohnen sind krebserregend, aber nur braune Bohnen … braune Bohnen können Krebs erregen, aber nur braune.

HENRIK Haben wir Sake getrunken?

JULIA Nein, das hast du mit jemand anders gemacht.

HENRIK Bist du sicher?

JULIA Daß du mit mir keinen getrunken hast, da bin ich sicher.

HENRIK Er ist gut.

JULIA Wir trinken ein andermal welchen.

HENRIK Warmen Sake.

JULIA Ja, der muß warm sein.

HENRIK Warm? Nicht heiß?

JULIA Ziemlich heiß. Ziemlich warm.

HENRIK Ist lange her, daß ich welchen getrunken habe.

JULIA Ja.

HENRIK Wo trinken wir ihn? Wo willst du, daß wir ihn trinken?

JULIA Irgendwo, wo es regnet.

HENRIK Ja, genau … In einem Garten in einer Stadt, auf einem Hinterhof, wo es Mandelbäume und Olivenbäume gibt und wo es regnet, aber der Regen trifft nicht uns.

JULIA Wir sitzen unter irgendeinem Schutz … und man hört den Regen.

HENRIK Um.

JULIA Um. Und wir fragen einander nie, wie es uns geht.

HENRIK Nein, das werden wir nie tun … Das spüren wir …

JULIA Genau. *(Kurze Pause)* Aber du kannst mich fragen, ob ich traurig bin oder froh.

HENRIK Ja.

JULIA Ja. *(Küßt ihn – sie beugen sich vor, bewegen sich nicht von der Stelle.)*

HENRIK So?

JULIA So?

MANUEL *(sehr aggressiv)* Kommt sie doch ficken! *(2. Polizist schlägt ihn.)* Kommt sie doch ficken!

2. POLIZIST *(schlägt ihn wieder, drückt ihn auf den Boden, setzt*

das Knie auf sein Geschlecht) Du sollst deine Mammy ficken. Du sollst deine Mammy ficken. Nicht ich. Ich will deine Mammy nicht ficken. Kein Schwede will deine Mammy ficken. Die will nur 'nen stinkenden Türkenschwanz.

1. POLIZIST Kebabschwanz.

JULIA Du ...

HENRIK Yes!

JULIA Ja, du ... ich hab einen geküßt, der hat Aids. Meinst du, ich bin jetzt infiziert?

HENRIK Wann war das?

JULIA Meinst du, ich bin jetzt infiziert? Meinst du, ich hab jetzt Aids? Meinst du, ich stecke dich an?

HENRIK Wann war das?

JULIA Als ich herkam ... Ich weiß nicht ... Ich weiß nicht, was ich gemacht hab. Einer, der hier ist ... Sie haben ihn weggebracht. In die andere Abteilung, wo du mich getroffen hast ... Hast du mich da nicht besucht?

HENRIK Ja ... Erinnerst du dich nicht?

JULIA Doch, vage, schwach ... Sie haben ihn dann geholt ... aber wir winken uns gegenseitig zu. Wir winken uns gegenseitig zu, jeder auf seiner Seite.

HENRIK Wo hast du ihn geküßt?

JULIA Hier.

HENRIK Auf den Mund?

JULIA Auf den Mund ... ich war so weit weg. Es bedeutet nichts. Du denkst doch nicht, daß es was bedeutet.

HENRIK Nein ... Du?

JULIA Sei jetzt nicht traurig ... Es bedeutet nichts, wenn es nicht heißt, ich kriege Aids ... Glaubst du, ich kriege Aids?

HENRIK Klar, daß du das nicht kriegst.

JULIA Bist du böse?

HENRIK Nein. *(Nimmt ihre Hand.)* Ich bin nicht böse. Warum sollte ich böse sein?

JULIA Weil ich einen anderen geküßt hab.

HENRIK Nein, nein. Bin ich nicht. Ich bin nicht böse. *(Pause)* Ich bin nur müde.

JULIA Aber ich kann's haben.

HENRIK So.

2. POLIZIST Ich will deine Mammy nicht ficken. Kommt ja Scheiße aus ihrer Möse.

JULIA *(nimmt den weißen Schal, den sie trägt, legt ihn sich über das Gesicht, wie ein Tuch.)*

2. POLIZIST Du bist die Scheiße aus ihrer Möse.

HENRIK Was machst du da?

MANUEL Kommt sie doch ficken! Kommt sie doch ficken!

1. POLIZIST Perfekte Scheiße, die perfekte Mösenscheiße.

JULIA Hallo. Weißt du, wer ich bin?

1. POLIZIST Drück zu ... zerquetsch ihm den Schwanz.

2. POLIZIST Wie 'ne Schnecke.

MANUEL *(ohne daß man es versteht, da der erste Polizist seinen Fuß auf Manuels Gesicht setzt)* Kommt sie doch ficken, kommt sie doch ficken!

2. POLIZIST Ja, wo ist sie denn? Wo ist sie?

1. POLIZIST Wo ist sie denn?

2. POLIZIST Wo ist sie denn?

1. POLIZIST Wo ist sie? *(Tritt ihn, nicht sehr hart.)* Wo ist denn deine Mammy!

JULIA Ich bin deine Frau, in spe. Wirst du mich jemals vorzeigen – dem Rest der Welt?

HENRIK In spe?

JULIA Nimmst du mich mit, wenn du ausgehst, wenn du ins Theater gehst oder so, oder bin ich nur ein schmutziges Geheimnis?

2. POLIZIST Wo wohnt sie? Wo wohnt deine Mammy, Scheißkaffer?

HENRIK Du bist ganz gut, glaub ich, als schmutziges Geheimnis.

1. POLIZIST Jetzt wird's ernst, verstehst du, Freundchen ... und zwar kein Kaffernernst, jetzt wird's schwedisch ernst.

JULIA *(beugt sich vor und küßt ihn mit dem Tuch über ihrem Gesicht – ein langer Kuß.)*

MANUEL Väsby.

1. POLIZIST Väsby?

2. POLIZIST Ösby?

MANUEL Väsby.

JULIA Schmeckt es nach Seide?

HENRIK Schmeckt etwas komisch.

1. POLIZIST Väsby?

JULIA Eher Viscose vielleicht?

MANUEL Was?

1. POLIZIST Weißt du, wo Väsby liegt?

2. POLIZIST Weißt du, wo die Möse liegt?

1. POLIZIST Gibt's da 'n Kafferngetto?

2. POLIZIST Dreh ihm den Schwanz um.

1. POLIZIST Hat keinen. Wenn der wichsen muß, braucht er 'ne Pinzette – Pinzette und Würfelzucker. *(Schlägt ihn, ist aber vor allem mit seinem Sprechfunkgerät beschäftigt.)*

JULIA Schmeckt es nach Trilaphon?

HENRIK Ein bißchen vielleicht.

1. POLIZIST Ja, wo waren wir?

2. POLIZIST Hier.

1. POLIZIST Na ... Muhammed?

MANUEL Manuel. Ich heiße Manuel. Manuel, Manuel, Manuel.

1. POLIZIST Und ich Ali Baba.

2. POLIZIST Du heißt Muhammed, und du bist Türke.

MANUEL Ich bin Türke?

JULIA *(sitzt neben Henrik, sie sitzen auf derselben Bank wie zuvor, doch das Licht ist anders, weicher, grauer. Julia sitzt nach außen gewandt, wie zuvor. Er nach innen gewandt. Ihre Hand liegt auf der Bank, die Handfläche nach unten, die Finger leicht gespreizt, sie berührt sie nicht – seine Hand ist nach oben geöffnet, ihr leicht zugeneigt – sie berühren einander nicht.)*

HENRIK Ich komme morgen.

JULIA Und wann? *(Knöpft mit einer Hand die Knöpfe ihres Kleides.)* Und wann?

HENRIK Ja ... *(Sieht Manuel an, der wie ein kubanischer Christus an der Wand hängt.)*

JULIA Und wann?

HENRIK Gegen drei ... vielleicht früher.

JULIA Und wie lange kannst du bleiben?

HENRIK Ja ... ich weiß nicht ... Ich bleibe eine Weile.

JULIA Eine Weile? Nicht länger?

HENRIK Doch.

JULIA Ist das alles?

HENRIK Wie alles?

JULIA Mußt du gehen?

HENRIK Ja.

MARIE Wir können in den Park gehen. Bei dem schönen Wetter. Wir können auf einer Bank sitzen. Wir müssen nicht reden. Wir können still sein. Und dann geh ich wieder her. Im Herbst fahre ich in ein Therapieheim. Ich muß ja darüber reden, was passiert ist. Das verstehst du doch? Das ist das einzige, was hilft. Das ist die einzige Art, wie man damit leben kann – daß man darüber redet. Wenn man damit leben können will. Ich weiß noch nicht ... Ich habe mich noch nicht entschieden. Ob ich damit leben können will. Ob das so gut ist. Und selbst, wenn ich will, geht es vielleicht nicht. Ich werde ja nie glücklich sein. Ich werde nie glücklich sein, auch wenn man es mir nicht ansieht. Auch wenn man es mir nicht ansieht, ist es ja da. Man kann den Körper außen waschen, aber nicht innen. Man kann die Seele nicht waschen, wenn sie krank ist. Man kann die Seele nicht waschen. Sie kann nicht wieder rein werden. Ich werde nie glücklich sein. Ich werde nie einen anderen glücklich machen können. Aber vielleicht kann ich anderen helfen. Wenn ich mich traue, darüber zu reden, trauen sich vielleicht andere, darüber zu reden. Es ist ja sehr verbreitet ... Wie war das – sechs Mädchen in jeder Schulklasse haben es erlebt. Also ist es öfter als selten. Wenn einer es kann, können es wohl alle. Auf den Straßen laufen massenhaft Verbrecher herum, und man sieht es ihnen nicht an, sie sind wie alle anderen. Es gibt ja keine Vergebung. Es spielt keine Rolle, ob ich dir vergebe. Dir ist doch nicht vergeben. Ich werde dich immer lieben, aber ich weiß nicht, was für Gefühle das sind. Es wird immer zwischen uns stehen. Es wäre viel leichter, wenn ich dich nicht liebte, wenn ich dich einfach hassen könnte, wenn ich dich einfach hassen würde, dich widerlich und schrecklich finden. Aber das tu ich nur manchmal. Dann hasse ich dich auch, aber dann tut es so weh, weil ich vergesse, was du getan hast, und mich frag, wo du bist, und dann weiß ich, ich hab einen Vater und sehne mich nach dir und denke an dich wie an einen normalen, netten Vater, irgendeinen, und dann freu ich mich … und dann erinnere ich mich, was passiert ist, und ich erinnere mich, ich bin in dem dunklen Zimmer, und du kommst rein und hebst mich hoch, und dann trägst du mich zu dem roten Sessel und bindest mich mit einem Strick fest, und dann tust du deinen Schwanz in mich rein, und das tut so weh, und du sagst, es tut nur am Anfang weh, die ersten Male, aber dann geht es vorbei, dann tut es nicht mehr weh, dann ist es schön und gar nicht komisch, und dann willst du, daß ich an deinem Penis sauge, aber das will ich nicht, und ich träume jede Nacht, daß du es zugibst, denn sonst kann ich nicht wieder ich werden, es tut mir leid, daß ich es gesagt hab, ich wollte es nicht sagen, aber ich konnte es nicht länger in mir behalten … ich wollte lieber sterben, als es zu sagen, aber du hättest es nicht tun sollen, denn ich hab es nicht vergessen, ich werde es nie vergessen, es ist passiert, was du auch sagst, es ist passiert … warum kannst du es nicht zugeben, warum kannst du nicht sagen, ich hab's getan, ich war krank, ich wußte nicht, was ich tue, vergib mir, vergib mir, Marie … dann kann ich versuchen, dir zu vergeben, auch wenn es nie vergeben werden kann, warum kannst du das nicht machen?

HENRIK Wir hatten nie einen roten Sessel.

Alle sitzen im Tagesraum und warten. Im Fernsehen läuft eine Kindersendung mit Televinken und Tante Anita.
Der Raum wird leer – die Kleider der Personen liegen ordentlich zusammengefaltet oder hingeworfen an verschiedenen Stellen auf dem Boden, als wären sie gestorben oder in großer Eile schlafen gegangen.

EINE STIMME Ich sehne mich nach dir … Ich sehne mich nach dir … Ich sehne mich nach dir …

ENDE

ÜBER DEN AUTOR
UND SEINE STÜCKE

Lars Norén wurde am 9. Mai 1944 im Stockholmer Stadtteil Söder geboren. Der Vater, Matti Ingemar, in den dreißiger Jahren noch Seekapitän bei der Svenska Amerikalinje, hatte umsatteln müssen und war nun als «hovmästare», d. h. Oberkellner und Kellermeister, in verschiedenen, auch berühmten Restaurants tätig – eines davon in Rosenbad, dem Sitz der schwedischen Regierung. Die Mutter, Britt-Elin, die aus einer Pastorenfamilie stammte, arbeitete beim Stockholmer Postscheckamt, bis die Familie, zu der noch der 1936 geborene Jan Ingemar gehörte, 1949 in das südschwedische Skåne zog, zunächst nach Kävlinge, nordwestlich von Lund.

> «Ich kann mich an meine Kindheit nicht erinnern, das ist unangenehm, aber ich kann es einfach nicht. Ich bin in Stockholm ... geboren. Dann zogen wir nach Kävlinge. Da wohnten wir so etwa zwanzig Meter vom Schlachthof entfernt. An den Geruch erinnere ich mich immer noch, den Blutgeruch. ... Ich war nicht besonders schockiert; es war viel eher spannend und interessant. Ich habe nicht das Töten selbst gesehen, und ich bin nie in den ersten Stock gekommen, wo sie standen und die Tiere totschlugen. Aber die Leichen und die Häute und die Schwänze und die Ohren. Der Geruch war bestimmend für dieses ganze Gebiet in Kävlinge; der Schlachthof lag mitten in einem Mietshäuserkomplex. Aber ich sah, wenn die Tiere kamen und auf dem Hof spielten. Ich glaube, ich war sechs. Da fangen meine Erinnerungen an, das Schlachten von Kühen.» (BLM 5, 1969, S. 348)

1950 pachtete der Vater ein Hotel in der Nähe der Kleinstadt Genarp zwischen Malmö und Lund: ein geräumiges Haus mit acht Fremdenzimmern, Buffet, Billardsaal und Bierhalle. Da die Lage ungünstig war – ohne die unmittelbare Nähe einer Hauptstraße oder -eisenbahnlinie –, entwickelte sich das Unternehmen nicht sehr erfolgreich: Es kamen vor allem Bauern aus der Gegend, die in der Bierhalle sukzessive ihre Höfe vertranken. Und auch das hörte auf, als 1955 «motboken» abgeschafft wurde, das Rationierungsbuch, das Hotels und Gaststätten bis dahin das Privileg verschafft hatte, die Mengen des ausgeschenkten Alkohols nicht kontrollieren zu müssen. Manchmal gab es aber auch interessantere Gäste:

> «Ein Amerikaner, der UN-Generalsekretär U Thant kannte und sehr krank war. Von ihm lernte ich Pokern. Ein Sekretär der Rechtspartei, der mir Stenographieren beibrachte.» (Gespräch mit Betty Skawonius, Dagens Nyheter – DN –, 31. 12. 1987)

Hier schrieb Norén, zwölf-, dreizehnjährig, seine ersten Gedichte, nachdem er schon vorher begonnen hatte, systematisch und weitgefächert zu lesen.

> «Die ersten Bücher, die ich mir kaufte, waren auch die, die mir am meisten bedeuten sollten: Hölderlin, Rilke, Erik Blomberg, Arnold Ljungdahl. Und dann eine selige Mischung aus Gorki, Selma Lagerlöf und Strindberg, die bewirkte, daß ich lernte, sämtliche Bücher eines bestimmten Schriftstellers zu lesen, um die Entwicklung zu sehen, die Wiederholungen.» (DN, a. a. O.)

1960, also mit sechzehn, zog Norén allein zurück nach Stockholm, wo das begann, was er einem Journalisten gegenüber einmal als «ein ziemlich unmildes Leben über einige Jahre» bezeichnet hat. Er schrieb weiter Gedichte, arbeitete außerdem 1961/62 als Regieassistent am Dramaten, mehrfach, darunter bei zwei Beckett-Inszenierungen, mit jenem Bengt Ekerot, der 1956 in Stockholm die Uraufführung von O'Neills «Eines langen Tages Reise in die Nacht» inszeniert hatte. Dieses Stück sollte für Norén später entscheidende Bedeutung bekommen – «das größte Stück, das je geschrieben worden ist», wird 1991 der inzwischen zu Weltruhm Gelangte in einem Interview (DN, 16. 4. 1991) sagen. Seinen Lebensunterhalt bestritt Norén daneben mit Korrekturlesen, vor allem für Dagens Nyheter, die größte schwedische Tageszeitung, deren damaliger Chefredakteur, Olof Lagercrantz, ihn nicht nur ideell unterstützte.

1963 veröffentlichte Lars Norén seine erste Gedichtsammlung, *Syrener, snö (Sirenen, Schnee)*. Auf die in einem Gespräch geäußerte Feststellung, sein Debüt sei nicht überzeugend gewesen, *Syrener, snö* eine ziemlich schlechte Gedichtsammlung, antwortete Norén:

«Wenn ich die meisten meiner Bücher von damals wiederlese, glaube ich, das meiste vor *Stupor* ist ziemlich schlecht.» (BLM, a.a.O.)

Damit fertigte er immerhin vier Gedichtsammlungen vor dem 1968 erschienenen *Stupor* ab; zwei davon, *Inledning n:r 2 till Schizz* (*Einleitung Nr. 2 zu Schizz*; 1965) und *Encyklopedi* (*Enzyklopädie*; 1966) hatten ihm den Durchbruch gebracht.

«Mit *Inledning n:r 2 till Schizz* ist es wohl so wie mit Rilke, der gesagt hat, seine frühere Literatur vor den Elegien seien billige Vagheiten. Ich finde dieses Buch vage, aber es ist nicht billig. Es war notwendig, es zu schreiben.» (BLM, a.a.O.)

1963 war Britt-Elin Norén, Lars Noréns Mutter, an Krebs gestorben. Norén hatte sie in ihrer langen, schweren Krankheit begleitet, im Krankenhaus bei ihr gesessen, wo sie, wie er es in einem Interview einmal ausdrückte, «ruttnade bort där i cancer» (dort im Krebs verfaulte). Danach schrieb Norén die Sammlungen *Schizz*, *Encyklopedi* und *Stupor* innerhalb eines Jahres; im Herbst 1964 wurde er während einer Reise in Südschweden in die Psychiatrie eingeliefert.

«Ich war zwanzig. Ich lag sieben Monate dort. Es war ein Krankenhaus bei Karlskrona, dann wurde ich in ein Krankenhaus bei Lund verlegt. Ich kam rein, als meine Mutter gestorben war; da hatte ich das Gefühl, sie lebte noch, ich sah sie überall. Das fand ich so unheimlich. Und die fingen sofort mit dem stärksten Mittel an, das sie schizophrenen Patienten geben, Hibernal, das einen direkt einschläfert. Ich bekam 1300 mg, was sie nur in schweren Fällen machen. Ich sollte nur zur Untersuchung dasein, und dann haben sie das verschrieben. Sie hatten zwei Ärzte für 200 Patienten.» (BLM, a.a.O., S. 349)

Norén hat die Therapiegewohnheiten an diesen Kliniken viele Jahre später «altmodisch» genannt; im hier immer wieder zitierten Gespräch mit Torkel Rasmusson und Leif Zern 1969 sagte er auf die Frage, ob man ihn über die therapeutischen Maßnahmen und deren mögliche Folgen aufgeklärt habe:

«Nein, hat man nicht. Ich machte mir Sorgen, weil ich glaubte, nur Schwerkranke bekämen Elektroschocks. ... Ich fand das Ganze ziemlich planlos. Es wirkte so, als hätten sie keine Zeit, es wirkte so, als verschrieben sie aus einem Schlendrian heraus; wenn etwas nicht half, dann ... Nun weiß ich nicht, ob neun Elektroschocks eigentlich besonders viel sind. Plötzlich brachen sie sie ab, um auf Insulin überzugehen, dann brachen sie Insulin ab und gingen auf Schlafkur über. Ich begriff überhaupt nicht, was das alles sollte. Ich machte mir auch große Sorgen, weil ich nie ein Gespräch mit einem Arzt hatte, ich glaube, es waren in der ganzen Zeit fünf Minuten.» (BLM, a. a. O.)

Im Herbst 1965 war Norén zurück in Stockholm und schrieb. Von 1966, als die schon genannte Sammlung *Encyklopedi* erschien, bis 1980 veröffentlichte Norén praktisch jedes Jahr mindestens eine Gedichtsammlung, 1968 folgte *Stupor*, 1969 *Revolver* usw. bis zur letzten Sammlung *Hjärta i hjärta (Herz in Herz)*, Lyrik, die, so Mikael van Reis in seinem Nachwort zu *De döda pjäserna (Die toten Stücke)* I–IV, 1995, «die dialogische Rede zwischen einem Ich und einem Du vorausnimmt. Ein Buch an der Schwelle zum Theater» (Bd. IV, S. 262). Magnus Florin, Schriftsteller und Dramaturg an Dramaten, schrieb anläßlich der Premiere von *Natten är dagens mor (Nacht, Mutter des Tages)* am 26. März 1983 zusammenfassend zur Lyrik Noréns: «Lars Norén ist einer der eigenständigsten schwedischen Schriftsteller. Zugleich hat sein Werk so durchgreifende und überraschende Veränderungen durchgemacht, daß man ihn den Schriftsteller der Verwandlung nennen könnte. Es ist weit von den chaotischen Bildfluten in den Durchbruchsbüchern der Sechziger *Encyklopedi* und *Schizz* zum alltäglichen Tonfall in *Dagbok (Tagebuch)* und *Nattarbete (Nachtarbeit)* von 1976 und zu der wortkargen und strengen Lyrik in z. B. *Murlod (Wandlot)* von 1978.» (Programmheft Dramaten 1982/83) Darüber hinaus hatte Norén drei Romane publiziert – *Salome. Sfinxerna* (*Salome. Die Sphinxen*; 1968), *Biskötarna* (1970; *Die Bienenväter*; deutsch 1973) und *I den underjordiska himlen* (*Im unterirdischen Himmel*; 1972) und auch erste dramatische Versuche waren realisiert worden. 1968 sendete das norwegische Fernsehen *Kingsdon Hotel*, eine Skizze über ein Mädchen, das während einer England-Reise schizophren wird; das schwedische Fernsehen brachte 1971 *Amala, Kamala*, eine «indische» Geschichte, *Box ett (Box eins)* kam 1972 (12.11.) im schwedischen Rundfunk. Auf den Schauplatz dieses Hörspiels, ein Krankenhaus oder eine Psychiatrie, führen uns mehr als zwanzig Jahre später Noréns Stücke *Ett sorts Hades* und *Kliniken*.

Während der Arbeit an Fernseh- und Hörspielen lernte Norén das damalige Scriptgirl Titty Mörk kennen. Sie heirateten 1971, die Tochter Linda wurde 1972 geboren. Zu dieser Zeit schrieb Norén an seinem ersten abendfüllenden Drama.

1972–1973

Fursteslickaren *(Der Fürstenlecker)*, Stück in 28 Szenen. Der junge Komponist Andreas wird eingestellt vom Fürsten, um für diesen eine Oper zu schreiben, die sein massenhaftes Blutvergießen sublimieren soll. Die Oper wird ebensowenig fertig wie Andreas mit seiner Situation bei Hof: Er wird von allen ausgenutzt, nicht zuletzt sexuell, und schwankt zwischen Größenwahn, innerem Rückzug und Anpassung. Einen Ausweg scheint die Liebe zum Mädchen Anna zu bieten, doch als der Fürst das Verhältnis entdeckt, versucht er, Andreas zu töten. Von nun an kämpft Andreas um seine Befreiung, die äußere und die innere, endet aber in der «Idiotenkiste», von der man nicht weiß, steht sie für die Hölle oder das Dunkel der Gebärmutter. – Bei der Uraufführung des Stücks am 22.11.1973 auf der Lilla scen von Dramaten (Regie: Donya Feuer) gab es einen Skandal ersten Ranges. «*Fursteslickaren* ist kein leicht handhabbares Stück», schrieb Lars Linder fast zwanzig Jahre später anläßlich von Christian Tomners Inszenierung am Upsala stadsteater. «Es weckt starke Gefühle, jetzt wie bei der Uraufführung 1973, als es von einem zeimlich einigen Kritikerkorps fast geschlachtet wurde.» – «Man muß schwul sein, um sich das weiter anzusehen», hatte ein Herr verkündet, als er schimpfend die Generalprobe von Tomners Inszenierung verließ. (DN, 8.3.1992)

«Ich schrieb *Fursteslickaren* 1973, und das Resultat dieser Arbeit war so unangenehm, daß ich fünf Jahre lang keine Dramatik mehr schrieb.» (Norén im Gespräch mit Leif Janzon, entré nr 1 1982, S. 24) – «Ich begann, an mir selbst zu arbeiten, um nicht runtergezogen oder aufgeblasen zu werden von solchen Stimmungen.» (Gespräch mit Betty Skawonius, DN, a. a. O.)

Hinzu kamen weitere einschneidende Ereignisse. 1974 ließen sich Norén und Titty Mörk scheiden, sie verließ mit Tochter Linda die Wohnung in der Hantverkargatan, die die Familie seit 1972 bewohnte. Norén ging eine Beziehung mit Ann-Charlotte Bonner ein, die damals Lehrerin an einer Einwandererschule war.

In den sich anschließenden Jahren schrieb Norén seine letzten Gedichtsammlungen – bis das Jahr 1978 erneut einen Einschnitt brachte. Im September dieses Jahres wurde Ann-Charlotte Bonners und Noréns Tochter Nelly geboren, im Spätherbst 1978 starb Matti-Ingemar Norén, Noréns Vater. Im selben Herbst begann Norén mit seiner Psychoanalyse. Das Jahr 1978 brachte auch eine wahre Schaffensexplosion auf dem Gebiet, dem sich Norén in Zukunft widmen sollte, dem Drama.

1978–1979

Depressionen *(Die Depression)*. In diesem Hörspiel, zu dem es auch eine Bühnenfassung gibt, begegnen wir vier Männern in einer beckettsch anmutenden Endspielsituation, aus der sich einer durch einen erlösenden Mord befreien kann. Die Erstsendung war am 26. 8. 1979.

Dräneringen *(Die Dränierung)*. Noréns drittes Hörspiel spielt in der DDR. Der Schriftsteller Reiner hat für sich, seine Frau Edit und die gemeinsame fünfjährige Tochter einen Ausreiseantrag gestellt. Dies hat das Zerbrechen der Familie zur Folge: Nach langem Warten, Herumspionieren von Nachbarn, ewigen Verhören und anderen nervenzerfetzenden Widrigkeiten muß Reiner das Land allein verlassen. Erstsendung am 9. 9. 1979.

Modet att döda *(Der Mut zu töten)*, Stück in drei Szenen. Hier nähert sich Norén zum erstenmal dem Personenkreis, der Familie, deren Mitglieder wir in vielen späteren Stücken in unterschiedlichen Zusammensetzungen und in verschiedenen Situationen wiederbegegnen werden, und gestaltet, ebenfalls zum erstenmal, sein Thema Trennung, Ablösung von den Eltern als Elternmord. Der Vater, 65, ehemaliger Oberkellner und Hotelier, besucht am dritten Jahrestag des Todes seiner Frau seinen Sohn Erik, 30, in dessen chaotischer, mit Zeitungen vollgestopfter Wohnung. Zum vom Vater zubereiteten Abendessen kommt auch Radka, 24, Eriks Freundin, der sich der Vater, zunehmend betrunken, zu nähern versucht, unter den Augen des hilflosen Erik. Um sich von der Angst vor dem Vater, also auch vom Kindsein, zu befreien, ersticht Erik den ihn verhöhnenden alten Mann. – Norén schloß das Stück im August 1978 ab, die Uraufführung fand am 3.12.1980 im schwedischen Fernsehen statt. Regie führte Björn Melander, der im Laufe der Jahre einer der wichtigsten Norén-Regisseure werden sollte.

«Zum Beispiel *Mut zu töten*. Es begann damit, daß ich ein Dachfenster sah, auf dem Laub lag. Dann hörte ich diesen Mann, den Vater, reden, die Handlung folgt dem fast genau. Dann habe ich den Dialog mit dem Mord hinzugefügt. Das einzige, was vielleicht im Stück fehlt, ist ein riesiger Kachelofen. Alt. Kalt. Mit Ruß und Asche. Ein sehr kaltes, graues Zimmer. Es ist bezeichnend, daß das Stück damit beginnt, daß sie darüber reden, wie kalt und schmutzig es ist. Es war unheimlich kalt und feucht und naß. Das andere habe ich dann alles geträumt – das Mädchen, den Tanz und den Schluß, den Mord. Ein paarmal habe ich das geträumt.

Damals ist mein Vater gestorben. Als ich an diesem Stück schrieb, erfuhr ich, daß er tot ist. Er hat einige Tage lang tot in seiner Wohnung gelegen. Mir war seltsam vorgekommen, daß er nichts von sich hören ließ. Er hat sonst sehr oft angerufen. Das heißt, damals war mein Telefon gesperrt. Das Haus, in dem ich wohnte, war auch verfallen und verwittert. Er konnte mich telefonisch nicht erreichen. Er hat mich nicht anrufen können.

Ich wußte ja nicht genau, als ich das Stück schrieb, was es eigentlich enthielt. Dann aber zeigte sich, daß die Personen Szene für Szene stärker eingeschlossen sind. Es gibt keinen Strom, es gibt kein Telefon, es gibt keine Nachbarn. Unter dem Zeitungsberg liegt ein Messer. Mit anderen Worten, der einzige Ausweg heißt töten.

Dieses Gefühl hatte ich auch in meinem eigenen Leben, immer stärker eingeschlossen zu sein. Auch von der Poesie eingeschlossen zu sein. Es entstanden immer weniger Zeilen, ich hatte immer größere Schwierigkeiten weiterzukommen. Ich blieb in den Gedichten stecken und änderte sie und änderte sie. Ich bewegte mich darauf zu, etwas zu töten. Die Poesie womöglich oder die Phantasie: Selbstlobotomie oder etwas ähnliches. Vielleicht sind in *Mut zu töten* die Männer alle beide ich.» (Norén im Gespräch mit Ola Hjelm und Urpo Jääara, in *Nacht, Mutter des Tages*. Programmbuch des Akademietheaters Wien, Nr. 84/1991)

Akt utan nåd *(Akt ohne Gnade)*. Dieses Hörspiel, beendet im Dezember 1978, greift eine Konstellation auf, die an das vorletzte, *Depressionen*, erinnert, wenn auch mit ganz anderem Ausgang. Schauplatz ist die Wohnung Alberts, 34, dessen Vater gerade gestorben ist; die Urne steht im Flur. In die Wohnung folgt ihm der Stadtstreicher Schiller, 60, und recht bald hat dieser sich bei Albert eingenistet, indem er ihn bemuttert und ihm sogar seinen dunklen Anzug für die bevorstehende Beerdigung anbietet. Hinzu kommt Stang, 40, angeblich Liebhaber von Schillers Tochter, die von ihrem Vater nichts mehr wissen will. Während Stang, der Schiller dies mitteilt, und Albert, wie Stang gewalttätig und vorbestraft, sich immer mehr anfreunden und einen gemeinsamen Bankraub beschließen, verläßt der schockierte Schiller die Wohnung und kehrt mit einem betrunkenen jungen Mädchen zurück. Was mit dem Mädchen passiert, bleibt offen – Albert, Stang und Schiller verlassen nach einer Auseinandersetzung die inzwischen strom-, wasser- und telefonlose Wohnung – das Haus soll abgerissen werden. Auch die Urne («Die steht doch gut da, oder?») nehmen sie nicht mit. – *Akt utan nåd* hatte seine Erstsendung am 7.9.1980 im schwedischen Rundfunk.

Orestes, Stück in zwei Akten und einer Szene, entstanden 1979. Diese Bearbeitung eines klassischen Stoffes stellt nicht, wie Aischylos, das Rachemotiv in den Mittelpunkt, sondern wieder die Suche nach dem Weg aus einer lähmenden Elternbindung. Orest tötet Klytämnestra für Elektra, die in Haß an sie gefesselt ist, und für sich selbst: «Ja, Elektra. / Die Sklaverei ist bald vorbei. / Und wir tauschen die Rollen / mit ihr, die uns / unsre gab. / ... / Ich werde jetzt meine eigne Mutter sein.» Den zweifelnden Orest verweist nach dem Mord Apollo auf sich selbst und ermöglicht es ihm so weiterzuleben. – *Orestes* wurde am 23.5.1980 am Stockholmer Dramaten uraufgeführt. Inszeniert hatte Gunnel Lindblom.

Mit *Orestes* und *Modet att döda* hat Norén – obwohl letzteres in den siebziger Jahren spielt – zwei nahezu archaisch anmutende Dramen geschaffen, in denen wie ritualisiert der Vater- bzw. der Muttermord dargestellt wird. Danach wird für lange Zeit die Familie zu der Konstellation, die im Mittelpunkt seiner Dramen steht. *Modet att döda* ist daneben das erste Beispiel für den Stücktypus des Nächtlichen Festes (nach dem Titel eines Interviews von Magnus Florin mit Lars Norén im Winter 1982/83), der neben den Stücktypen (Mikael van Reis, von dem die Einteilung stammt, spricht von Stückzyklen) Hotelstück, Bürgerliches Quartett und Sommerstück Lars Noréns Dramatik der achtziger Jahre prägen wird. Diese verschiedenen Stücktypen zeigen die Familie in ihrer Frühzeit im Hotel im ländlichen Skåne (Hotelstück), später bei einem Treffen von Eltern und zwei erwachsenen Kindern (Bürgerliches Quartett), dann beim Familientreffen mit Freunden und Partnern in der Sommerfrische (Sommerstück) und schließlich, ohne Eltern, die erwachsenen Kinder mit Freunden bzw. Geschwistern und Partnern (Nächtliches Fest). Natürlich überschneiden sich die Stücktypen bzw. Stückzyklen gegenseitig – *Modet att döda*, könnte man sagen, ist auch das Bürgerliche Quartett, bei dem die tote Mutter naturgemäß nur indirekt anwesend ist –, verzweigen sich und bilden Mischformen und Doubletten insofern, als wir etwa in Stücken vom Typ Nächtliches Fest («Todestänze» nennt sie Mikael van Reis einmal) wie *Nattvarden* die Brüder aus den Hotelstücken *Natten är dagens mor* und *Kaos är granne med Gud* als erwachsene verheiratete Männer wiedersehen – während die Familiengeschichte in einer Variante, um den älteren Bruder und die Mutter reduziert, schon in dem früher geschriebenen *Modet att döda* ihren Abschluß gefunden hatte.

1980–1981

En fruktansvärd lycka *(Ein furchtbares Glück)*, Stück in zwei Akten, und das erste der Stücke, in denen wir, wenn man so will, mit den jungen Leuten aus den später entstandenen Hotelstükken *Natten* ... und *Kaos* ... als Erwachsene mit eigenen Partnern konfrontiert werden. In diesem Nächtlichen Fest besucht Erik, Schriftsteller, seinen Freund Teo, Maler, in dessen Wohnung. Schon im Gespräch der Männer zeigt sich, wie brüchig die Zweierbeziehungen sind, in denen sie stecken. Nachdem Tessa, Teos Freundin, und später Helen, Eriks Freundin, hinzugekommen sind, erlebt man die Sezierung von zwei Beziehungen, die die Ehen der Eltern «nachgespielt» haben. «Ich hab es so satt, das Familientheater meiner Kindheit», sagt Teo und will dem Kind in Tessas Bauch Ratschläge geben, es besser zu machen als seine Eltern, welche, weiß er nicht. Ein «furchtbares Glück» empfindet Helen, als sie, nägelkauend, Teo ihre Liebe gesteht; er kann nur vage mit «Interesse und Anziehung» reagieren. Helen: «Das reicht vielleicht ...» Das Ende bleibt offen.

> «Ich habe in *En fruktansvärd lycka* versucht, sehr verbale Menschen zu schildern, bei denen die Sprache ein Ersatz für viele Gefühle ist, wie die Sexualität. Für die Männer wird ihre Beschreibung der Welt eine Sexualisierung von ihr. Die Formulierung ist mehr Existenz als ihr Leben.» (entré, a. a. O., S. 24)

En fruktansvärd lycka wurde am 16.4.1981 an Stockholms Stadsteater uraufgeführt; Regie führte Suzanne Osten. Jahre später empfahl Britt Edwall Suzanne Ostens Ausgangsweise an das Stück als zukunftsweisend: Sie «hat *En fruktansvärd lycka* als Slapstick inszeniert».

München–Aten (*München–Athen*, deutsch 1994), untertitelt «Ein Stück über die Liebe», entstand im Frühjahr 1981. Es zeigt David und Sarah im Zug. Sie haben im Münchener Hauptbahnhof den Zug nach Athen bestiegen – nach einer bereits vierundzwanzigstündigen Reise von Stockholm über Kopenhagen und Hamburg. Die etwa sechzigjährige Frau auf dem Bahnhof, mit der sich David würstchenessend unterhalten hat, sei seine Mutter gewesen, erklärt der verwaiste David seiner Freundin und leitet damit den ersten Streit in die Wege. Die Reise wird zu einer «absurden Abrechnung», so Sven Ström in der Vorbesprechung (Expressen, 5.9.1983) zur Fernsehsendung des Stücks, zwischen zwei ambivalenten Liebenden, gestört bzw. unterstützt von einem geheimnisvollen Schaffner mit, gelinde gesagt, teuflischen Zügen. Das Zugabteil wird zur Hölle – oder zur Gebärmutter? –; die Reise endet – Ostern in Rom. – Die szenische Uraufführung von München–Athen fand am 12.2.1986 im Café Teatret in Kopenhagen statt. Inszeniert hatte Ulla Gottlieb, die später noch bei vielen Norén-Umsetzungen Regie führte.

När de brände fjärilar på lilla scenen *(Als man im Kammerspiel Schmetterlinge verbrannte)*. Dieses Hörspiel entstand im Zusammenhang und zum Teil gleichzeitig mit Noréns nächstem Stück *Underjordens leende*, mit dem es zwei Figuren gemeinsam hat. Der Schriftsteller Peter, der früher mit Helena verheiratet war, lebt auch schon wieder getrennt von Elaine, seiner anschließenden Lebensgefährtin. Die Töchter Fanny und Daphne sind bei der jeweiligen Mutter; Elaine hat sich allerdings – wie zur Zeit der Beziehung – auch weiter um Fanny gekümmert. Vor allem die Situation der Kinder ist unklar; Peter hat vor allem mit seiner Analyse zu tun. – Erstsendung am 13.2.1983.

Underjordens leende *(Das Lächeln des Unterirdischen)*. Das Stück spielt über einen Tag und eine Nacht zu Hause bei Helena und ihrem Mann Edvard. Helena ist gerade aus der Psychiatrie gekommen, wo sie wegen einer Entbindungsneurose nach der Geburt ihres ersten Kindes eingeliefert war. In der Wohnung sind außerdem Helenas Mutter Julia, die sich während Helenas

Abwesenheit um das namenlose Kind gekümmert hat, und ihre Schwester Elaine, von der sich Edvard angezogen fühlt.

Helena, Tänzerin und Choreographin auf dem Höhepunkt ihrer Karriere, hat als Kind die zuverlässige mütterliche Liebe entbehrt und kann sich jetzt ihrem eigenen Kind nicht zuwenden. Sie sucht die Nähe ihrer Mutter, doch gleichzeitig die Abrechnung mit ihr, die nichts begriffen hat und auch jetzt nichts begreift. Von der Mutterbeziehung geprägt, ist Helenas Verhältnis zu dem narzistischen Edvard, Dominanz und Unterwerfung zugleich. Helena kann in dieser Konstellation ihr Problem nicht lösen, sie regrediert völlig. Erst Jane, ihre Zimmergefährtin aus der Psychiatrie, die kommt, um nach ihr zu sehen, kann sie beruhigen, indem sie ihr wie einem Säugling die Brust gibt. – Der Schluß zeigt das – vielleicht – neue «Liebespaar» Elaine und Edvard.

Underjordens leende wurde am 20.10.1982 unter dem Titel *Natten ler (Die Nacht lächelt)* an Det Kongelige Teater in Kopenhagen in der Regie von Carsten Brandt uraufgeführt. Die schwedische Erstaufführung fand – wieder von Suzanne Osten inszeniert – am 17.11.1982 an Stockholms Stadsteater statt.

Daß die beiden Töchter in *Underjordens leende* Helena und Elaine heißen, also im Grunde den gleichen Namen tragen (wie auch die beiden Frauen im zuletzt genannten Hörspiel), beruhe, hat Norén einmal gesagt, auf der Phantasielosigkeit der Mutter – womit er sich völlig im Rahmen dieses Stücks hält. Verläßt man diesen aber und betrachtet auch andere seiner Dramen, findet man Elins (so hieß Noréns Mutter), Ellens, Helens und Lenas (auch das sind Elaines und Helenas) sehr, sehr oft, u. a. zuvor schon in *En fruktansvärd lycka*, dann in den Hotelstücken *Natten ...* und *Kaos ...*, später in *Bobby Fischer bor i Pasadena* und *Löven i Vallombrosa*. Vielleicht handelt es sich um Aufspaltungen – der Frau? des Dichters? –, wie sie Norén im Zusammenhang mit seinen «eher autobiographischen Stücken» *Natten ...* und *Kaos ...* beschreibt, in denen die Frau und Mutter Elin bzw. Helen heißt:

«Das hängt mit der Situation zusammen, die man als erstes erlebt hat. Wenn man kein Wissen davon hat, was geschieht; wenn das Kind kein Wissen davon hat, was die Eltern machen, dann phantasiert es. Und dieses Phantasieren hat auch etwas mit der Dramatik zu tun: Man phantasiert sich selbst als verschiedene Personen. All die Stücke hier sind ja ich, oder mir nahe Personen, die ich aufspalte, im Traum.» (entré, a.a.O., S. 25)

1981–1982

Natten är dagens mor (*Nacht, Mutter des Tages*, deutsch 1987), Stück in vier Akten. Den Titel dieses Dramas bildet die erste Hälfte des letzten Verses des Gedichtes «Vän, i förödelsens stund» («Freund, in der Stunde des Nichts») von Erik Johan Stagnelius (1793–1823); der zweite Halbvers hat dem nächsten Stück seinen Titel gegeben. Der ganze Titel lautet, durchaus hoffnungsvoll: «Natten är dagens mor, Kaos är granne med Gud» (Nacht ist die Mutter des Tages, Chaos ist Nachbar von Gott). Das Stück spielt am 9. Mai 1956 von acht Uhr morgens bis halb drei Uhr nachts im südschwedischen Skåne in einem Hotel, getauft auf den Namen Aurora, den der aufgehenden Sonne. Der Besitzer Martin, geb. 1904, früherer Oberkellner aus Stockholm – wir kennen ihn schon, dreizehn Jahre älter, aus *Modet att döda*, hofft auf eine neue Zukunft, doch taucht leider keine Göttin auf, nur unbezahlte Rechnungen und – so wird erzählt – das Finanzamt in Form eines Buchprüfers. Dieser wurde überlistet von Elin, geb. 1906, der Mutter der Söhne Georg, geb. 1930, und David, geb. 1940. An diesem Tag – es ist Davids sechzehnter Geburtstag, während er als Erik in *Modet att döda* dreißig war – beginnt Martin, der es ein halbes Jahr geschafft hat, trocken zu bleiben, wieder zu trinken, was er ebenso verleugnet wie seine Frau ihre Krebskrankheit. Ihr ständiges Husten schreibt sie einer Verrenkung zu und weist fürsorgliche Annäherungen des Vaters und des älteren Sohnes, der eine geradezu inzestuöse Bindung an sie hat, kühl zurück. Der jüngere Sohn, die eigentliche Zentralfigur des Stücks, ist hin- und hergerissen zwischen der Liebe zum Vater und der Enttäuschung über dessen

Ausweichen und über die Resolutheit der Mutter, die ihn, um ihn zu retten, zur See schicken will. David schottet sich ab, verschanzt sich hinter seinem Radio, verfolgt die Berichte über die Hinrichtung Caryl Chessmans, bei dem er Gemeinsamkeiten sieht, unsicher, wie er sich seiner Stellung, seiner sexuellen und sonstigen Identität ist. Das ständige Gestichel des großen Bruders, der ihm Faulheit und Perversität vorwirft, legt sich etwas nach einer gemeinsamen Saxophon-Session zu zweit, und als gegen Ende der Vater trotz seiner Besserungsschwüre mit einer Flasche Schnaps in einer gerupften Ente ertappt wird, ist man sich beinahe einig, zumindest darin, ihn zusammenzuschlagen, um ihn an weiteren Aktivitäten zu hindern. Martin mit seinem Schnaps in Ente, Staubsauger und Tetrapak – «Das Porträt des heimlich saufenden und monströs wirklichkeitsverleugnenden Vaters hat molièresche Dimensionen», bilanziert Noréns Schriftstellerkollege Mats Ödén (allt om böcker, nr 5, 1983).

Natten är dagens mor wurde am 23. 10. 1982 in der Regie von Göran Stangertz uraufgeführt. In relativ kurzen Abständen folgten Göran Graffmans Inszenierung an Dramatens Lilla scen (Premiere 26. 3. 1983) und Björn Melanders an Göteborgs Stadsteater mit Premiere am 2. 9. 1983, die der Uraufführung des «zweiten Teils», *Kaos är granne med Gud*, am nächsten Tag vorausging; beide Arbeiten Melanders wurden im November 1984 im schwedischen Fernsehen gezeigt.

Nacht, Mutter des Tages ist das dritte Stück von Lars Norén, das im deutschen Sprachraum gespielt wurde: Am 8. 12. 1986 fand die deutschsprachige Erstaufführung in der Regie von Anna Badora am Basler Theater statt; die deutsche Erstaufführung inszenierte Winfried Lachauer für den 16. 4. 1987 am Staatstheater Mannheim. Die meistbeachtete deutschsprachige Inszenierung dieses Stücks war sicher die von Guy Joosten am Wiener Akademietheater, die am 23. 11. 1991 Premiere hatte.

Kaos är granne med Gud (*Chaos ist nahe bei Gott*, deutsch 1987), Stück in vier Akten, ist nicht, wie der Theaterkritiker Lars-Olof Franzén erstaunlicherweise schrieb, eine von «zwei Versionen des gleichen Stücks» (in seiner Besprechung der schwedischen Buchausgabe beider Dramen, DN, 2.5.1983). *Kaos* ... spielt am 17. September 1961, also gut fünf Jahre nach *Natten* ..., und zeigt, wie es um diese Familie zehn, elf Jahre später bestellt ist. Helens alias Elins, jetzt 58, Krebskrankheit ließ sich nicht länger verdrängen, und jetzt ist sie aus dem Krankenhaus gekommen, um zu Hause zu sterben. Ricky alias David, jetzt 27, dessen Pubertätsneurose sich als Psychose entpuppt hat, hat Wochenendurlaub aus der Psychiatrie und wird abgeholt von Frank alias Georg, jetzt 37, der unklaren Geschäften nachgeht. Hinzugekommen ist Rex, «der Gast», mit dem Ernst alias Martin, jetzt 61, in der zum Wohnzimmer umfunktionierten Hotelhalle sitzt und pokert, was er, wie man später sieht, auch Ricky beigebracht hat. Das Hotel steht kurz vor dem Verkauf, hoffen zumindest Ernst und Helen; Frank glaubt nicht daran. «Wenn sie gestorben ist, laß ich ihn saufen, bis ihm die Ratten aus den Ohren kriechen, und wenn der Schnaps alle ist, fahr ich in die Stadt und kauf ihm neuen», sagt Frank zu Ricky – die Brüder sind sich immerhin nähergekommen, wenn auch nicht in Hinblick auf ihre Mutter. Als Ernst am Ende Helen oben in ihrem Zimmer tot auffindet, entlädt sich Rickys Haß der Mutter gegenüber in einem endlos immer wieder herausgeschrienen «Ich wollte, daß sie stirbt» – ein indirekter Muttermord. Doch die Mutter ist nicht tot, wird es vielleicht nie sein ...

Kaos är granne med Gud wurde in der Regie Björn Melanders am 3.9.1983 an Göteborgs Stadsteater uraufgeführt.

Die beiden Hotelstücke, vor allem *Natten* ... brachten Norén in Schweden den Durchbruch – 1983 wurde er zum Dramatiker des Jahres gewählt. Gleichwohl wurde *Kaos* ... meines Wissens seither nicht mehr gespielt, vielleicht gerade wegen Björn Melanders Fernsehadaption, die als innovativ beurteilt wurde und einiges Aufsehen erregte: «Björn Melanders Regie wird für das Theater im Fernsehen in gewisser Weise stilbildend werden, das ist offensichtlich. ... Neu ist die Bildsprache, die Kameraarbeit. Der große Spiegel hat eine Hauptrolle. Die Großaufnahmen der Gesichter sind unangenehm effektiv; eine halbe Gesichtshälfte mit einem funkelnden Auge macht Noréns Repliken giftig wie Schlangen, bereit zum Zustoßen. / Es gibt niemanden in der schwedischen Dramatik, der einen so gefährlichen Dialog schreibt wie Norén, und hier hat die Kamera den Dialog eingeholt und ihn im voraus geladen auf eine Art und Weise, wie wir es bis jetzt noch nie gesehen haben.» (Clas Brunius, Expressen, 21.11.1984) Als in gewisser Weise zukunftsweisend stellte sich auch die Tatsache heraus, daß Melander – in Zusammenarbeit mit Norén – die Familienmitglieder «identifizierte» und diese Identität dann durchhielt: In seiner Fernsehinszenierung von *Modet att döda* hatte Percy Brandt den Vater, Lars Green den Sohn Erik gespielt. Percy Brandt war auch Martin/Ernst, die Väter in *Natten* ... und *Kaos* ... an Göteborgs Stadsteater und in der Fernsehadaption; Lars Green wird in einer weiteren Fernseh-/Filmfassung eines Norén-Stoffes auftreten. Die beiden Brüder aus *Natten* ..., *Kaos* ... und *Stillheten* – zu diesem Stück kommen wir noch – «tauchen auf in *Nattvarden* und *Vilstolen*, während ein im Umfang kleineres Stück wie *München–Aten* (1981) geradezu hervorwächst aus dem Konflikt zwischen Frank und Katarina in *Demoner*. Wer Carsten Brandts Verfilmung von *Demoner* gesehen hat, sieht auch deutlich, wie Frank – ein fast psychotischer Yuppie, gespielt von Lars Green – entstanden ist aus dem dünnhäutigen, explosiv überladenen Erik in *Modet att döda* (den Lars Green in Björn Melanders Regie gespielt hat)» (Mikael van Reis, a.a.O., S. 269).

1982–1983

Demoner (*Dämonen*, deutsch 1984), Stück in sieben Szenen, ist der erste Teil einer Trilogie, entstanden 1982. – Franks Mutter ist gestorben, Frank hat gerade die Urne mit ihrer Asche abgeholt. Er und seine Lebensgefährtin Katarina erwarten Franks Bruder und dessen Frau, die an der Urnenbestattung am nächsten Tag teilnehmen wollen. Zum Besuch dieser beiden kommt es hier nicht (sondern erst im zweiten Stück der Trilogie), da sie es vorziehen, auf der Anfahrt aus Südschweden zu übernachten und sich die Fernsehübertragung eines Fußballspiels anzusehen. Um zu vermeiden, einen weiteren Abend allein streitend zu Hause zu sitzen, bitten Frank und Katarina das ihnen nur flüchtig bekannte jüngere Nachbarehepaar Jenna und Tomas zu sich herauf. Die Paare kommen einander über Kreuz sehr nah, ganz vollziehen aber können sie den verbal schon stattgefundenen Ehebruch nicht. Die Zimmerschlacht ist nur ein Herumirren in einer ausweglosen Liebe. «Was man auch immer davon halten mag, daß diese Seelenzerfetzung am Ende in eine Liebes-Arie mündet mit christlicher Erweckung und symbolischer Friedensausschüttung», hieß es in Georg Hensels Besprechung der Bochumer und der Wiener Aufführung vom 21.12.1984 (FAZ), «bis dahin führt ein analytischer Dialog den Menschen als Gefühlskranken und Geschlechtskrüppel vor, und dies im Flackerglanz eines verletzenden Witzes, der, kaum ausgesprochen, sich unausgesprochen selbst bereut. Der Dialog ist voll schneidender Zynismen, seine Pausen aber sind lautlose Schreie um Hilfe.»

Dämonen war in der Saison 1984/85 eines der meistgespielten Stücke im deutschen Sprachraum und erhielt zum Teil verheerende Kritiken. «Ich fürchte, daß Norén einiges von dem zeigt», schrieb zur Wiesbadener Aufführung am 23.2.1985 Horst Köpke, «was halbwegs etablierte Menschen dieser Zeit bewegt. Daran ändert auch nichts, ‹Igittigitt› zu sagen.» (Frankfurter Rundschau, 1.3.1985)

Demoner wurde am 28.4.1984 an Stockholms Stadsteater uraufgeführt, Regie führte Carsten Brandt, der das Stück anschließend verfilmte. – Die deutsche Erstaufführung von *Dämonen* fand am 21.11.1984 in der Regie von Claus Peymann in Bochum statt. Wenig später, am 19.12., folgte Dieter Giesings Inszenierung am Wiener Akademietheater, die 1985 zum Berliner Theatertreffen eingeladen wurde.

Hämndaria (*Rachearie*, deutsch 1991). Dieses zunächst als Hörspiel konzipierte Stück greift Motive aus *Demoner* auf, die Norén später noch vertiefen wird. Es spielt in der Wohnung von Elisabeth und Joseph. Joseph kommt nach Hause und wird von seiner Frau einer Art Verhör unterzogen, denn sie hat beim Abhören des Anrufbeantworters eine Liebeserklärung an ihn vorgefunden, noch dazu nicht von einer Frau ... – Die Erstsendung von *Hämndaria* fand am 3.1.1987 statt, die szenische Uraufführung am 15.11.1989 in der Regie von Christian Tomner am Upsala Stadsteater. Die deutsche Erstaufführung am 24.11.1991 am Staatstheater Darmstadt hatte Hansjörg Betschart inszeniert.

Vilstolen / Aska *(Der Ruhesessel / Asche)*, Stück in zwei Akten, geht von der gleichen Grundsituation aus wie *Demoner* und dann *Nattvarden*. Die Mutter von Eric, 38–43, und Adrian, 40–43, ist gestorben; nach ihrer Verbrennung und einem Restaurantbesuch setzen sich die Brüder, Claire, 33–37, Erics Frau, und Sandra, 26–32, Adrians derzeitige Freundin, die er kurz zuvor auf der Insel Hydra kennengelernt hat, in Erics und Claires Penthouse zusammen, da sich herausgestellt hat, daß die Haltung der Brüder zu der Verstorbenen erheblichen Konfliktstoff bietet. – «Grausame Farce aus unfertigem Norén-Stück», überschrieb Lars-Olof Franzén seine Kritik (DN, 17.2.1991) der schwedischen Erstaufführung am 16.2.1991 an Stockholms Stadsteater (Regie: Christian Tomner). Die Uraufführung hatte am 6.9.1986 unter dem Titel *Asken, urnen og hvilestolen (Die Asche, die Urne und der Ruhesessel)* in der Regie von Peter Eszterhàs am Teatret ved Sorte Hest in Kopenhagen stattgefunden.

Nattvarden (wörtl. Das Abendmahl / *Nachtwache*, deutsch 1985), Stück in drei Akten, von 1983. Das dritte Stück der Trilogie und die zweite Variante der Geschichte, wie die beiden Brüder mit ihrer Mutter, deren Tod und – nicht zuletzt demzufolge – mit ihren Frauen umgehen, zeigt die Auflösung der Paarbeziehungen. Monica, Alans Frau, hat einen 24-jährigen Freund, Charlotte, Johns Lebensgefährtin und Mutter seiner zweiten Tochter, verläßt am Morgen nach durchwachter Nacht die gemeinsame Wohnung. Präsent und wichtig sind in diesem Stück – wie von jetzt an in fast allen Dramen Noréns – die Kinder, vor allem Irina, Johns ältere Tochter, die, ängstlich und allein zu Hause, abwechselnd essend und Rollschuh laufend, sich mit der Präsenz des Vaters am Telefon abspeisen läßt.

Nattvarden bzw. *Nachtwache* hat zu zwei «Kultaufführungen» geführt, die, wie auch die Vorlage, extrem lang waren. Die von Christian Tomner inszenierte Uraufführung im Malersaal des Stockholmer Dramaten am 16.2.1985 dauerte fünf Stunden, von 18–23 Uhr. «Der Bühnenbildner Charles Koroly ist, wie sich gezeigt hat, ein Mann mit einem guten Herzen. ... / Die normalen Stühle hatte er durch gepolsterte Sofas und Sessel ersetzt», läßt die Satirikerin Cecilia Hagen in ihrem Erlebnisbericht (Expressen, 18.2.1985), der nicht den Anspruch erhebt, eine Kritik zu sein, den Leser wissen. Ein solcher Komfort war dem Publikum der Kasseler *Nachtwache* (Premiere am 19.12.1986) in der Inszenierung von Heinz Kreidl versagt; im tif (Theater im Fridericianum) blieb es bei der üblichen Bestuhlung, was nicht verhinderte, daß *Nachtwache* drei Jahre lang lief. Am 18.6.1987 wurde diese *Nachtwache* im Rahmen der Hessischen Theatertage im Frankfurter TAT gezeigt. Die Idee, «eine Identität von Bühnen- und realer Welt zu suggerieren – die Aufführung beginnt um elf Uhr abends und endet mit Charlottes Weggang im Morgengrauen –, hat dem Rhythmus des Stücks ... gutgetan. / ... / Um halb fünf war das Publikum hellwach», schrieb Verena Auffermann anläßlich der Frankfurter Vorstellungen. (Frankfurter Rundschau, 20.6.1987) Kreidls *Nachtwache* war auch Bestandteil eines Kasseler Norén-Wochenendes; sie wurde, nach *Dämonen* am 17.3., am 18.3.1989 gezeigt und konnte so die Uraufführung von *Endagsvarelser / Eintagswesen* am 19.3. in Kreidls Regie vorbereiten.

Die deutsche Erstaufführung von *Nachtwache* fand am 4.4.1986 in der Regie von Alfred Kirchner in Bochum statt. Die Aufführung wurde beim Wechsel der Bochumer Mannschaft ans Wiener Burgtheater ans Akademietheater übernommen (Premiere 10.10.1986) und 1987 zum Theatertreffen eingeladen.

Einmal explizit gefragt – von Lambert-S. Gerstmeier, der bei der deutschsprachigen Erstaufführung von *Nacht, Mutter des Tages* in Basel mitgearbeitet und eine Magisterarbeit über Norén geschrieben hat –, gefragt also, wann er begonnen habe, seine Biographie in seine Stücke einzuweben, antwortete Norén:

«Das begann wohl bewußt mit ‹*Die Stille*› ... Die anderen Sachen handeln von Dingen in meiner Geschichte, so war das Wichtige in ihnen, wie ich meine Geschichte erzähle. / ... das (*Nacht, Mutter des Tages*; A. G.) handelt mehr davon, wie ich die Biographie sah, als ich sie anwendete. Das ist ungefähr so: Man kann ja über seine Erinnerungen erzählen, auf verdrängte Weise, schlechte Art kann man darüber erzählen. Das sollte die Wahrheit der Erzählung ergeben: Wie man die Lüge erzählt. / ‹*Die Stille*› dagegen ist ohne Masken.» (Programmheft zur Basler Aufführung, Nr. 5, 1986)

1984

Stillheten *(Die Stille)*, Stück in vier Akten, entstand im Frühjahr 1984. Es spielt, wie man Noréns Manuskript entnehmen kann, in den sechziger Jahren – «irgendwann 196.» –, von Vater und Mutter erfahren wir dort das Geburtsjahr (1910 und 1912) –, die Söhne sind «33» – Ingemar – und «24?» – John. *Stillheten* spielt also, zeitlich gesehen, zwischen den Hotelstücken *Natten* ... und *Kaos* ..., in denen die Söhne 26/16 bzw. 37/27 waren; abgesehen davon sind Noréns Zeitvorgaben nicht aufeinander abgestimmt. Gegenüber den genannten Stücken ist Martha hinzugekommen, eine etwa vierzigjährige Angestellte, älter wirkend, sehr abgearbeitet – sie muß bei jedem Ausfall der Pächterfamilie die ganze Arbeit übernehmen, wofür sie nicht einmal pünktlich bezahlt wird. – Im Gegensatz zu den vorangegangenen Hotelstücken platzt in diesem in die Welt der Verdrängung eine entscheidende Wahrheit hinein: In *Stillheten* wird der Tag geschildert, an dem Lena, die Mutter, die Nachricht von ihrem bevorstehenden Krebstod erhält. Was passiert? – «Die Veränderung liegt unter der Oberfläche, nicht so sehr darin, was sie tun und sagen, wie in der Tonlage. *Stillheten* wird von einem größeren Verständnis für alle Opfer des Dramas durchströmt, hier gibt es eine Art Versöhnung mit dem unveränderlich festgezurrten Zustand, in dem sich die Familie befindet – eine Liebesbeziehung, trotz allem. / ... / Diese Familie ist in seiner (Noréns; A. G.)

Erinnerung eingebrannt, daran läßt sich nichts verändern, außer der Beziehung des Schreibenden – und damit des Publikums – zu dem, was vor sich geht. Wie ein Komponist hämmert Lars Norén auf ein und dasselbe Thema ein, bis etwas damit passiert, und die Entwicklung der Personen geschieht nicht in, sondern zwischen den Dramen.» So faßte Lars Linder seine Eindrücke von der schwedischen Erstaufführung zusammen, die am 10.9.1988 in der Regie von Christian Tomner am Stockholmer Dramaten stattfand. Die Uraufführung – unter dem Titel *Stilte* – am 27.9.1986 am Het Publiekstheater in Amsterdam hatte Karst Woudstra inszeniert.

«Dieses Stück gleicht nichts anderem, was ich geschrieben habe, und es ist ganz gegen meinen Willen geschrieben. Es ist mitten in der Arbeit an einem anderen Stück aufgetaucht, das Der Haß heißen sollte, hatte ich gedacht, und auch genau davon handeln: Haß in beinahe naturalistischem Sinn. Das war letzten Herbst. / Aber dann fing ich an, eine Menge Menschen zu sehen, die ununterbrochen in einen niedrigen Raum liefen, in dem es ein Bassin gab – ständig, immer und immer wieder, ein und derselbe Filmfetzen immer wieder abgespielt. Ich fühlte mich ganz schizoid. Sie liefen den ganzen verdammten November, wie ein unglaublich hoher, pfeifender Ton, ich versuchte, sie nicht zu sehen, aber schließlich wurde daraus ein Stück. – Es ist zwei- oder dreimal vorgekommen, daß ein neues Bild auf diese Weise eine ganze Stückarchitektur zerschlagen hat. Und das ist schwer, sehr schwer, unerhört drastisch. Ein Florettschnitt über den Scheitel. ... / ... Aber daraus wurde also ein Drama, das ein Gewebe ist, eine Messe, in der die Schauspielerstimmen verteilt sind wie die Stimmen in einer Kontrapunktik von Gesualdo oder Monteverdi.» (Gespräch mit Björn Nilsson, Månads Journalen, Nr. 11, November 1985)

Claudio / Mantegna Portfolio, Stück in 24 Szenen, ist ein unpubliziertes und als solches unaufgeführtes Drama mit dem Untertitel «Eine Halluzination». Es greift Motive aus Noréns erstem Stück, *Fursteslickaren*, auf – der Künstler, in diesem Fall Claudio, am Hofe des Fürsten, der von Fürst wie Fürstin benutzt wird; diese Figuren aber oszillieren jetzt, der Fürst ist auch der Vater, die Fürstin Mutter und Geliebte. Als solche versucht sie, Claudio von seiner Tochter zu trennen – ein Motiv, das in den Stücken *Komedianterna* und *Tidens blommor* thematisiert wird. Kontrapunktisch stehen der Familie der kastrierte Gesualdo-Sänger Falla und sein Geliebter Derek mit seinen Männern gegenüber. – 1986 erarbeitete Richard Günther am Teater Galeasen in Stockholm eine Bühnenfassung, in der er *Claudio/Mantegna Portfolio* mit der Rahmenhandlung von *Fursteslickaren* kombinierte. Das Ergebnis, genannt «Sakrament», war ab 12.2.1987 auf Skeppsholmen zu sehen und wurde zum hochgerühmten Theaterereignis – «kann sich mit dem Besten der internationalen Avantgarde messen» (Tove Ellefsen, DN, 13.2.1987)

1985–1986

Komedianterna/Sorgespelet *(Die Komödianten/Das Trauerspiel)*, Stück in drei Akten, ist, wenn man so will, das Präludium zu einem neuen Stücktypus bei Norén, dem Sommerstück, das eine weitere Ausformung als sommerliches Familientreffen in *Hebriana* erhalten wird. Zugleich ist *Komedianterna* – der Titel ist treffend – das erste Stück, in dem – nach Künstler-, Schriftstellergestalten z.B. in *Fursteslickaren*, *Claudio* und *En fruktansvärd lycka* – eine der handelnden Figuren Stückeschreiber, Dramatiker ist (eine zweite übrigens Regisseur, eine dritte Schauspielerin), was die Spielstrukturen Spiel im Spiel, Spiel in der Wirklichkeit, aber auch Spiel gegen die Wirklichkeit und umgekehrt ermöglicht. In Zukunft werden in vielen Stücken Noréns ein Dramatiker, ein Schauspieler, eine Schauspielerin zum Motor der Handlung oder ein Stück zum Thema des Stücks, bis in *Löven i Vallombrosa/Blätterschatten* (in diesem Band) der Konflikt zwischen dem Dramatiker und seiner alten Geliebten, Schauspielerin, und seiner neuen Geliebten, Schauspielerin, parallel zum Konflikt über alte und neue Dramatik verläuft.

In *Komedianterna* reist der Dramatiker Philip mit seiner Lebensgefährtin Susan und der gemeinsamen sechsjährigen Tochter Siri nach Dänemark, um den Sommer über mit Niels, dänischer Regisseur, eine Fassung von Philips Stück zu erarbeiten, das Niels demnächst inszenieren und später verfilmen will. Mit von der Partie ist Niels' Frau, Lene, die, so Niels' Absicht, die Hauptrolle spielen soll. Die Auseinandersetzungen, die zwischen Susan und Philip stattfinden, weisen Gemeinsamkeiten mit denen zwischen Katarina und Frank in *Demoner* auf, gipfeln aber nicht wie dort in einer als Symbol auch versöhnlich wirkenden Kreuzigung, sondern in Susans höchst pragmatischer Maßnahme, Philip wegen Kindesmißbrauchs bei der Stockholmer Sozialbehörde anzuzeigen. Es wird Philip untersagt, mit seiner Tochter in Kontakt zu treten, bis die Untersuchung beendet sein wird; mit seinen Unschuldsbeteuerungen trifft er auf das routinierte «Wir nehmen zur Schuldfrage nicht Stellung» der Beamten.

Komedianterna wurde, inszeniert von Björn Melander, am 24. und 25. 11. 1986 im Schwedischen Fernsehen gesendet.

Endagsvarelser (*Eintagswesen*, deutsch 1989), Stück in zwei Akten, geschrieben im Frühjahr 1986 und umgearbeitet im Herbst 1987, spielt an einem «Augustabend 1986» – in einem, vor allem für Schweden, schicksalhaften Jahr. Die Ermordung des schwedischen Ministerpräsidenten Olof Palme war ein Faktum, ebenso Tschernobyl. «Freud, Gott und die Kernfamilie sind seit langem erledigt», schrieb Jan Karlsson in seiner Besprechung der schwedischen Buchausgabe von *Endagsvarelser* (Norrköpings Tidning, 17. 8. 1990). «Und vom Marxismus ist ein Gemälde von Lenin geblieben, eine Fotografie von Gramsci, ein paar Bücher im Bücherregal, ein paar Erinnerungen an die 68er.» Die sechs Menschen im Stück sind älter gewordene Achtundsechziger, die es geschafft haben, so scheint es. Anna wird Abteilungschefin im Fernsehen, ihr Bruder David ist als Dramatiker erfolgreich, ihr Mann Vilhelm ist ein einflußreicher Politiker. Dessen Bruder Henrik aber hat seinen Spitzenjob als Journalist verloren, trinkt jedoch nicht erst deswegen, seine Ehe mit

Elisabeth, hohe Beamtin, kriselt ebenso wie die Beziehung Mareikes, Philosophin, mit David, der gerade dabei ist, den Kontakt zu seiner Tochter aus seiner vorigen Beziehung zu verlieren. Desillusioniert, enttäuscht sind sie alle vom Leben, unglücklich über ihre verlorenen Träume, die aufgegebenen Hoffnungen. «Welcher Augenblick in deiner Jugend hat dich deiner Zukunft beraubt», steht, frei nach Gunnar Ekelöf, als leitende Frage über dem polyphonen Stück, über das Mikael van Reis schrieb: «Noréns Schauspiel ist eines seiner theatralisch komplexesten. Es enthält einen starken innovativen Zug. ... Selten war Noréns Dialogführung so kompliziert und geschickt wie hier – wir verfolgen drei Dialoge simultan ... Es ist, als sehe man in einem szenischen Gehirn drei Räume.» (Göteborgs-Posten, 24. 8. 1990) Van Reis fährt fort: «Christian Tomner mußte die Proben zu seiner Dramaten-Inszenierung seinerzeit (Herbst 1987; A. G.) abbrechen. Die Schwierigkeiten, den parallelen und gleichwohl verflochtenen Wortwechseln einen dramatischen Zusammenhang zu geben, wurden übermächtig. *Endagsvarelser* ist ein ebenso schwer zu spielendes wie schwer zu inszenierendes Stück.»

Die Uraufführung von *Eintagswesen* fand am 19. 3. 1989 in Kassel statt. Das Staatstheater, das zuvor – ebenfalls in der Regie von Heinz Kreidl – *Nachtwache* und *Dämonen* herausgebracht hatte, lud zu einem Norén-Wochenende ein und zeigte die drei Inszenierungen an drei Abenden hintereinander. – Die skandinavische Erstaufführung von *Endagsvarelser* fand – unter dem Titel *Døgnvæsener* in Dänemark statt: Vibeke Bjelke inszenierte an Det Kongelige Teater in Kopenhagen (Premiere 8. 1. 1990). – In Schweden wurde das Stück rund zehn Jahre nach seiner Entstehung erstaufgeführt – am 4. 2. 1996 in der Regie von Benny Fredriksson als eine Veranstaltung des (landesweit auftretenden) Riksteatern. Über die Premiere in Skövde schrieb Leif Zern u. a.: «Sie (die Musik; A. G.) funktioniert als Übersetzung des Zeitbildes im Stück, das in den zehn Jahren, die vergangen sind, leider nicht unaktuell geworden ist. Es zeigt sich, daß Noréns hypersensible Registrierung der Krise der Sozialdemokratie prophetisch war. Aus den Alkoholnebeln der Bühne treten die früheren Radikalen als asylsuchende Parteimitglieder hervor. Noréns Familie war nie so deutlich eine Metapher für die Gesellschaft.» (DN, 5.2.1996) Zu seiner Feststellung, *Endagsvarelser* sei «eher eine Partitur als ein Schauspiel mit klassischer Dramaturgie» (a.a.O.) mag ihn Norén selbst angeregt haben, der sich nicht lange zuvor über das Stück und dessen Zusammenhang mit seiner heutigen Dramatik geäußert hatte:

> «Ich fing an, mit simultanen Formen zu arbeiten. Schrieb ein Stück mit dem Titel *Endagsvarelser*, das ein äußerst simultanes Stück ist, alles geht gleichzeitig vor sich. *Ett sorts Hades* (eines der jüngsten Stücke Noréns; A. G.) ist offensichtlich so. Eine einzige Explosion von Fragmenten, die ineinander übergehen. 360 kurze Szenen. Früher habe ich fast nur mit klassischen Formen gearbeitet: Zeit, Raum und Handlung. Und das liebe ich immer noch.» (Interview von Tomas Andersson mit Lars Norén in Nöjesguiden, November 1995)

Tidens blommor / Stora pjäsen *(Blumen der Zeit / Das große Stück)*, Stück in drei Akten, entstand, während *Endagsvarelser* spielt (August bis November 1986), und spielt, während *Endagsvarelser* entstand (Frühjahr 1986), nämlich am 15. März 1986. Es schildert die Ereignisse eines einzigen Tages – ähnlich wie *Nattvarden* die einer Nacht – fast in Originalzeit und führt auch darum seinen zweiten Titel zu Recht: Es umfaßt 480 Seiten. – An diesem Tag kommt Julia, 6, zu Eugen, ihrem Vater, Stückeschreiber, nachdem dieser und Charlotte sich getrennt haben und die Mutter mit der Tochter ausgezogen ist. Zu Besuch kommt auch Frida, Eugens Tochter aus erster Ehe, was Charlotte und Eugen nicht daran hindert, erneut miteinander abzurechnen. Anders als in *Komedianterna*, wo auch um die Tochter gestritten wurde, wird die Kleine hier einerseits direkt in die Auseinandersetzungen einbezogen, nimmt aber auch – eine gewisse Übung darin wird erkennbar – an ihnen teil, auf eine Weise, wie ich es weder erlebt noch je in einem Theaterstück gesehen habe. «Jetzt werde ich dieses Stück schreiben. Genauso, wie ich es haben will. Es wird sowieso nicht gespielt werden können. Ich muß es um meiner selbst willen schreiben», beschließt Eugen in der ersten Szene von *Tidens blommor*, einer Art Prolog. Das Stück ist bislang unveröffentlicht.

1987

Hebriana, Stück in zwei Akten, entstand zum großen Teil im Sommer 1987. Es ist auch ein Sommerstück in der Variante Sommerliches Familientreffen und greift darüber hinaus ein Stück Wirklichkeit auf, das Norén später noch einmal in einem Sommerfrische-Drama, in *Löven i Vallombrosa/Blätterschatten*, verarbeiten wird. Der Arzt Lars Mårtensson, der Hebriana alias Britt-Marie, wie die junge Frau in Wirklichkeit und auch im Stück heißt, das normale Schicksal von Schizophrenen erspart hat, berichtet über die Begegnung mit ihr am 29.4.1990 in Dagens Nyheter:

«Ich begegnete ihr im Sommer 1977 in Schweden in einem Zug. ‹So wahr, so unneurotisch›, dachte ich. Ich wohnte in Kalifornien. Im Dezember kam die Nachricht, daß Britt-Marie eingewiesen war und mit Depotneuroleptika behandelt wurde. Ich kehrte eilig nach Hause zurück und fand sie im St. Lars-Krankenhaus in Lund völlig zerstört von den Medikamenten ...» Mårtensson holte die Kranke aus der Klinik ab, wo sie allerdings im Februar 1980 erneut landete und unverzüglich eine Zwangsinjektion von 200 mg Siqualon erhielt, d. h. die gleiche Überdosis wie beim erstenmal. Mårtensson: «Durch Lügen hielt man mich in Unkenntnis, was passierte. ‹Sie kennen Britt-Marie doch nicht›, warf ich dem Klinikchef vor, der antwortete: ‹Ich kenne die Krankheit.› – Mårtensson, der Norén im Zusammenhang mit *Kaos är granne med Gud* kennengelernt hatte, ermöglichte es im Winter 1982/83, daß sich Norén und «Hebriana» trafen – das ist der Name, den sie sich im Stück selbst gibt.

Britt-Marie, die jüngste von drei Schwestern, die seit mehreren Jahren in der Beckomberga-Klinik lebt – Diagnose: Schizophrenie –, darf das Mittsommer-Wochenende mit ihrer Familie im Sommerhaus in den Stockholmer Schären verbringen. Trotz – oder eher: wegen – ihrer Krankheit wird sie zum familiären

Katalysator, da fast alle, vor allem die Männer, vor allem Jonas, der Mann ihrer Schwester Anna, hemmungslos auf sie projizieren. «Hebriana war eine starke Rolle», erklärte Birgitta Englin (DN, 12.7.1994), die die Rolle 1994 am Upsala Stadsteater spielte. «Es ging darum, völlig rein zu spielen, fast überhaupt keinen Ausdruck zu haben. Sich langsam zu bewegen, keine unnötigen Gesten zu machen. Alle anderen spielen sich in Hebriana hinein.» – Axel, der homosexuelle, von seinem Freund verlassene und nun einsame frühere Verlagslektor, bewundert Britt-Maries Gedichte; Erik, Schriftsteller mit Schreibhemmung, seit fünfzehn Jahren mit der aggressiven, provozierenden Schauspielerin Lena verheiratet, identifiziert sich gar mit «Hebriana» – «Sie ist genau der Mensch, der ich geworden wäre, wenn ich Mut hätte» –; Jonas, erfolgreicher Rechtsanwalt, der aus seiner wohlorganisierten Ehe mit Anna heraus noch einmal von vorn anfangen will, steigert sich in eine Liebe hinein, die von ihrem Gegenstand kaum Kenntnis nimmt. Einzig Ingrid, die Mutter der Schwestern, durchschaut, was passiert, und sorgt dafür, daß – nach dem großen Zusammenstoß zwischen Anna und Jonas – Britt-Marie «so schnell wie möglich» wieder in die Stadt zurückkehrt. Das Leben der Figuren geht, im Gegensatz zu der Entwicklung in *Löven i Vallombrosa/Blätterschatten*, weiter wie zuvor, in der stillschweigenden Übereinkunft, daß eigentlich nichts passiert ist.

Hebriana wurde am 25.2.1989 von Het Nationale Toneel in Den Haag uraufgeführt, der Regisseur war Ger Thijs. In Schweden kam das Stück zum erstenmal als Fernsehspiel zur Aufführung – am 13.4.1990 in der Regie von Bo Widerberg.

Mitte der achtziger Jahre war, wie wir gesehen haben, in Noréns Werk ein neuer Stücktypus aufgetaucht, das Sommertreffen-, Sommerfrische-, eben das Sommerstück, der – nach *Hebriana* – mit dem Stück *Sommar* von 1989 fortgesetzt wird. Dieses *Sommar* ist zugleich das letzte der drei sogenannten Bürgerlichen Quartette (auf schwedisch 1992 in einem Band erschienen), von denen sich die ersten beiden – ebenso wie Norén, der 1987, nach der Trennung von Ann-Charlotte Bonner, von der Hantverkargatan auf Kungsholmen in die Östermalmsgatan im feinen Stockholmer Stadtteil Östermalm umzog – in Östermalmer Altbauwohnungen begeben.

1987–1988

Höst och vinter (*Herbst und Winter*, deutsch 1993), Stück in zwei Akten, entstand im Herbst 1987 und ist das erste der Bürgerlichen Quartette, jedes eine Begegnung von Vater, Mutter und zwei erwachsenen Kindern. Hier sind es die Töchter Ewa, 42, und Ann, 38, die an einem Freitag abend bei ihren Eltern Margareta, Hausfrau und Bibliothekarin, und Henrik, Arzt, zum Abendessen eingeladen sind. Verschiedener als diese beiden könnten Schwestern kaum sein. Die ältere, die acht Sprachen beherrscht, beruflich erfolgreich, aber sichtlich unglücklich in einer kinderlosen Ehe, worüber sie auf keinen Fall sprechen will, sitzt in ihrem Designerkostüm still und starr da – «Alles ist tot», sagt sie –, während die jüngere, die sich und ihre beiden Kinder durchbringt, indem sie in einer Schwulenkneipe im Boheme-Stadtteil Söder arbeitet und darum weder mit Golfgarderobe noch Gucci-Schuhen etwas anfangen kann, ziemlich direkt dazu übergeht, die «Nebelschwaden» der Freundlichkeit (so Tove Ellefsen, eine Kritikerin der Uraufführung), die die Mutter um sich verbreitet, mit giftigen Bemerkungen zu durchlöchern. Doch schon bald wird sie so direkt, daß der Vater sich gar nicht mehr genug heraushalten kann. – «Das, was geschieht, ist eigentlich unmöglich. Nach allen Regeln der Psychoanalyse kann man nämlich nicht einfach nach Hause zu seinen Eltern gehen und ihnen die Fragen direkt ins Gesicht schleudern: Was habt ihr mit mir gemacht? Warum geht es mir jetzt so beschissen? Was ist damals passiert? / Den Regeln zufolge wäre die Antwort eine Wiederholung alter Lügen und – vielleicht noch etwas Kaffee?» (DN, 11.2.1989) Tove Ellefsen stellte abschließend fest: «Hier aber gibt es eine Versöhnung mit dem Leben, wie es nun einmal gelebt worden ist. Am Ende sind die vier nicht nur eine Familie. Sie sind vier Menschen, jeder mit seiner Wahrheit.»

Höst och vinter wurde am 10. 2. 1989 am Kopenhagener Café Teatret uraufgeführt. Inszeniert hatte Ulla Gottlieb, neben Vibeke Bjelke inzwischen die zweite dänische «Stammregisseurin» Noréns. – Neun Monate später folgte die schwedische Erstaufführung (8. 12. 1989) in der Regie von Brigitte Ornstein. – Die deutsche Erstaufführung von *Herbst und Winter* fand am 12. 1. 1994 in der Regie von Hansjörg Betschart in Bremen statt.

Bobby Fischer bor i Pasadena *(Bobby Fischer wohnt in Pasadena)*, Stück in drei Akten. Wieder ein Freitag abend – Gunnel, ehemalige Schauspielerin, hat ihre Kinder Ellen, 40, und Tomas, 32, zu einem Theaterabend eingeladen, vielleicht zu «Eines langen Tages Reise in die Nacht», könnte man dem Dialog zufolge vermuten, ein Drama, das sie «in den fünfziger Jahren» zuletzt an diesem Theater gesehen hat. Jetzt kommen die vier – auch Vater Carl, Chef einer Firma für Alarmsysteme, hat sich die Vorstellung angesehen – in Gunnels und Carls Wohnung, um noch ein Weilchen zu plaudern. Tee und Kaffee werden angeboten, demonstrativ, dann aber trinkt man doch Whisky – nur Ellen nicht, sie ist Alkoholikerin. Das war sie auch schon in ihrer Schwangerschaft vor sieben Jahren und hat damit ihre Tochter vorgeschädigt, die sie vor vier Jahren als Zweijährige verloren hat. Ellen weiß das alles, sie gibt es zu, und sie will ihre Konsequenzen daraus ziehen. «Du bist verrückt», sagt Vater Carl, während er versucht, ihr die Flasche Rotwein zu entwinden, mit der sie morgens um drei allein im Wohnzimmer sitzt. «... ich kann's werden», erwidert die zum Selbstmord entschlossene Tochter. «Ich weiß, was ich tue. Wenn man weiß, was man tut, ist man nicht verrückt.» «Ich bin verrückt», hält ihr Bruder Tomas dagegen und philosophiert über Bobby Fischers ständiges Umziehen von Hotel zu Hotel. Gemeinsam haben ihre verrückten Kinder nach Gunnels Ansicht, daß sie nicht normal werden wollten, was den Vorteil habe, daß sie «hinter sich nicht aufzuräumen brauchen». Wenn Carl und sie am Sonntag abend von ihrem Sommerhaus auf dem Land zurückkehren werden, werden sie einiges aufzuräumen haben, denn Ellen hat sich – nach einem am Rande des Wahnsinns dahinschrammenden Familienfrühstück am Samstag – in der elterlichen Badewanne umgebracht.

«Es ist das erstemal, daß Norén einer Rollenfigur das Leben nimmt», stellte nach der Arbeit für die Uraufführung von *Bobby Fischer bor i Pasadena* Lena Nyman, die Darstellerin der Ellen, fest. «Ich möchte wissen, warum er diesmal so weit gegangen ist.» (DN, 23.10.1990) – Die Uraufführung am 21.10.1990 im schwedischen Fernsehen hatte Vibeke Bjelke inszeniert.

1988–1989

Och ge oss skuggorna *(Und gib uns die Schatten)*, Stück in vier Akten, ist der Titel von Noréns Stück über einen Tag im Leben des Eugene O'Neill und seiner Familie, zugleich aber auch der Titel eines Stücks von Eugene O'Neill, das dieser am Abend dieses Tages zusammen mit mehreren anderen verbrennen wird. Daneben kann man *Och ge oss skuggorna* als ein Norénsches Bürgerliches Quartett betrachten – Vater (Eugene), Mutter (Carlotta) und zwei Söhne (Eugene jr. und Shane) –, erweitert um den japanischen Hausangestellten Mataichiro Narazaki, genannt Saki. Das Drama, entstanden im Winter 1988/89, spielt vom Vormittag bis zum Abend des 16. Oktober 1949, O'Neills einundsechzigstem Geburtstag, zu dem die beiden Söhne aus zwei früheren Ehen den von der Parkinson-Krankheit und Lebensüberdruß gezeichneten Dramatiker und seine dritte Frau in ihrem Haus an der Küste Neuenglands besuchen. «Gene» und Carlotta leben in einem fast sadomasochistischen Gleichgewicht, in dem sie sich ihm mit Schlägen unter die Gürtellinie zu nähern versucht, während er alles tut, um sie von sich fernzuhalten. Auf seine bedauernswerten Söhne geht der Dichter, der nicht mehr schreiben kann, mit der ganzen Kraft los, die er in der Verschlossenheit gegenüber Carlotta angesammelt hat. – Während in «Eines langen Tages Reise in die Nacht» O'Neill in den Tyrones seine eigene Familie porträtiert hatte – die morphiumabhängige Mutter Mary Cavan alias Ella Quinlan O'Neill, den Vater James, genannt Jim, alias James O'Neill, der es unter einer

Flasche Whisky pro Tag nicht tat, dazu die ebenfalls alkoholkranken Söhne James jr. und Edmund alias Eugen O'Neill selbst –, zeigt Norén in *Och ge oss skuggorna*, wie der frühgeschädigte Dichter seine Söhne zwingt, das Schicksal seiner Eltern zu wiederholen: Eugen jr. trinkt, im Stück wie im Leben, das er nach diesem 16. Oktober nur noch wenige Wochen ertragen wird; und auch – der im Stück drogenabhängige – Shane stirbt, wenn auch Jahre später, im Leben durch eigene Hand. – Im zweiten Akt von *Och ge oss skuggorna* projiziert Norén das O'Neillsche Familienleben direkt auf den Handlungsverlauf in «Eines langen Tages Reise in die Nacht».

> «Sicher, man kann ‹Eines langen Tages Reise in die Nacht› als künstlerischen und psychologischen Selbstmord sehen. Dieses Werk hat O'Neill als Künstler wirklich umgebracht. ... Aber am Ende hat sich alles dadurch gelöst, daß das ganze (biographische; A. G.) Material als mein eigenes zu mir zurückkam.» (DN, 16. 4. 1991; Norén über seine Arbeit an *Och ge oss skuggorna*)

Das Stück wurde unter dem Titel *Ei natt lenger enn livet (Eine Nacht länger als das Leben)* am 1. 3. 1991 an Det Norske Teater in Oslo in der Regie von Harry Guttormsen uraufgeführt – angeblich nach einem kleinen Gerangel zwischen dieser Nynorsk-Bühne und dem Stockholmer Dramaten, das am 12. 4. 1991 mit Björn Melanders Inszenierung unter dem ursprünglichen Titel folgte. Sie wurde im Juni 1992 auf der Bonner Biennale gezeigt, wo vor allem Max von Sydow als «flackernder, monomanisch zermürbter O'Neill» (FAZ, 23. 6. 1992) überzeugte. – Das Drama wurde auch auf deutsch aufgeführt: ab 18. 11. 1994 in Münster.

Sanning och konsekvens (*Wahrheit und Konsequenz*; ursprünglicher Titel: Trick a Treat), Stück in zwei Akten, entstand im Spätsommer/Herbst 1989 und nimmt – mitten in den sogenannten oder auch nicht sogenannten Bürgerlichen Quartetten – den Faden wieder auf, der nach *Endagsvarelser/Eintagswesen* im Strukturgewebe von Noréns Dramatik verschwunden war: den Stücktypus Todestanz, Nächtliches Fest, der im übernächsten Stück *Så enkel är kärleken* auf beinahe unerträgliche Weise tatsächlich tödlich enden wird. – In *Sanning och konsekvens* wird zunächst gefeiert: Julia kommt mit Michael, ihrem Mann, Banker «im neuen Europa», zu ihrer Schwester Elisabeth, Sozialarbeiterin, und deren Mann Harry, Lehrer, um gemeinsam Elisabeths fünfzigsten Geburtstag zu begehen. Es wird eine geradezu exorzistische Nacht mit der kraftvollen Elisabeth als Auslöser. Doch auch der zunächst harmlos wirkende Harry ist nicht ohne; er hat jedenfalls das, um es vorsichtig auszudrücken, originelle Ende des gemeinsamen Haustiers, eines Papageis, zu verschulden ... «Es», und damit meint Elisabeth das operative Einsetzen einer Kapsel in den Magen, die den Operierten angeblich am Trinken hindert, genausosehr wie die Zukunft allgemein, «Es ist vermutlich mit unüberwindlichen Schwierigkeiten verbunden, aber irgendwo muß ich ja anfangen». Also ein versöhnliches, optimistisches Ende. Norén:

> «Ich glaube, ich habe bis zur Mitte des letzten Aktes eine Komödie geschrieben. Wenn ich schreibe, habe ich es gern so leicht wie möglich, solange es geht. / Natürlich ist es eine Komödie, aber böse. Es gibt keinen wirklichen Humor, der nicht ein bißchen grausam ist. Braver Humor trifft nicht so gut.» (DN, 3. 11. 1991)

Sanning och konsekvens hatte am 3. und 4. 11. 1991 seine Uraufführung im schwedischen Fernsehen. Regie führte Ulla Gottlieb. Sie arbeitete diesmal nicht mit geübten «Norén-Schauspielern», sondern setzte, zuvorderst Evabritt Strandberg als Elisabeth und Sten Ljunggren als Harry, Fernsehstars ein, die den Schweden aus schwedischen Seifenopern wohlbekannt sind. Zumindest die Besucher der Pressevorführung waren «erschüttert». (DN, a. a. O.)

Während Norén *Sanning och konsekvens* abschloß, begann gerade Brigitte Ornstein mit den Proben zur schwedischen Erstaufführung von *Höst och vinter*, an denen Norén dann öfter teilnahm. Gegen Ende der Arbeit gingen Lil Terselius, die Darstellerin der Ann, und Norén eine Beziehung ein und stellten damit «in der Wirklichkeit» eine Konstellation her, der wir in seinen Stücken schon begegnet sind und weiter begegnen werden, die von Schauspielerin und Dramatiker. – Gleichzeitig schrieb Norén an seinem nächsten Stück.

Sommar *(Sommer)*, Stück in drei Akten, abgeschlossen im Dezember 1989, hat einerseits Züge des Stücktypus Sommertreffen – es spielt in einem Sommerhaus in den Stockholmer Schären –, der zuletzt mit *Hebriana* vertreten war und den Norén ab jetzt vertiefen wird – und ist andererseits das dritte der Bürgerlichen Quartette; ursprünglich als das letzte von ihnen konzipiert, hatte es in *Sista kvartetten* doch noch einen Nachfolger. *Sommar* nimmt sich wie alle Stücke dieses Typs ein Ehepaar und seine beiden erwachsenen Kinder vor: Hier umfaßt die Familie Herbert, den eher konservativen Politiker und früheren Reichstagsabgeordneten, Gertrud, die gerade pensionierte Schauspielerin, und ihre beiden Söhne Tomas, ebenfalls Schauspieler, wenn auch eher in Nebenrollen, und David, den homosexuellen Schriftsteller, der vielleicht an Aids sterben wird. Es hat den Anschein, als wünschte das Elternpaar dies geradezu herbei. Abgesehen von dem Problem, erfolglose Söhne zu haben, hat das Ehepaar mit eigenen Problemen zu kämpfen: Ihr berufliches Leben liegt hinter ihnen, Gertrud ist kein Star an der Nationalbühne, Herbert kein einflußreicher Politiker mehr, vor ihnen liegen Leere und – Angst vor dem Tod. «Hätten sie einen todkranken Sohn», kommentiert Karst Woudstra, der Regisseur der Uraufführung von *Sommar*, «hätten sie das Gefühl, vor ihnen selbst liege noch ein langes reiches Leben.» (DN, 12.1.1992) Am Ende sieht es aber so aus, als tue er ihnen diesen Gefallen nicht, und auch der ältere Bruder, der Schauspieler, läßt seine Mutter nicht in ihren schönen Illusionen: «Ich hasse dein Theater! Was Übleres kenn ich nicht! Unterm Kinn hast du nichts! Du hast uns durch den Mund geboren!» Indem Norén z. B. hier den Streit um das richtige Leben mit dem Streit um das richtige Theater vermischt, bereitet er das immer stärkere Ineinandergleiten von Realität und Spiel vor, das spätere Stücke wie *Så enkel är kärleken*, *Löven i Vallombrosa*/*Blätterschatten* und *Blod* (*Blut*; in diesem Band) prägen wird.

Die Uraufführung von *Sommar* fand am 14.2.1992 in der

Regie von Karst Woudstra an Dramaten statt. Woudstra, holländischer Regisseur, Übersetzer und Dramatiker, arbeitet seit Ende der siebziger Jahre mit Norén-Texten. Er hatte Norén um die Übersetzungs- und Aufführungsrechte von *Fursteslickaren* gebeten und so für die erste Übersetzung und die erste Inszenierung im Ausland gesorgt. Und ein weiterer Kreis schloß sich: Gunnel Lindblom, die bei der zweiten Inszenierung eines Norén-Stücks Regie geführt hatte (*Orestes* 1980 an Dramaten), spielte in Woudstras Inszenierung die Schauspielerin Gertrud.

Den sista kvartetten / Kvarteret Rådjuret *(Das letzte Quartett / Block Das Reh)*, Stück in drei Akten, entstand im Winter 1989 und wurde im Winter 1991 umgearbeitet. Das Stück ist nicht nur ein Bürgerliches Quartett, sondern auch ein im Personal reduziertes Sommerstück: Ingrid, die Mutter, Gustav, der Vater, Peter, der Sohn, und Anne, die Tochter, wollen im Sommerhaus der Eltern (in dem es seit vierzig Jahren im Familienbesitz immer noch kein fließendes Wasser gibt) einige Tage miteinander verbringen. Anne, 44, ist Schauspielerin und spricht oft viel zu laut, Peter, 53, schreibt Stücke, ist aber nicht so avanciert wie sein Schöpfer und dementsprechend immer knapp bei Kasse. Auch Vater Gustav, Politiker, hat satirische Züge, nicht zuletzt, als er seinen Sohn anklagt, seine eigene Mutter den Schakalen vorzuwerfen, indem er ihr Schicksal in seinen Stücken verwerte. Das allerdings ist nicht lustig. Ingrid ist in ihrer Psychose in einen religiösen Wahn verfallen, der sie mit allem abrechnen läßt, was ihr «Leben beschmutzt hat»: ihrem Mann «mit seinem ekligen Schwanz» und den «sogenannten Genies», ihren Kindern mit ihren «bösen Berufen» und «widerlichen Botschaften»: «Alle sind in die Irre gegangen. Und machen alles falsch, weil sie die Grundlage vergessen haben. Ihr macht die Welt so böse, weil ihr selbst vergiftet seid. ... Ich will nicht in der Ungerechtigkeit leben. Ich will in die Gnade gehen. Ich will Gott begegnen. Ich will zum Kind werden. Ich will nach Hause.» Mikael van Reis kommentiert: «Sie will nur heimkommen, in die Zeit vor dem plötzlichen Tod der eigenen Mutter, was gleichbedeutend ist mit einer Heimkehr in die Vernichtung.» (*De döda pjäserna*, a. a. O., S. 275) Im letzten der Bürgerlichen Quartette siegt der Tod.

1990

Så enkel är kärleken *(So leicht ist die Liebe)*, Stück in zwei Akten, entstanden im Sommer 1990, nimmt den Stücktyp des Nächtlichen Festes wieder auf – ein Todestanz in einem Höllentempo («Willkommen in der Hölle», lautet denn auch die Begrüßung durch die Gastgeberin). Alma, 48, und Robert, Schauspielerin und Schauspieler und seit zwanzig Jahren ein Ehepaar, kommen nach der Premiere, bei der sie beide mitgewirkt haben («Wer hat Angst vor Virginia Woolf?» ?), zum Weiterfeiern nach Hause; mitfeiern wollen Hedda, Almas jüngere Schwester und ebenfalls Schauspielerin, und Jonas, Psychologe, die seit zwölf Jahren miteinander verheiratet sind. Aus dem Feiern wird jedoch nicht viel: Nachdem gegen halb zwei das Telefon geklingelt hat, beginnt Robert, wegen eines angeblichen «Bewunderers» von Alma, der immer wieder anrufe und auflege, auf seiner Frau herumzuhacken und sie dann ins Leere laufen zu lassen. Dies nimmt – obwohl Resultat seiner eigenen Angst vor Nähe – sadistische Ausmaße an und kostet Alma schließlich das Leben. Ihr Selbstmord oben im Badezimmer – «Es sieht mehr aus wie ein Mord als wie ein Selbstmord», sagt der fassungslose Jonas, der nach ihr sehen wollte – ist das tödliche Ende eines Spiels (im Leben): Der Anrufer war kein namenloser Bewunderer, sondern Jonas, darf man vermuten; er und Alma haben seit sieben Monaten ein Verhältnis miteinander gehabt. «Tot?» fragt Hedda, und Robert stöhnt: «Nicht schon wieder!» Als die beiden endlich begriffen haben, daß Jonas, der schreiend nach dem Telefonbuch sucht, «keine Witze» macht, hält Hedda es trotzdem für wichtiger, ihn, statt es zu suchen, auf ihr durch einen Schlag von ihm geschädigtes Ohr hinzuweisen und festzustellen, daß Alma jetzt wenigstens die Kritiken nicht lesen müsse (vor einigen Minuten ist die Zeitung gekommen). Robert denkt an die unmittelbare Zukunft: «Dann müssen wir wenigstens heut abend nicht spielen.»

An dieser Kälte ist Alma gestorben, und auch Jonas will nicht weiterleben.

Så enkel är kärleken wurde unter dem Titel *Zo eenvoudig is de liefde* am 7.4.1995 am Theater de Appel in Den Haag uraufgeführt. Die Regisseurin war Agaath Witteman.

Lost and Found, Stück in zwei Akten, geschrieben im Herbst 1990 und – obwohl die handelnden Figuren ein Ehepaar mit zwei halberwachsenen Kindern in einer Wohnung im bürgerlichen Östermalm sind – kein Bürgerliches Quartett. Letztere waren, abgesehen von Stückpersonal und Spielort, auch davon gekennzeichnet, daß man sich, die Form und die Fassade wahrend, zu einem «bürgerlichen» Anlaß wie einem Theaterbesuch oder einem gemeinsamen Essen traf, um sich dann, auch wenn alle familiären Leichen auf den Tisch des Hauses gekippt worden waren, auch wenn es (eine) Tote gegeben hatte wie in *Bobby Fischer bor i Pasadena*, wenigstens die Form wahrend, für das im Hals steckengebliebene Essen zu bedanken, ein schönes Wochenende zu wünschen – oder auch nur harmonisierend schlafen zu gehen. In *Lost and Found* versucht Marie, die Mutter, zu harmonieren, solange sie noch an ihre Ehe glauben kann – was mit ihren Kindern los ist, sieht sie ja. Als ihr klar wird, daß Erik, ihr Mann, sie nicht mehr begehrt, nicht einmal mehr gern hat, gibt sie auf und verläßt Ehemann und Familie. «Das ist mir egal», sagt sie, als sie von Erik hört, Tochter Anne, das Sorgenkind, werde nicht nach Hause kommen; Eriks Bemerkung über den ebenfalls aushäusigen Sohn, den sechzehnjährigen Peter, ignoriert sie. Mit diesen Geschwistern erscheint bei Norén ein neuer Figurentyp, der in unterschiedlicher Ausprägung in einigen der folgenden Stücke vorkommen wird, z. B. in *Rumäner*, Gestalten von unverblümter Verwahrlosung, entstanden aus Hoffnungslosigkeit, manchmal mit überraschendem Realismus verbunden – der im übrigen die künftigen Jugendlichen bei Norén auszeichnen wird. «Wir leben in einem Massengrab und versuchen, Luft zu kriegen, euch haben wir seit langem vergessen», erklärt die drogenabhängige Anne ihrem entsetzten Vater, worüber sich Erik aber nicht wundern dürfte, er, der sich, kaum daß seine

Frau das Haus verlassen hat, auf den Weg zu seiner Geliebten macht. Annes sachliche Kälte läßt einen allerdings weniger frieren als die Lebensanschauung des schwulen Peter, wenn der sich darüber ausläßt, welche Jobs er den «Läusen» von Einwanderern zugedacht hat: «Busse fahren und die Pissoirs im Hauptbahnhof putzen». In *Lost and Found* stehen die Jungen den Alten haßerfüllt gegenüber in der Welt, «die ihr geschaffen habt» und in der die Jungen keine Chance haben.

1991

Chinon, Stück in einem sehr langen und einem sehr kurzen Akt, ein Sommerfrische-Stück – wie auch die nächsten beiden – im Geiste Cechovs, in dem sich nicht nur der engere Familienkreis trifft, sondern auch Freunde und Partner dazukommen. – Da die Arbeit an *Chinon* in mehreren Etappen erfolgt ist (ab Winter 1990/91, Umarbeitungen 1991, 1992), fallen dem professionellen Norén-Leser einige winzige Anachronismen ins Auge: So ist Nike, die Tochter des Dramatikers Hugo, zwölf Jahre alt, und ihr Vater geht seit zwölf Jahren in die Psychoanalyse, was beides, autobiographisch betrachtet, die Handlung 1990 ansiedelt und noch unter einen Hut zu bringen ist mit der Information, Sofia, Gastgeberin in *Chinon*, habe ihre Schwester Ann, Schauspielerin, «in den letzten Tagen» in einem Stück von Hugo gesehen, das, autobiographisch betrachtet, am 8.12.1989 Premiere gehabt hatte. Dieses lief allerdings nicht mehr «fünf Jahre nach dem Sommer nach dem Mord», also im Sommer 1991 (der schwedische Ministerpräsident Olof Palme war 1986, am 28.2. ermordet worden), als man sich jedoch, im Gegensatz zum Sommer 1990, über den Golfkrieg, Saddam Hussein und die von irakischen Soldaten aus den Brutkästen gezerrten Säuglinge unterhalten konnte – was in *Chinon* geschieht. Der Besuch einer Vorstellung des Stückes *Sommar*, Premiere, autobiographisch, am 14.2.1992, im zweiten Akt von *Chinon* «paßt» dann wieder – er spielt «Ein Jahr später». – Im familiären Sommerhaus am Wasser sind feste Sommerbewohner Sofia, seit kurzer

Zeit Vorsitzende von SIDA, einer staatlichen Entwicklungshilfe-organisation, und ihr Mann Gerhard, der im Außenministerium arbeitet, sowie Sofias alter Onkel Percy, der seine Brüder in Auschwitz verloren hat. Onkel Percy, der in dieser schrecklichen Zeit am Konsulat in Singapur beschäftigt war, ist herzensgut, aber etwas verwirrt, weswegen er zum Gespräch öfter mit Verkehrsverbindungen im südostasiatischen Raum beiträgt und die Sommergäste, alles Verwandte bzw. alte Freunde, praktisch nie wiedererkennt. Es sind dies: Sofias jüngere Schwester Ann, die Schauspielerin, mit ihrem Mann, Fredrik, Schauspieler, beider Bruder Peter mit seiner schwangeren neuen Lebensgefährtin, der jungen Mira – daß Maria, Psychologin, mit der Peter vierzehn Jahre lang verheiratet war, trotz Miras Anwesenheit gekommen ist, führt zu herzzerreißenden Auftritten –; der Dramatiker Hugo ist ein alter Freund der Familie ebenso wie der in Rußland aufgewachsene homosexuelle Holländer K., Schriftsteller und als Übersetzer für das Außenministerium tätig. Im Verlauf des Stücks – ein gemeinsames Essen an einem wunderschönen Sommerabend – kommt es zu den Ereignissen und Entscheidungen, die die Konstellationen des ein Jahr später spielenden zweiten Aktes – eher ein Epilog – bestimmen. Leidenschaftliche Liebesszenen zwischen Schauspielerin Ann und Dramatiker Hugo, die am Ende ein Paar sind, rabiate Auseinandersetzungen zwischen Peter und der eine Generation jüngeren Mira, die die Runde inklusive Ex-Frau Maria «schlimmer als die Notaufnahme» findet und, konsequenterweise, am Ende mit dem gemeinsamen Kind als Single erscheint. Sie und Hugos Tochter Nike («Ich versteh nicht, warum ich Rücksicht darauf nehmen soll, daß Papa sich unnötigerweise Sorgen macht.») sind zwei Vertreter der bei Norén seit *Lost and Found* eingreifenden jungen Generation, vollkommen unsentimentale, gelegentlich schockierend nüchterne und pragmatische Halbwüchsige oder junge Erwachsene, deren Weltbild mit dem ihrer spätachtundsechziger Eltern nichts mehr gemeinsam hat. – In *Chinon* entsteht daraus ein bedrückender Kontrast zum anspruchslosen alten Onkel Percy, der alles von Anfang bis Ende schön findet, weil «alle Leute so nett sind» ...

Tiden är vårt hem *(Wir wohnen in der Zeit)*, Stück in drei Akten, entstand zum größten Teil im ersten Halbjahr 1991. «‹*Tiden är vårt hem*› ist eine unterhaltsame, aber nachtschwarze Beschwörung», kommentierte Ingela Lind nach der Uraufführung (DN, 31.12.1992), «ebenso schwarz wie die schwärzeste Kunst während der vorigen Jahrhundertwende und ebenso makaber wie ein großer Teil der bildenden Kunst des späten 19. Jahrhunderts. Die historische Doppelperspektive eröffnet einen neuen Blick. Aus der Unruhe und Todessehnsucht der vorigen Jahrhundertwende wurde wieder ein Gefühl geboren, in der Zeit heimisch zu sein.» – Noréns Doppelperspektive bedient sich nicht der bildenden Kunst jener Zeit; er hat *Tiden är vårt hem* wie auch das nächste Sommerfrische-Drama *Löven i Vallombrosa/Blätterschatten* mit Cechov vor Augen geschrieben. Wie in «Onkel Vanja» kommen die Sommergäste mit der Fernsehkorrespondentin Anna Aurelius an der Spitze aus der Hauptstadt aufs Land und erwarten, dort alles vorzufinden wie immer. Wir schreiben das Jahr 1991; Anna ist gerade aus dem zerbombten Bagdad zurückgekehrt. Ihr Mann Harald, arbeitsloser Fernsehproduzent, ist nur widerwillig mit ins südschwedische Skåne gereist – er will sich nicht auch noch in den Ferien dominieren lassen –, ins Sommerhaus der Eltern am Strand, das jetzt den Sommer über er und Anna bewohnen werden. Annas Bruder Jakob, Schriftsteller und Arzt, ein Norénscher Astrov, wohnt jetzt im Leuchtturm, wo ihn in den Ferien seine achtzehnjährige Tochter Muller besucht. Ortsansässig sind der Lehrer und Kantor Erik, der die meiste Zeit mit seinen Sammlungen verbringt und sich nicht so sehr um seinen unglücklichen Bruder Tomas kümmert. Tomas' Familie sitzt in Südafrika und legt auf seine Gegenwart keinerlei Wert – obwohl er dort, wie er schwört, weniger trinken würde als jetzt regelmäßig im Hotel Svea in Simrishamn, letzteres zum unablässigen Ärger seiner Schwägerin Greta, die, ähnlich unsympathisch wie Natasja, die Schwägerin in «Drei Schwestern», ihrem Mann mit seinem Bruder und zu hohen Bankzinsen in den Ohren liegt. Dann sind da noch der Bauer Nils, Proust-Leser, und seine Frau Prick, Lehrerin und Bibliothekarin, mit der heftig pubertierenden vierzehnjährigen Tochter Julia, der zweiten Vertreterin von Noréns neuer Generation in diesem Stück. In die erste, Jakobs Tochter Muller, hat sich Harald verliebt, Prick dagegen träumt von Jakob, der, aus der gemeinsamen Jugend, Erik liebt – überhaupt sind die Beteiligten in einem Netz von früheren und jetzigen Verliebtheiten verbunden bzw. getrennt. Es bleibt offen, ob sich etwas verändert – ob Greta Erik und Tomas wirklich aus ihrem Elternhaus vertreibt, ob Erik zu Jakob zieht, ob Nils Prick glaubt, daß mit Jakob nichts gewesen ist, ob Anna und Harald sich trennen, ob Jakob mit seiner Schwester wirklich endgültig gebrochen hat. «Die alten Freunde stehen vor dem entscheidenden Schritt», schrieb Tove Ellefsen (DN, 6. 12. 1992), «wirklich erwachsen zu werden und die Konsequenzen aus den Entscheidungen zu ziehen, die sie in ihrem Leben getroffen haben. / Denn jetzt sind die Väter begraben, die im Guten wie im Schlechten die Gegend, die Familien und nicht zuletzt die Söhne dominiert haben. Die Kinder mittleren Alters sind dem Tod einen Schritt näher gerückt, sie können niemandem mehr die Verantwortung zuschieben, und sie werden von den eigenen Kindern mit gnadenloser Freundlichkeit durchschaut.»

Die Uraufführung von *Tiden är vårt hem* fand am 5. 12. 1992 an Dramaten in Stockholm statt, die sechste Norén-Regie von Björn Melander.

Wie alle Schweden konnte auch Lil Terselius, Arbeits- und Lebensgefährtin Noréns seit 1989, die mit Anna Aurelius ihre zweite Norén-Hauptrolle spielte (im Grunde schon die dritte, nach der Anna in der niedergelegten *Endagsvarelser*-Produktion 1987 und der Ann 1989 in *Höst och vinter*), im Dezemberheft der Zeitschrift Månads Journalen, also zur Premiere von *Tiden är vårt hem*, das Interview lesen, das sie und Norén dem Journalisten Björn Nilsson im Sommer gegeben hatten. Sie hatte darin auch von der Trennung von ihrem langjährigen Partner, dem Schauspieler Hans Klinge, gesprochen – zu einem Zeitpunkt, als auch die Beziehung zwischen ihr und Norén ihrem Ende entgegenging. Norén hatte Charlotte Neuhauser kennengelernt, die nach acht Jahren Studien und Forschungsprojekten an der Yale University aus den USA zurückgekehrt war.

Löven i Vallombrosa (wörtl. Die Blätter in Vallombrosa/ *Blätterschatten*; deutsch 1994), Stück in vier Akten, geschrieben im Winter 1992 (Fassung in diesem Band), umgearbeitet im Oktober 1994 und März bis Mai 1995. Bei diesen Umarbeitungen stehen zahlreiche kleine Veränderungen neben einer recht erheblichen, die die Beziehung zwischen der jungen, vielleicht schizophrenen Schauspielerin Clara und den Dramatiker Olof betrifft. Dazu Anna Nordlund, die, ausgehend von einer Videoaufzeichnung der schwedischen Erstaufführung (Schwedisches Fernsehen, 16.4.1995; Fassung im wesentlichen die von 1992), die Figur Clara interpretiert, und zwar im Zusammenhang mit Britt-Marie/Hebriana in *Hebriana* (vgl. S. 389): «Für die Männer wird sie zum schönen neuen Leben. Doch der Charakter der jungen Frau ist in beiden Dramen zweideutig. Sie selbst vergleicht sich mit Orpheus, mit der Fähigkeit, die lebendigen Toten aus der Unterwelt zu führen. Was die Männer nicht bedenken, ist, daß es Orpheus nicht gelang, sein Projekt zu vollenden. / ... / Olof ist der einzige, der den Traum von einem neuen Leben mit Clara verwirklicht. Besonders neu wird es allerdings nicht. ... / ... / Clara erscheint als ein leerer Charakter, gefühlsmäßig allzu unberührt.» («Hebriana och Clara. Frälsare och Demoner», Teatertidningen 3/1995) Der Olof der Fassung von 1995 hat mit der neuen Clara eine andere Art von Dasein kennengelernt: «Ich habe niemals jemanden so sehr geliebt wie dich ... Wir haben schon ein ganzes Leben zusammen gelebt, in dieser kurzen Zeit ... Ich bin so tief in dich gekommen ... Als du in Sabb (Stockholmer Klinik; A. G.) gelegen hast, war ich in deiner Hölle ... Ich sah dich, ich hab dich gesehen ... ich bin ja mit dir im Tod gewesen. Das ist das Größte, was ich je erlebt habe ...» Vielleicht haben der neue Olof und die neue Clara eine Zukunft – obwohl wie in der Fassung von '92 am Ende der Vorstellung auch hier Claras «Vorbild in der Wirklichkeit» auf die Bühne tritt und gegen die Art ihrer Darstellung protestiert ...

Blätterschatten wurde am 14.10.1994 in der Regie von

Heinz Kreidl am Schauspiel Bonn uraufgeführt, die Inszenierung wurde im April 1995 vom WDR aufgezeichnet. Nach der Premiere schrieb Matthias Pees (Süddeutsche Zeitung, 26. 10. 1994): «... was im weniger trauten als traumatischen Familienkreis vor sich geht, sprengt in bestimmten Momenten die Grenze des stereotyp im upper-class-Milieu realisierten Zeitstücks durchaus, erschüttert gelegentlich auch die illusionistischen und psychologischen Verabredungen zwischen Bühne, Rolle, Schauspieler und Zuschauer. / Die Grenze von Figur und Person wird überschritten; in kurzzeitig zwischen Spiel und Gespieltem scheinbar wechselnden Wirklichkeiten etwa, oder wenn verschiedene Dialoge sich plötzlich vermischen, parallel oder übereinander laufen, Wichtiges und Belangloses in Zusammenhang setzen ... / Das Stück ist selbstreflektierendes Theaterspiel, ist ein Assoziationsraum; das ist seine Stärke ...»

Ich war in deiner Hölle, ich bin mit dir im Tod gewesen – diese Sätze läsen sich wie Wegweiser in Noréns nächste Dramen – viele noch unfertig – und Fragmente, hätte er, der eine sterbende Gesellschaftsklasse, die bürgerliche, und eine kranke Gesellschaft zeigt, sich mit seinen Stücken nicht ohnehin schon auf den Weg ins Totenreich gemacht. «Eure Welt ist ja tot. Diese Welt hier ist ja tot», ruft in *Skalv i fjärran* Theo aus und läßt die drei Schwestern Bibi, Karin und Camilla – obwohl er, um dieser nahe zu sein, geblieben wäre, wenn sie nur hätte wollen können – in ihrem Sommerhaus zurück, um nach Paris zu fahren. Hier aber trifft er vielleicht Bart und Alex im Café, Treffpunkt von Homosexuellen und Aidskranken, Spielort im Fragment *Sterblich*. Oder den aidskranken Dries und die krebskranke Mieke im Fragment *Morire di* –, eine Folge von Szenen in Café, Galerie, Krematorium, Restaurant, Gerichtssaal, Krankenhaus und – Theater. Viele warten hier auf ihr Ende, während die Stadtstreicher Mike und Myrtle, letztere fast noch ein Kind, im Haarlem-Drama *Rumäner* auf «Das Ende von allem» in «Kansas und in Detroit und auch in Arizona» gewartet haben; «Jetzt warten wir hier darauf, in New York.» Ebenso wie das nächste Stück, das Ödipus-Drama *Blod*, endet *Rumäner* mit einem Mörder im

Fernsehen bzw. auf Video, der im Gefängnis Auskunft über seine Gedanken gibt. Die eigentlich tote Myrtle, das Mordopfer, die neben Mike sitzt, ist der lebende(?) Beweis dafür, daß er recht hat, wenn er bei der Befragung beteuert: «Es war kein Mord, denn sie liebt mich, und ich liebe sie. ... / Es gibt keinen Tod.»

Tot, durch die Hand ihres Sohnes ermordet, sind hingegen Lucas Eltern in *Blod*. Wie in einem frühen Elternmord-Drama Noréns, *Orestes*, wird auch in *Blod* die Handlung in einer Art Epilog reflektiert; während aber Orest noch Apollo zur Seite gestanden hat, wird die Befragung hier von einer Fernsehmoderatorin durchgeführt und findet im Fernsehen statt ... Die Struktur von *Blod* ist jedoch ebenso klassisch-streng wie die des frühen Stücks. Lucas Eltern Rosa und Eric haben, wenn auch ohne es zu wollen, durch ihre politische Betätigung in Allendes Chile dem Jungen in Santiago seine Kindheit genommen; Lucas Reaktion ist von lapidarer Konsequenz, denn Eric, Psychoanalytiker, mit dem der schwule Luca ein Verhältnis hatte, hat wohl gewußt, daß er seinen *Sohn* mit CDs und Eau de Toilette beschenkt hat ... Nichts mehr übrig von der Familie ist in *Trio till tidens ände*, «nur eine Art ausgebrannter Stammrest einer quasi-intellektuellen Bürgerlichkeit», um es mit Mikael van Reis auszudrücken (*De döda pjäserna*, a. a. O., S. 271 f). Einer der Quasi-Intellektuellen, Ker, ein aidskranker Architekt, der Krematorien entwirft, findet sich als – wenn auch abwesender – Ehemann der manischen Jane in Noréns erstem Totenreich-Stück *Ett sorts Hades* wieder, neben anderen Gestalten, denen wir in früheren Stücken begegnet sind. Die psychiatrische Abteilung ist in Noréns Dichtung ein «tiefliegender Ort» (van Reis); wir haben ihn früh im Hörspiel *Box ett* kennengelernt und im Laufe der Jahre und Stücke immer wieder von ihm gehört. Es ist, als wären jetzt viele dieser Menschen dort versammelt, in *Ett sorts Hades* und in *Kliniken*, einer Art Fortsetzung.

«Wenn ich deine jüngsten Manuskripte lese, finde ich es frappierend, welche Kursänderung in deinem Werk eingetreten ist. Du hast verlassen, was fünfzehn Jahre lang dein Warenzeichen und dein Erfolg gewesen ist – die Familie. Und damit hast du auch die Kammerspiele verlassen.» (Aus dem Interview von Tomas Andersson – der auch die folgenden Fragen gestellt hat – mit Lars Norén in Nöjesguiden, November 1995)

«Das stimmt. Ich arbeite mit dauerhaften Themen, ich konzentriere mich darauf zu versuchen, die Themen auszuschöpfen. Die Familie als Thema ist für mich erschöpft, fertig – zumindest zur Zeit. Aber dann kamen diese neuen Stücke. Es gab ja vieles andere, worüber ich schreiben wollte, viele andere Menschen, die ich kenne und schildern will, zu denen ich aber nicht gekommen bin. Wenn ich über Menschen schreibe, die ich erfunden habe, muß ich ihnen auf den Grund gehen. Das ist wie beim Sport: Wenn ich mich mit jemandem vergleiche, dann mit dem Marathonläufer. Ebenso wie der Läufer eine Beziehung zu Training, Vorbereitung und Kost hat, habe ich eine Beziehung zu dem, was ich schreibe. Ich will eine Welt erschaffen, und da muß ich lernen, soviel ich kann. Ich meine nicht, daß ich ausgelernt hätte, was die Kammerspiele betrifft, aber ich kann nicht hin und her springen. Das würde mir nicht gefallen.»

«Was meinst du, wenn du sagst, es war ‹erledigt›?»

«Mich haben die folgenden Menschen interessiert: Vater, Mutter und zwei Kinder. Sie variierten bis ins Unendliche, aber es hat mich interessiert, wie sie reden und warum sie getan haben, was sie taten. Und jedesmal, wenn ich ein Stück über diese vier geschrieben habe, gab es etwas Neues in ihm, was weiterging. Schon 1986 spürte ich, daß ich einen Punkt machen wollte, aber es tauchten weiter immer neue Themen auf, die die Familie betrafen. Nicht daß ich nach etwas Konkretem gesucht hätte, ich habe nur versucht, etwas auszudrücken, was ich schon wußte.»

«Empfindest du gegenüber der Familie als Thema eine Art Sättigung?»

«Ja. Aber auch Trauer darüber, daß das Thema für mich ein bißchen in die Ferne gerückt ist. Ich sehe das nicht als lästiges Gepäck, das ich unnötigerweise herumgeschleppt habe und endlich nicht länger tragen muß, es ist eher so, daß ich die anderen Räume, die anderen Orte, als wichtiger empfinde.»

«Eine zentrale Veränderung in den neuen Stücken ist, daß sie in öffentlichen Räumen spielen. In *Kliniken* begegnen sich einige Menschen in einer Psychiatrie, *Blod* handelt von einer Flüchtlingsfamilie in Paris. Es wird nicht so sehr über Familienbeziehungen geredet, eher über die Gegenwart, über die Demontage der Wohlfahrtsgesellschaft zum Beispiel.»

«Exakt. Ich lasse mehr von unserer Zeit herein. In den Familienstücken kam soviel von der Vergangenheit hoch, hier gibt es fast keinen Raum für die Vergangenheit. Es geht mehr darum, wie das fremde Neue diese Menschen beeinflußt.»

«‹Ich suche etwas, das größer ist als die Vergangenheit›, sagt der Dramatiker Olof in deinem Stück *Blätterschatten*. Sind das auch Lars Noréns Worte?»

«Ja, sicher. Ich suche etwas, das im Jetzt so stark ist, daß man nicht in der Vergangenheit versinkt. Ich wollte darüber schreiben, was in Schweden in den letzten Jahren passiert ist, die soziale Demontage, die so schnell gegangen ist. Es ist soviel Schönes ausverkauft worden. Und das Problem ist, daß es keine Rolle spielt, wer diese Verwüstung verwaltet. Es würde mit den Moderaten vielleicht etwas schneller gehen, aber sie benutzen die gleichen Werkzeuge.

Es ist gut, ein historisches Gedächtnis zu haben, sich zu erinnern, was die Sozialdemokraten in den sechziger und siebziger Jahren gesagt haben; was sie über die Kernkraft, was sie über die EU gesagt haben. Das Problem der neunziger Jahre, und das hat in den achtziger Jahren angefangen, ist, daß sich kein Mensch mehr genau erinnert, was sie gesagt haben, oder sich darum schert, was sie gesagt haben. Sie selber auch kaum. Für die Politiker geht es darum, die Stimme und die Formulierungen so zu setzen, daß wir verstehen, daß sie lügen, daß es aber keine so große Rolle spielt. Das macht mich so verdammt sauer. Das ist bloß Rhetorik, sie verwandeln ihre Führer in Statuen, aber es bedeutet nichts.

Es geht darum, das zu begreifen, und ich glaube, die junge Generation hat es begriffen. Früher gab es ein Zentrum. Ein sprachliches, politisches, kulturelles und moralisches Zentrum. Dort wurden die Normen geschaffen, das, was für alle gelten sollte. Aber das stimmt nicht mehr. Heute gibt es hundert Zentren. Und es gibt eigentlich niemanden, der an den zentralen Ort will, denn den zentralen Ort gibt es nicht. Was früher gut war, daß man auf eine Moral verweisen konnte, was richtig war und was falsch. Jetzt schafft sich jede Gruppe ihre eigene Moral. Und wenn es keine gemeinsame Empörung gibt, oder eine gemeinsame Erinnerung, dann gibt es auch niemanden, der den Politikern widerspricht. Jemand, der Anfang der achtziger Jahre geboren ist, schert sich nicht darum, ob die Kernkraft abgebaut wird oder nicht. Es gibt keinen Vater, der sagt: ‹Aber damals hat er wirklich das und das gesagt.› Man ist seine eigenen unterschiedlichen Wege gegangen. Und das ist gut und schlecht zugleich. Es ist gut, weil wir nicht alle gleich werden, aber es ist schlecht, weil niemand diejenigen in Frage stellt, die ja trotzdem entscheiden.»

«Welche ist die wichtigste politische Frage zur Zeit?»

«Die für mich wichtigste Frage ist, daß die Leute darauf scheißen, daß wir noch immer Demokratie haben. Daß die Menschen so weit vertrieben sind von der Möglichkeit, Einfluß zu nehmen, daß sie darauf scheißen, was passiert. Und dann hasse ich die EU, die ganze Idee. Ich sehe sie als eine Bedrohung der Demokratie.

Die Gleichgültigkeit und der Mangel an Engagement sind so unerhört erschreckend. Aber gleichzeitig – was mache ich? Ich schreibe Stücke. Durch sie geht es mir besser, aber allen anderen geht es immer schlechter, während ich schreibe.»

«Du hast gesagt, es sind immer die, denen es am schlechtesten geht, die im Besitz der Wahrheit sind. Welche Konsequenzen hatte das für dein Werk?»

«Daß ich oft die Perspektive des Kindes gewählt habe. In den Kammerspielen habe ich fast durchgängig die kindliche Perspektive auf die Familie gewählt. In den neuen Stücken geht es mehr um die Kleinsten in der Gesellschaft.»

«Meinst du, daß der kleine Mensch früher eher eine öffentliche Stimme hatte, die für ihn sprach, das jetzt aber nicht mehr tut?»

«Ja, einerseits, weil die Gewerkschaften stärker waren, andererseits, weil man gemeinsame Werte hatte. In gewisser Hinsicht sind gemeinsame Werte gut, wenn es um Moral geht. In gewisser Hinsicht war die Kirche gut. Das Problem war, daß die, die die Moral verwalteten, auch die waren, die sie interpretierten, die letzten Endes bestimmten, was richtig war und was falsch.»

«Man sagt, unserer Zeit fehlen Utopien, um die man sich versammeln kann. Einer der Unterschiede zu der Zeit, als du jung warst, ist wohl, daß es heute als ziemlich vermessen gilt, zu mehr als einem zu sprechen?»

«So ist es. Und so war es nicht in den sechziger Jahren.»

«Es gibt wenige heute, die glauben, daß etwas hundertprozentig wahr sein könnte. Die -ismen, die als Fazit benutzt wurden, Kapitalismus, Kommunismus, sind alle durchschaut worden.»

«Aber muß man hundertprozentig an etwas glauben? Ich glaube, man soll sich davor hüten, an Dinge zu glauben – die außerhalb von einem selbst sind. Man muß ein Zuhause in sich selbst finden. Man ist ja immer man selbst, durch alle Umstände und Krisen hindurch. Darum muß man lernen, was für einen selbst gut und schlecht ist. Diesen Weg, meine ich, bin ich gegangen.»

1993

Morire di –, Fragment in fünfzehn Szenen, geschrieben im Winter 1992/93 und 1994, an wechselnden Schauplätzen der «scene» in Holland.

Sterblich, Fragment in acht zum Teil nicht ausgeführten Szenen in der Amsterdamer oder Brüsseler oder Pariser Schwulenszene.

Skalv i fjärran (*Fernes Beben*; ursprünglicher Titel: Systrar [Schwestern]), kurzes Sommerstück in zwei Akten, entstanden im Sommer 1993. Figuren: Mutter, Liebhaber, drei Töchter mit künftigem, gegenwärtigem bzw. verhindertem Partner, dazu eine angehende Schauspielerin, Vertreterin der «Young generation».

1994

Rumäner *(Rumänen)*, kurzer Einakter mit skizzenhaften Zügen, entstanden im Januar/Februar 1994. Rumänen sind Maria und ihr alter, stinkender Teddybär, die mit Sam das schäbige Hotelzimmer in Manhattan teilen. Sie lernen die Vagabunden Mike und seine Myrtle kennen, die es eigentlich nicht mehr gibt.

Blod (*Blut*; deutsch 1995), Stück in sieben Szenen und einem Epilog, 1. Fassung im Herbst/Winter 1993, Endfassung (in diesem Band) im Oktober 1994. Ödipus-Drama, verschränkt mit dem klassischen Stoff, zwischen exilchilenischem Ehepaar und dessen Sohn in Paris, verfolgt von Madeleine H, berühmte Fernsehmoderatorin. – Die Uraufführung von *Blod* fand am 25. 11. 1995 in der Regie von Vibeke Bjelke am Betty-Nansen-Teatret in Kopenhagen statt, die schwedische Erstaufführung folgte am 27. 1. 1996 am Theater Hipp in Malmö, wo Göran Stangertz nicht nur Regie geführt, sondern auch ein Bühnenbild entworfen hatte, das antike und Fernseh-Wirklichkeit zu vereinen suchte – «Schroffe Wechsel zwischen Fernseh-Oberfläche und Antikentiefe», betitelte Mikael Löfgren seine Kritik (DN, 28. 1. 1996). Überzeugend war Vibeke Bjelkes Ansatz, die durch die Medienwelt veränderte klassische Konstellation zu zeigen und so dem Stück zu seinem Recht zu verhelfen: «Die Menschen sind nicht mehr Menschen, sondern Marionetten, die ohnmächtig im Netz der, wie es scheint, von selbst ablaufenden Geschichte zappeln. Das Begehren, das diesen Ablauf bestimmt, ist auch nicht ihres, sondern eher das des Massenmedienjournalismus, seinem zwanghaften Raubbau an menschlichem Unglück und auf der unerbittlichen Jagd nach neuen Sensationen. / ... / Die letzte Szene des Dramas ist auch ein Massenmedienereignis. Ein Gefängnisinterview mit dem Verbrecher. Ein properer Held, gezeichnet von beginnendem Aids, ohne Schuld oder Reue. Er hat sich nicht aus Entsetzen vor seiner Tat die Augen ausgestochen, ist auch nicht zur Einsicht gekommen wie der Held der antiken Tragödie. Der Ödipus der neunziger Jahre ist ohne Reflexion. Seine weitoffenen Augen gucken in die Kamera und begegnen denen seines Zuschauers in einer massenmedialen Nicht-Begegnung ...» (Lisbeth Larsson, Expressen, 28. 11. 1995)

Trio till tidens ände *(Trio zum Ende der Zeit)*, geschrieben im Herbst 1994, Endfassung Frühjahr 1995. Rosa, Schauspielerin, Bart, Regisseur, Ker, aidskranker Architekt – Terzett eines sterbenden Bürgertums. – Erstsendung des Hörspiels am 1. 10. 1995 im schwedischen Rundfunk; Regie: Charlotte Neuhauser.

Ett sorts Hades (*Eine Art Hades*; deutsch 1995), geschrieben im Januar/Februar 1994, neue Fassung (in diesem Band) im Frühjahr 1995. Stück in der Psychiatrie bzw. Unterwelt, in dem wir unter den etwa dreißig Insassen und Pflegern z. B. Julia begegnen, die, so können wir es ihrem Dialog mit der Figur Henriks entnehmen, aus Liebe zu ihm psychotisch geworden ist. Ihr begegnen wir wieder als Erika im nächsten Stück. – Einen «Lustmord an der Psychiatrie» nannte Nicholas Wennö das Stück im jüngsten Interview mit Lars Norén, der gerade die Dreharbeiten an *Ett sorts Hades* für das schwedische Fernsehen abgeschlossen hat – vielleicht eine zeitversetzte Uraufführung, denn die Ausstrahlung erfolgt erst im Herbst 1996. Auf Wennös Hinweis, das Krankenhaus sei eines der dankbarsten Bilder für die Welt – siehe «Kuckucksnest» – erwidert Norén:

> «Ja, aber meine Psychiatrie ist eher ein ausgezeichneter Ort für Dramatik als ein Schwedenbild … / Obwohl die Trilogie (*Ett sorts Hades*, *Kliniken* und *Morire di Classe* – das weitergearbeitete *Morire di* –; A. G.) eine Art Realismus in ätzender Konzentration ist, geht es nicht um psychotische Orgien.
> – Die Wände sind sehr dünn in meinem Krankenhaus, es sind Charaktere, die du ebensogut im Bus treffen könntest.» (DN, 17. 3. 1996)

Norén hat 360 kleine Szenen inszeniert mit Arbeitstiteln wie «Saras moonwalk», «Saké, kriegt man Aids durch einen Kuß», «Verliebt in Don Johnson»; auftreten u. a. ein Yuppie mit teuren Schuhen, der die Computer leid ist, und ein Engel, dem im Rükken zwei tiefe Fleischwunden von den gestutzten Flügeln klaffen …

Kliniken *(Die Klinik)*, Stück in zwei Akten, geschrieben August bis Oktober 1994, das zweite «Totenreich»-Stück, in dem – wie auch in *Ett sorts Hades* – die Verhältnisse nicht viel anders sind als im Leben. Zur Uraufführung am 17. 2. 1996 am Stockholmer Plaza, einer Gemeinschaftsproduktion vom Upsala

Stadsteater und der Grupp 98, hatte Regisseur Christian Tomner die Szenenfolge um eine «geistige Dimension» (so Ingegärd Waaranperä in ihrer Kritik in Dagens Nyheter am 19.2.1996) erweitert, indem er den langsamen, eher entspannten Anfang des Stückes bei Norén durch ein «Abendmahls»bild mit feierlicher Kirchenmusik ersetzt und die Inszenierung auch so – wenn auch mit einem «Abendmahls»gast, der anorektischen Sofia, weniger – enden läßt. Ingegärd Waaranperä empfand dies als «gesucht und unnötig bedeutungsschwanger», bilanziert aber: «So fügen sich die Puzzleteile zusammen und schaffen ein Bild, das ebenso stark ist wie das von der Sommerveranda, den verlassenen vater- und mutterlosen Menschen in der Unendlichkeit der Wiederholungen.»

Die letztgenannten acht Stücke – von *Morire di* – bis *Kliniken* – füllen den dritten und vierten Band der mehrfach genannten vierbändigen Ausgabe *De döda pjäserna (Die toten Stücke)*, die im Herbst 1995 im Albert Bonniers Förlag erschienen ist. Während im ersten und zweiten Band zwei Quartette, zwei Nächtliche Feste und zwei Sommerstücke enthalten sind, stellen diese letzten acht Dramen und Fragmente die eigentlichen «toten» Stücke, Noréns dramatisches Werk von 1993 bis hinein ins Jahr 1995.

Vom Werk noch einmal zurück zum Autor. Was passierte in dieser Zeit außerhalb der Stücke? 1993 beendete Norén seine Psychoanalyse, blieb aber dem Analytiker Bengt Herulf freundschaftlich verbunden. Im Herbst 1993 führte Norén zum erstenmal Regie, bei Strindbergs «Dödsdansen» (Der Todestanz), der am 13.11.1993 an Dramaten Premiere hatte. Die Inszenierung wurde ca. 150mal gezeigt. Im Dezember 1993 heirateten Norén und Charlotte Neuhauser.

Im Juni 1994 wurde Norén in Schweden der renommierte Pilotpris zuerkannt. In seiner Laudatio am 6. Juni 1994 (DN, 7.6.1994) sagte der Schriftsteller Per Wästberg, nachdem er das Werk des «größten Dramatikers im Schwedischen seit 1912» (das Todesjahr Strindbergs; A. G.) gewürdigt hatte, mit Blick auf den leider nicht anwesenden Autor: «Es fällt mir schwer, mir

Lars Norén vorzustellen, wie er ruhig und guten Mutes mit einer Angel am Ufer der Themse sitzt, oder auch nur am Fluß der Zeit, deren Bodensatz er aufwirbelt ...»

Natürlich hat Norén weitergeschrieben – zur Zeit an eher fragmentarischen Stücken aus De döda pjäserna. *Morire di* – etwa mausert sich gegenwärtig zum Stück *Morire di Classe*, das den dritten Teil der Trilogie bilden wird, die mit *Ett sorts Hades* und *Kliniken* begonnen hat. Und weitere Stücke der 90er werden folgen, auch wenn Norén wieder Regiepläne hat: Albees «Who's Afraid of Virginia Woolf?»

Vor allem aber haben die 90er und gerade das letzte Jahr bei Norén mehr Öffentlichkeit gebracht («Ich werde nicht zu Hause sein und schreiben, sondern mich im Fernsehen und in Theatern befinden. Was ich dieses Jahr mache, richtet sich nach außen.» – Norén im Nöjesguiden). Lassen wir, was diese Zeit betrifft, noch einmal den Autor zu Worte kommen:

«Was sind die 90er Jahre für dich?»

«Ich fand es nie so spannend zu leben wie jetzt. Die 80er Jahre waren eine entsetzliche Periode, die schlimmste meines Lebens. Ich war so froh, als die Berliner Mauer fiel und alles ineinanderfloß, all die Kontakte, die aufgenommen wurden, wo früher Mauern und Reservate waren. ...»

«Du erwähnst eine Reihe anderer Mauern, die gleichzeitig mit der Berliner Mauer gefallen sind. Welche Gebiete meinst du?»

«Die Mauer zwischen offizieller Kultur und Populärkultur. Die Mauern zwischen Tanz, Theater, Video – es gab ja sehr starke Mauern zwischen diesen Kunstformen. Plötzlich konnte man dazwischen hin und her wandern. Und das bedeutet viel für mich, denn ich war immer visuell.

Ich glaube, innerhalb aller Disziplinen – Wissenschaft, Mathematik, Kunst und Politik – strebt man nach dem gleichen Ziel. Man strebt nach Meisterschaft. Du kennst Miles Davis? Der hat einmal von einem Mathematiker erzählt, der ihm seine Arbeitsweise beschrieben hatte, und er hat gesagt: ‹Der Mann denkt genauso wie ich!› Ich bin überzeugt davon, es gibt eine gemeinsame Basis, von der aus man arbeitet, gleichgültig, ob man Physiker oder Künstler ist. Und wenn Physiker und Künstler einander verstehen, wird die Welt ganzer, und es gibt mehr Möglichkeiten, von ihr zu erzählen.

Aber die 90er sind für mich natürlich auch all das Furchtbare, das passiert. Betrachtet man Film und Literatur, die während des Zweiten Weltkriegs geschrieben wurden, so waren die unglaublich schwarz und visionslos, genau wie heute, dann aber expandierten die USA. In diese Welt, die zerfetzt worden war, stellte man eine Menge Utopien. Ferienreisen, Kühlschränke ... Man unterließ zu bearbeiten, was passiert war. Und diese Bearbeitung erfolgt jetzt, in und durch Jugoslawien.

Man verdrängte, und das war kein Wunder. Ganz Deutschland, Frankreich und England lagen in Ruinen, und wenn man gezwungen ist, Häuser zu bauen und Essen aufzutreiben und für die Kinder was zum Anziehen, dann beschäftigt man sich nicht mit Schuld und Psychologie. Das kam später, als die 68er Generation anfing, über die ungerechte Verteilung von Ökonomie und Macht zu reden. Aber da war die 68er-Generation schon zu alt, um das in Angriff zu nehmen. Die hatten ihre Kinder schon an Schulen untergebracht und sich Autos gekauft. Statt dessen haben das ihre Kinder in Angriff genommen. Das ist es, was wir heute in Deutschland sehen. Kinder der Mittelklasse brennen türkische Häuser ab. Die Kinder derjenigen, die nie abgerechnet und gesagt haben, wie es war. Das ist zumindest meine Interpretation.»

«Die politische Lage in den 80ern hat dich also so konkret beeinflußt, daß es dir psychisch schlechtging?»

«Ja. In den 80ern sah es so aus, als würde sich alles nur wiederholen. ... / In den 80ern fragte sich meine Generation: Jetzt, wo wir vierzig sind und unser Leben gelebt haben, was machen wir mit dem Rest der Zeit? So empfinde ich heute überhaupt nicht, und ich glaube auch nicht, daß die anderen es tun. Einige sind in gewisser Weise erloschen, sie hatten nicht die Kraft, für andere aber entstand eine ungeheure Energie.»

«Olof in *Blätterschatten* sagt, er sei besessen von einem verkommenen Bürgertum und glaube, mit seinem Publikum einen Vertrag zu haben. Empfindest du Schuld, weil du so viele Jahre den Neurosen des Bürgertums gewidmet hast?»

«Ja, schon. Aber vielleicht nicht Schuld, ein bißchen schlechtes Gewissen. Ich bin dessen müde und ärgere mich darüber. Aber es braucht Zeit, Stücke zu schreiben.

Die Besessenheit betraf aber mehr als nur das Thema Familie. Mich hat die Sprache an sich interessiert, wie diese Menschen sprechen: die Falschheit, wie man eines sagt und etwas anderes meint. Jetzt habe ich diese Sprache also verlassen. Zumindest zur Zeit. In den neuen Stücken ist die Sprache direkter und oft bewußt dürftig. Dadurch wird meine Aggression deutlicher, meine Lebenswut, meine Wut über diese Gesellschaft.

Aber ich möchte ein anderes Publikum, das stimmt. Ein jüngeres Publikum. Und ich beschäftige mich mit einem neuen Projekt, das 1997 starten wird. Ein Ensemble, das ich gerade bilde, mit sehr, sehr jungen Schauspielern. Ich, ein Regisseur und ein Bühnenbildner, wir wollen drei Jahre arbeiten und versuchen, ein anderes Publikum zu erreichen als das, was gewöhnlich ins Theater geht. Ich habe Dramaten verlassen, endgültig, ich will mir ganz neue Wege suchen, ein neues Theater beginnen ...» (Nöjesguiden, a. a. O.)

Und im Gespräch mit seinem Kollegen Per Olov Enquist und Gabi Gleichmann am Tonbandgerät (Expressen, 4. 11. 1995) erläutert und ergänzt Norén:

«Jetzt bin ich unterwegs zu einem soziologischen Theater, mit einem jungen Ensemble, bei dem das, was auf der Bühne passiert, im Leben der Menschen weiterleben und sich äußern soll. Das ist mein Traum. Bourdieus Theorien haben mich enorm beeinflußt. Das ist meinen neuen Texten anzumerken. Ich versuche, ein Zentrum zu finden. Mein Gedanke ist, daß die Ausgelieferten, die Diskriminierten den Kern der Wahrheit in sich tragen und daß sie es sind, die die Wahrheit über uns definieren.»

März 1996
Angelika Gundlach